松亭 金赫濟 校閱

原本 孟子集註 全

明文堂

原本 孟子集註序說

史記列傳、曰孟軻、趙氏曰孟子、魯公族孟孫之後、漢書註、云字子車、一說字子輿 趙氏名岐字邠卿京兆人 騶人也 騶亦作鄒本邾國也、受業子思之門人、子思孔子之孫名伋、索隱、云王邵、以人爲衍字而趙氏註及孔叢子等書亦皆云、孟子、親受業於子思、未知是否、道旣通、趙氏曰孟子通五經、尤長於詩書、程子、曰孟子、曰可以仕則仕、可以止則止、可以久則久、可以速則速、孔子、聖之時者也故知易者莫如孟子、又曰王者之迹、熄而詩亡、後春秋作、又曰春秋、無義戰、又曰春秋天子之事、故、知春秋者莫如孟子、尹氏曰以此而言則趙氏、謂孟子、長於詩書而已、豈知孟子者哉、游事齊宣王、宣王、不能用、適梁、梁惠王、不果所言、則見以爲迂遠而闊於事情 按史記梁惠王之三十五年乙酉孟子、始至梁、其後二十三年當齊湣王之十年丁未、齊人伐燕、而孟子、在齊故、古史、謂孟子、先事齊宣王、後乃見梁惠王、襄王、齊湣王、獨孟子以伐燕、爲宣王時事、與史記荀子等書、皆不合而通鑑以伐燕之歲、爲宣王十九年則是、孟子、先遊梁而後至齊、見宣王矣然考異、亦無他據、又未知孰是也、當是之時秦用商鞅 倚兩反 楚魏用吳起、齊用孫子田忌、天下、方務於合從連衡、攻伐爲賢而孟軻乃述唐虞三代之德、是以、所如者、不合、退合、退而與萬章之徒、序詩書、述仲尼之意、作孟子七篇、趙氏、曰凡二百六十一章、三萬四千六百八十五字、韓子、曰孟軻之書、非軻自著軻旣沒其徒萬章、公孫丑、相與記軻所言焉耳、愚按二說、不同史記近是

韓子、曰堯以是傳之舜、舜以是傳之禹、禹以是傳之湯、湯以是傳之文武周公、文武周公、傳之孔子、孔子、傳之孟軻、軻之死、不得其傳焉、荀與楊也擇焉而不精、語焉而不詳、程子、曰韓子此語、非是蹈襲前人、又非鑿空撰得出必有所見、若無所見、不知言所傳者、何事、○又曰孟氏、醇乎醇者也、荀與楊、大醇而小疵程子、曰韓子、論孟子甚善、非見得孟子意、亦道不到、其論荀楊則非也、荀子、極偏駁只一句性惡、大本已失楊子、雖少過、然亦不識性、更說甚道、○又曰孔子之道、大而能博門弟子、不能偏觀而盡識也、故、學焉而皆得其性之所近、其後離散、分處上聲諸侯之國、又各以其所能、授弟子、源遠而末益分、惟孟軻師子思、而子思之學、出於曾子、自孔子沒、獨孟軻氏之傳、得其宗故、求觀聖人之道者、必自孟子始、程子曰孔子、言參也魯、然顏子沒後、終得聖人之道者、曾子也、觀其啓手足時之言、可以見矣、所傳者、子思孟子、皆其學也、○又曰楊子雲、曰古者、楊墨

塞先則反路、孟子、辭而闢之廓苦郭反如也、夫音扶楊墨行、正道廢、孟子、雖賢聖、不得位、空言無施、雖切何補、然、賴其言而今之學者、尙知宗孔氏崇仁義貴王賤覇而已 其大經大法、皆亡滅而不救、壞爛而不收、所謂存十一於千百、安在其能廓如也、然、向無孟氏則皆服左衽而言侏音朱離矣故、愈嘗推尊孟氏、以爲功不在禹下者、爲去聲此也

或問於程子曰孟子、還可謂聖人否、程子、曰未敢便道他是聖人、然、學已到至處、愚按至字、恐當作聖字。○程子、又曰孟子、有功於聖門、不可勝去聲言、仲尼、只說一箇仁字、孟子開口便說仁義、仲尼只說一箇志、孟子、便說許多養氣出來、只此二字、其功甚多、○又曰孟子、有大功於世、以其言性善也、○又曰孟子、性善養氣之論、皆前聖所未發 又曰學者、全要識時、若不識時、不足以言學、顏子、陋巷自樂音洛以有孔子在焉、若孟子之時、世既無人、安可不以道自任、○又曰孟子、有些英氣、才有英氣、使

有圭角、英氣、甚害事、如顏子、便渾厚不同、顏子、去聖人、只毫髮間、孟子、大賢、亞聖之次也、或曰英氣、見(形甸反)於甚處、曰但以孔子之言比之、便可見(如字)且如氷與水精、非不光、比之玉、自是有溫潤、含畜氣象、無許多光耀也、

楊氏曰孟子一書、只是要正人心、教人存心養性、收其放心、至論仁義禮智則以惻隱羞惡辭讓是非之心、爲之端、論邪說之害、則曰生於其心、害於其政、論事君、則曰格君心之非、一正君而國定、千變萬化、只說從心上來、人能正心、則事無足爲者矣、大學之脩身齊家治國平天下、其本、只是正心誠意而已、心得其正然後、知性之善故、孟子、遇人便道性善、歐陽永叔(名脩廬陵人)却言聖人之教人、性非所先、可謂誤矣、人性上、不可添一物、堯舜所以爲萬世法、亦是率性而已、所謂率性循天理是也、外邊、用計用數、假饒立得功業、只是人欲之私、與聖賢作處、天地懸隔

原本 孟子集註目次

梁惠王章句上 七
梁惠王章句下 三三
公孫丑章句上 六五
公孫丑章句下 九五
滕文公章句上 一二一
滕文公章句下 一四九
離婁章句上 一七五
離婁章句下 二〇五
萬章章句上 二三三
萬章章句下 二五九
告子章句上 二八五

告子章句下 三一三
盡心章句上 三四一
盡心章句下 三七五

原本
孟子集註目次

叟 늙은이수 尊稱老稱

庶 뭇셔 衆也

孟子集註卷之一

梁惠王章句上

凡七章

孟子ㅣ見梁惠王하신대

孟子ㅣ梁惠을보신대

●梁惠王、魏侯罃也、都大梁、僭稱王、謚曰惠、史記、惠王三十五年、卑禮厚幣、以招賢者、而孟軻ㅣ至梁

王曰叟ㅣ不遠千里而來하시니 亦將有以利吾國乎ㅣ잇가

王이ᄀᆞᆯᄋᆞ샤ᄃᆡ叟ㅣ千里롤멀리아니너겨오시니 ᄯᅩᄒᆞᆫ장ᄎᆞᆺ뻐내國을利케홈이이시리잇가

●叟、長上聲老之稱、王所謂利、蓋富國彊兵之類、

孟子ㅣ對曰王은何必曰利잇고亦有仁義而已矣니이다

孟子ㅣ對ᄒᆞ야ᄀᆞᆯᄋᆞ샤ᄃᆡ王은엇디반ᄃᆞ시利롤니ᄅᆞ시ᄂᆞ니잇고ᄯᅩᄒᆞᆫ仁義ㅣ이실ᄯᆞᄅᆞᆷ이니이다

●仁者、心之德、愛之理、義者、心之制、事之宜也、此二句、乃一章之大指、下文、乃詳言之、後多放此、

王曰何以利吾國고ᄒᆞ시면 大夫ㅣ曰何以利吾家오ᄒᆞ며 士庶人이曰何以利吾身고ᄒᆞ야 上下ㅣ交征利면 而國이危矣리이다 萬乘之國에

弑 웃사ᄅᆞᆷ죽일시 下殺上也 饜 족할염 足也

弑其君者ᄂᆞᆫ **必千乘之家**오 **千乘之國**에 **弑其君者**ᄂᆞᆫ **必百乘之家**니 **萬取千焉**ᄒᆞ며 **千取百焉**이 **不爲不多矣**언마ᄂᆞᆫ **苟爲後義而先利**면 **不奪**ᄒᆞ야ᄂᆞᆫ **不饜**이니이다 乘去聲饜於豔反

王이갈ᄋᆞ샤ᄃᆡ엇디ᄡᅧ내國을利케ᄒᆞ려뇨ᄒᆞ시면ᄐᆡ우ㅣ갈오ᄃᆡ엇디ᄡᅧ내家를利케ᄒᆞ려뇨ᄒᆞ며士와庶人이갈오ᄃᆡ엇디ᄡᅧ내身을利케ᄒᆞ려뇨ᄒᆞ야上下ㅣ설으利를征ᄒᆞ면國이危ᄒᆞ리이다萬乘人國애그君을弑ᄒᆞᄂᆞᆫ者ᄂᆞᆫ반ᄃᆞ시千乘人家ㅣ오千乘人國애그君을弑ᄒᆞᄂᆞᆫ者ᄂᆞᆫ반다시百乘人家ㅣ니萬에千을取ᄒᆞ며千에百을取흠이하디아니흠이아니언마ᄂᆞᆫ진실노義를後ᄒᆞ고利를先ᄒᆞ면奪티아니ᄒᆞ야ᄂᆞᆫ饜티아니ᄒᆞᄂᆞ니이다

●此、言求利之害、以明上文、何必曰利之意也、征、取也、上取乎下、下取乎上、故曰交征、國危、謂將有弑奪之禍、乘、車數也、萬乘之國者、天子畿內、地方千里、出車萬乘、千乘之家者、天子之公卿、采地方百里、出車千乘也、千乘之國、諸侯之國、百乘之家、諸侯之大夫也、弑、下殺上也、饜、足也、言臣之於君、每十分而取其一分、亦已多矣、若又以義爲後、而以利爲先、則不弑其君、而盡奪之、其心、未肯以爲足也

未有仁而遺其親者也ㅣ며 **未有義而後其君者也**ㅣ니이다

仁ᄒᆞ고그親을遺ᄒᆞᆯ者ㅣ잇디아니ᄒᆞ며義ᄒᆞ고그君을後ᄒᆞᆯ者ㅣ잇디아니ᄒᆞ니이다

●此、言仁義、未嘗不利、以明上文、亦有仁義而已之意也、遺、猶棄也、後、不急也、言仁者、必愛其親、義者、必急其君、故、人君、躬行仁義、而無求利之心、則其下化之、自親戴於已也

麋 큰사슴미 大鹿

王은亦曰仁義而已矣시니何必曰利잇고

王은ᄯᅩᄒᆞᆫ仁義를닐ᄋᆞ실ᄯᆞᄅᆞᆷ이니엇디반ᄃᆞ시利를니ᄅᆞ시ᄂᆞ니잇고

●重平聲言之、以結上文兩節之意、○此章、言仁義、根於人心之固有、天理之公也、利心、生於物我之相形、人欲之私也、循天理、則不求利、而自無不利、徇人欲、則求利未得、而害已隨之、所謂毫釐之差、千里之繆、此、孟子之書、所以造端託始之深意、學者、所宜精察而明辨也、○太史公曰、余、讀孟子書、至梁惠王、問何以利吾國、未嘗不廢書而嘆也、曰嗟乎、利誠亂之始也、夫子、罕言利、常防其源也、故、曰放上聲於利、而行多怨、自天子、以至於庶人、好去聲利之弊、何以異哉、程子、曰君子、未嘗不欲利、但專以利爲心、則有害、惟仁義、則不求利、而未嘗不利也、當是之時、天下之人、惟利是求、而不復知有仁義、故、孟子、言仁義而不言利、所以拔本塞源、而求其弊、此聖賢之心也

○孟子ㅣ見梁惠王ᄒᆞ신대 王이立於沼上이러시니顧鴻鴈麋鹿曰賢者도亦樂此乎ㅣ잇가

孟子ㅣ梁惠王을보신대王이沼上에立ᄒᆞ얏더시니鴻鴈과麋鹿을顧ᄒᆞ고ᄀᆞᆯᄋᆞ샤ᄃᆡ賢者도ᄯᅩᄒᆞᆫ이를樂ᄒᆞᄂᆞ니잇가

●沼、池也、鴻、鴈之大者、麋、鹿之大者

孟子ㅣ對曰賢者而後에樂此ㅣ니不賢者는雖有此ㅣ나不樂也ㅣ니이다

孟子ㅣ對ᄒᆞ야ᄀᆞᆯᄋᆞ샤ᄃᆡ賢者ㄴ後에이를樂ᄒᆞᄂᆞ니賢티몯ᄒᆞᆫ者ᄂᆞᆫ비록이를두나樂디몯ᄒᆞᄂᆞ니이다

經 경영할경 營也　麀 암사슴우 牝鹿　攸 가득할유 自得　濯 큰탁 大也 ㅣㅣ　鶴 새살지고윤퇴할학 肥澤ㅣㅣ

○此、一章之大指

詩云經始靈臺ᄒᆞ야經之營之ᄒᆞ시니庶民攻之라不日成之로다經始勿亟ᄒᆞ시나庶民子來로다王在靈囿ᄒᆞ시니麀鹿攸伏이로다麀鹿濯濯이어ᄂᆞᆯ白鳥鶴鶴이로다王在靈沼ᄒᆞ시니於物魚躍이라ᄒᆞ니라文王이以民力爲臺爲沼ᄒᆞ시나而民이歡樂之ᄒᆞ야謂其臺曰靈臺라ᄒᆞ고謂其沼曰靈沼ㅣ라ᄒᆞ야樂其有麋鹿魚鼈ᄒᆞ니古之人이與民偕樂故로能樂也ㅣ니이다

詩예닐오ᄃᆡ靈臺를經ᄒᆞ야始ᄒᆞ야經ᄒᆞ며營ᄒᆞ시니庶民이攻ᄒᆞ논디라日이몯ᄒᆞ야셔成ᄒᆞ놋다經ᄒᆞ야始홈을亟디말나ᄒᆞ시나庶民이子ㅣ來ᄃᆞᆺᄒᆞ놋다王이靈囿에겨시니麀鹿의伏ᄒᆞ얀ᄂᆞᆫ배로다麀鹿은濯濯ᄒᆞ거ᄂᆞᆯ白鳥ᄂᆞᆫ鶴鶴ᄒᆞ도다王이靈沼에겨시니於ㅣ라物ᄒᆞ야魚ㅣ躍ᄒᆞᆫ다ᄒᆞ니文王이民力으로ᄡᅧ臺를ᄒᆞ시며沼를ᄒᆞ시나民이歡樂ᄒᆞ야그臺를닐어ᄀᆞᆯ오대靈臺라ᄒᆞ고그沼를닐어ᄀᆞᆯ오대靈沼ㅣ라ᄒᆞ야그麋鹿과魚鼈이이슘을樂ᄒᆞ니녯사ᄅᆞᆷ이民으로더불어ᄒᆞᆷᄭᅴ樂ᄒᆞᆫ故로能히樂ᄒᆞ니이다

●此、引詩而釋之、以明賢者而後、樂此之意、詩、大雅靈臺之篇、經、量度(待洛反)也、靈臺、文王臺名也、營、謀爲也、攻、治也、不日、不終日也、亟、速也、言文王、戒以勿亟也、子來、如子來趨父事也、靈囿、靈沼、臺下、有囿(囿所以域養禽獸)囿中、有沼也、麀、牝(婢忍反)鹿也、伏、安其所、不驚動也、濯濯、肥澤貌、鶴鶴、潔白貌、於、歎美辭、牣、滿也、孟子、言文王雖用民力、而民、反歡樂之、既加以美名、而又樂其所有、蓋由文王、能愛其民故、民樂其樂、而文王、亦得以享其樂也、

害엇지갈何也音曷

塡북소리뎐

湯誓에曰時日은害喪고予及女로偕亡이라ᄒᆞ니民欲與之偕亡이면雖有臺池鳥獸ㅣ나豈能獨樂哉리잇고

湯誓애ᄀᆞᆯ오대이日은어느제喪ᄒᆞᆯ고내널로밋ᄒᆞᆷ믜亡호리라ᄒᆞ니이民더불어ᄒᆞᆷ믜亡코자ᄒᆞ면비록臺池와鳥獸ㅣ이시나엇디能히호올로樂ᄒᆞ리잇고

●此、引書而釋之、以明不賢者、雖有此、不樂之意也、湯誓、商書篇名、時、是也、日、指夏桀、害、何也、桀、嘗自言吾有天下、如天之有日、日亡、吾乃亡耳、民怨其虐故、因其自言、而目之曰此日、何時亡乎、若亡則我寧與之俱亡、蓋欲其亡之甚也、孟子、引此、以明、君獨樂而不恤其民、則民怨之、而不能保其樂也、

○梁惠王이曰寡人之於國也애盡心焉耳矣로니河內凶則移其民於河東ᄒᆞ며移其粟於河內ᄒᆞ고河東이凶커든亦然ᄒᆞ노니察隣國之政혼ᄃᆡ無如寡人之用心者ㅣ로ᄃᆡ隣國之民이不加少ᄒᆞ며寡人之民이不加多ᄂᆞᆫ何也잇고

梁惠王이ᄀᆞᆯ오ᄉᆞᄃᆡ寡人이國에心을盡ᄒᆞ노니河內ㅣ凶ᄒᆞᆫ則그民을河東에移ᄒᆞ며그粟을河內예移ᄒᆞ고河東이凶커든또그리ᄒᆞ노니隣國의政을察ᄒᆞᆫᄃᆡ寡人의心을用ᄒᆞᆷᄀᆞ튼者ㅣ업소ᄃᆡ隣國의民이더져디아니ᄒᆞ며寡人의民이더하디아니ᄒᆞᆷ은엇디니잇고

●寡人、諸侯自稱、言寡德之人也、河內、河東、皆魏地、凶、歲不熟也、移民、以就食、移粟、以給其老稚之不能移者、

孟子ㅣ對曰王이好戰ᄒᆞ실ᄉᆡ請以戰喩ᄒᆞ리이다塡然鼓之ᄒᆞ야兵刃旣接이어

鼓聲

數 쵹 音促 密也

든棄甲曳兵而走호ᄃᆡ 或百步而後에 止ᄒᆞ며 或五十步而後에 止ᄒᆞ야 以五十步로 笑百步則何如ᄒᆞ니잇고 曰不可ᄒᆞ니 直不百步耳언뎡 是亦走也ㅣ니이다 曰王如知此則無望民之多於隣國也ᄒᆞ쇼서

孟子ㅣ對ᄒᆞ야 ᄀᆞᆯᄋᆞ샤ᄃᆡ 王이 戰을 好ᄒᆞ실ᄉᆡ 請컨대 戰으로ᄡᅧ 喩호리이다 塡然히 鼓ᄒᆞ야 兵刃이 이믜 接ᄒᆞ얏거든 甲을 棄ᄒᆞ며 兵을 曳ᄒᆞ고 走호ᄃᆡ 或百步ᄒᆞᆫ 後에 止ᄒᆞ며 或五十步ᄒᆞᆫ 後에 止ᄒᆞ야 五十步로ᄡᅧ 百步를 笑ᄒᆞᆫ則 엇더ᄒᆞ니잇고 ᄀᆞᆯᄋᆞ샤ᄃᆡ 可티 아니ᄒᆞ니 다ᄆᆞᆫ 百步ㅣ 아닐ᄲᅮᆫ이언뎡 이 ᄯᅩᄒᆞᆫ 走홈이니이다 ᄀᆞᆯᄋᆞ샤ᄃᆡ 王이 만일 이를 ᄋᆞ신則 民이 隣國에 多ᄒᆞ믈 ᄇᆞ라디 말ᄋᆞ쇼서

● 塡、鼓音也、兵、以鼓進、以金退、直、猶但也、言此、以譬隣國、不恤其民、惠王、能行小惠、然、皆不能行王道、以養其民、不可以此而笑彼也、楊氏、曰移民、移粟、荒政之所不廢、然、不能行先王之道、而徒以是爲盡心焉則末矣、

不違農時면 穀不可勝食也ㅣ며 數罟를 不入洿池면 魚鼈를 不可勝食也ㅣ며 斧斤을 以時入山林이면 材木을 不可勝用也ㅣ니 穀與魚鼈을 不可勝食ᄒᆞ며 材木을 不可勝用이면 是ᄂᆞᆫ 使民養生喪死에 無憾也ㅣ니 養生喪死에 無憾이 王道之始也ㅣ니이다

農時를 違티 아니ᄒᆞ면 穀을 可히 이긔여 食디 몯ᄒᆞ며 數罟를 洿池예 入디 아니ᄒᆞ면 魚鼈을 可히 이긔여 食디 몯ᄒᆞ며 斧斤을 時로ᄡᅧ 山林에 入ᄒᆞ면 材木을 可히 이긔여 用티 몯ᄒᆞ리니 穀과 다ᄆᆞᆺ 魚鼈을 가히 이긔여 食디 몯ᄒᆞ며 材木을 可히 이긔여 用티 몯ᄒᆞ면 이ᄂᆞᆫ 民으로 ᄒᆞ여곰 生을 養ᄒᆞ며 死를 喪홈애 憾이 업게 홈이니 生을 養ᄒᆞ며 死를 喪홈

樹 시믈 수 植也　畜 기를 흌 養也

애憾이업合이王道의始니이다

●農時、謂春耕、夏耘、秋收之時、凡有興作、不違此時、至冬、乃役之也、不可勝食、言多也、數、密也、罟、網也、洿、窊(烏瓜反)下之、地水所聚也、古者、網罟、必用四寸之目、魚不滿尺、市不得粥、人不得食、山林川澤、與民共之、而有厲禁、草木零落然後、斧斤、入焉、此皆爲治之初、法制未備、且因天地自然之利、而撙節愛養之事也、然、飮食、宮室、所以養生、祭祀、棺槨、所以送死、皆民所急而不可無者、今皆有以資之、則人無所恨矣、王道、以得民心爲本故、以此、爲王道之始、

五畝之宅에樹之以桑이면五十者ㅣ可以衣帛矣며鷄豚狗彘之畜을無失其時면七十者ㅣ可以食肉矣며百畝之田을勿奪其時면數口之家ㅣ可以無飢矣며謹庠序之敎ᄒᆞ야申之以孝悌之義면頒白者ㅣ不負戴於道路矣리니七十者ㅣ衣帛食肉ᄒᆞ며黎民이不飢不寒이오然而不王者ㅣ未之有也ㅣ니이다

五畝ㅅ宅애樹호ᄃᆡ桑으로ᄡᅥᄒᆞ면五十인者ㅣ可히ᄡᅥ帛을衣ᄒᆞ며鷄豚狗彘의畜을그時를失홈이업ᄉᆞ면七十인者ㅣ可히ᄡᅥ肉을食ᄒᆞ며百畝ㅅ田을그時를奪티말면數口ㅅ집이可히ᄡᅥ飢홈이업ᄉᆞ며庠序ㅅ敎를謹ᄒᆞ야申호ᄃᆡ孝悌ㅅ義로ᄡᅥᄒᆞ면頒白ᄒᆞᆫ者ㅣ道路에負ᄒᆞ며戴티아니ᄒᆞ리니七十인者ㅣ帛을衣ᄒᆞ며肉을食ᄒᆞ며黎民이飢티아니ᄒᆞ며寒티아니ᄒᆞ고그러코王티몯ᄒᆞᆯ者ㅣ잇디아니ᄒᆞ니이다

●五畝之宅、一夫所受、二畝半、在田、二畝半、在邑、田中、不得有木、恐妨五穀、故、於墻下、植桑、以共蠶事、五十、始衰、非帛不煖、未五十者、不得衣也、畜、養也

刺씨를척蹤也

時、謂孕字之時、如孟春、犧牲、毋用牝之類也、七十、非肉不飽、未七十者、不得食也、百畝之田、亦一夫所受、至此則經界正、井地均、無不受田之家矣、庠序、皆學名也、申、重也、丁寧反覆之意、善事父母、爲孝、善事兄長、爲悌、頒、與班同、老人頭半白黑者也、負、任在背、戴、任在首、夫民、衣食不足、則不暇治禮義、而飽煖無敎、則又近於禽獸、故、旣富、而敎以孝悌、則人知愛親敬長、而代其勞、不使之負戴於道路矣、衣帛食肉、但言七十、擧重以見輕也、黎、黑也、黎民、黑髮之人、猶秦言黔首也、少壯之人、雖不得衣帛食肉、然、亦不至於飢寒也、此、言盡法制、品節之詳、極財成輔相之道、以左右民、是王道之成也、

狗彘ㅣ食人食而不知檢ᄒᆞ며 塗有餓莩而不知發ᄒᆞ고 人死則曰非我也ㅣ라 歲也ㅣ라ᄒᆞᄂᆞ니 是ㅣ何異於刺人而殺之曰非我也ㅣ라 兵也ㅣ리오 王無罪歲ᄒᆞ시면 斯天下之民이至焉ᄒᆞ리이다

狗彘ㅣ人의食을食ᄒᆞ거든檢홀주ᄅᆞᆯ아디몯ᄒᆞ며塗애餓莩ㅣ잇거든發홀주ᄅᆞᆯ아디몯ᄒᆞ고人이死ᄒᆞᆫ則ᄀᆞᆯ오ᄃᆡ내아니라歲라ᄒᆞᄂᆞ니이엇디人을刺ᄒᆞ야殺ᄒᆞ고ᄀᆞᆯ오ᄃᆡ내아니라兵이라홈과다ᄅᆞ리오王이歲ᄅᆞᆯ罪홈이업ᄉᆞ면이예天下人民이至ᄒᆞ리다

●檢、制也、莩、餓死人也、發、發倉廩以賑貸也、歲、謂歲之豐凶也、惠王、不能制民之產、又使狗彘、得以食人之食、則與先王制度品節之意、異矣、至於民飢而死、猶不知發、則其所移、特民間之粟而已、乃以民不加多、歸罪於歲凶、是知刃之殺人、而不知操七刀反刃者之殺人也、不罪歲、則必能自反、而益修其政、天下之民至焉、則不但多於隣國而已、程子曰、孟子之論王道不過如此、可謂實矣、又曰、孔子之時、周室、雖微、天下、猶知尊周之爲義、故、春秋以尊周爲本、至孟子時、七國、爭

惡 위어 할오 憎也

雄、天下、不復知有周、而生民之塗炭、已極、當是時、諸侯、能行王道、則可以王矣此、孟子所以勸齊梁之君也、蓋王者、天下之義主也、聖賢、亦何心哉、視天命之改與未改耳、

○梁惠王이曰寡人이願安承敎호노이다

梁惠王이골오샤딕寡人이願컨댄安호야敎를承호려호노이다

●承上章、言願安意、以受敎、

孟子ㅣ對曰殺人以梃與刃이有以異乎ㅣ잇가 曰無以異也ㅣ니이다

孟子ㅣ對호야골오샤딕人을殺호딕梃과다뭇刃으로뼈홈이뼈달오미인ᄂᆞ니잇가 골오샤딕뼈달오미업ᄉᆞ니이다

●梃、杖也、

以刃與政이有以異乎ㅣ잇가 曰無以異也ㅣ니이다

刃과다뭇政으로뼈홈이뼈달오미잇ᄂᆞ니잇가골오샤딕뼈달오미업ᄉᆞ니이다

●孟子、又問而王、答也、

曰庖有肥肉호며廐有肥馬ㅣ오民有飢色호며野有餓莩ㅣ면此는率獸而食人也ㅣ니이다

골오샤딕庖에肥肉이이시며廐에肥馬ㅣ잇고民이飢色이이시며野에餓莩ㅣ이시면이는獸를率호야人을食홈이니이다

●厚斂於人、以養禽獸、而使民飢以死、則無異於驅獸、以食人矣

獸相食을且人이惡之호ᄂᆞ니爲民父母ㅣ라行政호딕不免於率獸而食

惡 엇지 오何也

象 형상 상形也

人이면惡在其爲民父母也ㅣ리잇고

獸ㅣ서로食ᄒᆞᆷ을또人이惡ᄒᆞᄂᆞ니民의父母ㅣ되연ᄂᆞᆫ디라政을行호ᄃᆡ獸를率ᄒᆞ야人을食ᄒᆞᆷ애免티몯ᄒᆞ면어ᄃᆡ그民의父母ㅣ되옴이이시리잇고

●君者、民之父母也、惡在、猶言何在也、

仲尼曰始作俑者ㅣ其無後乎ᆫ뎌ᄒᆞ시니爲其象人而用之也ㅣ시니如之何其使斯民飢而死也ㅣ리잇고

仲尼ㅣ굴ᄋᆞ샤ᄃᆡ비로소俑을作ᄒᆞᆫ者ㅣ그後ㅣ업스린뎌ᄒᆞ시니그人을象ᄒᆞ야用ᄒᆞᆷ을爲ᄒᆞ애시니엇디그民으로ᄒᆡ여곰飢ᄒᆞ야死케ᄒᆞ리잇고

●俑、從葬木偶人也、古之葬者、束草爲人、以爲從衛、謂之芻靈、略似人形而已、中古、易之以俑、則有面目機發而太似人矣、故、孔子、惡其不仁、而言其必無後也、孟子、言此作俑者、但用象人以葬、孔子、猶惡之、況實使民、飢而死乎、○李氏、曰爲人君者、固未嘗有率獸食人之心、然、徇一己之欲、而不恤其民、則其流、必至於此、故、以爲民父母、告之、夫父母之於子、爲之就利避害、未嘗頃刻而忘于懷、何至視之不如犬馬乎、

○梁惠王이曰晉國이天下에莫强焉은叟之所知也ㅣ라及寡人之身ᄒᆞ야東敗於齊에長子ㅣ死焉ᄒᆞ고西喪地於秦七百里ᄒᆞ야南辱於楚ᄒᆞ니寡人이恥之ᄒᆞ야願比死者ᄒᆞ야一洒之ᄒᆞ노니如之何則可ㅣ니잇고

梁惠王이굴ᄋᆞ샤ᄃᆡ晉國이天下에이만强ᄒᆞᆫ이업슴은叟의아ᄂᆞᆫ배라寡人의身에미처東으로齊에敗ᄒᆞᆷ애長子ㅣ死ᄒᆞ고西로地를秦에喪ᄒᆞᆷ을七百里를ᄒᆞ고南으로楚

省 (닐생 簡也) 易 (다ᄉᆞ릴이 治也)

溺 (ᄲᅡ질닉 沒也)

에辱ᄒᆞ니寡人이恥ᄒᆞ야願컨댄死者를爲ᄒᆞ야ᄒᆞᆫ젹酒호려ᄒᆞ노니엇디ᄒᆞᆫ則可ᄒᆞ니잇고

●魏、本晉大夫魏斯、與韓氏趙氏、共分晉地、號曰三晉、故、惠王、猶自謂晉國、惠王三十年、齊擊魏、破其軍、虜太子申、十七年、秦、取魏少梁、後、魏又數獻地於秦、又與楚將昭陽、戰敗、亡其七邑、比、猶爲也、言欲爲死者、雪其耻也、

孟子ㅣ對曰地方百里而可以王이니이다

孟子ㅣ對ᄒᆞ야ᄀᆞᆯᄋᆞ샤ᄃᆡ地ㅣ方이百里도可히ᄡᅥ王ᄒᆞ리이다

●百里、小國也、然、能行仁政、則天下之民、歸之矣

王如施仁政於民ᄒᆞ샤省刑罰ᄒᆞ시며薄稅斂ᄒᆞ시며深耕易耨ᄒᆞ고壯者ㅣ以暇日로脩其孝悌忠信ᄒᆞ야入以事其父兄ᄒᆞ며出以事其長上ᄒᆞ리니可使制梃ᄒᆞ야以撻秦楚之堅甲利兵矣리이다

王이만일仁政을民에施ᄒᆞ샤刑罰을省ᄒᆞ시며稅斂을薄히ᄒᆞ시면기피耕ᄒᆞ며易ᄒᆞ야耨ᄒᆞ고壯者ㅣ暇日로ᄡᅥ그孝悌와忠信을脩ᄒᆞ야入ᄒᆞ야ᄡᅥ그父兄을事ᄒᆞ며出ᄒᆞ야ᄡᅥ그長上을事ᄒᆞ리니可히ᄒᆞ여곰梃을制ᄒᆞ야ᄡᅥ 秦楚의堅ᄒᆞᆫ甲과利ᄒᆞᆫ兵을撻ᄒᆞ리이다

●省刑罰、薄稅斂、此二者、仁政之大目也、易、治也、耨、耘也、盡己之謂忠、以實之謂信、君行仁政、則民得盡力於農畝、而又有暇日、以脩禮敎、是以、尊君親上而樂(音洛下同)於效死也、

彼ㅣ奪其民時ᄒᆞ야使不得耕耨ᄒᆞ야以養其父母ᄒᆞ면父母ㅣ凍餓ᄒᆞ며兄

惡 엇지오 何也

弟妻子ㅣ離散ᄒᆞ리니

뎨그民時를奪ᄒᆞ야ᄒᆞ여곰耕ᄒᆞ며耨ᄒᆞ야뻐그父母를養티몯ᄒᆞ게ᄒᆞ면父母ㅣ凍餓ᄒᆞ며兄弟와妻子ㅣ離散ᄒᆞ리니

●彼、謂敵國也、

彼ㅣ陷溺其民이어든王이往而征之ᄒᆞ시면夫誰與王敵이리잇고

뎨그民을陷溺ᄒᆞ거든王이往ᄒᆞ야征ᄒᆞ시면뉘王으로더브러敵ᄒᆞ리잇고

●陷、陷於阱、溺、溺於水、暴虐之意、征、正也 以彼暴虐其民、而率吾尊君親上之民、往正其罪、彼民、方怨其上、而樂歸於我、則誰與我敵哉、

故로曰仁者는無敵이라ᄒᆞ니王請勿疑ᄒᆞ쇼셔

故로ᄀᆞᆯ오ᄃᆡ仁者ᄂᆞᆫ敵이업다ᄒᆞ니王은請컨댄疑티말ᄋᆞ쇼셔

●仁者無敵、蓋古語也、百里可王、以此而已、恐王、疑其迂闊故、勉使勿疑也、○孔氏、曰惠王之志、在於報怨、孟子之論、在於救民、所謂唯天吏則可以伐之蓋孟子之本意、

○孟子ㅣ見梁襄王ᄒᆞ시고

孟子ㅣ梁襄王을보시고

●襄王、惠王子、名、赫、

出語人曰望之不似人君이오就之而不見所畏焉이러니卒然問曰天下는惡乎定고ᄒᆞ야ᄂᆞᆯ吾ㅣ對曰定于一이라ᄒᆞ라

出ᄒᆞ야사람ᄃᆞ려닐어ᄀᆞᆯ오ᄃᆡ바라홈애人君ᄀᆞᆮ디아니ᄒᆞ고就ᄒᆞ야畏ᄒᆞᆫ바를보디몯

油 구름필유 雲行

沛 성헐픽 盛雨

ᄒᆞ리러니卒然히무러ᄀᆞᆯ오ᄃᆡ天下ᄂᆞᆫ어ᄃᆡ定ᄒᆞᆯ고ᄒᆞ야ᄂᆞᆯ내對ᄒᆞ야ᄀᆞᆯ오ᄃᆡ一에定ᄒᆞ리라호라

●語、告也、不似人君、不見所畏、言其無威儀也、卒然、急遽之貌、蓋容貌辭氣、乃德之符、其外如此、則其中之所存者、可知、王、問列國、分爭、天下、當何所定、孟子、對以必合于一然後、定也

孰能一之오ᄒᆞ야ᄂᆞᆯ

뉘能히一ᄒᆞᆯ고ᄒᆞ야ᄂᆞᆯ

●王、問也、

對曰不嗜殺人者ㅣ能一之라호라

對ᄒᆞ야ᄀᆞᆯ오ᄃᆡ人을殺ᄒᆞ기를嗜티아니ᄒᆞᄂᆞᆫ者ㅣ能히一ᄒᆞ리라호라

●嗜、甘也、

孰能與之오ᄒᆞ야ᄂᆞᆯ

뉘能히與ᄒᆞᆯ고ᄒᆞ야ᄂᆞᆯ

●王、復問也、與、猶歸也、

對曰天下ㅣ莫不與也ㅣ니王은知夫苗乎잇가七八月之間이旱則苗ㅣ槁矣라가天이油然作雲ᄒᆞ야沛然下雨則苗ㅣ浡然興之矣ᄂᆞ니其如是면孰能禦之리오今夫天下之人牧이未有不嗜殺人者也ㅣ니如有不嗜殺人者則天下之民이皆引領而望之矣리니誠如是

也ㅣ면民歸之ㅣ由水之就下ᄒᆞ리니沛然을孰能禦之리오ᄒᆞ라

對ᄒᆞ야ᄀᆞᆯ오ᄃᆡ天下ㅣ與티아니ᄒᆞ리업스리니王은그苗를알ᄋᆞ시ᄂᆞ니잇가七八月ㅅ間이旱ᄒᆞ면苗ㅣ槁하얏다가天이油然히雲을作ᄒᆞ야沛然히雨를下ᄒᆞ면苗ㅣ浡然히興ᄒᆞᄂᆞ니그이ᄀᆞᆮᄐᆞ면뉘能히禦ᄒᆞ리오이졔天下에人牧이人을殺ᄒᆞ기를嗜티아니ᄒᆞᆫ者ㅣ잇디아니ᄒᆞ니만일人을殺ᄒᆞ기를嗜티아니ᄒᆞᆫ者ㅣ이시면天下엣民이다領을引ᄒᆞ야望ᄒᆞ리니진실로이ᄀᆞᆮᄐᆞ면民이歸홈이水ㅣ에就홈ᄀᆞᆮᄐᆞ리니沛然홈을뉘能히禦ᄒᆞ리오호라

●周七八月、夏五六月也、油然、雲盛貌、沛然、雨盛貌、浡然、興起貌、禦、禁止也、人牧、謂牧民之君也、領、頸也、蓋好生惡死、人心所同、故、人君、不嗜殺人則天下、悅而歸之、○蘇氏、曰孟子之言、非苟爲大而已、然、不深原其意、而詳究其實、未有不以爲迂者矣、予觀孟子以來、自漢高祖及光武及唐太宗及我太祖皇帝、能一天下者四君、皆以不嗜殺人、致之、其餘、殺人愈多而天下愈亂、秦及晉隋、力能合之而好殺不已故、或合而復分、或遂以亡國、孟子之言、豈偶然而已哉、

○齊宣王이問曰齊桓晉文之事를可得聞乎ㅣ잇가

齊宣王이묻ᄌᆞ와ᄀᆞᆯᄋᆞ샤ᄃᆡ齊桓과晉文의事를可히시러곰드르리잇가

●齊宣王、姓、田氏、名辟彊、諸侯、僭稱王也、齊桓公、名小白、晉文公、名重耳、皆霸諸侯者

孟子ㅣ對曰仲尼之徒ㅣ無道桓文之事者ㅣ라是以로後世에無傳焉ᄒᆞ니臣이未之聞也ᄒᆞ니無以則王乎ᄃᆞᆫ뎌

孟子ㅣ對ᄒᆞ야ᄀᆞᆯᄋᆞ샤ᄃᆡ仲尼의徒ㅣ桓文의事를니를者ㅣ업슨디라일로ᄡᅥ後世에

舍 노을 사 釋也

傳ᄒᆞ리업ᄉᆞ니臣이듣디몯ᄒᆞ얀노니마디말와여ᄒᆞ시면王을홀뎐뎌

●道、言也、董子、曰仲尼之門、五尺童子、羞稱五伯、爲其先詐力而後仁義也、亦此意也、以、已、通用、無已、必欲言之而不止也、王、謂王天下之道、

曰德이何如則可以王矣리잇고 曰保民而王이면莫之能禦也ㅣ리이다

글ᄋᆞ샤ᄃᆡ德이엇더ᄒᆞ면可히ᄡᅥ王ᄒᆞ리잇고 글ᄋᆞᄃᆡ民을保ᄒᆞ야王ᄒᆞ면能히禦ᄒᆞ리업ᄉᆞ리이다

◉保、愛護也、

曰若寡人者도可以保民乎哉잇가 曰可ᄒᆞ니이다 曰何由로知吾의可也잇고 曰臣이聞之胡齕ᄒᆞ니 曰王이坐於堂上이어시늘有牽牛而過堂下者ㅣ러니 王이見之ᄒᆞ시고曰牛ᄂᆞᆫ何之오 對曰將以釁鍾이니이다 王曰舍之ᄒᆞ라吾ㅣ不忍其觳觫若無罪而就死地ᄒᆞ노라 對曰然則廢釁鍾與잇가 曰何可廢也ㅣ리오 以羊易之ᄒᆞ라ᄒᆞ샤소니 不識제이다 有諸잇가

齕音核釁許刃反舍上聲
觳音斛觫音速與平聲

글ᄋᆞ샤ᄃᆡ寡人ᄀᆞᆮᄐᆞᆫ者도可히ᄡᅥ民을保ᄒᆞ리잇가 글ᄋᆞ샤ᄃᆡ可ᄒᆞ니이다 글ᄋᆞ샤ᄃᆡ엇디말ᄆᆡ암아내의可ᄒᆞᆫ주ᄅᆞᆯ알ᄋᆞ시ᄂᆞ니잇고 글ᄋᆞ샤ᄃᆡ臣이胡齕의게들오니 글오ᄃᆡ王이堂上에坐ᄒᆞ얏거시ᄂᆞᆯ牛를牽ᄒᆞ고堂下로過ᄒᆞᆯ者ㅣ잇더니王이보시고 글ᄋᆞ샤ᄃᆡ牛ᄂᆞᆫ어ᄃᆡ가ᄂᆞ뇨 對ᄒᆞ야글오ᄃᆡ쟝ᄎᆞᆺᄡᅥ鍾을釁호려ᄒᆞᄂᆞ니이다 王이글ᄋᆞ샤ᄃᆡ舍ᄒᆞ라 내그觳觫히無罪ᄒᆞᆫ거시死地예就ᄒᆞᄂᆞᆫᄃᆞᆺᄒᆞᆷ을ᄎᆞᆷ디몯ᄒᆞ노라 對ᄒᆞ야글오ᄃᆡ그러면鍾釁ᄒᆞᆷ을廢ᄒᆞ리잇가 글ᄋᆞ샤ᄃᆡ엇디可히廢ᄒᆞ리오 羊으로ᄡᅥ易ᄒᆞ라ᄒᆞ샤소니 아디몯게이다 인ᄂᆞ니잇가

●胡齕、齊臣也、釁鐘、新鑄鐘成、而殺牲取血、以塗其釁郄也、觳觫 恐懼貌、孟子
述所聞胡齕之語、而問王、不知果有此事否、
曰有之ᄒᆞ니이다曰是心이足以王矣리이다百姓은皆以王爲愛也ㅣ어니와臣
은固知王之不忍也ᄒᆞ노이다
ᄀᆞᆯ오샤ᄃᆡ인ᄂᆞ니이다ᄀᆞᆯ오샤ᄃᆡ이ᄆᆞᄋᆞᆷ이足히ᄡᅥ王ᄒᆞ리이다百姓은다王으로ᄡᅥ愛
ᄒᆞ다ᄒᆞ거니와臣은진실로王의忍티몯ᄒᆞ시믈아ᄂᆞ이다
●王見牛之觳觫而不忍殺、即所謂惻隱之心、仁之端也、擴而充之、則可以保四
海矣、故、孟子、指而言之、欲王、察識於此而擴充之也、愛、猶吝也、
王曰然ᄒᆞ다誠有百姓者ㅣ로다마ᄂᆞᆫ齊國이雖褊小ㅣ나吾何愛一牛ㅣ리오即
不忍其觳觫若無罪而就死地라故로以羊易之也ᄒᆞ이다
王이ᄀᆞᆯ오샤ᄃᆡ然ᄒᆞ다진실로百姓인者ㅣ잇도다마ᄂᆞᆫ齊國이비록褊ᄒᆞ고小ᄒᆞ나내
엇디ᄒᆞᆫ牛를愛ᄒᆞ리오곧그觳觫히無罪ᄒᆞᆫ거시死地예就ᄒᆞᄂᆞᆫᄃᆞᆺᄒᆞᆷ을ᄎᆞᆷ디몯ᄒᆞᆫ디라
故로羊으로ᄡᅥ易ᄒᆞ오이다
言以羊易牛、其迹、似吝、實有如百姓所譏者、然我之心不如是也、
曰王은無異於百姓之以王爲愛也ᄒᆞ쇼셔以小易大ㅣ어니彼惡知之
ㅣ리잇고王若隱其無罪而就死地則牛羊을何擇焉이리잇고王이笑曰是
誠何心哉런고我非愛其財而易之以羊也ㅣ언마ᄂᆞᆫ宜乎百姓之謂
我愛也ㅣ로다 [illegible]

惡엇지오何也

왈ᄋᆞ샤ᄃᆡ王은百姓이王으로ᄡᅥ愛ᄒᆞ다ᄒᆞᆷ을異히너기디말ᄋᆞ쇼셔小로ᄡᅥ大를易ᄒᆞ야니뎌엇디알리잇고王이만일그罪업슨거시死地예就ᄒᆞᆷ을隱히너기시면牛와羊을어늬를擇ᄒᆞ리잇고王이笑ᄒᆞ고ᄀᆞᆯᄋᆞ샤ᄃᆡ이진실로엇던ᄆᆞᄋᆞᆷ이런고내그財를愛ᄒᆞ야羊으로ᄡᅥ易ᄒᆞᆫ주리아니언ᄂᆞᆫ百姓이나를愛타닐옴이맛당ᄒᆞ도다

●異、怪也、隱、痛也、擇、猶分也、言牛羊、皆無罪而死、何所分別、而以羊易牛乎、孟子、故設此難去聲欲王、反求而得其本心、王、不能然故、卒無以自解於百姓之言也、

曰無傷也ㅣ라是乃仁術也ㅣ니見牛코未見羊也ㅣㄹ시니이다 君子之於禽獸也에見其生ᄒᆞ고不忍見其死ᄒᆞ며聞其聲ᄒᆞ고不忍食其肉ᄒᆞᄂᆞ니是以로君子ᄂᆞᆫ遠厨庖也ㅣ니이다 遠去聲

ᄀᆞᆯᄋᆞ샤ᄃᆡ傷ᄒᆞᆷ이업ᄉᆞ니라이仁ᄒᆞᆫ術이니牛를보고羊을보다몯ᄒᆞᆫ시니이다君子ㅣ禽獸에그生을보고ᄎᆞᆷ아그死를보디몯ᄒᆞ며그聲을듣고ᄎᆞᆷ아그肉을食디몯ᄒᆞᄂᆞ니일로ᄡᅥ君子ᄂᆞᆫ庖厨를멀리ᄒᆞᄂᆞ니이다

●無傷、言雖有百姓之言、不爲害也、術、謂法之巧者、蓋殺牛、既所不忍、釁鐘、又不可廢、於此、無以處去聲之則此心、雖發、而終不得施矣、然、見牛則此心、已發而不可遏、未見羊則其理未形而無所妨、故、以羊易牛、則二者、得以兩全而無害、此所以爲仁之術也、聲、謂將死而哀鳴也、蓋人之於禽獸、同生而異類、故、用之以禮而不忍之心 施於見聞之所及、其所以必遠庖厨者、亦以預養是心、而廣爲仁之術也、

戚 근심 헐척 憂貌ㅣㅣ

復 고할 부 白也

王이說曰詩云他人有心을予忖度之라ᄒᆞ니夫子之謂也ㅣ로소이다夫
我乃行之ᄒᆞ고反而求之ᄒᆞ면不得吾心이라니夫子ㅣ言之ᄒᆞ시니於我心애
有戚戚焉ᄒᆞ여이다此心之所以合於王者는何也잇고 說音悅忖七本反度待洛反夫我之夫音扶

王이說ᄒᆞ야ᄀᆞᆯᄋᆞ샤ᄃᆡ詩예닐오ᄃᆡ他人의心둠을내忖度ᄒᆞ다ᄒᆞ니夫子를닐옴이로
소이다내行ᄒᆞ고反ᄒᆞ야求ᄒᆞᄃᆡ내心을得디몯ᄒᆞ엿더니夫子ㅣ닐ᄋᆞ시니내ᄆᆞᄋᆞᆷ애
戚戚홈이이셔이다이ᄆᆞᄋᆞᆷ의ᄡᅥ王에合ᄒᆞᆫ바ᄂᆞᆫ엇디니잇고

●詩、小雅巧言之篇、戚戚、心動貌、王、因孟子之言而前日之心、復扶又反萌乃知此
心、不從外得、然、猶未知所以反其本而推之也、

曰有復於王者ㅣ曰吾ㅣ力足以擧百鈞而不足以擧一羽ᄒᆞ며
明足以察秋毫之末而不見輿薪이라ᄒᆞ면則王은許之乎ㅣ잇가曰否ㅣ라
今에恩足以及禽獸而功不至於百姓者는獨何與잇고然則一
羽之不擧는爲不用力焉이며輿薪之不見은爲不用明焉이며百姓
之不見保는爲不用恩焉이니故로王之不王은不爲也ㅣ언뎡非不能
也ㅣ니이다 與平聲不爲之爲去聲

ᄀᆞᆯᄋᆞ샤ᄃᆡ王ᄭᅴ復ᄒᆞᆯ者ㅣ이셔ᄀᆞᆯ오ᄃᆡ내力이足히ᄡᅥ百鈞을擧호ᄃᆡ足히ᄡᅥ一羽를擧
티몯ᄒᆞ며明이足히ᄡᅥ秋毫의末을察호ᄃᆡ輿薪을보디몯ᄒᆞ노라ᄒᆞ면王은許ᄒᆞ시리
잇가ᄀᆞᆯᄋᆞ샤ᄃᆡ아니니라今에恩이足히ᄡᅥ禽獸에미ᄎᆞᄃᆡ功이百姓의게니르디몯ᄒᆞ욤

은ᄒᆞ올로엇뎨잇고그러면一羽의擧티몯홈은力을用티아니홈을爲ᄒᆞ애며輿薪의보디몯홈은明을用티아니홈을爲ᄒᆞ애며百姓의保홈을보디몯ᄒᆞ은恩을用티아니홈을爲ᄒᆞ애니故로王의王티몯ᄒᆞ욤은ᄒᆞ디아니홈ᄲᅮᆫ이언뎡能티몯홈이아니니이다

●復、白也、鈞、三十斤、百鈞、至重難擧也、羽、鳥羽、一羽至輕易擧也、秋毫之末毛至秋而末銳、小而難見也、輿薪、以車載薪、大而易見也、許、猶可也、今恩以下、又孟子之言也、蓋天地之性、人爲貴故、人之與人、又爲同類而相親、是以、惻隱之發、則於民切而於物緩、推廣仁術、則仁民易而愛物難、今王此心、能及物矣、則其保民而王、非不能也、但自不肯爲耳、

曰不爲者와與不能者之形이何以異잇고曰挾太山ᄒᆞ야以超北海를語人曰我不能이라ᄒᆞ면是는誠不能也ㅣ어니와爲長者折枝를語人曰我不能이라ᄒᆞ면是는不爲也ㅣ언뎡非不能也ㅣ니故로王之不王은非挾太山以超北海之類也ㅣ라王之不王은是ㅣ折枝之類也ㅣ니이다

ᄀᆞᆯ오샤ᄃᆡᄒᆞ디아니ᄒᆞᄂᆞᆫ者와다ᄆᆞᆺ能티몯ᄒᆞᄂᆞᆫ者의形이엇디ᄡᅥ異ᄒᆞ니잇고ᄀᆞᆯ오샤ᄃᆡ太山을挾ᄒᆞ야ᄡᅥ北海를超홈을사ᄅᆞᆷ드려語ᄒᆞ야ᄀᆞᆯ오ᄃᆡ내能티몯ᄒᆞ노라ᄒᆞ면이ᄂᆞᆫ진실로能티몯홈이어니와長者를爲ᄒᆞ야枝折홈을사ᄅᆞᆷ드려語ᄒᆞ야ᄀᆞᆯ오ᄃᆡ내能티몯ᄒᆞ노라ᄒᆞ면이ᄂᆞᆫᄒᆞ디아닐ᄲᅮᆫ이언뎡能티몯홈이아니니故로王의王티몯ᄒᆞ욤은太山을挾ᄒᆞ야ᄡᅥ北海를超ᄒᆞᄂᆞᆫ類ㅣ아니라王의王티몯ᄒᆞ욤은이枝를折ᄒᆞᄂᆞᆫ類ㅣ니이다

●形、狀也、挾、以腋持物也、超、躍而過也、爲長者折枝、以長者之命、折草木之枝、

權 저울질할 권 稱錘

言不難也、是心、固有、不待外求、擴而充之、在我而已、何難之有、

老吾老ᄒᆞ야以及人之老ᄒᆞ며幼吾幼ᄒᆞ야以及人之幼ㅣ면天下ᄂᆞᆫ可運於掌이니詩云刑于寡妻ᄒᆞ야至于兄弟ᄒᆞ야以御于家邦이라ᄒᆞ니言擧斯心ᄒᆞ야加諸彼而已니故로推恩이면足以保四海오不推恩이면無以保妻子ㅣ니古之人이所以大過人者ᄂᆞᆫ無他焉이라善推其所爲而已矣니今에恩足以及禽獸而功不至於百姓者ᄂᆞᆫ獨何與ㅣ니잇고 與平聲

내老ᄅᆞᆯ老로ᄒᆞ야ᄡᅧ人의老에미치며내幼ᄅᆞᆯ幼로ᄒᆞ야ᄡᅧ人의幼에미치면天下ᄂᆞᆫ可히掌애運ᄒᆞ리니詩에닐오ᄃᆡ寡妻에刑ᄒᆞ야兄弟에니르러ᄡᅧ家邦을御타ᄒᆞ니이ᄆᆞᄋᆞᆷ을擧ᄒᆞ야彼에더을ᄯᆞᄅᆞᆷ인주ᄅᆞᆯ닐ᄋᆞ니故로恩을推ᄒᆞ면足히ᄡᅧ四海ᄅᆞᆯ保ᄒᆞ고恩을推티몯ᄒᆞ면ᄡᅧ妻子ᄅᆞᆯ保티몯ᄒᆞ리니녯사ᄅᆞᆷ이ᄡᅧ키人에過ᄒᆞᆫ바ᄂᆞᆫ他ㅣ업ᄉᆞᆫ디라그ᄒᆞᄂᆞᆫ바ᄅᆞᆯ善히推ᄒᆞᆯᄯᆞᄅᆞᆷ이니今에恩이足히ᄡᅧ禽獸에미초ᄃᆡ功이百姓의게至티몯ᄒᆞ옴은호올로엇디니잇고

●老、以老事之也、吾老、謂我之父兄、人之老、謂人之父兄、幼、以幼畜之也、吾幼、謂我之子弟、人之幼、謂人之子弟、運於掌、言易也、詩、大雅思齊之篇、刑、法也、寡妻、寡德之妻、謙辭也、御、治也、不能推恩、則衆叛親離故、無以保妻子、蓋骨肉之親、本同一氣、又非但若人之同類而已、故、古人、必由親親推之然後、及於仁民、又推其餘然後 及於愛物、皆由近以及遠、自易以及難、今王、反之則必有故矣、故、復推本而再問之、

權然後에知輕重ᄒᆞ며度然後에知長短이니物皆然이어니와心爲甚ᄒᆞ니王

度 쌤올 도 布指知尺 度 혜아릴 탁 忖也

請度之ᄒᆞ소서 度之之度 待洛反

權ᄒᆞᆫ 然後에 輕重을 알며 度ᄒᆞᆫ 然後에 長短을 아ᄂᆞ니 物이 다 그러ᄒᆞ거니와 心이 甚ᄒᆞ니 王은 請컨댄 度ᄒᆞ쇼셔

●權、稱錘也、度、丈尺也、度之、謂稱量之也、言物之輕重、長短、人所難齊、必以權度、度之而後、可見、若心之應物、則其輕重長短之難齊、而不可不度以本然之權度、又有甚於物者、今王、恩及禽獸而功不至於百姓、是其愛物之心、重且長、而仁民之心、輕且短、失其當然之序、而不自知也、故、上文、旣發其端、而於此、請王度之也

抑王은 興甲兵ᄒᆞ며 危士臣ᄒᆞ야 構怨於諸侯然後에야 快於心與잇가 與平聲

王은 甲兵을 興ᄒᆞ며 士臣을 危케ᄒᆞ야 怨을 諸侯에 構ᄒᆞᆫ 然後에아 心에 快ᄒᆞ리잇가

●抑、發語辭、士、戰士也、構、結也、孟子、以王愛民之心、所以輕且短者、必其以是三者、爲快也、然、三事、實非人心之所快、有甚於殺觳觫之牛者故、指以問王、欲其以此而度之也、

王曰否ㅣ라 吾何快於是리오 將以求吾所大欲也ㅣ로이다

王이 ᄀᆞᆯ으샤ᄃᆡ 아니라 내 엇디 이예 快ᄒᆞ리오 장ᄎᆞᆺ 뼈 내의 키 欲ᄒᆞᄂᆞᆫ 바ᄅᆞᆯ 求ᄒᆞ노이다

●不快於此者、心之正也、而必爲此者、欲、誘之也、欲之所誘者、獨在於是、是以其心、尙明於他、而獨暗於此、此其愛民之心、所以輕短而功不至於百姓也、

曰王之所大欲을 可得聞與잇가 王이 笑而不言ᄒᆞ신대 曰爲肥甘이 不足於口與ㅣ며 輕煖이 不足於體與잇가 抑爲采色이 不足視於目與

ㅣ며 聲音이 不足聽於耳與ㅣ며 便嬖ㅣ 不足使令於前與잇가 王之諸臣이 皆足以供之ᄒᆞᄂᆞ니 而王은 豈爲是哉시리잇고 曰否ㅣ라 吾不爲是也ㅣ로이다 曰然則王之所大欲을 可知已니 欲辟土地ᄒᆞ며 朝秦楚ᄒᆞ야 莅中國而撫四夷也ㅣ로소이다 以若所爲로 求若所欲이면 猶緣木而求魚也ㅣ니이다 與平聲 爲肥抑爲豈爲不爲之爲皆去聲 便令者平聲 辟與闢同 朝音潮

ᄀᆞᆯ으샤ᄃᆡ 王의 키 欲ᄒᆞ시ᄂᆞᆫ바ᄅᆞᆯ 可히 시러곰 들으리잇가 王이 笑ᄒᆞ고 닐으디 아니ᄒᆞ신대 ᄀᆞᆯ으샤ᄃᆡ 肥와 甘이 口에 足디 몯ᄒᆞ며 輕과 煖이 體예 足디 몯홈을 爲ᄒᆞ여니잇가 采色이 目에 視홈이 足디 몯ᄒᆞ며 聲音이 耳에 聽홈이 足디 몯ᄒᆞ며 便嬖ㅣ 前에 使令홈이 足디 몯홈을 爲ᄒᆞ여니잇가 王의 諸臣이 다 足히 ᄡᅥ 供ᄒᆞᄂᆞ니 王은 엇디 이ᄅᆞᆯ 爲ᄒᆞ시리잇고 ᄀᆞᆯ으샤ᄃᆡ 아니라 내 이ᄅᆞᆯ 爲티 아니ᄒᆞ노이다 ᄀᆞᆯ으샤ᄃᆡ 그러면 王의 키 欲ᄒᆞ시ᄂᆞᆫ바ᄅᆞᆯ 可히 알띠니 土地ᄅᆞᆯ 辟ᄒᆞ며 秦楚ᄅᆞᆯ 朝ᄒᆞ야 中國을 莅ᄒᆞ야 四夷ᄅᆞᆯ 撫코쟈ᄒᆞ시노소이다 이러ᄐᆞ시 ᄒᆞᄂᆞᆫ바 로ᄡᅥ 이러ᄐᆞ시 欲ᄒᆞᄂᆞᆫ바ᄅᆞᆯ 求ᄒᆞ면 木을 緣ᄒᆞ야 魚ᄅᆞᆯ 求홈ᄀᆞᆮᄐᆞ니이다

●便嬖、近習嬖幸之人也、已、語助辭、辟、開廣也、朝、致其來朝也、秦楚、皆大國、莅、臨也、若、如此也、所爲、指興兵結怨之事、緣木求魚、言必不可得、

王曰若是其甚與잇고 曰殆有甚焉ᄒᆞ니 緣木求魚ᄂᆞᆫ 雖不得魚ㅣ나 無後災어니와 以若所爲로 求若所欲이면 盡心力而爲之라도 後必有災ᄒᆞ리이다 曰可得聞與잇가 曰鄒人이 與楚人戰則王은 以爲孰勝이니잇고 曰楚

賈 안ᄌᆞᆫ장사 고 坐賣

人이勝ᄒᆞ리이다 曰然則小固不可以敵大며寡固不可以敵衆이며弱固不可以敵強이니海內之地ㅣ方千里者ㅣ九에齊ㅣ集有其一ᄒᆞ니以一服八이何以異於鄒敵楚哉리잇고 蓋亦反其本矣니이다 其與聞與之與平聲

王이ᄀᆞᆯ으샤ᄃᆡ이러ᄐᆞ시그甚ᄒᆞ니잇가ᄀᆞᆯ으샤ᄃᆡ甚ᄒᆞᆷ이인ᄂᆞ니木을緣ᄒᆞ야魚ᄅᆞᆯ求ᄒᆞᆷ우비록魚ᄅᆞᆯ得디몯ᄒᆞ나後人災ㅣ업스려니와이러ᄐᆞ시ᄒᆞ는바로ᄡᅧ이러ᄐᆞ시欲ᄒᆞ는바ᄅᆞᆯ求ᄒᆞ면心力을盡ᄒᆞ야ᄒᆞ여도後에반ᄃᆞ시災ㅣ잇시리이다ᄀᆞᆯ으샤ᄃᆡ可히시러곰들으리잇가ᄀᆞᆯ으샤ᄃᆡ鄒人이楚人으로더불어戰ᄒᆞ면王은ᄡᅧ누勝ᄒᆞ리라ᄒᆞ시리잇고ᄀᆞᆯ으샤ᄃᆡ楚人이勝ᄒᆞ리이다ᄀᆞᆯ으샤ᄃᆡ그러면小ㅣ진실로可히ᄡᅧ大ᄅᆞᆯ敵디몯ᄒᆞ며寡ㅣ진실로可히ᄡᅧ衆을敵디몯ᄒᆞ며弱이진실로可히ᄡᅧ強을敵디몯ᄒᆞᄂᆞ니海內人地ㅣ方이千里ㄴ者ㅣ九에齊ㅣ集ᄒᆞ야그一을두니一로ᄡᅧ八을服ᄒᆞᆷ이엇디ᄡᅧ鄒ㅣ楚ᄅᆞᆯ敵ᄒᆞᆷ애다ᄅᆞ리잇고ᄯᅩᄒᆞᆫ그本에反ᄒᆞᆯ띠니이다

●殆、蓋、皆發語辭、鄒、小國、楚、大國、齊集有其一、言集合齊地、其方千里、是有天下九分扶問反之一也、以一服八、必不能勝、所謂後災也、反本、說見下文、

今王이發政施仁ᄒᆞ샤使天下仕者로皆欲立於王之朝ᄒᆞ며耕者로皆欲耕於王之野ᄒᆞ며商賈로皆欲藏於王之市ᄒᆞ며行旅로皆欲出於王之途ᄒᆞ시면天下之欲疾其君者ㅣ皆欲赴愬於王ᄒᆞ리니其如是면孰能禦之리잇고 朝音潮賈音古愬與訴同

今에王이政을發ᄒᆞ며仁을施ᄒᆞ샤天下엣仕ᄒᆞ는者로ᄒᆞ여곰다王의朝에立고져ᄒᆞ

辟 간샤ᄒᆞᆯ벽 邪也
罔 속일망 誣也

며耕ᄒᆞᄂᆞᆫ者로다王의野에耕코져ᄒᆞ며商賈로다王의市에藏코쟈ᄒᆞ며行旅로다ᄒᆞ의塗에出코쟈케ᄒᆞ시면天下에그君을疾코쟈ᄒᆞᄂᆞᆫ者ㅣ다王의게赴ᄒᆞ야愬코쟈ᄒᆞ리니그이ᄀᆞᄐᆞ면뉘能히禦ᄒᆞ리잇고

●行貨曰商、居貨曰賈、發政施仁、所以王去聲天下之本也、近者悅、遠者來、則大小彊弱、非所論矣、蓋力求所欲、則所欲者、反不可得、能反其本、則所欲者、不求而至、與首章意同、

王曰吾惛ᄒᆞ야不能進於是矣로니願夫子는輔吾志ᄒᆞ야明以教我ᄒᆞ소서我雖不敏이나請嘗試之ᄒᆞ리이다 惛與昏同

曰無恒產而有恒心者는惟士ㅣ爲能이어니와若民則無恒產이면因無恒心이니苟無恒心이면放辟邪侈를無不爲己니及陷於罪然後에從而刑之면是는罔民也ㅣ니焉有仁人이在位ᄒᆞ야罔民을而可爲也ㅣ리오 恒胡登反辟與僻同焉於虔反

王이ᄀᆞᆯᄋᆞ샤ᄃᆡ내惛ᄒᆞ야能히이예進티몯ᄒᆞ노니願컨댄夫子ᄂᆞᆫ내志를輔ᄒᆞ야明히ᄡᅧ나ᄅᆞᆯ敎ᄒᆞ쇼셔내비록敏티몯ᄒᆞ나請컨댄맛부試호리이다ᄀᆞᆯᄋᆞ샤ᄃᆡ恒產이업서도恒心을둔ᄂᆞᆫ者ᄂᆞᆫ오직士ㅣ能히ᄒᆞ거니와만일民인則恒產이업ᄉᆞ면因ᄒᆞ야恒心이업ᄂᆞ니진실로恒心이업ᄉᆞ면放辟ᄒᆞ며邪侈홈을ᄒᆞ디아니홈업시ᄒᆞ리니罪예陷홈애밋ᄎᆞᆫ然後에조ᄎᆞ刑ᄒᆞ면이ᄂᆞᆫ民을罔홈이니엇디仁人이位에잇서民罔홈을可히홈이이시리오

●恒、常也、產、生業也、恒產、可常生之業也、恒心、人所常有之善心也、士、嘗學問、知義理故、雖無恒產、而有常心、民則不能然矣、罔、猶羅罔、欺其不見而取之

畜 기를축 養也

也

是故로明君이制民之產호ᄃᆡ必使仰足以事父母ᄒᆞ며俯足以畜妻子ᄒᆞ야樂歲에終身飽ᄒᆞ고凶年에免於死亡ᄒᆞᄂᆞ니然後에驅而之善故로民之從之也ㅣ輕ᄒᆞ니이다 畜許六反下同

이런故로明君이民의產을制호ᄃᆡ반ᄃᆞ시ᄒᆞ여곰仰ᄒᆞ야ᄂᆞᆫ足히ᄡᅥ父母를事ᄒᆞ며俯ᄒᆞ야ᄂᆞᆫ足히ᄡᅥ妻子를畜ᄒᆞ야樂歲예身이終토록飽ᄒᆞ고凶年에死亡에免케ᄒᆞᄂᆞ니그런後에驅ᄒᆞ야善에之ᄒᆞᄂᆞᆫ故로民의從홈이輕ᄒᆞ니이다

●輕、猶易去聲也、此、言民有常產而有常心也、

今也에制民之產호ᄃᆡ仰不足以事父母ᄒᆞ며俯不足以畜妻子ᄒᆞ야樂歲에終身苦ᄒᆞ고凶年에不免於死亡ᄒᆞᄂᆞ니此惟救死而恐不贍이어니奚暇에治禮義哉리오 治平聲凡治字爲理物之義者平聲爲己理之義者去聲後皆倣此

今에民의產을制호ᄃᆡ仰ᄒᆞ야ᄂᆞᆫ足히ᄡᅥ父母를事티몯ᄒᆞ며俯ᄒᆞ야ᄂᆞᆫ足히ᄡᅥ妻子를畜디몯ᄒᆞ야樂歲예身이終토록苦ᄒᆞ고凶年에死亡에免티몯게ᄒᆞᄂᆞ니이ᄂᆞᆫ오직死를救호ᄃᆡ贍티몯홀가恐ᄒᆞ거니어ᄂᆡ겨를에禮義를治ᄒᆞ리오

●贍、足也、此、所謂無常產而無常心者也、

王欲行之則盍反其本矣니잇고

王이行코쟈ᄒᆞ시면엇디그本에反티아니ᄒᆞ시ᄂᆞ니잇고

●盍、何不也、使民有常產者、又發政施仁之本也、說見下文、

樹 시믈수 植也

五畝之宅애樹之以桑이면五十者ㅣ可以衣帛矣며鷄豚狗彘之畜을無失其時면七十者ㅣ可以食肉矣며百畝之田을勿奪其時면八口之家ㅣ可以無飢矣며謹庠序之敎ᄒᆞ야申之以孝悌之義면頒白者ㅣ不負戴於道路矣리니老者ㅣ衣帛食肉ᄒᆞ며黎民이不飢不寒이오然而不王者ㅣ未之有也ㅣ니이다 音見前篇

五畝ㅅ宅애樹호ᄃᆡ桑으로ᄡᅥᄒᆞ면五十인者ㅣ可히ᄡᅥ帛을衣ᄒᆞ며鷄豚狗彘의畜을그時를失홈이업ᄉᆞ면七十인者ㅣ可히ᄡᅥ肉을食ᄒᆞ며百畝ㅅ田을그時를奪티말면八口ㅅ집이可히ᄡᅥ飢홈이업ᄉᆞ며庠序ㅅ敎를謹ᄒᆞ야申호ᄃᆡ孝悌ㅅ義로ᄡᅥᄒᆞ면頒白ᄒᆞᆫ者ㅣ道路에負戴티아니ᄒᆞ리니老者ㅣ帛을衣ᄒᆞ며肉을食ᄒᆞ며黎民이飢티아니ᄒᆞ며寒치아니ᄒᆞ고그러ᄒᆞ고王티몯ᄒᆞᆫ者ㅣ잇디아니ᄒᆞ니이다

●此、言制民之產之法也、趙氏曰八口之家、次上農夫也、此、王政之本、常生之道、故孟子、爲齊梁之君、各陳之也、楊氏、曰爲天下者、擧斯心、加諸彼而已、然、雖有仁心仁聞、而民不被其澤者、不行先王之道故也、故以制民之產告之、○此章、言人君、當黜覇功、行王道、而王道之要、不過推其不忍之心、以行不忍之政而已、齊王、非無此心、而奪於功利之私、不能擴充、以行仁政、雖以孟子、反覆曉告、精切如此、而蔽固已深、終不能悟、是可歎也、

原本孟子集註卷之一 終

見 보일 현 現也
樂 풍뉴 악 八音總名

原本

孟子集註卷之二

梁惠王章句下

凡十六章

莊暴ㅣ見孟子曰暴ㅣ見於王호니王이語暴以好樂이어시늘暴ㅣ未有以對也호니曰好樂이何如ᄒᆞ니잇고孟子ㅣ曰王之好樂이甚則齊國은其庶幾乎ㄴ뎌 暴見於之見音現下見於同語字去聲下同好去聲篇內並同

莊暴ㅣ孟子를보ᄋᆞ와ᄀᆞᆯ오ᄃᆡ暴ㅣ王ᄭᅴ뵈ᄋᆞ오니王이暴ᄃᆞ려樂好홈으로ᄡᅥ語ᄒᆞ야시ᄂᆞᆯ暴ㅣᄡᅥ對티몯호니ᄀᆞᆯ오ᄃᆡ樂好홈이엇더ᄒᆞ니잇고孟子ㅣᄀᆞᆯᄋᆞ샤ᄃᆡ王의樂好ᄒᆞ샴이甚ᄒᆞ면齊國은그거의린뎌

● 莊暴、齊臣也、庶幾、近辭也、言近於治、

他日에見於王曰王이嘗語莊子以好樂ᄒᆞ샤소니有諸잇가王이變乎色曰寡人이非能好先王之樂也ㅣ라直好世俗之樂耳로이다

다ᄅᆞᆫ날애王ᄭᅴ뵈ᄋᆞᄀᆞᆯᄋᆞ샤ᄃᆡ王이일즉莊子ᄃᆞ려樂好홈으로ᄡᅥ語ᄒᆞ샤소니인ᄂᆞ니잇가王이色을變ᄒᆞ야ᄀᆞᆯᄋᆞ샤ᄃᆡ寡人이能히先王의樂을好ᄒᆞᄂᆞᆫ거시아니라다몬世俗의樂을好ᄒᆞ노이다

● 變色者、慚其好之不正也、

曰王之好樂이甚則齊其庶幾乎ㄴ뎌今之樂이由古之樂也ㅣ니이다

ᄀᆞᆯᄋᆞ샤ᄃᆡ王의好樂ᄒᆞ샴이甚ᄒᆞ면齊ᄂᆞᆫ그거의린뎌이젯樂이녯樂ᄀᆞᄐᆞ니이다

樂 풍뉴악 八音總名　樂 즐거울락 喜也

●今樂、世俗之樂、古樂、先王之樂、

曰可得聞與잇가曰獨樂樂과與人樂樂이孰樂이니잇고曰不若與人이니이다

曰與少樂樂과與衆樂樂이孰樂이니잇고曰不若與衆이니이다 聞與之與平聲

ᄀᆞᆯᄋᆞ샤ᄃᆡ可히시러곰聞ᄒᆞ리잇가ᄀᆞᆯᄋᆞ샤ᄃᆡ호을로ᄒᆞᄂᆞᆫ樂의樂홈과사ᄅᆞᆷ으로더블어ᄒᆞᄂᆞᆫ樂의樂홈이뉘야樂ᄒᆞ니잇고ᄀᆞᆯᄋᆞ샤ᄃᆡ人으로더블어ᄒᆞᄂᆞᆫ이만ᄀᆞᆮ디몯ᄒᆞ니이다ᄀᆞᆯᄋᆞ샤ᄃᆡ少로더블어ᄒᆞᄂᆞᆫ樂의樂홈과衆으로더블어ᄒᆞᄂᆞᆫ樂의樂홈이뉘야樂ᄒᆞ니잇고ᄀᆞᆯᄋᆞ샤ᄃᆡ衆으로더블어ᄒᆞᄂᆞᆫ이만ᄀᆞᆮ디몯ᄒᆞ니이다

●獨樂、不若與人、與少樂、不若與衆、亦人之常情也、

臣이請爲王言樂호리이다 爲去聲

臣이請컨ᄃᆡ王을爲ᄒᆞ야樂을言호리이다

●此以下、皆孟子之言也、

今王이鼓樂於此ㅣ어시든百姓이聞王의鍾鼓之聲과管籥之音ᄒᆞ고擧疾首蹙頞而相告曰吾王之好鼓樂이여夫何使我로至於此極也오ᄒᆞ야父子ㅣ不相見ᄒᆞ며兄弟妻子ㅣ離散ᄒᆞ며今王이田獵於此ㅣ어시든百姓이聞王의車馬之音ᄒᆞ며見羽旄之美ᄒᆞ고擧疾首蹙頞而相告曰吾王之好田獵이여夫何使我로至於此極也오ᄒᆞ야父子ㅣ不相見ᄒᆞ며兄弟妻子ㅣ離散ᄒᆞ면此ᄂᆞᆫ無他ㅣ라不與民同樂也ㅣ니이다 蹙子六反 頞音遏

이제王이樂을이예鼓ᄒᆞ거시든百姓이王의鍾鼓의聲과管籥의音을듣고다首를疾

호며頞을蹙호야서르告호야글오듸우리王의鼓樂홈을好홈이여엇디우리로호여곰이極에至케호는고호야父子ㅣ서르보디몯호며兄弟와妻子ㅣ離散호며이제王이이에田獵호거시든百姓이王의車馬의音을聞호며羽旄의美를見호고다首를疾호며頞을蹙호야서르告호야글오듸우리王의田獵을好홈이여엇디우리로호여곰이極에至케호는고호야父子ㅣ서르보디몯호며兄弟와妻子ㅣ離散호면이는他ㅣ업슨디라民으로더브러홈가지로樂디아니홈이니이다

●鍾、鼓、管、籥、皆樂器也、舉、皆也、疾首、頭痛也、蹙、聚也、頞、額也、人、憂戚則蹙其額、極、窮也、羽旄、旌屬、不與民同樂、謂獨樂其身、而不恤其民、使之窮困也

今王이鼓樂於此ㅣ어시든百姓이聞王의鍾鼓之聲과管籥之音호고舉欣欣然有喜色而相告曰吾王이庶幾無疾病與아何以能鼓樂也오호며今王이田獵於此ㅣ어시든百姓이聞王의車馬之音호며見羽旄之美호고舉欣欣然有喜色而相告曰吾王이庶幾無疾病與아何以能田獵也오호면此는無他ㅣ라與民同樂也ㅣ니이다病與之與平聲同樂之樂音洛

이제王이樂을이예鼓호거시든百姓이王의鍾鼓의聲과管籥의音을듣고다欣欣히喜色을두어서르告호야글오듸우리王이거의疾病이업스신가엇디뻐能히樂을鼓호시는고호며이제王이이예田獵호시거든百姓이王의車馬의音을聞호며羽旄의美를見호고다欣欣히喜色을두어서르告호야글오듸우리王이거의疾病이업스신가엇디뻐能히田獵호시는고호면이는他ㅣ업슨디라民으로더브러홈가지로樂홈이니이다

●與民同樂者、推好樂之心、以行仁政、使民、各得其所也

今王이與百姓同樂則王矣시리이다

이제王이百姓으로더블어ᄒᆞᆫ가지로樂ᄒᆞ시면王ᄒᆞ시리이다

●好樂而能與百姓同之、則天下之民、歸之矣、所謂齊其庶幾者、如此、○范氏、曰戰國之時、民窮財盡、人君、獨以南面之樂、自奉其身、孟子、切於救民故、因齊之好樂、開導其善心、深勸其與民同樂、而謂今樂、猶古樂、其實今樂古樂、何可同也、但與民同樂之意、則無古今之異耳、若必欲以禮樂、治天下、當如孔子之言、必用韶舞、必放鄭聲、蓋孔子之言、爲邦之正道、孟子之言、救時之急務、所以不同○楊氏、曰樂、以和爲主、使人、聞鐘皷管絃之音、而疾首蹙頞、則雖奏以咸、英、韶、濩、無補於治也、故、孟子、告齊王以此、姑其正本而已、

○齊宣王이問曰文王之囿ㅣ方七十里라ᄒᆞ니有諸잇가孟子ㅣ對曰於傳에有之ᄒᆞ니이다(囿音又傳眞戀反)

齊宣王이묻ᄌᆞ와ᄀᆞᆯ으샤ᄃᆡ文王의囿ㅣ方이七十里라ᄒᆞ니인ᄂᆞ니잇가孟子ㅣ對ᄒᆞ야ᄀᆞᆯ으샤ᄃᆡ傳에인ᄂᆞ니이다

●囿者、蕃育鳥獸之所、古者、四時之田、皆於農隙、以講武事、然、不欲馳騖於稼穡場圃之中故、度閒曠之地、以爲囿、然、文王七十里之囿、其亦三分天下、有其二之後也與、傳、謂古書、

曰若是其大乎ㅣ잇가曰民이猶以爲小也ㅣ니이다曰寡人之囿는方四十里로ᄃᆡ民이猶以爲大는何也잇고曰文王之囿ㅣ方七十里에芻蕘者ㅣ往焉ᄒᆞ며雉兎者ㅣ往焉ᄒᆞ야與民同之ᄒᆞ시니民이以爲小ㅣ不亦宜

平가ㅣ잇 芻音初 蕘音饒

갈ᄋᆞ샤ᄃᆡ이러ᄐᆞ시그크니잇가갈ᄋᆞ샤ᄃᆡ民이오히려ᄡᅥ小타ᄒᆞ더니이다갈ᄋᆞ샤ᄃᆡ寡人의囿ᄂᆞᆫ方이四十里로ᄃᆡ民이오히려大타홈은엇디니잇고갈ᄋᆞ샤ᄃᆡ文王의囿ㅣ方이七十里예芻蕘ᄒᆞᄂᆞᆫ者ㅣ往ᄒᆞ며雉兎ᄒᆞᄂᆞᆫ者ㅣ往ᄒᆞ야民으로더브러同ᄒᆞ시니民이ᄡᅥ小타홈이ᄯᅩᄒᆞᆫ맛당티아니ᄒᆞ니잇가

●芻、草也、蕘、薪也、

臣이始至於境ᄒᆞ야問國之大禁然後에敢入ᄒᆞ니臣은聞郊關之內애有囿ㅣ方四十里에殺其麋鹿者를如殺人之罪라ᄒᆞ니則是方四十里로爲阱於國中이니民이以爲大ㅣ不亦宜乎가ㅣ잇 阱才性反

臣이비로소境에至ᄒᆞ야國의大禁을무ᄅᆞᆫ然後에敢히入호니臣은드ᄅᆞ니郊關內예囿ㅣ方이四十里ㅣ이심애그麋鹿을殺ᄒᆞᆫ者를人殺ᄒᆞᆫ罪ᄀᆞ티ᄒᆞᆫ다ᄒᆞ니곧이ᄂᆞᆫ方이四十里로國中에阱을삼아심이니民이ᄡᅥ크다홈이ᄯᅩᄒᆞᆫ맛당티아니ᄒᆞ니잇가

●禮、入國而問禁、國外百里、爲郊、郊外、有關、阱、坎地、以陷獸者、言陷民於死也、

○齊宣王이問曰交鄰國이有道乎가ㅣ잇孟子ㅣ對曰有ᄒᆞ니惟仁者아爲能以大事小ᄒᆞᄂᆞ니是故로湯이事葛ᄒᆞ시고文王이事昆夷ᄒᆞ시니이다惟智者아爲能以小事大ᄒᆞᄂᆞ니故로大王이事獯鬻ᄒᆞ시고句踐이事吳ᄒᆞ니이다

齊宣王이묻ᄌᆞ와갈ᄋᆞ샤ᄃᆡ鄰國交홈이道ㅣ인ᄂᆞ니잇가孟子ㅣ對ᄒᆞ야갈ᄋᆞ샤ᄃᆡ인ᄂᆞ니오직仁者ㅣ아能히大로ᄡᅥ小ᄅᆞᆯ事ᄒᆞᄂᆞ니이런故로湯이葛을事ᄒᆞ시고文王이

昆夷를事ᄒᆞ시니이다오직智者ㅣ아能히小로ᄡᅥ大를事ᄒᆞᄂᆞ니故로大王이獯鬻을事ᄒᆞ시고句踐이吳를事ᄒᆞ니이다

●仁人之心、寬洪惻怛、而無較計、大小彊弱之私、故、小國、雖或不恭、而吾所以字之之心、自不能己、智者、明義理、識時勢、故、大國、雖見侵陵、而吾所以事之之禮尤不敢廢、湯事、見後篇、文王事、見詩大雅、大王事、見後章、所謂狄人、卽獯鬻也句踐、越王名、事見國語史記、

以大事小者ᄂᆞᆫ樂天者也오ㅣ以小事大者ᄂᆞᆫ畏天者也ㅣ니樂天者ᄂᆞᆫ保天下ᄒᆞ고畏天者ᄂᆞᆫ保其國이니이다(樂音洛)

大로ᄡᅥ小를事ᄒᆞᄂᆞᆫ者ᄂᆞᆫ天을樂ᄒᆞᄂᆞᆫ者ㅣ오小로ᄡᅥ大를事ᄒᆞᄂᆞᆫ者ᄂᆞᆫ天을畏ᄒᆞᄂᆞᆫ者ㅣ니天을樂ᄒᆞᄂᆞᆫ者ᄂᆞᆫ天下를保ᄒᆞ고天을畏ᄒᆞᄂᆞᆫ者ᄂᆞᆫ그國을保ᄒᆞᄂᆞ니이다

●天者、理而已矣、大之字小、小之事大、皆理之當然也、自然合理、故、曰樂天、不敢違理、故、曰畏天、包含徧覆、無不周徧、保天下之氣象也、制節謹度、不敢縱逸、保一國之規模也

詩云畏天之威ᄒᆞ야于時保之라ᄒᆞ니이다

詩예닐오ᄃᆡ天의威를畏ᄒᆞ야이에保타ᄒᆞ니이다

●周頌我將之篇、時是也

王曰大哉라言矣여寡人이有疾ᄒᆞ니寡人은好勇ᄒᆞ노이다

王이ᄀᆞᆯᄋᆞ샤ᄃᆡ크다言이여寡人이疾이인노니寡人은勇을好ᄒᆞ노이다

●言以好勇、故、不能事大恤小也、

對曰王請無好小勇ᄒᆞ소서夫撫劒疾視曰彼惡敢當我哉리오ᄒᆞᄂᆞ니

降 나릴강 下也

衡 橫同

此는匹夫之勇이라敵一人者也ㅣ니王請大之ᄒᆞ소서 夫撫之夫音扶惡平聲

對ᄒᆞ야ᄀᆞᆯᄋᆞ샤ᄃᆡ王은請컨ᄃᆡ小勇을好티말ᄋᆞ쇼셔劍을撫ᄒᆞ고疾視ᄒᆞ야ᄀᆞᆯ오ᄃᆡ뎌엇디敢히나ᄅᆞᆯ當ᄒᆞ리오ᄒᆞᄂᆞ니이ᄂᆞᆫ匹夫의勇이라一人을敵ᄒᆞᄂᆞᆫ者ㅣ니王은請컨ᄃᆡ大히ᄒᆞ쇼셔

●疾視、怒目而視也、小勇、血氣所爲、大勇、義理所發、

詩云王赫斯怒ᄒᆞ샤爰整其旅ᄒᆞ야以遏徂莒ᄒᆞ야以篤周祜ᄒᆞ야以對于天下ㅣ라ᄒᆞ니此는文王之勇也ㅣ니文王이一怒而安天下之民ᄒᆞ시니이다

詩예닐오ᄃᆡ王이赫히이예怒ᄒᆞ샤이예그旅ᄅᆞᆯ整ᄒᆞ야ᄡᅧ徂ᄒᆞᄂᆞᆫ莒ᄅᆞᆯ遏ᄒᆞ야ᄡᅧ周ㅅ祜ᄅᆞᆯ篤히ᄒᆞ야ᄡᅧ天下ᄅᆞᆯ對타ᄒᆞ니이ᄂᆞᆫ文王의勇이니文王이ᄒᆞᆫ번怒ᄒᆞ샤天下ㅅ人民을安ᄒᆞ시니이다

●詩大雅皇矣篇、赫、赫然怒貌、爰、於也、旅、衆也、遏、詩、作按、止也、徂、往也、莒、詩、作旅、徂旅、謂密人、侵阮徂共之衆也、篤、厚也、祜、福也、對、答也、以答天下仰望之心也、此、文王之大勇也、

書曰天降下民ᄒᆞ샤作之君作之師ᄒᆞ샨든惟曰其助上帝라寵之四方ᄒᆞ시니有罪無罪에惟我ㅣ在커니天下ㅣ曷敢有越厥志리오ᄒᆞ니一人이衡行於天下ㅣ어늘武王이恥之하시니此는武王之勇也ㅣ니而武王이亦一怒而安天下之民ᄒᆞ시니이다

書에ᄀᆞᆯ오ᄃᆡ天이下民을降ᄒᆞ샤君을作ᄒᆞ시며師ᄅᆞᆯ作ᄒᆞ샨든오직ᄀᆞᆯ오ᄃᆡ그上帝ᄅᆞᆯ助ᄒᆞᄂᆞ다라四方애寵케ᄒᆞ시니罪이시며罪업슴애오직내잇거니天下ㅣ엇디敢히

見 보일현 現也

그志를越홈이이시리오ᄒᆞ니一人이天下에衡行ᄒᆞ거ᄂᆞᆯ武王이耻ᄒᆞ시니이ᄂᆞᆫ武王의勇이니武王이ᄯᅩᄒᆞᆫᄒᆞᆫ번怒ᄒᆞ샤天下人民을安ᄒᆞ시니이다

●書、周書泰誓之篇也、然、所引、與今書文小異、今且依此解之、寵之四方、寵異之於四方也、有罪者、我得而誅之、無罪者、我得而安之、我既在此則天下、何敢有過越其心志、而作亂者乎、衡行、謂作亂也、孟子、釋書意如此、而言武王、亦大勇也

今王이亦一怒而安天下之民ᄒᆞ시면民이惟恐王之不好勇也ㅣ니이다

이제王이ᄯᅩᄒᆞᆫᄒᆞᆫ번怒ᄒᆞ샤天下人民을安ᄒᆞ시면民이오직王이勇을好티아니ᄒᆞ실ᄭᅡ저허ᄒᆞ리이다

●王、若能如文武之爲、則天下之民、望其一怒以除暴亂、而拯己於水火之中、惟恐王之不好勇耳、○此章言人君、能懲小忿、則能恤小事大、以交鄰國、能養大勇則能除暴救民、以安天下、張敬夫、曰小勇者、血氣之怒也、大勇者、義理之怒也、血氣之怒、不可有、理義之怒、不可無、知此則可以見性情之正、而識天理人欲之分矣、

○齊宣王이見孟子於雪宮이러시니王曰賢者도亦有此樂乎잇가孟子ㅣ對曰有ᄒᆞ니人不得則非其上矣니이다 樂音洛下同

齊宣王이孟子를雪宮애보더시니王이ᄀᆞᆯ오샤ᄃᆡ賢者도ᄯᅩᄒᆞᆫ이樂이인ᄂᆞ니잇가孟子ㅣ對ᄒᆞ야ᄀᆞᆯ오샤ᄃᆡ인ᄂᆞ니人이得디몯ᄒᆞ면그上을외오너기ᄂᆞ니이다

●雪宮、離宮名、言人君、能與民同樂、則人皆有此樂、不然則下之不得此樂者、必有非其君上之心、明人君、當與民同樂、不可使人、有不得者、非但當與賢者、共之而已也

不得而非其上者도 非也ㅣ며 爲民上而不與民同樂者도 亦非也ㅣ니이다

得디몯ᄒᆞ야그上을非ᄒᆞᄂᆞᆫ者도외며民의上이되여셔民으로더브러ᄒᆞᆫ가지로樂디아니ᄒᆞᄂᆞᆫ者도ᄯᅩ외니이다

●下不安分、上不恤民、皆非理也、

樂民之樂者ᄂᆞᆫ 民亦樂其樂ᄒᆞ고 憂民之憂者ᄂᆞᆫ 民亦憂其憂ᄒᆞᄂᆞ니 樂以天下ᄒᆞ며 憂以天下ᄒᆞ고 然而不王者ㅣ 未之有也ㅣ니이다

民의樂을樂ᄒᆞᄂᆞᆫ者ᄂᆞᆫ民이ᄯᅩᄒᆞᆫ그樂을樂ᄒᆞ고民의憂를憂ᄒᆞᄂᆞᆫ者ᄂᆞᆫ民이ᄯᅩᄒᆞᆫ그憂를憂ᄒᆞᄂᆞ니樂을天下로ᄡᅥᄒᆞ며憂를天下로ᄡᅥᄒᆞ고그러코王티몯ᄒᆞᆯ者ㅣ잇디아니ᄒᆞ니이다

●樂民之樂、而民、樂其樂、則樂以天下矣、憂民之憂、而民、憂其憂、則憂以天下矣、

昔者애 齊景公이 問於晏子曰吾欲觀於轉附朝儛ᄒᆞ야 遵海而南ᄒᆞ야 放于琅邪ᄒᆞ노니 吾何脩而可以比於先王觀也오 朝音朝 放上聲

녜齊景公이晏子의게무러골오ᄃᆡ내轉附와朝儛에觀ᄒᆞ야海를遵ᄒᆞ야南ᄒᆞ야琅邪애放코쟈ᄒᆞ노니내엇디脩ᄒᆞ야아可히ᄡᅥ先王의觀애比ᄒᆞᆯ고

●晏子、齊臣、名嬰、轉附朝儛、皆山名也、遵、循也、放、至也、琅邪、齊東南境上邑名、觀、游也

豫 놀예 遊也
度 법도도 法也

晏子ㅣ對曰善哉라問也ㅣ여天子ㅣ適諸侯曰巡狩ㅣ니巡狩者ᄂᆞᆫ巡所守也ㅣ오諸侯ㅣ朝於天子曰述職이니述職者ᄂᆞᆫ述所職也ㅣ니無非事者ㅣ오春省耕而補不足ᄒᆞ며秋省斂而助不給ᄒᆞᄂᆞ니夏諺애曰吾王이不遊면吾何以休ㅣ며吾王이不豫면吾何以助ㅣ리오一遊一豫ㅣ爲諸侯度ㅣ라ᄒᆞ니이다 狩舒救反 省悉井反

晏子ㅣ對ᄒᆞ야ᄀᆞᆯ오ᄃᆡ善타問이여天子ㅣ諸侯에適홈을ᄀᆞᆯ온巡狩ㅣ니巡狩ᄂᆞᆫ守ᄒᆞᆫ바애巡홈이오諸侯ㅣ天子ㅅ긔朝홈을ᄀᆞᆯ온述職이니述職은職ᄒᆞᆫ바ᄅᆞᆯ述홈이니事ㅣ아니니업고春애耕을省ᄒᆞ야不足을補ᄒᆞ며秋애斂을省ᄒᆞ야不給ᄋᆞᆯ助ᄒᆞᄂᆞ니夏諺애ᄀᆞᆯ오ᄃᆡ우리王이遊티아니면우리엇디ᄡᅧ休ᄒᆞ며우리王이豫티아니면우리엇디ᄡᅧ助ᄒᆞ리오ᄒᆞᆫ번遊ᄒᆞ며ᄒᆞᆫ번豫홈이諸侯의度ㅣ된다ᄒᆞ니이다

● 述、陳也、省、視也、斂、收穫也、給、亦足也、夏諺、夏時之俗語也、豫、樂也、巡所守、巡行諸侯所守之土也、述所職、陳其所受之職也、皆無有無事而空行者、而又春秋、循行去聲郊野、察民之所不足、而補助之、故、夏諺以爲王者一遊一豫、皆有恩惠以及民、而諸侯、皆取法焉、不敢無事慢遊、以病其民也、

今也에ᄂᆞᆫ不然ᄒᆞ야師行而糧食ᄒᆞ야飢者ㅣ弗食ᄒᆞ며勞者ㅣ弗息ᄒᆞ야睊睊胥讒ᄒᆞ야民乃作慝이어ᄂᆞᆯ方命虐民ᄒᆞ야飮食若流ᄒᆞ야流連荒亡ᄒᆞᄂᆞ爲諸侯憂ᄒᆞᄂᆞ니이다 睊古縣反

이제ᄂᆞᆫ그러티아니ᄒᆞ야師로行ᄒᆞ야糧을食ᄒᆞ야 飢ᄒᆞᆫ者ㅣ食디몯ᄒᆞ며勞ᄒᆞᆫ者ㅣ息

디몯ᄒᆞ야睊睊히서ᄅᆞ讒ᄒᆞ야民이慝을作ᄒᆞ거늘命을方ᄒᆞ며民을虐ᄒᆞ야飮食을流홈ᄀᆞᆮ티ᄒᆞ야流ᄒᆞ며連ᄒᆞ야荒ᄒᆞ며亡ᄒᆞ야諸侯의憂ㅣ되ᄂᆞ니이다

●今、謂晏子時也、師、衆也、二千五百人、爲師、春秋傳、君曰行師從、糧、爲糗糒之屬、睊睊、側目貌、胥、相也、讒、謗也、慝、怨惡也、言民不勝(去聲)其勞、而起怨謗也、方、逆也、命、王命也、若流、如水之流、無窮極也、流連荒亡、解見下文、諸侯、謂附庸之國、縣邑之長、

從流下而忘反을謂之流ㅣ오從流上而忘反을謂之連이오從獸無厭을謂之荒이오樂酒無厭을謂之亡이니 (厭平聲 樂音洛)

流ᄅᆞᆯ從ᄒᆞ야下ᄒᆞ야反을忘홈을流ㅣ라닐ᄋᆞ고流ᄅᆞᆯ從ᄒᆞ야上ᄒᆞ야反을忘홈이連이라닐ᄋᆞ고獸ᄅᆞᆯ從ᄒᆞ야厭홈이업슴을荒이라닐ᄋᆞ고酒을樂ᄒᆞ야厭홈이업슴을亡이라닐ᄋᆞ니

●此、釋上文之義也、從流下、謂放舟隨水而下、從流上、謂挽舟逆水而上、從獸、田獵也、荒、廢也、樂酒、以飮酒爲樂也、亡、猶失也、言廢時失事也、

先王은無流連之樂과荒亡之行ᄒᆞ더시니惟君所行也ㅣ니이다 (之樂之行之行去聲)

先王은流連ᄒᆞᄂᆞᆫ樂과荒亡ᄒᆞᄂᆞᆫ行이업더시니오직君의行ᄒᆞ실ᄯᆞᄅᆞᆷ니이다

●言先王之法、今時之弊、二者、惟在君所行耳、

景公이說ᄒᆞ야大戒於國ᄒᆞ고出舍於郊ᄒᆞ야於是예始興發ᄒᆞ야補不足ᄒᆞ고

召大師曰爲我ᄒᆞ야作君臣相說之樂ᄒᆞ라ᄒᆞ니蓋徵招角招ㅣ是也ㅣ라

己 止也 말이

其詩曰畜君何尤ㅣ리오ᄒᆞ니畜君者ᄂᆞᆫ好君也ㅣ니이다 說音悅爲去聲樂如字徵陟里反招與韶同畜勅六反

景公이說ᄒᆞ야키國애戒ᄒᆞ고郊애出舍ᄒᆞ야이에비로소興發ᄒᆞ야不足을補ᄒᆞ고大師ᄅᆞᆯ召ᄒᆞ야ᄀᆞᆯ오ᄃᆡ나ᄅᆞᆯ爲ᄒᆞ야君과臣이서르說ᄒᆞᄂᆞᆫ樂을作ᄒᆞ라ᄒᆞ니徵招와角招ㅣ이라그詩예ᄀᆞᆯ오ᄃᆡ君을畜홈이므슴尤ㅣ리오ᄒᆞ니君을畜ᄒᆞᄂᆞᆫ者ᄂᆞᆫ君을好홈이니이다

●戒、告命也、出舍、自責以省民也、興發、發倉廩也、大師、樂官也、君臣、己與晏子也、樂有五聲、三曰角、爲民、四曰徵、爲事、招、舜樂也、其詩、徵招角招之詩也、尤、過也、言晏子、能畜止其君之欲、宜爲君之所尤、然、其心則何過哉、孟子、釋之以爲臣能畜止其君之欲、乃是愛其君者也、○尹氏、曰君之與民、貴賤、雖不同、然、其心、未始有異也、孟子之言、可謂深切矣、齊王、不能推而用之、惜哉、

○齊宣王이問曰人皆謂我毁明堂이라ᄒᆞᄂᆞ니毁諸아已乎잇가

齊宣王이묻ᄌᆞ와ᄀᆞᆯᄋᆞ샤ᄃᆡ사ᄅᆞᆷ이다날ᄃᆞ려닐오ᄃᆡ明堂을毁ᄒᆞᆯ깨시라ᄒᆞᄂᆞ니毁ᄒᆞ리잇가말리잇가

●趙氏、曰明堂、泰山明堂、周天子、東巡守、朝諸侯之處、漢時遺址尙在、人欲毁之者、蓋以天子、不復巡守、諸侯、又不當居之也、王、問當毁之乎、且止乎、

孟子ㅣ對曰夫明堂者ᄂᆞᆫ王者之堂也ㅣ니王欲行王政則勿毁之矣서 夫音扶

孟子ㅣ對ᄒᆞ야ᄀᆞᆯᄋᆞ샤ᄃᆡ明堂은王者의堂이니王이王政을行코져ᄒᆞ신則毁티말ᄋᆞ

쇼셔

○明堂、王者所居、以出政令之所也、能行王政、則亦可以王矣、何必毁哉、

王曰王政을可得聞與잇가對曰昔者文王之治岐也애耕者를九一ᄒᆞ며仕者를世祿ᄒᆞ며關市를譏而不征ᄒᆞ며澤梁을無禁ᄒᆞ며罪人을不孥ᄒᆞ더시니老而無妻曰鰥이오老而無夫曰寡ㅣ오老而無子曰獨이오幼而無父曰孤ㅣ니此四者는天下之窮民而無告者ㅣ어늘文王이發政施仁ᄒᆞ샤ᄃᆡ必先斯四者ᄒᆞ시니詩云哿矣富人이어니와哀此煢獨이라ᄒᆞ니이다 孥音奴 煢音瓊

王이ᄀᆞᆯ으샤ᄃᆡ王政을可히시러곰들으리잇가對ᄒᆞ야ᄀᆞᆯ으샤ᄃᆡ녜文王이岐를治ᄒᆞ심애耕者를九애一을ᄒᆞ며仕者를世로祿ᄒᆞ며關과市를譏ᄒᆞ고征티아니ᄒᆞ며澤과梁을禁홈이업ᄉᆞ며罪人을孥티아니ᄒᆞ더시니老ᄒᆞ고妻업ᄉᆞᆫ이ᄅᆞᆯᄀᆞᆯ온鰥이오老ᄒᆞ고夫업ᄉᆞᆫ이ᄅᆞᆯᄀᆞᆯ온寡ㅣ오老ᄒᆞ고子업ᄉᆞᆫ이ᄅᆞᆯᄀᆞᆯ온獨이오幼ᄒᆞ고父업ᄉᆞᆫ이ᄅᆞᆯᄀᆞᆯ온孤ㅣ니이四者ᄂᆞᆫ天下의窮民이오告ᄒᆞᆯᄃᆡ업ᄉᆞᆫ者ㅣ어늘文王이政을發ᄒᆞ며仁을施ᄒᆞ샤ᄃᆡ반ᄃᆞ시이四者애몬져ᄒᆞ시니詩예닐오ᄃᆡ哿ᄒᆞᆫ이ᄂᆞᆫ富人이어니와이煢獨이哀홉다ᄒᆞ니이다

●岐、周之舊國也、九一者、井田之制也、方一里爲一井、其田、九百畝、中畫井字界爲九區、一區之中、爲田百畝、中百畝、爲公田、外八百畝、爲私田、八家、各受私田百畝、而同養去聲公田、是、九分扶問反而稅其一也、世祿者、先王之世、仕者之子孫、皆敎之、敎之而成材則官之、如不足用、亦使之不失其祿、蓋其先世、嘗有功德於

戚 독긔 척 斧也
啓 열 계 開也

民、故、報之如此、忠厚之至也、關謂道路之關、市、謂都邑之市、譏、察也、征、稅也、關市之吏、察異服異言之人、而不征商賈音古之稅也、澤、謂瀦水、梁、謂魚梁、與民同利、不設禁也、孥、妻子也、惡惡、止其身、不及妻子也、先王養民之政、導其妻子、使之養其老而恤其幼、不幸而有鰥寡孤獨之人、無父母妻子之養、則尤宜憐恤故、必以爲先也、詩、小雅正月之篇、哿可也、煢、因悴貌、

王曰善哉라言乎ㅣ여 曰王如善之則何爲不行이니잇고 王曰寡人이有疾ᄒᆞ니 寡人은 好貨ᄒᆞ노이다 對曰昔者에 公劉ㅣ好貨ᄒᆞ더시니 詩云乃積乃倉이어늘 乃裹餱糧을 于槖于囊아이오 思戢用光ᄒᆞ야 弓矢斯張ᄒᆞ며 干戈戚揚으로 爰方啓行이라ᄒᆞ니 故로 居者ㅣ有積倉ᄒᆞ며 行者ㅣ有裹糧也然後에아 可以爰方啓行이니 王如好貨ㅣ어시든 與百姓同之ᄒᆞ시면 於王에 何有ㅣ리잇고 (餱音侯 槖音託 戢詩作輯音集)

王이ᄀᆞᆯᄋᆞ샤ᄃᆡ善타言이여ᄀᆞᆯᄋᆞ샤ᄃᆡ王이만일에善히너기시면엇디行티아니ᄒᆞ시ᄂᆞ니잇고王이ᄀᆞᆯᄋᆞ샤ᄃᆡ寡人이疾이인노니寡人은貨ᄅᆞᆯ好ᄒᆞ노이다對ᄒᆞ야ᄀᆞᆯᄋᆞ샤ᄃᆡ녜公劉ㅣ貨ᄅᆞᆯ好ᄒᆞ더시니詩에닐오ᄃᆡ積ᄒᆞ며倉ᄒᆞ거ᄂᆞᆯ餱糧을褁홈을橐애ᄒᆞ며囊애ᄒᆞ고戢ᄒᆞ야ᄡᅧ光홈을思ᄒᆞ야弓矢ᄅᆞᆯ이예張ᄒᆞ며干과戈와戚과揚으로이예보야ᄒᆞ로行을啓타ᄒᆞ니故로居者ㅣ積倉이이시며行者ㅣ褁糧이이신然後에아可히ᄡᅧ이예보야ᄒᆞ로行을啓홀ᄯᅥ니王이만일에貨ᄅᆞᆯ好ᄒᆞ거시든百姓으로더부어同ᄒᆞ시면王홈애므스거시이시리잇고

大 音泰 父 아름다온 칭호 通 보甫

●王、自以爲好貨、故、取民無制、而不能行此王政、公劉、后稷之曾孫也、詩、大雅公劉之篇、積、露積也、餱、乾糧也、無底曰槖、有底曰囊、皆所以盛餱糧也、戢、安集也、言思安集其民人、以光大其國家也、戚、斧也、揚、鉞音越也、爰、於也、啓行、言往遷于豳也、何有、言不難也、孟子、言公劉之民、富足如此、是、公劉、好貨、而能推己之心、以及民也、今王、好貨、亦能如此、則其於王天下也、何難之有、

王曰寡人이有疾호니寡人은好色호노이다對曰昔者애大王이好色ᄒᆞ샤愛厥妃ᄒᆞ더시니詩云古公亶父ㅣ來朝走馬ᄒᆞ샤率西水滸ᄒᆞ야至於岐下ᄒᆞ야爰及姜女로聿來胥宇ㅣ라ᄒᆞ니當是時也ᄒᆞ야內無怨女ᄒᆞ며外無曠夫ᄒᆞ니王如好色이어시든與百姓同之ᄒᆞ시면於王애何有ㅣ리잇고

王이ᄀᆞᆯ으샤ᄃᆡ寡人이疾이인노니寡人은色을好ᄒᆞ노이다對ᄒᆞ야ᄀᆞᆯ으샤ᄃᆡ녜大王이色을好ᄒᆞ샤그妃를愛ᄒᆞ더시니詩예닐오ᄃᆡ古公亶父ㅣ朝애來ᄒᆞ야馬를走ᄒᆞ샤西水滸를率ᄒᆞ야岐下애니르러이예姜女로믈來ᄒᆞ야宇ᄒᆞᆯᄃᆡ를胥타ᄒᆞ니이時를當ᄒᆞ야內예怨女ㅣ업ᄉᆞ며外예曠夫ㅣ업ᄉᆞ니王이만일에色을好ᄒᆞ거시든百姓으로더부러同ᄒᆞ시면王ᄒᆞᆷ애므ᄉᆞ거시이시리잇고

●王、又言此者、好色、則心志蠱惑、用度奢侈、而不能行王政也、大王、公劉九世孫、詩大雅緜之篇也、古公、大王之本號、後乃追尊爲大王也、亶父大王名也、來朝走馬、避狄人之難也、率、循也、滸、水厓也、岐下、岐山之下也、姜女、大王之妃也、胥、相也、宇、居也、曠、空也、無怨曠者、是、大王、好色、而能推己之心、以及民也

○楊氏、曰孟子、與人君言、皆所以擴充其善心、而格其非心、不止就事論事、若使爲人臣者、論事、每知此、豈不能堯舜其君乎、愚、謂此篇、自首章至此、大意皆同、

已 말이 止也

蓄鍾鼓、苑囿、游觀之樂、與夫好勇、好貨、好色之心、皆天理之所有、而人情之所不能無者、然、天理人欲、同行異情、循理、而公於天下者、聖賢之所以盡其性也、縱欲、而私於一己者、衆人之所以滅其天也、二者之間不能以髮、而其是非得失之歸、相去遠矣、故、孟子、因時君之問、而剖析於幾(上聲)微之際、皆所以遏人欲而存天理、其法、似疏(平聲)而實密、其事、似易(上聲)而實難、學者、以身體之、則有以識其非曲學阿世之言、而知所以克己復禮之端矣、

○孟子ㅣ謂齊宣王曰王之臣이有託其妻子於其友而之楚遊者ㅣ比其反也ᄒᆞ야 則凍餒其妻子ㅣ어든 則如之何잇고 王曰棄之니이다 (比、必二反)

孟子ㅣ齊宣王ᄭᅴ닐너ᄀᆞᆯᄋᆞ샤ᄃᆡ王의臣이그妻子를그友의게託ᄒᆞ고楚에가놀者ㅣ그反홈애밋처곤그妻子를凍餒케ᄒᆞ엿거든곤엇디ᄒᆞ리잇고王이ᄀᆞᆯᄋᆞ샤ᄃᆡ棄홀ᄯᅵ니이다

●託、寄也、比、及也、棄、絕也

曰士師ㅣ不能治士ㅣ어든 則如之何잇고 王曰已之니이다

ᄀᆞᆯᄋᆞ샤ᄃᆡ士師ㅣ能히士를治티몯ᄒᆞ거든곤엇디ᄒᆞ리잇고王이ᄀᆞᆯᄋᆞ샤ᄃᆡ已홀ᄯᅵ니이다

●士師、獄官也、其屬有鄕士遂士之官、士師、皆當治之、已、罷去也、

曰四境之內ㅣ不治어든 則如之何잇고 王이顧左右而言他ᄒᆞ시다 (治去聲)

ᄀᆞᆯᄋᆞ샤ᄃᆡ境內ㅣ治티몯ᄒᆞ거든곤엇디ᄒᆞ리잇고王이左右를顧ᄒᆞ고他를言ᄒᆞ시다

舍
노을
사釋
也

●孟子、將問此、而先設上二事以發之、及此而王不能答也、其憚於自責、恥於下問如此、不足與有爲、可知矣、○趙氏、曰言君臣上下、各勤其任、無墮其職、乃安其身、

○孟子ㅣ見齊宣王曰所謂故國者ᄂᆞᆫ 非謂有喬木之謂也ㅣ라 有世臣謂之也ㅣ니 王無親臣矣샤소이다 昔者所進을 今日에 不知其亡也온여

孟子ㅣ齊宣王을보ᄋᆞ와ᄀᆞᆯᄋᆞ샤ᄃᆡ 닐온밧故國은喬木이 잇다 닐옴을닐은줄이아니라世臣이이슴을닐옴이니 王이親臣도업ᄉᆞ샤소이다녜進ᄒᆞᆫ바ᄅᆞᆯ今日에 그亡ᄒᆞ믈아디몯ᄒᆞ고녀

●世臣、累世勳舊之臣、與國同休戚者也、親臣、君所親信之臣、與君同休戚者也、此言喬木世臣、皆故國所宜有、然、所以爲故國者、則在此而不在彼也、昨日所進用之人、今日、有亡去而不知者、則無親臣矣、況世臣乎、

王曰吾何以識其不才而舍之잇고 舍上聲

王이ᄀᆞᆯᄋᆞ샤ᄃᆡ내엇디ᄡᅥ그不才ᄅᆞᆯ아라舍ᄒᆞ리잇고

●王、意以爲此亡去者、皆不才之人、我初不知、而誤用之、故、今不以其去、爲意耳、因問何以先識其不才、而舍之邪、

曰國君이進賢호ᄃᆡ 如不得已니 將使卑로 踰尊ᄒᆞ며 疏로 踰戚이니 可不愼與잇가 與平聲

ᄀᆞᆯᄋᆞ샤ᄃᆡ國君이賢을進호ᄃᆡ시러곰 마디몯홈ᄀᆞᆮ티 ᄒᆞᄂᆞ니장ᄎᆞᆺ히여 곰卑로尊을踰

ᄒᆞ며疏로戚을踰케ᄒᆞᄂᆞ니可히愼티아니ᄒᆞ리잇가

●如不得已、言謹之至也、蓋尊尊親親禮之常也、然、或尊者親者、未必賢則必進疏遠之賢而用之、是、使卑者踰尊、疏者踰戚、非禮之常故、不可不謹也、

左右ㅣ皆曰賢이라도未可也ᄒᆞ며諸大夫ㅣ皆曰賢이라도未可也ᄒᆞ고國人이皆曰賢然後에察之ᄒᆞ야見賢焉然後에用之ᄒᆞ며左右ㅣ皆曰不可ㅣ라도勿聽ᄒᆞ며諸大夫ㅣ皆曰不可ㅣ라도勿聽ᄒᆞ고國人이皆曰不可然後에도察之ᄒᆞ야見不可焉然後에去之ᄒᆞ며去上聲

左右ㅣ다ᄀᆞᆯ오ᄃᆡ賢타ᄒᆞ야도可티아니ᄒᆞ며諸대우ㅣ다ᄀᆞᆯ오ᄃᆡ賢타ᄒᆞ야도可티아니ᄒᆞ고國人이다ᄀᆞᆯ오ᄃᆡ賢타ᄒᆞᆫ然後에察ᄒᆞ야賢을본然後에用ᄒᆞ며左右ㅣ다ᄀᆞᆯ오ᄃᆡ可티아니타ᄒᆞ야도聽티말며諸대우ㅣ다ᄀᆞᆯ오ᄃᆡ可티아니타ᄒᆞ야도聽티말고國人이다ᄀᆞᆯ오ᄃᆡ可티아니타ᄒᆞᆫ然後에察ᄒᆞ야可티아니ᄒᆞᆷ을본然後에去ᄒᆞ며

●左右、近臣、其言、固未可信、諸大夫之言、宜可信矣、然、猶恐其蔽於私也、至於國人、則其論、公矣、然、猶必察之者、蓋人有同俗而爲衆所悅者、亦有特立而爲俗所憎者、故、必自察之、而親見其賢否之實然後、從而用舍上聲之、則於賢者、知之深、任之重、而不才者、不得以幸進矣、所謂進賢、如不得已者、如此、

左右ㅣ皆曰可殺이라도勿聽ᄒᆞ며諸大夫ㅣ皆曰可殺이라도勿聽ᄒᆞ고國人이皆曰可殺然後에察之ᄒᆞ야見可殺焉然後에殺之니故로曰國人이殺之也ㅣ라ᄒᆞ니이다

賊 해할 적 害也
殘 해할 잔 害也

左右ㅣ다골오ᄃᆡ可히殺홀ᄭᅵ시라ᄒᆞ야도聽티말며諸대우ㅣ다골오ᄃᆡ可히殺홀ᄭᅵ시라ᄒᆞ야도聽티말고國人이다골오ᄃᆡ可히殺홀ᄭᅵ시라ᄒᆞᆫ然後에察ᄒᆞ야可히殺ᄒᆞ얌즉홈을본然後에殺홀띠니故로골오ᄃᆡ國人이殺ᄒᆞ다ᄒᆞᄂᆞ니이다

●此、言非獨以此、進退人才、至於用刑、亦以此道、蓋所謂天命天討、皆非人君之所得私也、

如此然後에可以爲民父母ㅣ니이다

이ᄀᆞᄐᆞᆫ然後에可히ᄡᅧ民의父母ㅣ되ᄂᆞ니이다

●傳、去聲 曰民之所好、好之、民之所惡、惡之、此之謂民之父母、

○齊宣王이問曰湯이放桀ᄒᆞ시고武王이伐紂ᄒᆞ시니라有諸잇가孟子ㅣ對曰於傳에有之ᄒᆞ니이다 傳直戀反

齊宣王이묻ᄌᆞ와골ᄋᆞ샤ᄃᆡ湯이桀을放ᄒᆞ시고武王이紂를伐ᄒᆞ시다ᄒᆞ니인ᄂᆞ니잇가孟子ㅣ對ᄒᆞ야골ᄋᆞ샤ᄃᆡ傳애인ᄂᆞ니이다

●放、置也、書、曰成湯、放桀于南巢、

曰臣弑其君이可乎잇가

골ᄋᆞ샤ᄃᆡ臣이그君을弑홈이可ᄒᆞ니잇가

●桀紂、天子、湯武、諸侯、

曰賊仁者를謂之賊이오賊義者를謂之殘이니殘賊之人을謂之一夫ㅣ니聞誅一夫紂矣오未聞弑君也케이다

골ᄋᆞ샤ᄃᆡ仁을賊ᄒᆞᄂᆞᆫ者를賊이라닐ᄋᆞ고義를賊ᄒᆞᄂᆞᆫ者를殘이라닐ᄋᆞ고殘賊ᄒᆞᆫ人

舍 노을사 釋也
女 너여 爾也

을一夫ㅣ라닐ᄋᆞᄂᆞ니一夫紂ᄅᆞᆯ誅ᄒᆞ다홈을듣고君을弑ᄒᆞ다홈을듣디몯게이다

●賊、害也、殘、傷也、害仁者、凶暴淫虐、滅絶天理、故、謂之賊、害義者、顚倒錯亂傷敗彝倫、故、謂之殘、一夫、言衆叛親離、不復扶又反以爲君也、書、曰獨夫紂、蓋四海歸之、則爲天子、天下、叛之、則爲獨夫、所以深警齊王、垂戒後世也、○王勉、曰斯言也、惟在下者、有湯武之仁、而在上者、有桀紂之暴、則可、不然、是未免於簒弑之罪也

○孟子ㅣ見齊宣王曰爲巨室則必使工師로求大木ᄒᆞ시리니工師ㅣ得大木則王이喜ᄒᆞ야以爲能勝其任也ㅣ라ᄒᆞ시고匠人이斲而小之則王이怒ᄒᆞ야以爲不勝其任矣다ᄒᆞ시리니夫人이幼而學之는壯而欲行之니王曰姑舍女의所學ᄒᆞ고而從我ㅣ라ᄒᆞ시면則何如ᄒᆞ니잇고勝平聲夫音扶舍上聲女音汝下同

孟子ㅣ齊宣王을보ᅀᆞ와ᄀᆞᆯᄋᆞ샤ᄃᆡ巨室을ᄒᆞᆫ則반ᄃᆞ시工師로ᄒᆞ여곰大木을求ᄒᆞ시리니工師ㅣ大木을得ᄒᆞ면王이喜ᄒᆞ야ᄡᅥ能히그任을勝ᄒᆞᆫ다ᄒᆞ시고匠人이斲ᄒᆞ야小케ᄒᆞ면王이怒ᄒᆞ야ᄡᅥ그任을勝티몯ᄒᆞᆫ다ᄒᆞ시리니人이幼ᄒᆞ야學홈은壯ᄒᆞ야行코자홈이니王이ᄀᆞᆯᄋᆞ샤ᄃᆡ아직너의學ᄒᆞᆫ바ᄅᆞᆯ舍ᄒᆞ고我ᄅᆞᆯ從ᄒᆞ라ᄒᆞ시면엇더ᄒᆞ니잇고

●巨室、大宮也、工師、匠人之長、上聲匠人、衆工人也、姑、且也、言賢人、所學者大、而王、欲小之也

今有璞玉於此ᄒᆞ면雖萬鎰이라도必使玉人彫琢之ᄒᆞ시리니至於治國家ᄒᆞ야는則曰姑舍女의所學ᄒᆞ고而從我ㅣ라ᄒᆞ시면則何以異於教玉人

彫琢玉哉잇고 鎰音溢

이제璞玉이이예이시면비록萬鎰이라도반ᄃᆞ시玉人으로ᄒᆞ야곰彫琢게ᄒᆞ시리니國家ᄅᆞᆯ治ᄒᆞᆷ애니르러ᄂᆞᆫ곧ᄀᆞᆯᄋᆞ샤ᄃᆡ아직너의學ᄒᆞᆫ바ᄅᆞᆯ舍ᄒᆞ고나ᄅᆞᆯ조ᄎᆞ라ᄒᆞ시면곧엇지ᄡᅥ玉人을敎ᄒᆞ야玉을彫琢ᄒᆞᆷ애달ᄋᆞ니잇고

●璞、玉之在石中者、鎰、二十兩也、玉人、玉工也、不敢自治而付之能者、愛之甚也、治國家則徇私欲而不任賢、是、愛國家、不如愛玉也、○范氏、曰古之賢者、常患人君、不能行其所學、而世之庸君、亦常患賢者、不能從其所好去聲 是以、君臣相遇、自古以爲難、孔孟終身而不遇、蓋以此耳、

○齊人이伐燕勝之어늘

齊人이燕을伐ᄒᆞ야勝ᄒᆞ여늘

●按史記、燕王噲、讓國於其相去聲子之、而國、大亂、齊因伐之、燕士卒、不戰、城門、不閉、遂大勝燕、

宣王이問曰或謂寡人勿取라ᄒᆞ며或謂寡人取之라ᄒᆞᄂᆞ니以萬乘之國으로伐萬乘之國ᄒᆞ되五旬而擧之ᄒᆞ니人力으로不至於此ㅣ니不取ᄒᆞ면必有天殃이니取之何如ᄒᆞ니잇고 乘去聲下同

宣王이묻ᄌᆞ와ᄀᆞᆯᄋᆞ샤ᄃᆡ或寡人ᄃᆞ려닐오ᄃᆡ取티말라ᄒᆞ며或寡人ᄃᆞ려닐오ᄃᆡ取ᄒᆞ라ᄒᆞᄂᆞ니萬乘ㅅ國으로ᄡᅥ萬乘ㅅ國을伐호ᄃᆡ五旬에擧ᄒᆞ니人力으로이예至티몯ᄒᆞᆯ꺼시니取티아니ᄒᆞ면반ᄃᆞ시天殃이々시리니取호ᄃᆡ엇지ᄒᆞ니잇고

●以伐燕 爲宣王事、與史記諸書、不同、已見序說、

孟子ㅣ對曰取之而燕民이悅則取之ᄒᆞ쇼셔古之人이有行之者ᄒᆞ니武王이是也ㅣ니이다取之而燕民이不悅則勿取ᄒᆞ쇼셔古之人이有行之者ᄒᆞ니文王이是也ㅣ니이다

孟子ㅣ對ᄒᆞ야ᄀᆞᆯ오ᄉᆞ대取ᄒᆞᆷ애燕民이悅ᄒᆞᆫ則取ᄒᆞ쇼셔녜ㅅ사ᄅᆞᆷ이行ᄒᆞᆫ者ㅣ이시니武王이이니이다取ᄒᆞᆷ애燕民이悅티아닌則取티말오쇼셔녜ㅅ사ᄅᆞᆷ이行ᄒᆞᆫ者ㅣ이시니文王이이니이다

●商紂之世、文王、三分天下、有其二、以服事商、至武王十三年、乃代紂而有天下張子、曰此事、間不容髮、一日之間、天命未絕、則是君臣、當日命絕、則爲獨夫、然命之絕否、何以知之、人情而已、諸侯不期而會者、八百、武王、安得而止之哉、

以萬乘之國으로伐萬乘之國이어늘簞食壺漿으로以迎王師는豈有他哉리오避水火也ㅣ니如水ㅣ益深ᄒᆞ며如火ㅣ益熱이면亦運而已矣니이다

簞音丹 食音嗣

萬乘ㅅ國으로ᄡᅥ萬乘ㅅ國을伐ᄒᆞ거늘簞食와漿壺으로ᄡᅥ王師를迎ᄒᆞᆷ은엇디他ㅣ이시리오水火를避ᄒᆞᆷ이니水ㅣ더욱深ᄐᆞᆺᄒᆞ며火ㅣ더욱熱ᄐᆞᆺᄒᆞ면또ᄒᆞᆫ運ᄒᆞᆯᄯᆞᄅᆞᆷ이니이다

●簞、竹器、食、飯也、運、轉也、言齊若更爲暴虐、則民將轉、而望救於他人矣、○趙氏、曰征伐之道、當順民心、民心、悅則天意、得矣、

○齊人이伐燕取之ᄒᆞᆫ대諸侯ㅣ將謀救燕이러니宣王이曰諸侯ㅣ多

蘇 셔여 날소 死而復生

謀伐寡人者ᄒᆞ니 何以待之잇고 孟子ㅣ 對曰臣은 聞七十里로 爲政於天下者는 湯이 是也ㅣ니 未聞以千里로 畏人者也케이다

齊人이 燕을 伐ᄒᆞ야 取ᄒᆞᆫ대 諸侯ㅣ 장ᄎᆞᆺ 燕救홈을 謀ᄒᆞ더니 宣王이 ᄀᆞᆯᄋᆞ샤ᄃᆡ 諸侯ㅣ 寡人伐홈을 謀ᄒᆞᆯ 者ㅣ 多ᄒᆞ니 엇디 ᄡᅧ 待ᄒᆞ라 잇고 孟子ㅣ 對ᄒᆞ야 ᄀᆞᆯᄋᆞ샤ᄃᆡ 臣은 들오니 七十里로 ᄡᅧ 天下에 政을 ᄒᆞᆫ 者는 湯이 이니 千里로 ᄡᅧ 人을 畏ᄒᆞᆫ 者를 듣지 몯게이다

●千里畏人、指齊王也、

書에 曰湯이 一征을 自葛로 始ᄒᆞ신대 天下ㅣ 信之ᄒᆞ야 東面而征에 西夷ㅣ 怨ᄒᆞ며 南面而征에 北狄이 怨ᄒᆞ야 曰奚爲後我오ᄒᆞ야 民이 望之ᄒᆞ되 若大旱之望雲霓也ᄒᆞ야 歸市者ㅣ 不止ᄒᆞ며 耕者ㅣ 不變이어늘 誅其君而弔其民ᄒᆞ신대 若時雨ㅣ 降이라 民이 大悅ᄒᆞ니 書애 曰徯我后ᄒᆞ다소니 后來ᄒᆞ시니 其蘇ㅣ라ᄒᆞ니이다 霓五稽反 徯胡禮反

書애 ᄀᆞᆯ오ᄃᆡ 湯이 ᄒᆞᆫ번 征홈을 葛로브터 始ᄒᆞ산대 天下ㅣ 信ᄒᆞ야 東으로 面ᄒᆞ야 征ᄒᆞ심애 西夷ㅣ 怨ᄒᆞ며 南으로 面ᄒᆞ야 征ᄒᆞ심애 北狄이 怨ᄒᆞ야 ᄀᆞᆯ오ᄃᆡ 엇디 우리를 後에 ᄒᆞ시ᄂᆞᆫ고ᄒᆞ야 民이 望호ᄃᆡ 大旱애 雲霓望홈ᄀᆞᆮ티ᄒᆞ야 市애 歸ᄒᆞᄂᆞᆫ 者ㅣ 止티 아니ᄒᆞ며 耕ᄒᆞᄂᆞᆫ 者ㅣ 變티 아니ᄒᆞ거늘 그 君을 誅ᄒᆞ고 그 民을 弔ᄒᆞ신대 時雨ㅣ 降홈ᄀᆞᆮᄃᆞᆫ디라 民이 키 悅ᄒᆞ니 書애 ᄀᆞᆯ오ᄃᆡ 우리 后를 徯ᄒᆞ다소니 后ㅣ 來ᄒᆞ시니 그 蘇콰라 ᄒᆞ니이다

●兩引書、皆商書仲虺之誥文也、與今書文、亦小異、一征、初征也、天下信之、信其志在救民、不爲暴也、奚爲後我、言湯何爲不先來征我之國也、霓、虹也、雲合則雨、虹見則止、變、動也、徯、待也、后、君也、蘇、復生也、他國之民、皆以湯、爲我君而待其來、使己、得蘇息也、此、言湯所以七十里而爲政於天下也、

今에燕虐其民이어늘王이往而征之ᄒᆞ시니民이以爲將拯己於水火之中也ㅣ라ᄒᆞ야簞食壺漿으로以迎王師ㅣ어늘若殺其父兄ᄒᆞ며係累其子弟ᄒᆞ며毁其宗廟ᄒᆞ며遷其重器ᄒᆞ면如之何其可也ㅣ리오天下ㅣ固畏齊之彊也ㅣ니今又倍地而不行仁政이면是는動天下之兵也ㅣ니이다 累力追反

이제燕이그民을虐ᄒᆞ거늘王이往ᄒᆞ야征ᄒᆞ시니民이ᄡᅧ장ᄎᆞᆺ己를水火ㅅ가온대拯ᄒᆞ리라ᄒᆞ야簞食와壺漿으로ᄡᅧ王師를迎ᄒᆞ거늘만일에그父兄을殺ᄒᆞ며그子弟를係累ᄒᆞ며그宗廟를毁ᄒᆞ며그重器를遷ᄒᆞ면엇디그可ᄒᆞ리오天下ㅣ진실로齊의彊을畏ᄒᆞᄂᆞ니이제ᄯᅩ他를倍ᄒᆞ고仁政을行티아니ᄒᆞ면이는天下ㅅ兵을動홈이니이다

●拯、救也、係累、縶縛也、重器、寶器也、畏、忌也、倍地、幷去聲燕而增一倍之地也、齊之取燕、若能如湯之征葛、則燕人、悅之、而齊可爲政於天下矣、今乃不行仁政、而肆爲殘虐、則無以慰燕民之望、而服諸侯之心、是以、不免乎以千里而畏人也、

王速出令ᄒᆞ샤反其旄倪ᄒᆞ시며止其重器ᄒᆞ시고謀於燕衆ᄒᆞ야置君而後에去之則猶可及止也ㅣ리이다 旄與耄同倪五稽反

王이ᄲᆞᆯ리令을出ᄒᆞ샤그旄와倪를反ᄒᆞ시며그重器를止ᄒᆞ시고燕衆에謀ᄒᆞ야君을置ᄒᆞᆫ後에去ᄒᆞ시면오히려可히미처止ᄒᆞ리이다

●反、還也、旄、老人也、倪、小兒也、謂所虜略之老小也、猶、尙也、及止、及其未發

尤 원망 할우 怨也

而止之也、○范氏、曰孟子、事齊梁之君、論道德則必稱堯舜、論征伐則必稱湯武、蓋治民、不法堯舜、則是爲暴、行師不法湯武、則是爲亂、豈可謂吾君不能、而舍去聲所學以徇之哉、

○鄒ㅣ與魯鬨이러니 穆公이 問曰吾有司死者ㅣ三十三人이로ᄃᆡ 而民은 莫之死也ᄒᆞ니 誅之則不可勝誅오 不誅則疾視其長上之死而不救ᄒᆞ니 如之何則可也잇고 鬨胡弄反勝平聲長上聲下同

鄒ㅣ魯로더브러鬨ᄒᆞ더니穆公이묻ᄌᆞ와ᄀᆞᆯᄋᆞ샤ᄃᆡ내有司ㅣ死ᄒᆞᆫ者ㅣ三十三人이로ᄃᆡ民은死티아니ᄒᆞ니誅ᄒᆞᆫ則可히이긔여誅티몯ᄒᆞ고誅티아니ᄒᆞᆫ則그長上의死ᄅᆞᆯ疾視ᄒᆞ고救티아니ᄒᆞ니엇디ᄒᆞ면可ᄒᆞ리잇고

●鬨、鬭聲也、穆公、鄒君也、不可勝誅、言人衆、不可盡誅也、長上、謂有司也、民怨其上故、疾視其死而不救也、

孟子ㅣ對曰凶年饑歲에 君之民이 老弱은 轉乎溝壑ᄒᆞ고 壯者ᄂᆞᆫ 散而之四方者ㅣ幾千人矣오 而君之倉廩이 實ᄒᆞ며 府庫ㅣ充이어ᄂᆞᆯ 有司ㅣ莫以告ᄒᆞ니 是ᄂᆞᆫ 上慢而殘下也ㅣ니 曾子ㅣ曰戒之戒之ᄒᆞ라 出乎爾者ㅣ反乎爾者也ㅣ라ᄒᆞ시니 夫民이 今而後에 得反之也ㅣ로소니 君無尤焉ᄒᆞ쇼셔 幾上聲夫音扶

孟子ㅣ對ᄒᆞ야ᄀᆞᆯᄋᆞ샤ᄃᆡ凶年과饑歲에君의民이老弱은溝壑에轉ᄒᆞ고壯者ᄂᆞᆫ散ᄒᆞ야四方애之ᄒᆞᆫ者ㅣ몃千人고君의倉廩이實ᄒᆞ며府庫ㅣ充ᄒᆞ얏거ᄂᆞᆯ有司ㅣᄡᅥ告티

已 말이 止也

아니ᄒᆞ니이는上이慢ᄒᆞ야下를殘ᄒᆞᆷ이니曾子ㅣ글ᄋᆞ샤ᄃᆡ戒ᄒᆞ며戒ᄒᆞ라네게出ᄒᆞᆫ者ㅣ네게反ᄒᆞᆫ다ᄒᆞ시니民이이젠後에시러곰反ᄒᆞ도소니君은尤티마ᄅᆞ쇼서

●轉、飢餓輾轉而死也、充、滿也、上、謂君及有司也、尤、過也、

君行仁政ᄒᆞ시면斯民이親其上ᄒᆞ야死其長矣리이다

君이仁政을行ᄒᆞ시면이民이그上을親ᄒᆞ야그長애死ᄒᆞ리이다

●君、不仁而求富、是以、有司、知重歛而不知恤民、故、君行仁政則有司、皆愛其民而民亦愛之矣、○范氏、曰書、曰民惟邦本、本固、邦寧、有倉廩府庫、所以爲去聲民也、豐年則歛之、凶年則散之、恤其飢寒、救其疾苦、是以、民、親愛其上、有危難去聲則赴救之、如子弟之衞父兄、手足之捍頭目也、穆公、不能反己、猶欲歸罪於民、豈不誤哉、

○滕文公이問曰滕은小國也ㅣ라間於齊楚ᄒᆞ니事齊乎가事楚乎ㅣ잇가 間去聲

滕文公이묻ᄌᆞ와ᄀᆞᆯᄋᆞ샤ᄃᆡ滕은小國이라齊楚애間ᄒᆞ여시니齊를事ᄒᆞ리잇가楚를事ᄒᆞ리잇가

●滕、國名

孟子ㅣ對曰是謀는非吾의所能及也ㅣ로소이다無已則有一焉ᄒᆞ니鑿斯池也ᄒᆞ며築斯城也ᄒᆞ야與民守之ᄒᆞ야效死而民弗去則是可爲也ㅣ니이다

孟子ㅣ對ᄒᆞ야ᄀᆞᆯᄋᆞ샤ᄃᆡ이謀ᄂᆞᆫ나의能히及ᄒᆞᆯ빼아니로소이다마디말와더ᄒᆞ시면
一이이시니이池를鑿ᄒᆞ며이城을築ᄒᆞ야民으로더브러守ᄒᆞ야死를效호ᄃᆡ民이去
티아니ᄒᆞᆫ則이可히ᄒᆞ얌즉ᄒᆞ니이다
●無已、見前篇、一、謂一說也、效、猶致也、國君、死社稷、故、致死以守國、至於民、
亦爲之死守而不去、則非有以深得其心者、不能也、○此章、言有國者、當守義而
愛民、不可僥倖而苟免、

○滕文公이問曰齊人이將築薛ᄒᆞ니吾ㅣ甚恐ᄒᆞ노니如之何則可ᄒᆞ니잇고
滕文公이묻ᄌᆞ와ᄀᆞᆯᄋᆞ샤ᄃᆡ齊人이장ᄎᆞᆺ薛애築ᄒᆞ니내甚히恐ᄒᆞ노니엇디ᄒᆞ면可ᄒᆞ
니잇고
●薛、國名、近滕、齊取其地而城之故、文公、以偪己而恐也、

孟子ㅣ對曰昔者에大王이居邠ᄒᆞ실ᄉᆡ狄人이侵之어늘去ᄒᆞ시고之岐山
之下ᄒᆞ사居焉ᄒᆞ시니非擇而取之라不得已也ㅣ시니이다 邠與豳同
孟子ㅣ對ᄒᆞ야ᄀᆞᆯᄋᆞ샤ᄃᆡ녜大王이邠애居ᄒᆞ실ᄉᆡ狄人이侵ᄒᆞ거늘去ᄒᆞ시고岐山
下애之ᄒᆞ샤居ᄒᆞ시니擇ᄒᆞ야取ᄒᆞ신줄이아니라말옴을得디몯ᄒᆞ심이니이다
●邠、地名、言大王、非以岐下爲善、擇取而居之也、詳見下章、

苟爲善이면後世子孫이必有王者矣리니君子ㅣ創業垂統ᄒᆞ야爲可
繼也ㅣ라若夫成功則天也ㅣ니君如彼에何哉리오彊爲善而已矣니이다
진실로善을ᄒᆞ면後世예子孫이반ᄃᆞ시王ᄒᆞᆯ者ㅣ이시리니君子ㅣ業을創ᄒᆞ며統을
垂ᄒᆞ야可히繼케ᄒᆞᆯᄲᅮᆫ이라만일功을成홈인則天이니君이뎌에엇디리오善ᄒᆞ욤을
彊ᄒᆞᆯᄯᆞᄅᆞᆷ이니이다

屬 부탁 촉 托也

●創、造也、統、緒也、言能爲善、則如大王、雖失其地、而其後世、遂有天下、乃天理也、然、君子、造基業於前而垂統緖於後、但能不失其正、令後世、可繼續而行耳、若夫成功則豈可必乎、彼齊也、君之力、旣無如之何則但彊於爲善、使其可繼而俟命於天耳、○此章、言人君、當竭力於其所當爲、不可徼幸於其所難必、

○滕文公이問曰滕은小國也ㅣ라竭力ᄒᆞ야以事大國이라도則不得免焉이로소니如之何則可잇고孟子ㅣ對曰昔者애大王이居邠ᄒᆞ실ᄉᆡ狄人이侵之어늘事之以皮幣라도不得免焉ᄒᆞ며事之以犬馬ㅣ라도不得免焉ᄒᆞ며事之以珠玉이라도不得免焉ᄒᆞ야乃屬其耆老而告之曰狄人之所欲者ᄂᆞᆫ吾土地也ㅣ니吾ᄂᆞᆫ聞之也호니君子ᄂᆞᆫ不以其所以養人者로害人이라ᄒᆞ니二三子ᄂᆞᆫ何患乎無君이리오我將去之호리라ᄒᆞ시고去邠ᄒᆞ시고踰梁山ᄒᆞ사邑于岐山之下ᄒᆞ사居焉ᄒᆞ신대邠人이曰仁人也ㅣ라不可失也ㅣ라ᄒᆞ고從之者ㅣ如歸市ᄒᆞ더라 屬音燭

滕文公이묻ᄌᆞ와ᄀᆞᆯᄋᆞ샤ᄃᆡ滕은小國이라力을竭ᄒᆞ야ᄡᅥ大國을事ᄒᆞ야도곧시러곰免티몯ᄒᆞ리로소니엇디ᄒᆞᆫ則可ᄒᆞ니잇고孟子ㅣ對ᄒᆞ야ᄀᆞᆯᄋᆞ샤ᄃᆡ녜大王이邠애居ᄒᆞ실ᄊᆡ狄人이侵ᄒᆞ거늘皮幣로ᄡᅥ事ᄒᆞ야도시러곰免티몯ᄒᆞ며犬馬로ᄡᅥ事ᄒᆞ야도시러곰免티몯ᄒᆞ며珠玉으로ᄡᅥ事ᄒᆞ야도시러곰免티몯ᄒᆞ야그耆老ᄅᆞᆯ屬ᄒᆞ야告ᄒᆞ야ᄀᆞᆯᄋᆞ샤ᄃᆡ狄人의欲ᄒᆞ논바ᄂᆞᆫ우리土地니나ᄂᆞᆫ드ᄅᆞ오니君子ᄂᆞᆫ그ᄡᅥ人養ᄒᆞᄂᆞᆫ바로ᄡᅥ人을害티아니ᄒᆞᆫ다ᄒᆞ니二三子ᄂᆞᆫ엇디君업슴을患ᄒᆞ리오내쟝ᄎᆞᆺ去호리라ᄒᆞ시고邠을去ᄒᆞ시고梁山을踰ᄒᆞ샤岐山ㅅ下의邑ᄒᆞ샤居ᄒᆞ신대邠人이ᄀᆞᆯ오ᄃᆡ仁人이라可히失티몯ᄒᆞᆯ꺼시라ᄒᆞ고從ᄒᆞᄂᆞᆫ者ㅣ市예歸ᄒᆞᆫᄃᆞᆺᄒᆞ더라

●皮、謂虎豹麋鹿之皮也、幣、帛也、屬、會集也、土地、本生物以養人、今爭地而殺人、是、以其所以養人者、害人也、邑、作邑也、歸市、人衆而爭先也、

或曰世守也ㅣ라非身之所能爲也ㅣ니效死勿去ㅣ라ᄒᆞᄂᆞ니

或ᄀᆞᆯ오ᄃᆡ世로守ᄒᆞᄂᆞᆫ거시라身의能히ᄒᆞᆯ빼아니니死를效ᄒᆞ야去티말꺼시라ᄒᆞᄂᆞ니

●又言或謂土地、乃先人所受而世守之者、非己所能專、但當致死守之、不可舍去此、國君死社稷之常法、傳所謂國滅君死之正也、正謂此也、

君請擇於斯二者ᄒᆞ소서

君은請컨ᄃᆡ이二者애擇ᄒᆞ쇼서

●能如大王則避之、不能則謹守常法、蓋遷國以圖存者、權也、守正而俟死者、義也、審己量力、擇而處上聲之、可也、○楊氏曰孟子之於文公、始告之、以效死而已、禮之正也、至其甚恐則以大王之事、告之、非得已也、然、無大王之德而去、則民或不從、遂至於亡、則又不若效死之爲愈、故、又請擇於斯二者、又曰孟子所論、自世俗觀之、則可謂無謀矣、然、理之可爲者、不過如此、舍上聲此則必爲儀秦之爲矣、凡事求可、功求成、取必於智謀之末、而不循天理之正者、非聖賢之道也、

○魯平公이將出ᄒᆞᆯᄉᆡ嬖人臧倉者ㅣ請曰他日에君이出則必命有司所之ᄒᆞ시러니今에乘輿ㅣ已駕矣로ᄃᆡ有司ㅣ未知所之ᄒᆞ니敢請ᄒᆞ노이다

樂 풍뉴악 八音總名
見 보일현 現也

公曰將見孟子호리라曰何哉잇고君所爲輕身ᄒᆞ야以先於匹夫者ᄂᆞᆫ以爲賢乎ㅣ잇가禮義ᄂᆞᆫ由賢者出이어ᄂᆞᆯ而孟子之後喪이踰前喪ᄒᆞ니君無見焉ᄒᆞ소셔公曰諾다 乘去聲

魯平公이장ᄎᆞᆺ出ᄒᆞᆯᄊᆡ嬖人臧倉者ㅣ請ᄒᆞ야ᄀᆞᆯ오ᄃᆡ他日애君이出ᄒᆞ신則반ᄃᆞ시有司의게之ᄒᆞ시ᄂᆞᆫ바를命ᄒᆞ더시니이제乘輿ㅣ이믜駕ᄒᆞ야쇼ᄃᆡ有司ㅣ之ᄒᆞ실빠를아디몯ᄒᆞ니敢히請ᄒᆞ노이다公이ᄀᆞᆯ으샤ᄃᆡ장ᄎᆞᆺ孟子를見호리라ᄀᆞᆯ오ᄃᆡ엇디니잇고君이身을輕ᄒᆞ야ᄡᅥ匹夫의先ᄒᆞᄂᆞᆫ바ᄂᆞᆫᄡᅥ賢타ᄒᆞ시ᄂᆞ니잇가禮義ᄂᆞᆫ賢者로말ᄆᆡ암아나거ᄂᆞᆯ孟子의後喪이前喪에踰ᄒᆞ니君은見티마ᄅᆞ쇼셔公이ᄀᆞᆯ으샤ᄃᆡ諾다

●乘輿、君車也、駕、駕馬也、孟子、前喪父、後喪母、踰、過也、言其厚母、薄父也、諾、應辭也、

樂正子ㅣ入見曰君이奚爲不見孟軻也ㅣ잇고曰或이告寡人曰孟子之後喪이踰前喪이라ᄒᆞᆯ서是以로不往見也ㅣ라호曰何哉잇고所謂踰者ᄂᆞᆫ前以士ㅣ오後以大夫ㅣ며前以三鼎而後以五鼎與ㅣ잇가曰否ㅣ라謂棺槨衣衾之美也ㅣ라曰非所謂踰也ㅣ라貧富ㅣ不同也ㅣ니이다

樂正子ㅣ入ᄒᆞ야見ᄒᆞ야ᄀᆞᆯ오ᄃᆡ君이엇디孟軻를보디아니ᄒᆞ시니잇고ᄀᆞᆯ으샤ᄃᆡ或이寡人의게告ᄒᆞ야ᄀᆞᆯ오ᄃᆡ孟子의後喪이前喪에踰타ᄒᆞᆯᄊᆡ일로ᄡᅥ往見티아니호라ᄀᆞᆯ오ᄃᆡ엇디잇고君의닐온밧踰ᄂᆞᆫ前은士로ᄡᅥ오後ᄂᆞᆫ태우로ᄡᅥᄒᆞ며前은三鼎으로ᄡᅥ오後ᄂᆞᆫ五鼎으로ᄡᅥ니잇가ᄀᆞᆯ으샤ᄃᆡ아니라棺槨과衣衾의美를닐옴이니라ᄀᆞᆯ오ᄃᆡ일온밧踰ㅣ아니라貧과富ㅣ同타아닐ᄊᆡ니이다

見 보일 현 現也
尼 그칠 닐 止也

●樂正子、孟子弟子也、仕於魯、三鼎、士祭禮、五鼎、大夫祭禮

樂正子ㅣ見孟子曰克이告於君ᄒᆞ니君이爲來見也ㅣ러시니嬖人有臧倉者ㅣ沮君이라君이是以로不果來也ᄒᆞ시니이다曰行或使之며止或尼之나行止는非人의所能也ㅣ라吾之不遇魯侯는天也ㅣ니臧氏之子ㅣ焉能使予로不遇哉리오 爲之去聲沮慈呂反尼女乙反焉於虔反

樂正子ㅣ孟子를보ᄋᆞ와ᄀᆞᆯ오ᄃᆡ克이君ᄭᅴ告ᄒᆞ니君이爲ᄒᆞ야來見호려ᄒᆞ시더니嬖人臧倉者ㅣ君을沮ᄒᆞᆫ디라君이일로ᄡᅥ果히來티아니ᄒᆞ시니이다ᄀᆞᆯᄋᆞ샤ᄃᆡ行ᄒᆞ욤도或使ᄒᆞ며止ᄒᆞ욤도或尼ᄒᆞ나行止ᄂᆞᆫ人의能히ᄒᆞᆯ배아니ᄂᆞ니나의魯侯를遇티몯홈은天이니臧氏의子ㅣ엇디能히날로ᄒᆞ여곰遇티몯게ᄒᆞ리오

●克、樂正子名、沮、尼、皆止之之意也、言人之行、必有人使之者、其止、必有人尼之者、然、其所以行、所以止、則固有天命、而非此人所能使、亦非此人所能尼也、然則我之不遇、豈臧倉之所能爲哉○此章、言聖賢之出處、關時運之盛衰、乃天命之所爲、非人力之可及、

原本

孟子集註卷之二 終

孟子集註卷之三

公孫丑章句上 凡九章

○公孫丑ㅣ問曰夫子ㅣ當路於齊ᄒᆞ시면 管仲晏子之功을 可復許乎잇가 復扶又反

公孫丑ㅣ묻ᄌᆞ와ᄀᆞᆯ오ᄃᆡ夫子ㅣ齊예路애當ᄒᆞ시면管仲과晏子의功을可히다시許ᄒᆞ시리잇가

●公孫丑、孟子弟子、齊人也、當路、居要地也、管仲、齊大夫、名夷吾、相桓公、覇諸侯、許、猶期也、孟子、未嘗得政、丑、蓋設辭以問也、

孟子ㅣ曰子ㅣ誠齊人也ㅣ로다 知管仲晏子而已矣온여

孟子ㅣᄀᆞᆯᄋᆞ샤ᄃᆡ子ㅣ진실로齊人사ᄅᆞᆷ이로다管仲과晏子를알ᄯᆞᄅᆞᆷ이온여

●齊人、但知其國、有二子而已、不復知有聖賢之事、

或이問乎曾西曰吾子ㅣ與子路孰賢고 曾西ㅣ蹵然曰吾先子之所畏也ㅣ니라 曰然則吾子ㅣ與管仲孰賢고 曾西ㅣ艴然不悅曰爾何曾比予於管仲고 管仲이得君이 如彼其專也ㅣ며 行乎國政이 如彼其久也ㅣ로ᄃᆡ 功烈이 如彼其卑也ᄒᆞ니 爾何曾比予於是오ᄒᆞ니라 蹵子六反艴音拂又音勃曾並音增

或이曾西ᄃᆞ려무러ᄀᆞᆯ오ᄃᆡ吾子ㅣ子路로ᄃᆞ려뉘賢ᄒᆞ뇨曾西ㅣ蹵然ᄒᆞ야ᄀᆞᆯ오ᄃᆡ우리先子의畏ᄒᆞ시던배니라ᄀᆞᆯ오ᄃᆡ그러ᄒᆞᆫ則吾子ㅣ管仲으로ᄃᆞ려뉘賢ᄒᆞ뇨曾西ㅣ艴然히悅티아니ᄒᆞ야ᄀᆞᆯ오ᄃᆡ네엇디곰나ᄅᆞᆯ管仲애比ᄒᆞᄂᆞ뇨管仲이君을得홈이뎌러ᄐᆞ시그專ᄒᆞ며國政을行홈이뎌러ᄐᆞ시그久ᄒᆞᄃᆡ功烈이뎌러ᄐᆞ시그卑ᄒᆞ니네엇디곰나ᄅᆞᆯ이에比ᄒᆞᄂᆞ뇨ᄒᆞ니라

●孟子、引曾西與或人問答如此、曾西、曾子之孫、蹵、不安貌、先子、曾子也、艴、怒色也、曾之言則也、烈、猶光也、桓公、獨任管仲四十餘年、是專且久也、管仲、不知王道而行霸術、故、言功烈之卑也、楊氏、曰孔子、言子路之才曰千乘之國、可使治其賦也、使其見於施爲如是而已、其於九合諸侯、一正天下、固有所不逮也、然則曾西、推尊子路如此、而羞比管仲者、何哉、譬之御者、子路則範我馳驅而不獲者也、管仲之功、詭遇而獲禽耳、曾西、仲尼之徒也、故、不道管仲之事、

曰管仲은曾西之所不爲也ㅣ어늘而子ㅣ爲我願之乎아 (爲之子爲去聲)

ᄀᆞᆯᄋᆞ샤ᄃᆡ管仲은曾西의ᄒᆞ디아니ᄒᆞᄂᆞᆫ배어늘子ㅣ나ᄅᆞᆯ爲ᄒᆞ야願ᄒᆞᄂᆞ냐

●曰、孟子言也、願、望也、

曰管仲은以其君霸ᄒᆞ고晏子ᄂᆞᆫ以其君顯ᄒᆞ니管仲晏子ᄂᆞᆫ猶不足爲與잇가 (與平聲)

ᄀᆞᆯ오ᄃᆡ管仲은그君으로ᄡᅥ霸케ᄒᆞ고晏子ᄂᆞᆫ그君으로ᄡᅥ顯케ᄒᆞ니管仲과晏子ᄂᆞᆫ오히려足히ᄒᆞ염즉디아니ᄒᆞ니잇가

●顯、顯名也、

曰以齊로王이由反手也ㅣ니라 (王去聲 由猶通)

易쉬울이不難

글으샤딕齊로뻐王홈이手를反홈곧ᄃᆞᆺ이라

● 反手、言易也、

曰若是則弟子之惑이滋甚케이다 且以文王之德으로百年而後崩ᄒᆞ사딕 猶未洽於天下ㅣ어시놀 武王周公이繼之然後에大行ᄒᆞ니今言王若易然ᄒᆞ시니 則文王은不足法與잇가 易去聲下與平聲同

글오딕이러ᄐᆞᆺᄒᆞᆫ則弟子의惑이더옥甚케이다또文王의德으로뻐百年인後에崩ᄒᆞ샤딕오히려天下에洽디몯ᄒᆞ거시놀武王과周公이繼ᄒᆞ신然後에ᄏᆡ行ᄒᆞ니이제王을이러ᄐᆞᆺ시쉽다닐ᄋᆞ시니곧文王은足히法디아니ᄒᆞ리잇가

● 滋、益也、文王、九十七而崩、言百年、舉成數也、文王、三分天下、才有其二、武王、克商、乃有天下、周公、相成王、制禮作樂然後、敎化大行、

曰文王은何可當也ㅣ시리오 由湯으로至於武丁히 賢聖之君이六七이作ᄒᆞ야天下ㅣ歸殷이久矣니 久則難變也ㅣ라 武丁이朝諸侯有天下호딕 猶運之掌也ᄒᆞ시니 紂之去武丁이未久也ㅣ라 其故家遺俗과流風善政이猶有存者ᄒᆞ며 又有微子微仲王子比干箕子膠鬲이皆賢人也ㅣ라 相與輔相之故로久而後에失之也ᄒᆞ니 尺地도莫非其有也ㅣ며 一民도莫非其臣也ㅣ어늘 然而文王이猶方百里起ᄒᆞ시니是以難也ㅣ니라 朝音潮鬲音隔又音歷輔相之相去聲猶方之猶與由通

易 쉬울이 不難

갈ᄋᆞ샤ᄃᆡ文王은엇디可히當ᄒᆞ시리오湯으로말미암아武丁에니르히賢聖人君이六七이作ᄒᆞ야天下ㅣ殷에歸홈이오라니오라면變홈이難ᄒᆞ니라武丁이諸侯를朝ᄒᆞ야天下를두ᄃᆡ掌애運홈ᄀᆞᆮ티ᄒᆞ시니紂ㅣ武丁애去홈이오라지아니ᄒᆞᆫ디라그故家와遺俗과流風과善政이오히려存ᄒᆞᆫ者ㅣ이시며ᄯᅩ微子와微仲과王子ㅣ언比干과箕子와膠鬲이다賢人이라서ᄅᆞ드려輔相ᄒᆞᆫ故로오라後에失ᄒᆞ니尺地도그둠이아니니업스며一民도그臣이아니니업거ᄂᆞᆯ그러나文王이方百里로말미암아起ᄒᆞ시니일로ᄡᅥ難ᄒᆞ니라

●當、猶敵也、商自成湯、至于武丁、中間、太甲太戊祖乙盤庚、皆賢聖之君、作、起也、自武丁至紂凡七世、故家、舊臣之家也、

齊人이有言曰雖有知慧나不如乘勢며雖有鎡基나不如待時라ᄒᆞ니今時則易然也ㅣ니라 智音智 鎡兹音

齊人이言을두어ᄀᆞᆯ오ᄃᆡ비록知慧이시나勢를乘홈만ᄀᆞᆮ디몯ᄒᆞ며비록鎡基ㅣ이시나時를待홈만ᄀᆞᆮ디몯ᄒᆞ다ᄒᆞ니이제時ㄴ則易ᄒᆞ니라

●鎡基、田器也、時、謂耕種之時、

夏后殷周之盛에地未有過千里者也ᄒᆞ니而齊ㅣ有其地矣며鷄鳴狗吠ㅣ相聞而達乎四境ᄒᆞ니而齊ㅣ有其民矣니地不改辟矣며民不改聚矣라도行仁政而王이면莫之能禦也ㅣ리라 辟與闢同

夏后殷周人盛애地ㅣ千里예過ᄒᆞᆫ者ㅣ잇지아니ᄒᆞ니齊ㅣ그地를두며鷄의鳴과狗의吠ㅣ서ᄅᆞ聞ᄒᆞ야四境에達ᄒᆞ니齊ㅣ그民을두니地ㅣ곳텨辟지아니며民이고려聚치아니ᄒᆞ야도仁政을行ᄒᆞ야王ᄒᆞ면能히禦ᄒᆞ리업스리라

●此、言其勢之易也、三代盛時、王畿不過千里、今齊、已有之、異於文王之百里、又鷄犬之聲、相聞、自國都以至于四境、言居民、稠密也、

且王者之不作이未有疏於此時者也ᄒᆞ며民之憔悴於虐政이未有甚於此時者也ᄒᆞ니飢者에易爲食이며渴者에易爲飮이니라

또王者의作디아니홈이이時만疏ᄒᆞᆫ이앗지아니ᄒᆞ며民의虐政에憔悴홈이이時만甚ᄒᆞᆫ이앗지아니ᄒᆞ니飢者에食되옴이쉬오며渴者에飮되옴이쉬오니라

●此、言其時之易也、自文武、至此七百餘年、異於商之、賢聖繼作、民苦虐政之甚異於紂之、猶有善政、易爲飮食、言飢渴之甚、不待甘美也、

孔子ㅣ曰德之流行이速於置郵而傳命이라ᄒᆞ시니 郵音尤

孔子ㅣᄀᆞᄅᆞ사ᄃᆡ德의流行홈이置郵로命傳홈두곤速ᄒᆞ다ᄒᆞ시니

●置、驛也、郵、馹也、所以傳命也、孟子引孔子之言如此

當今之時ᄒᆞ야萬乘之國이行仁政이면民之悅之ㅣ猶解倒懸也리니故로事半古之人이오功必倍之는惟此時ㅣ爲然ᄒᆞ니라 乘去聲

이제時를當ᄒᆞ야萬乘人國이仁政을行ᄒᆞ면民의悅홈이倒懸을解홈ᄀᆞᄐᆞ리니故로事ㅣ녯애사ᄅᆞᆷ半만ᄒᆞ고功이반다시倍홈은오작이時ㅣ그러ᄒᆞ니라

●倒懸、諭困苦也、所施之事、半於古人而、功倍於古人、由時勢易而、德行速也、

○公孫丑ㅣ問曰夫子ㅣ加齊之卿相ᄒᆞ사得行道焉ᄒᆞ시면雖由此霸王이라도不異矣리니如此則動心가否乎잇가孟子ㅣ曰否ㅣ라我는四

十이라不動心호라相去聲

公孫丑ㅣ묻ᄌᆞ와ᄀᆞᆯ오ᄃᆡ夫子ㅣ齊人卿相에加ᄒᆞ샤시러곰道ᄅᆞᆯ行ᄒᆞ시면비록일로말ᄆᆡ암아霸ᄒᆞ며王ᄒᆞ야도異티아니ᄒᆞ리니이러ᄐᆞᆺᄒᆞᆫ則心을動ᄒᆞ실가아니ᄒᆞ시리잇가孟子ㅣᄀᆞᆯᄋᆞ샤ᄃᆡ아니라나ᄂᆞᆫ四十이라心을動티아니호라

●此、承上章、又設問孟子、若得位而行道、則雖由此而成霸王之業、亦不足怪、任大責重、如此、亦有所恐懼疑惑而動其心乎、四十、彊仕、君子道明德立之時、孔子四十而不惑、亦不動心之謂、

曰若是則夫子ㅣ過孟賁이遠矣샷소이다曰是ㅣ不難ᄒᆞ니告子도先我不動心이라ᄒᆞ니賁音奔

ᄀᆞᆯ오ᄃᆡ이러ᄐᆞᆺᄒᆞ면夫子ㅣ孟賁애過ᄒᆞ샴이遠ᄒᆞ샤소이다ᄀᆞᆯᄋᆞ샤ᄃᆡ이難티아니ᄒᆞ니告子도날로몬져心을動티아니ᄒᆞ니라

●孟賁、勇士、告子、名不害孟賁、血氣之勇、丑蓋借之、以贊孟子不動心之難、孟子、言告子、未爲知道、乃能先我不動心、則此未足爲難也、

曰不動心이有道乎가曰有ᄒᆞ니라

ᄀᆞᆯ오ᄃᆡ心을動티아니홈이道ㅣ인ᄂᆞ니잇가ᄀᆞᆯᄋᆞ샤ᄃᆡ인ᄂᆞ니라

●程子、曰心有主、則能不動矣、

北宮黝之養勇也ᄂᆞᆫ不膚撓ᄒᆞ며不目逃ᄒᆞ야思以一毫ㅣ나挫於人이어든若撻之於市朝ᄒᆞ야不受於褐寬博ᄒᆞ며亦不受於萬乘之君ᄒᆞ야視刺萬乘之君ᄒᆞ대若刺褐夫ᄒᆞ야無嚴諸侯ᄒᆞ야惡聲이至커든必反之ᄒᆞ니라

黝伊紂反撓奴效反朝音潮乘去聲

北宮黝의勇을養홈은膚로撓티아니ᄒᆞ며目으로逃티아니ᄒᆞ야思호ᄃᆡ ᄡᅧ 一毫ㅣ나人에挫ᄒᆞᄀᆞ든市朝애撻홈ᄀᆞ티ᄒᆞ야褐寬博에게受티아니ᄒᆞ며ᄯᅩᄒᆞᆫ萬乘人君에게受티아니ᄒᆞ야萬乘人君을刺홈을視호ᄃᆡ褐夫刺홈ᄀᆞ티ᄒᆞ야嚴ᄒᆞᆫ 諸侯ㅣ업서惡聲이니르거든반ᄃᆞ시反ᄒᆞ니라

●北宮、姓、黝、名、膚撓、肌膚、被刺而撓屈也、目逃、目被刺而轉睛逃避也、挫猶辱也、褐、毛布、寬博、寬大之衣、賤者之服也、不受者、不受其挫也、刺、殺也、嚴、畏憚也、言無可畏憚之諸侯也、黝、蓋刺客之流、以必勝爲主、而不動心者也、

孟施舍之所養勇也ᄂᆞᆫ 曰視不勝호ᄃᆡ 猶勝也ㅣ로니 量敵而後進ᄒᆞ며 慮勝而後會ᄒᆞ면 是ᄂᆞᆫ 畏三軍者也ㅣ니 舍ㅣ 豈能爲必勝哉리오 能無懼而已矣라ᄒᆞ니라 舍去聲下同

孟ㅅ舍의勇을養ᄒᆞᄂᆞᆫ바ᄂᆞᆫ ᄀᆞᆯ오ᄃᆡ不勝을視호ᄃᆡ勝홈ᄀᆞ티ᄒᆞ노니敵을量ᄒᆞᆫ後에進ᄒᆞ며勝을慮ᄒᆞᆫ後에會ᄒᆞ면이ᄂᆞᆫ三軍을畏ᄒᆞᄂᆞᆫ者ㅣ니舍ㅣ엇디 能히반ᄃᆞ시勝ᄒᆞ리오能히懼홈이업슴ᄯᆞᄅᆞᆷ이라ᄒᆞ니라

●孟、姓、施、發語聲、舍、名也、會、合戰也、舍、自言其戰雖不勝、亦無所懼、若量敵慮勝而後、進戰、則是無勇、而畏三軍矣、舍、蓋力戰之士、以無懼爲主、而不動心者也、

孟施舍ᄂᆞᆫ 似曾子ᄒᆞ고 北宮黝ᄂᆞᆫ 似子夏ᄒᆞ니 夫二子之勇이 未知其孰賢이어니와 然而孟施舍ᄂᆞᆫ 守ㅣ 約也ㅣ니라 夫音扶

孟人舍ᄂᆞᆫ曾子ᄅᆞᆯ ᄀᆞᆮ고 北宮黝ᄂᆞᆫ子夏ᄅᆞᆯ ᄀᆞᆮᄒᆞ니 二子의勇이 그 뉘 賢홈을 아디 몯ᄒᆞ거니와 그러나 孟人舍ᄂᆞᆫ守ㅣ約ᄒᆞ니라

●黝、務敵人、舍、專守己、子夏、篤信聖人、曾子、反求諸己、故、二子之與曾子子夏、雖非等倫・然、論其氣象則各有所似、賢、猶勝也、約、要也、言論二子之勇則未知誰勝、論其所守、則舍比於黝、爲得其要也、

昔者에曾子ㅣ謂子襄曰子ㅣ好勇乎아吾嘗聞大勇於夫子矣로니自反而不縮이면雖褐寬博이라도吾不惴焉이어니와自反而縮이면雖千萬人이라도吾往矣라ᄒᆞ시니라 好去聲惴之瑞反

녜 曾子ㅣ子襄ᄃᆞ려 닐어 ᄀᆞᆯᄋᆞ샤ᄃᆡ 子ㅣ勇을好ᄒᆞᄂᆞ냐 내 일ᄌᆞᆨ 大勇을 夫子ᄭᅴ 들ᄌᆞ오니 스스로 反ᄒᆞ야 縮디 아니ᄒᆞ면 비록 褐寬博이라도 내 惴케 몯ᄒᆞ려니와 스스로 反ᄒᆞ야 縮ᄒᆞ면 비록 千萬人이라도 내 往ᄒᆞ리라 ᄒᆞ시니라

●此、言曾子之勇也、子襄、曾子弟子也、夫子、孔子也、縮、直也、檀弓、曰古者、冠縮縫、今也、衡縫、又曰棺束、縮二衡三、惴・恐懼之也、往、往而敵之也、

孟施舍之守ᄂᆞᆫ氣라又不如曾子之守ㅣ約也ㅣ니라

孟人舍의守ᄂᆞᆫ氣라 ᄯᅩ 曾子의守ㅣ約홈만 ᄀᆞᆮ디 몯ᄒᆞ니라

●言孟施舍、雖似曾子、然、其所守、乃一身之氣、又不如曾子之反身循理、所守、尤得其要也、孟子之不動心、其原、蓋出於此、下文、詳之、

曰敢問夫子之不動心과與告子之不動心을可得聞與잇가告子曰不得於言이어든勿求於心ᄒᆞ며不得於心이어든勿求於氣라ᄒᆞ니不

得於心이어든 勿求於氣는 可커니와 不得於言이어든 勿求於心은 不可ᄒᆞ니 夫志는 氣之帥也오 氣는 體之充也ㅣ니 夫志ㅣ至焉이오 氣ㅣ次焉이니 故로 曰持其志오도 無暴其氣라ᄒᆞ니라 聞與之與平聲 夫志之夫音扶

골오ᄃᆡ敢히묻ᄌᆞᆸ노이다夫子의心을動티아니ᄒᆞ심과다ᄆᆞᆺ告子의心을動티아니홈을可히시러곰드르리잇가告子ㅣ골오ᄃᆡ言에得디몯ᄒᆞ거든心에求티말며心에得디몯ᄒᆞ거든氣예求티말라ᄒᆞ니心에得디몯ᄒᆞ거든氣예求티말옴은可커니와言에得디몯ᄒᆞ거든心에求티말옴은可티아니ᄒᆞ니志ᄂᆞᆫ氣의帥ㅣ오氣ᄂᆞᆫ體의充이니志ㅣ至ᄒᆞ고氣ㅣ次ᄒᆞᄂᆞ니故로골오ᄃᆡ그志ᄅᆞᆯ持ᄒᆞ고도그氣ᄅᆞᆯ暴티말라ᄒᆞ니라

●此一節、公孫丑之問、孟子誦告子之言、又斷以己意而告之也、告子、謂於言、有所不達、則當舍置其言、而不必反求其理於心、於心、有所不安、則當力制其心、而不必更求其助於氣、此所以固守其心、而不動之速也、孟子、既誦其言而斷之、曰彼謂不得於心、而勿求諸氣者、急於本而緩其末、猶之可也、謂不得於言、而不求諸心、則既失於外、而遂遺其內、其不可也、必矣、然、凡曰可者、亦僅可而有所未盡之辭耳、若論其極、則志固心之所之、而爲氣之將帥、然、氣亦人之所以充滿於身、而爲志之卒徒者也、故、志固爲至極、而氣卽次之、人固當敬守其志、然、亦不可不致養其氣、蓋其內外本末、交相培養、此則孟子之心、所以未嘗必其不動、而自然不動之大略也

既曰志ㅣ至焉이오 氣ㅣ次焉이라ᄒᆞ시고 又曰持其志오도 無暴其氣者는 何也잇고 曰志壹則動氣ᄒᆞ고 氣壹則動志也ㅣ니 今夫蹶者趨者ㅣ 是氣

也而反動其心이니라 夫音扶

임의 ᄀᆞᆯᄋᆞ샤ᄃᆡ 志ㅣ 至ᄒᆞ고 氣ㅣ 次라ᄒᆞ시고 ᄯᅩ ᄀᆞᆯᄋᆞ샤ᄃᆡ 그 志ᄅᆞᆯ 持ᄒᆞ고도 그 氣ᄅᆞᆯ 暴티 말라ᄒᆞ심은 엇디니잇고 ᄀᆞᆯᄋᆞ샤ᄃᆡ 志ㅣ 壹ᄒᆞ면 氣ᄅᆞᆯ 動ᄒᆞ고 氣ㅣ 壹ᄒᆞ면 志ᄅᆞᆯ 動ᄒᆞᄂᆞ니 이제 蹶者와 趨者ㅣ 이 氣로ᄃᆡ 도로혀 그 心을 動ᄒᆞᄂᆞ니라

●公孫丑、見孟子、言志至而氣次、故、問如此則專持其志、可矣、又言無暴其氣、何也 壹、專一也、蹶、顚躓音至也趨、走也、孟子、言志之所向 專一則氣固從之、然、氣之所在、專一則志亦反爲之動、如人、顚躓趨走、則氣專在是、而反動其心焉、所以旣持其志、而又必無暴其氣也、程子、曰志動氣者、什九、氣動志者什一、

敢問夫子ᄂᆞᆫ**惡乎長**이시니잇고 **曰我**ᄂᆞᆫ**知言**ᄒᆞ며**我**ᄂᆞᆫ**善養吾**의**浩然之氣**ᄒᆞ노라 惡平聲

敢히 묻ᄌᆞᆸ노이다 夫子ᄂᆞᆫ 어ᄂᆡ 거시 長이시니잇고 ᄀᆞᆯᄋᆞ샤ᄃᆡ 나ᄂᆞᆫ 言을 知ᄒᆞ며 나ᄂᆞᆫ 나의 浩然ᄒᆞᆫ 氣ᄅᆞᆯ 善히 養ᄒᆞ노라

●公孫丑、復問孟子之不動心、所以異於告子如此者、有何所長而能然、而孟子、又詳告之以其故也、知言者、盡心知性、於凡天下之言、無不有以究極其理、而識其是非得失之所以然也、浩然、盛大流行之貌、氣、即所謂體之充者、本自浩然、失養故、餒、惟孟子、爲善養之、以復其初也、蓋惟知言、則有以明夫道義、而於天下之事、無所疑、養氣、則有以配夫道義、而於天下之事、無所懼、此其所以當大任而不動心也、告子之學、與此、正相反、其不動心、殆亦冥然無覺、悍然不顧而已爾、

敢問何謂浩然之氣잇고 **曰難言也**ㅣ니라

敢히 묻ᄌᆞᆸ노이다 엇지 닐오 浩然ᄒᆞᆫ 氣니잇고 ᄀᆞᆯᄋᆞ샤ᄃᆡ 言홈이 難ᄒᆞ니라

●孟子、先言知言、而丑、先問養氣者、承上文、方論志氣而言也、難言者、蓋其心所獨得、而無形聲之驗、有未易以言語、形容者、故、程子、曰觀此一言、則孟子之實有是氣、可知矣

其爲氣也ㅣ至大至剛ᄒᆞ니以直養而無害則塞于天地之間이니라

그氣로오미지극이大ᄒᆞ며지극이剛ᄒᆞ니直으로ᄡᅥ養ᄒᆞ고害홈이업스면天地人間애塞ᄒᆞᄂᆞ니라

●至大、初無限量、至剛、不可屈撓、蓋天地之正氣、而人得以生者、其體段、本如是也、惟其自反而縮、則得其所養、而又無所作爲以害之、則其本體、不虧而充塞無間矣、程子、曰天人、一也、更不分別、浩然之氣、乃吾氣也、養而無害、則塞于天地、一爲私意所蔽、則欿然而餒、知其小也、謝氏、曰浩然之氣須於心、得其正時、識取、又曰浩然、是無虧欠時、

其爲氣也ㅣ配義與道ᄒᆞ니無是면餒也ㅣ니라 餒奴罪反

그氣로오미義와다뭇道를配ᄒᆞ니이업스면餒ᄒᆞᄂᆞ니라

●配者、合而有助之意、義者、人心之裁制、道者、天理之自然、餒、飢乏而氣不充體也、言人能養成此氣、則其氣、合乎道義而爲之助、使其行之勇決、無所疑憚、若無此氣、則其一時所爲、雖未必不出於道義、然、其體、有所不充、則亦不免於疑懼、而不足以有爲矣

是集義所生者라ㅣ非義ㅣ襲而取之也니ㅣ行有不慊於心則餒矣니ㅣ我ㅣ故로曰告子ㅣ未嘗知義라ᄒᆞ노니以其外之也ㅣ시니라 慊口簟反又口劫反

이義를集ᄒᆞ야生ᄒᆞᆫ배라義ㅣ襲ᄒᆞ야取홈이아니니行홈애心애慊티몯홈이이시면

舍 노올사 釋也

餒ᄒᆞᄂᆞ니내故로ᄀᆞᆯ오ᄃᆡ告子ㅣ일ᄌᆞᆨ義ᄅᆞᆯ아디몯ᄒᆞᆫ다ᄒᆞ노니그外라ᄒᆞᆷ으로ᄡᅥ니라

●集義、猶言積善、蓋欲事事、皆合於義也、襲、掩取也、如齊侯襲莒之襲 言氣雖可以配乎道義、而其養之之始、乃由事皆合義、自反常直、是以、無所愧怍、而此氣、自然發生於中、非由只行一事、偶合於義、便可掩襲於外而得之也、慊、快也、足也、言所行、一有不合於義而自反不直、則不足於心而其體、有所不充矣、然則義豈在外哉、告子、不知此理、乃曰仁內義外、而不復以義爲事、則必不能集義、以生浩然之氣矣、上文、不得於言、勿求於心、卽外義之意、詳見告子上篇、

必有事焉而勿正ᄒᆞ야心勿忘ᄒᆞ며勿助長也ᄒᆞ야無若宋人然이어다宋人이有閔其苗之不長而揠之者ㅣ러니芒芒然歸ᄒᆞ야謂其人曰今日에病矣와라予ㅣ助苗長矣와라ᄒᆞ야ᄂᆞᆯ其子ㅣ趨而往視之ᄒᆞ니苗則槁矣러라天下之不助苗長者ㅣ寡矣니以爲無益而舍之者ᄂᆞᆫ不耘苗者也ㅣ오助之長者ᄂᆞᆫ揠苗者也ㅣ니非徒無益이라而又害之니라 長上聲揠烏八反

반ᄃᆞ시일사믈두고正티마라心에닛디말며長을助티마라宋人ᄀᆞᆮ티마롤ᄯᅵ어다宋人이그苗의長티아니홈을閔ᄒᆞ야揠ᄒᆞᆫ者ㅣ잇더니芒芒히歸ᄒᆞ야그人ᄃᆞ려닐어ᄀᆞᆯ오ᄃᆡ今日에病콰라내苗의長을助ᄒᆞ과라ᄒᆞ야ᄂᆞᆯ그子ㅣ趨ᄒᆞ야가視ᄒᆞ니苗ㅣ곧槁ᄒᆞ엿더라天下에苗의長을助티아니ᄒᆞᄂᆞᆫ者ㅣ寡ᄒᆞ니ᄡᅥ益이업다ᄒᆞ야舍ᄒᆞᄂᆞᆫ者ᄂᆞᆫ苗ᄅᆞᆯ耘티아니ᄒᆞᄂᆞᆫ者ㅣ오長을助ᄒᆞᄂᆞᆫ者ᄂᆞᆫ苗ᄅᆞᆯ揠ᄒᆞᄂᆞᆫ者ㅣ니ᄒᆞᆫ갓益이업슬ᄲᅮᆫ아니라ᄯᅩ害ᄒᆞᄂᆞ니라

●必有事焉而勿正、趙氏、程子、以七字、爲句、近世、或幷下文心字讀之者、亦通、

必有事焉、有所事也、如有事於顓臾之有事、正、預期也、春秋傳、曰戰不正勝、是也、如作正心義亦同、此與大學之所謂正心者、語意自不同也、此、言養氣者、必以集義爲事、而勿預期其效、其或未充、則但當勿忘其所有事、而不可作爲、以助其長、乃集義養氣之節度也、閔、憂也、揠、拔也、芒芒、無知之貌、其人、家人也、病、疲倦也、舍之而不耘者、忘其所有事、揠而助之長者、正之不得、而妄有作爲者也、然、不耘則失養而已、揠則反以害之、無是二者、則氣得其養而無所害矣、如告子、不能集義、而欲彊制其心、則必不能免於正助之病、其於所謂浩然者、蓋不惟不善養、而又害之矣、

何謂知言이니잇고曰詖辭애知其所蔽ᄒᆞ며淫辭애知其所陷ᄒᆞ며邪辭애知其所離ᄒᆞ며遁辭애知其所窮이니生於其心ᄒᆞ야害於其政ᄒᆞ며發於其政ᄒᆞ야害於其事ᄒᆞᄂᆞ니聖人이復起ᄉᆞ도必從吾言矣시리라 詖皮寄反 復扶又反

엇디 닐온言을知홈이니잇고ᄀᆞᆯ으샤ᄃᆡ詖ᄒᆞᆫ辭애그蔽ᄒᆞᆫ바ᄅᆞᆯ알며淫ᄒᆞᆫ辭애그陷ᄒᆞᆫ바ᄅᆞᆯ알며邪ᄒᆞᆫ辭애그離ᄒᆞᆫ바ᄅᆞᆯ알며遁ᄒᆞᆫ辭애그窮ᄒᆞᆫ바ᄅᆞᆯ알디니그心애生ᄒᆞ야그政에害ᄒᆞ며그政에發ᄒᆞ야그事애害ᄒᆞᄂᆞ니聖人이다시起ᄒᆞ샤도반ᄃᆞ시내말을조ᄎᆞ시리라

●此、公孫丑、復問而孟子、答之也、詖、偏陂也、淫、放蕩也、邪、邪僻也、遁、逃避也、四者、相因、言之病也、蔽、遮隔也、陷、沈溺也、離、叛去也、窮、困屈也、四者、亦相因、則心之失也、人之有言、皆出於心、其心、明乎正理而無蔽然後、其言、平正通達而無病、苟爲不然則必有是四者之病矣、即其言之病而知其心之失、又知其害於政事之決然而不可易者、如此、非心通於道、而無疑於天下之理、其孰能之、彼告子者、不得於言、而不肯求之於心、至爲義外之說、則自不免於四者之病、其

惡엇지오何也

何以知天下之言而無所疑哉、程子、曰心通乎道然後、能辨是非、如持權衡以較音教輕重、孟子所謂知言、是也、又曰孟子知言、正如人在堂上、方能辨堂下人曲直、若猶未免雜於堂下衆人之中、則不能辨決矣、

宰我子貢은善爲說辭ᄒᆞ고冉牛閔子顏淵은善言德行이러니孔子ㅣ兼之ᄒᆞ사ᄃᆡ曰我ㅣ於辭命則不能也ㅣ로라ᄒᆞ시니然則夫子ᄂᆞᆫ既聖矣乎ㅣ신뎌 行去聲

宰我와子貢은善히說辭를ᄒᆞ고冉牛와閔子와顏淵은善히德行을言ᄒᆞ더니孔子ㅣ兼ᄒᆞ샤ᄃᆡ내辭命애ᄂᆞᆫ곧能티몯ᄒᆞ노라ᄒᆞ시니그러면夫子ᄂᆞᆫ임의聖이신뎌

●此一節、林氏、以爲皆公孫丑之問、是也、說辭、言語也、德行、得於心而見於行事者也、三子、善言德行者、身有之故、言之親切而有味也、公孫丑、言數子、各有所長而孔子兼之、然、猶自謂不能於辭命、今孟子、乃自謂我能知言、又善養氣、則是兼言語德行而有之、然則豈不既聖矣乎、此夫子、指孟子也、○程子、曰孔子自謂不能於辭命者、欲使學者、務本而已、

曰惡ㅣ라是何言也오昔者애子貢이問於孔子曰夫子ᄂᆞᆫ聖矣乎ㅣ신뎌孔子ㅣ曰聖則吾不能이어니와我ᄂᆞᆫ學不厭而教不倦也ㅣ로라子貢이曰學不厭은智也ㅣ오教不倦은仁也ㅣ니仁且智ᄒᆞ시니夫子ᄂᆞᆫ既聖矣신뎌ᄒᆞ니夫聖은孔子도不居ᄒᆞ시니是何言也오夫聖之夫音扶

舍노올사釋也

ᄀᆞᆯᄋᆞ샤ᄃᆡ惡ㅣ라이엇던말오녜子貢이孔子ᄭᅴ묻ᄌᆞ와ᄀᆞᆯ오ᄃᆡ夫子ᄂᆞᆫ聖이신뎌孔子ㅣᄀᆞᆯᄋᆞ샤ᄃᆡ聖은우내곧能티몯ᄒᆞ거니와나ᄂᆞᆫ學을厭티아니ᄒᆞ며敎ᄅᆞᆯ倦티아니ᄒᆞ노라子貢이ᄀᆞᆯ오ᄃᆡ學을厭티아니홈은智ㅣ오敎ᄅᆞᆯ倦티아니홈은仁이니仁ᄒᆞ시고ᄯᅩ智ᄒᆞ시니夫子ᄂᆞᆫ임의聖이신뎌ᄒᆞ니聖은孔子도居티아니ᄒᆞ시니이엇던말오

●惡、驚歎辭也、昔者以下、孟子、不敢當丑之言、而引孔子子貢問答之辭、以告之也、此夫子、指孔子也、學不厭者、智之所以自明、敎不倦者、仁之所以及物、再言是何言也、以深拒之、

昔者애竊聞之ᄒᆞ니子夏子游子張은皆有聖人之一體ᄒᆞ고冉牛閔子顔淵은則具體而微ᄒᆞ니라敢問所安ᄒᆞ노이다

녜그우기듣ᄌᆞ오니子夏와子游와子張은다聖人의一體ᄅᆞᆯ두고冉牛와閔子와顔淵은곧體ᄅᆞᆯ具호ᄃᆡ微타ᄒᆞ니敢히安ᄒᆞ실ᄇᆡᄅᆞᆯ묻ᄌᆞᆸ노이다

●此一節、林氏、亦以爲皆公孫丑之問、是也、一體、猶一肢也、具體而微、謂有其全體、但未廣耳、安、處也、公孫丑、復問孟子、既不敢比孔子、則於此數子、欲何所處也、

曰姑舍是ᄒᆞ라

ᄀᆞᆯᄋᆞ샤ᄃᆡ아직이ᄅᆞᆯ舍ᄒᆞ라

●孟子、言且置是者、不欲以數子所至者、自處也、

曰伯夷伊尹은何如ᄒᆞ니잇고曰不同道ᄒᆞ니非其君不事ᄒᆞ며非其民不使ᄒᆞ야治則進ᄒᆞ고亂則退ᄂᆞᆫ伯夷也ㅣ오何事非君이며何使非民이리오ᄒᆞ야治

亦進ᄒᆞ며亂亦進은伊尹也ㅣ오可以仕則仕ᄒᆞ며可以止則止ᄒᆞ며可以久則久ᄒᆞ며可以速則速은孔子也ㅣ시니皆古聖人也ㅣ라吾未能有行焉이어니와乃所願則學孔子也ㅣ로라 治去聲

골오ᄃᆡ伯夷와伊尹은엇더ᄒᆞ니잇고골으샤ᄃᆡ道ㅣ同티아니ᄒᆞ니그君이아니어든事티아니ᄒᆞ며그民이아니어든使티아니ᄒᆞ야治ᄒᆞ면進ᄒᆞ고亂ᄒᆞ면退ᄒᆞᄂᆞᆫ이ᄂᆞᆫ伯夷ㅣ오어ᄂᆡ를事ᄒᆞ면君이아니며어ᄂᆡ를使ᄒᆞ면民이아니리오ᄒᆞ야治ᄒᆞ야도ᄯᅩᄒᆞᆫ進ᄒᆞ며亂ᄒᆞ야도ᄯᅩᄒᆞᆫ進ᄒᆞᄂᆞᆫ이ᄂᆞᆫ伊尹이오可히ᄡᅥ仕ᄒᆞ얌즉ᄒᆞ면仕ᄒᆞ며可히ᄡᅥ止ᄒᆞ얌즉ᄒᆞ면止ᄒᆞ며可히ᄡᅥ久ᄒᆞ얌즉ᄒᆞ면久ᄒᆞ며可히ᄡᅥ速ᄒᆞ얌즉ᄒᆞ면速ᄒᆞᄂᆞᆫ이ᄂᆞᆫ孔子ㅣ시니다녯聖人이라내能히行티몯ᄒᆞ거니와願ᄒᆞᄂᆞᆫ밴則孔子를學ᄒᆞ노라

●伯夷、孤竹君之長上聲子、兄弟遜國、避紂隱居、聞文王之德而歸之、及武王、伐紂、去而餓死、伊尹、有莘之處士、湯、聘而用之、使之就桀、桀不能用、復歸於湯 如是者五、乃相湯而伐桀也、三聖人事、詳見此篇之末及萬章下篇、

伯夷伊尹이於孔子애若是班乎ㅣ잇가曰否ㅣ라自有生民以來로未有孔子也ㅣ시니라

伯夷와伊尹이孔子ᄭᅴ이러ᄐᆞ시班ᄒᆞ니잇가골으샤ᄃᆡ아니라生民이이심으로브터ᄡᅥ오므로孔子만ᄒᆞ시니잇디아니ᄒᆞ니라

●班、齊等之貌、公孫丑、問而孟子、答之以不同也、

曰然則有同與ㅣ잇가曰有ᄒᆞ니得百里之地而君之면皆能以朝諸

汙 웅덩이와 窊通

樂 풍류 악 入

侯有天下ㅣ어니와行一不義ᄒᆞ며殺一不辜而得天下는皆不爲也리니是則同ᄒᆞ니라 與平聲 朝音潮

ᄀᆞᆯ오ᄃᆡ그러ᄒᆞ면同홈이인ᄂᆞ니잇가ᄀᆞᆯᄋᆞ샤ᄃᆡ이시니百里人地를得ᄒᆞ야君ᄒᆞ면다能히ᄡᅥ諸侯를朝케ᄒᆞ야天下를두려니와ᄒᆞᆫ不義를行ᄒᆞ며ᄒᆞᆫ不辜ᄅᆞᆯ殺ᄒᆞ야天下ᄅᆞᆯ得홈은다ᄒᆞ디아니ᄒᆞ리니인則同ᄒᆞ니라

●有、言有同也、以百里而王天下、德之盛也、行一不義、殺一不辜而得天下、有所不爲、心之正也、聖人之所以爲聖人、其根本節目之大者、惟在於此、於此不同、則亦不足爲聖人矣、

曰敢問其所以異ᄒᆞ노이다曰宰我子貢有若은智足以知聖人이니汙不至阿其所好ㅣ니라 好去聲

ᄀᆞᆯ오ᄃᆡ敢히그ᄡᅥ다ᄅᆞᆫ바ᄅᆞᆯ묻ᄌᆞᆸ노이다ᄀᆞᆯᄋᆞ샤ᄃᆡ宰我와子貢과有若 ᄋᆞᆫ智ㅣ足히ᄡᅥ聖人을알리니汙ᄒᆞ야도그好ᄒᆞ는바애阿홈애는至티아니ᄒᆞ리니라

●汙、下也、三子、智足以知夫子之道、假使汙下、必不阿私所好、而空譽之、明其言之可信也、

宰我ㅣ曰以予觀於夫子컨댄賢於堯舜이遠矣샷다

宰我ㅣᄀᆞᆯ오ᄃᆡ내夫子ᄅᆞᆯ觀ᄒᆞ욤으로ᄡᅥᄒᆞ건댄堯舜두곤賢홈이遠ᄒᆞ샷다

●程子、曰語聖則不異、事功則有異、夫子、賢於堯舜、語事功也、蓋堯舜、治天下、夫子、又推其道、以垂敎萬世、堯舜之道、非得孔子、則後世、亦何所據哉、

子貢이曰見其禮而知其政ᄒᆞ며聞其樂而知其德이니由百世之

音總名

潦 音로

ㅣ시니라

後ᄒᆞ야 等百世之王컨댄 莫之能違也ㅣ니 自生民以來로 未有夫子也ㅣ시니라

子貢이ᄀᆞᆯ오ᄃᆡ그禮ᄅᆞᆯ보고그政을알며그樂을듣고그德을알며니百世人後로말미암아百世人王을等컨댄能히違ᄒᆞ리업ᄉᆞ니生民으로브터ᄡᅥ옴으로夫子만ᄒᆞ시니잇디아니ᄒᆞ시니라

●言大凡見人之禮、則可以知其政、聞人之樂、則可以知其德、是以、我從百世之後、差等百世之王、無有能遁其情者、而見其皆莫若夫子之盛也、

有若이 曰豈惟民哉리오 麒麟之於走獸와 鳳凰之於飛鳥와 泰山之於丘垤와 河海之於行潦에 類也ㅣ며 聖人之於民에 亦類也ㅣ시니 出於其類ᄒᆞ며 拔乎其萃나 自生民以來로 未有盛於孔子也ㅣ시니라

有若이ᄀᆞᆯ오ᄃᆡ엇디오직民뿐이리오麒麟이走獸에와鳳凰이飛鳥에와泰山이丘垤에와河海ㅣ行潦에類ㅣ며聖人이民에ᄯᅩᄒᆞᆫ類시니그類에出ᄒᆞ며그萃에拔ᄒᆞ나生民으로브터ᄡᅥ옴으로孔子만盛ᄒᆞ시니엇디아니ᄒᆞ시니라

●麒麟、毛虫之長、鳳凰、羽虫之長、垤、蟻封也、行潦、道上無源之水也、出、高出也、拔、特起也、萃、聚也、言自古聖人、固皆異於衆人、然、未有如孔子之尤盛者也

○程子、曰孟子此章、擴前聖所未發、學者、所宜潛心而玩索也、

○孟子ㅣ 曰以力假仁者ᄂᆞᆫ 霸니 霸必有大國이오 以德行仁者ᄂᆞᆫ 王이나 王不待大라 湯이 以七十里ᄒᆞ시고 文王이 以百里ᄒᆞ시니라

孟子ㅣᄀᆞᆯᄋᆞ샤ᄃᆡ力으로ᄡᅥ仁을假ᄒᆞᄂᆞᆫ者ᄂᆞᆫ覇ᄒᆞᄂᆞ니覇ᄂᆞᆫ반ᄃᆞ시大國을두고德으

服 복종할복 從也 事也

惡 뮈어할오 憎也

로ᄡᅥ仁을行ᄒᆞᄂᆞᆫ者ᄂᆞᆫ王ᄒᆞᄂᆞ니王은大ᄅᆞᆯ待티아니ᄒᆞᄂᆞᆫ디라湯이七十里로ᄡᅥᄒᆞ시고文王이百里로ᄡᅥᄒᆞ시니라

●力、謂土地甲兵之力、假仁者、本無是心而借其事、以爲功者也、霸、若齊桓晉文、是也、以德行仁、則自吾之得於心者、推之、無適而非仁也、

以力服人者ᄂᆞᆫ非心服也ㅣ라力不贍也ㅣ오以德服人者ᄂᆞᆫ中心이悅而誠服也ㅣ니如七十子之服孔子也ㅣ라詩云自西自東ᄒᆞ며自南自北이無思不服이라ᄒᆞ니此之謂也ㅣ니라

力으로ᄡᅥ人을服ᄒᆞᄂᆞᆫ者ᄂᆞᆫ心애服ᄒᆞᄂᆞᆫ줄이아니라力이贍티몯홈이오德으로ᄡᅥ人을服ᄒᆞᄂᆞᆫ者ᄂᆞᆫ中心이悅ᄒᆞ야誠으로服홈이니七十子의孔子ᄅᆞᆯ服홈ᄀᆞᄐᆞᆫ디라詩예닐오ᄃᆡ西로브터ᄒᆞ며東으로브터ᄒᆞ며南으로브터ᄒᆞ며北으로브터思ᄒᆞ야服디아니리업다ᄒᆞ니이ᄅᆞᆯ닐옴이니라

●贍、足也、詩、大雅文王有聲之篇、王霸之心、誠僞不同、故、人所以應之者、其不同、亦如此、○鄒氏、曰以力服人者、有意於服人、而人不敢不服以德服人者、無意於服人、而人不能不服、從古以來、論王霸者多矣、未有若此章之深切而著明者也、

○孟子ㅣ曰仁則榮ᄒᆞ고不仁則辱ᄒᆞᄂᆞ니今애惡辱而居不仁이是猶惡濕而居下也ㅣ니라

孟子ㅣᄀᆞᆯᄋᆞ샤ᄃᆡ仁ᄒᆞ면榮ᄒᆞ고仁티아니ᄒᆞ면辱ᄒᆞᄂᆞ니이제辱을惡호ᄃᆡ不仁에居홈이이ᄂᆞᆫ濕을惡호ᄃᆡ下에居홈ᄀᆞᄐᆞ니라

●好榮惡辱、人之常情、然、徒惡之、而不去其得之之道、不能免也、

土 ᄲᅩᆼ나무ᄲᅮᆯ회두 桑根

敖 즐거올반

如惡之댄 莫如貴德而尊士ㅣ니 賢者ㅣ在位ᄒᆞ며 能者ㅣ在職ᄒᆞ야 國家ㅣ閑暇ㅣ어든 及是時ᄒᆞ야 明其政刑이면 雖大國이라도 必畏之矣리라

만일에惡ᄒᆞᆯ딘댄德을貴ᄒᆞ며士를尊홈만ᄀᆞᄐᆞ니업ᄉᆞ니賢者ㅣ位에이시며能者ㅣ職에이셔國家ㅣ閒暇ᄒᆞ거든이時를及ᄒᆞ야 그政刑을明ᄒᆞ면비록大國이라도반ᄃᆞ시畏ᄒᆞ리라

●此、因其惡辱之情、而進之以彊上聲仁之事也、貴德、猶尙德也、士、則指其人而言之、賢、有德者、使之在位、則足以正君而善俗、能、有才者、使之在職、則足以修政而立事、國家閑暇、可以有爲之時也、詳味及字、則惟日不足之意、可見矣、

詩云迨天之未陰雨ᄒᆞ야 徹彼桑土ᄒᆞ야 綢繆牖戶ㅣ면 今此下民이 或敢侮予아ᄒᆞ야놀 孔子ㅣ曰爲此詩者ㅣ 其知道乎ㄴ뎌 能治其國家ㅣ면 誰敢侮之리오ᄒᆞ시니라 徹直列反 綢音稠 繆武彪反

詩예닐오ᄃᆡ天의陰雨티아니ᄒᆞᆫ저글미처뎌桑土를徹ᄒᆞ야牖戶를 綢繆ᄒᆞ면이제이下民이或敢히나를侮ᄒᆞ랴ᄒᆞ야놀孔子ㅣᄀᆞᆯᄋᆞ샤ᄃᆡ이詩를ᄒᆞᆫ者ㅣ 그道를안뎌能히그國國을治ᄒᆞ면뉘敢히侮ᄒᆞ리오ᄒᆞ시니라

●詩、豳風鴟鴞之篇、周公之所作也、迨、及也、徹、取也、桑土、桑根之皮也、綢繆、纏綿補葺也、牖戶、巢之通氣出入處也、予、鳥自謂也、言我之備患、詳密如此、今此在下之人、或敢有侮予者乎、周公、以鳥之爲巢如此、比君之爲國、亦當思患而預防之、孔子讀而贊之、以爲知道也、

今國家ㅣ閑暇ㅣ어든 及是時ᄒᆞ야 般樂怠敖ᄒᆞᄂᆞ니 是는 自求禍也ㅣ니라 樂音洛

樂也

이제國家ㅣ閒暇ᄒᆞ거든이時를미쳐般樂ᄒᆞ며怠敖ᄒᆞᄂᆞ니이ᄂᆞᆫ스스로禍를求ᄒᆞᆷ이
니라

●言其縱欲偸安、亦惟日不足也、

禍福이無不自己求之者ㅣ니라

禍와福이己로브터求티아니ᄒᆞᆫ者ㅣ업ᄉᆞ니라

●結上文之意、

詩云永言配命이自求多福이라ᄒᆞ며太甲에曰天作孼은猶可違어니와
自作孼은不可活이라ᄒᆞ니此之謂也ㅣ니라 孼魚列反

詩예닐오ᄃᆡ기리言ᄒᆞ야命을配ᄒᆞ옴이스스로多福을求ᄒᆞᆷ이라ᄒᆞ며太甲애ᄀᆞᆯ오ᄃᆡ
天를作ᄒᆞᆫ孼은오히려可히違ᄒᆞ려니와스스로作ᄒᆞᆫ孼은可히活티몯ᄒᆞ리라ᄒᆞ니이
를닐옴이니라

●詩、大雅文王之篇、永、長也、言、猶念也、配、合也、命、天命也、此、言福之自己
求者、太甲商書篇名、孼、禍也、違、避也、活、生也、書、作逭、逭、猶緩也、此、言禍
之自己求者、

○孟子ㅣ曰尊賢使能ᄒᆞ야俊傑이在位則天下之士ㅣ皆悅而願
立於其朝矣리라 朝音潮

孟子ㅣᄀᆞᆯᄋᆞ샤ᄃᆡ賢을尊ᄒᆞ며能을使ᄒᆞ야俊傑이位예이신則天下읫士ㅣ다悅ᄒᆞ야
그朝애立ᄒᆞᆷ을願ᄒᆞ리라

●俊傑才德之異於衆者、

市에廛而不征ᄒᆞ며 法而不廛則天下之商이皆悅而願藏於其市矣리라

市예廛ᄒᆞ고征티아니ᄒᆞ며法으로ᄒᆞ고廛티아닌則天下읫商이다悅ᄒᆞ야그市예藏ᄒᆞᆷ을願ᄒᆞ리라

●廛、市宅也、張子、曰或賦其市地之廛、而不征其貨、或治以市官之法、而不賦其廛 蓋逐末者、多則廛而抑之、少則不必廛也、

關애譏而不征則天下之旅ㅣ皆悅而願出於其路矣리라

關애譏ᄒᆞ고征티아니ᄒᆞᆫ則天下읫旅ㅣ다悅ᄒᆞ야그路애出ᄒᆞᆷ을願ᄒᆞ리라

●解見前篇、

耕者를助而不稅則天下之農이皆悅而願耕於其野矣리라

耕者를助ᄒᆞ고稅티아니ᄒᆞᆫ則天下의農이다悅ᄒᆞ야그野에耕ᄒᆞᆷ을願ᄒᆞ리라

●但使出力、以助耕公田、而不稅其私田也、

廛無夫里之布則天下之民이皆悅而願爲之氓矣리라 氓音盲

廛에夫와里의布ㅣ업ᄉᆞᆫ則天下읫民이다悅ᄒᆞ야氓되옴을願ᄒᆞ리라

●周禮、宅不毛者、有里布、民無職事者、出夫家之征、鄭氏、謂宅不種桑麻者、罰之使出一里二十五家之布、民無常業者、罰之、使出一夫百畝之稅、一家力役之征也、今戰國時、一切取之、市宅之民已賦其廛、又令平聲出此夫里之布、非先王之法也、氓、民也、

信能行此五者則隣國之民이仰之若父母矣리니 率其子弟ᄒᆞ야

攻其父母는自生民以來로未有能濟者也니如此則無敵於天下ᄒᆞ리니無敵於天下者는天吏也니然而不王者ㅣ未之有也ㅣ니라

진실로能히이五者를行ᄒᆞᆫ則隣國의民이仰홈을父母ᄀᆞᆺ티ᄒᆞ리니그子弟를率ᄒᆞ야그父母를攻홈은生民으로브터ᄡᅧ오모로能히濟ᄒᆞᆫ者ㅣ잇디아니ᄒᆞ니이러ᄐᆞᆺᄒᆞᆫ則天下애敵이업스리니天下애敵이업ᄉᆞᆫ者ᄂᆞᆫ天吏니그러코王티몯ᄒᆞᆫ者ㅣ잇디아니ᄒᆞ니라

●呂氏、曰奉行天命、謂之天吏、廢興存亡、惟天所命、不敢不從、若湯武、是也、○此章、言能行王政、則寇戎、爲父子、不行王政、則赤子、爲仇讐、

孟子ㅣ曰人皆有不忍人之心ᄒᆞ니라

孟子ㅣᄀᆞᆯ오샤ᄃᆡ人이다人을忍티몯ᄒᆞᄂᆞᆫ心을두ᄂᆞ니라

●天地、以生物爲心、而所生之物、因各得夫天地生物之心、以爲心、所以人皆有不忍之心也、

先王이有不忍人之心ᄒᆞ샤斯有不忍人之政矣시니以不忍人之心으로行不忍人之政이면治天下ᄂᆞᆫ可運之掌上이니라

先王이人을忍티몯ᄒᆞᄂᆞᆫ心을두샤이에人을忍티몯ᄒᆞᄂᆞᆫ政을두시니人을忍티몯ᄒᆞᄂᆞᆫ心으로ᄡᅧ人을忍티몯ᄒᆞᄂᆞᆫ政을行ᄒᆞ면天下治홈은可히掌上애運ᄒᆞ리니라

●言衆人、雖有不忍人之心、然、物欲、害之、存焉者寡、故、不能察識而推之政事之間、惟聖人、全體此心、仁之體隨感而應故、其所行、無非不忍人之政也、

內 音납

所以謂人皆有不忍人之心者는 今人이 乍見孺子ㅣ將入於井ᄒᆞ고 皆有怵惕惻隱之心ᄒᆞᄂᆞ니 非所以內交於孺子之父母也ㅣ며 非所以要譽於鄕黨朋友也ㅣ며 非惡其聲而然也ㅣ니라 怵音黜 惡去聲

뼈닐오ᄃᆡ人이다人을忍티몯ᄒᆞᄂᆞᆫ心을두엇다ᄒᆞ옴은이제사ᄅᆞᆷ이믄득孺子ㅣ장ᄎᆞᆺ井애入홈을보고다怵惕ᄒᆞ며惻隱ᄒᆞᄂᆞᆫ心을두ᄂᆞ니뼈交를孺子의父母의게納ᄒᆞᄂᆞᆫ배아니며뼈譽를鄕黨과朋友에要ᄒᆞᄂᆞᆫ배아니며그聲을惡ᄒᆞ야그러홈이아니니라

● 乍、猶忽也、怵惕、驚動貌、惻、傷之切也、隱、痛之深也、此即所謂不忍人之心也、內、結、要、求、聲、名也、言、乍見之時、便有此心、隨見而發、非由此三者而然也、程子、曰滿腔子、是惻隱之心、謝氏、曰人須是識其眞心、方乍見孺子入井之時、其心怵惕、乃眞心也、非思而得、非勉而中、去聲 天理之自然也、內交、要譽、惡其聲而然、即人欲之私矣、

由是觀之컨댄 無惻隱之心이면 非人也ㅣ며 無羞惡之心이면 非人也ㅣ며 無辭讓之心이면 非人也ㅣ며 無是非之心이면 非人也ㅣ니라 惡去聲下同

일로말미암아보건댄惻隱ᄒᆞᄂᆞᆫ心이업스면人이아니며羞惡ᄒᆞᄂᆞᆫ心이업스면人이아니며辭讓ᄒᆞᄂᆞᆫ心이업스면人이아니며是非ᄒᆞᄂᆞᆫ心이업스면人이아니니라

● 羞、恥己之不善也、惡、憎人之不善也、辭、解使去己也、讓、推以與人也、是、知其善而以爲是也、非、知其惡而以爲非也、人之所以爲心、不外乎是四者、故、因論惻隱而悉數之、言人若無此、則不得謂之人、所以明其必有也、

惻隱之心은 仁之端也ㅣ오 羞惡之心은 義之端也ㅣ오 辭讓之心은

禮之端也ㅣ오是非之心은知之端也ㅣ니라

惻隱ᄒᆞᄂᆞᆫ心은仁의端이오羞惡ᄒᆞᄂᆞᆫ心은義의端이오辭讓ᄒᆞᄂᆞᆫ心은禮의端이오是非ᄒᆞᄂᆞᆫ心은知의端이니라

●惻隱、羞惡、辭讓、是非、情也、仁義禮知、性也、心、統性情者也、端、緖也因其情之發、而性之本然、可得而見、猶有物在中而緖見於外也、

人之有是四端也ㅣ猶其有四體也ㅣ니有是四端而自謂不能者ᄂᆞᆫ自賊者也ㅣ오謂其君不能者ᄂᆞᆫ賊其君者也ㅣ니라

人의이四端을둠이그四體를둠ᄀᆞᆮᄐᆞ니이四端을두되스스로能히몯ᄒᆞᆯ로다닐으ᄂᆞᆫ者ᄂᆞᆫ스스로賊ᄒᆞᄂᆞᆫ者ㅣ오그君을能티몯ᄒᆞ리라닐으ᄂᆞᆫ者ᄂᆞᆫ그君을賊ᄒᆞᄂᆞᆫ者ㅣ니라

●四體、四肢、人之所必有者也、自謂不能者、物欲、蔽之耳、

凡有四端於我者를知皆擴而充之矣면若火之始然ᄒᆞ며泉之始達이니苟能充之면足以保四海오苟不充之면不足以事父母ㅣ니라 擴音廓

믈읫四端이내게인ᄂᆞᆫ者를知ᄒᆞ야다擴ᄒᆞ야充ᄒᆞ면火ㅣ비로소然ᄒᆞ며泉이비로소達홈ᄀᆞᆮᄐᆞ리니진실로能히充ᄒᆞ면足히ᄡᅧ四海를保ᄒᆞ고진실로充티몯ᄒᆞ면足히ᄡᅧ父母도事티몯ᄒᆞᄂᆞ니라

●擴、推廣之意、充、滿也、四端、在我、隨處發見、知皆即此推廣、而充滿其本然之量去聲則其日新又新、將有不能自己者矣、能由此而遂充之、則四海雖遠、亦吾度

無難保者、不能充之 則雖事之至近、而不能矣、○此章所論、人之性情、心之體用、本然全具、而各有條理如此、學者、於此反求、默識而擴充之、則天之所以與我者、可以無不盡矣、○程子曰人皆有是心、惟君子、爲能擴而充之、不能然者、皆自棄也、然、其充與不充、亦在我而已矣、又曰四端、不言信者、旣有誠心爲四端、則信在其中矣、愚、按四端之信、猶五行之土、無定位、無成名、無專氣、而水火金木、無不待是以生者、故、土於四行無不在、於四時則寄王焉、其理、亦猶是也、

○孟子ㅣ曰矢人이豈不仁於函人哉리오마ᄂᆞᆫ矢人은惟恐不傷人ᄒᆞ고函人은惟恐傷人ᄒᆞᄂᆞ니巫匠도亦然ᄒᆞ니故로術不可不愼也ㅣ니라

孟子ㅣᄀᆞᆯᄋᆞ샤ᄃᆡ矢人이엇디函人에셔仁티아니리오마ᄂᆞᆫ矢人은오직人을傷케몯ᄒᆞᆯ꺼恐ᄒᆞ고函人은오직人을傷ᄒᆞᆯ꺼恐ᄒᆞᄂᆞ니巫와匠도ᄯᅩᄒᆞᆫ그러ᄒᆞ니故로術은可히愼티아니티몯ᄒᆞᆯ꺼시니라

●函、甲也、惻隱之心、人皆有之、是、矢人之心、本非不如函人之仁也、巫者、爲去聲人祈祝、利人之生、匠者、作爲棺槨、利人之死、

孔子ㅣ曰里仁이爲美ᄒᆞ니擇不處仁이면焉得智리오ᄒᆞ시니夫仁은天之尊爵也ㅣ며人之安宅也ㅣ어ᄂᆞᆯ莫之禦而不仁ᄒᆞ니是ᄂᆞᆫ不智也ㅣ니라 焉於虔反 夫音扶

孔子ㅣᄀᆞᆯᄋᆞ샤ᄃᆡ里ㅣ仁홈이美ᄒᆞ니擇호ᄃᆡ仁에處티아니ᄒᆞ면엇디시러곰智라ᄒᆞ리오ᄒᆞ시니仁은天의尊爵이며人의安宅이어ᄂᆞᆯ禦ᄒᆞ리업시仁티아니ᄒᆞ니이ᄂᆞᆫ智티아니홈이니라

●里有仁厚之俗者、猶以爲美、人、擇所以此處上聲而不於仁、安得爲智乎、此、孔子

之言也、仁義禮智、皆天所與之良貴、而仁者、天地生物之心、得之最先而兼統四者、所謂元者、善之長(上聲)也、故、曰尊爵、在人、則爲本心全體之德、有天理自然之安、無人欲陷溺之危、人當常在其中而不可須臾離者也、故、曰安宅、此又孟子、釋孔子之意 以爲仁道之大如此、而自不爲之、豈非不智之甚乎、

不仁不智라 無禮無義면 人役也ㅣ니 人役而恥爲役다ᄒᆞᄂᆞᆫ 由弓人而恥爲弓ᄒᆞ며 矢人而恥爲矢也ㅣ니라 (由與猶同)

仁티아니ᄒᆞ야智티아니ᄒᆞᆫ디라禮업스며義ㅣ업스면人의役이니人의役이오役ᄒᆞᆷ을恥ᄒᆞᄂᆞᆫ디弓人이오弓ᄒᆞᆷ을恥ᄒᆞ며矢人이오矢ᄒᆞᆷ을恥ᄒᆞᆷᄀᆞᆮᄒᆞ니라

● 以不仁故、不智、不智故、不知禮義之所在、

如恥之인댄 莫如爲仁이니라

만일에恥ᄒᆞᆯ띤댄仁을ᄒᆞᆷ만ᄀᆞᄐᆞ니이업ᄉᆞ니라

● 此亦因人愧恥之心而引之、使志於仁也、不言智禮義者、仁該全體、能爲仁則三者、在其中矣、

仁者는 如射ᄒᆞ니 射者는 正己而後에 發ᄒᆞ야 發而不中이라도 不怨勝己者ㅣ오 反求諸己而已矣니라 (中去聲)

仁者ᄂᆞᆫ射ᄒᆞᆷ이ᄀᆞᄐᆞ니射者ᄂᆞᆫ己를正ᄒᆞᆫ後에發ᄒᆞ야發ᄒᆞ야中티몯ᄒᆞ야도己勝ᄒᆞᆫ者를怨티아니ᄒᆞ고反ᄒᆞ야己예求ᄒᆞᆯᄯᆞᄅᆞᆷ이니라

● 爲仁、由己、而由人乎哉、

○ 孟子ㅣ曰子路ᄂᆞᆫ 人이 告之以有過則喜ᄒᆞ더라

孟子ㅣ골ᄋᆞ샤ᄃᆡ子路ᄂᆞᆫ人이過이심으로ᄡᅧ告ᄒᆞ면喜ᄒᆞ더라

●喜其得聞而改之、其勇於自脩、如此、周子、曰仲由、喜聞過、令名無窮焉、今人、有過、不喜人規、如諱疾而忌醫、寧滅其身而無悟也、噫、程子、曰子路、人、告之以有過則、喜、亦可爲百世之師矣、

禹ᄂᆞᆫ聞善言則拜러시다

禹ᄂᆞᆫ善言을聞ᄒᆞᆫ즉拜ᄒᆞ더시다

●書、曰禹拜昌言、盖不待有過、而能屈己、以受天下之善也、

大舜은有大焉ᄒᆞ시니善與人同ᄒᆞ샤舍己從人ᄒᆞ시며樂取於人ᄒᆞ야以爲善이러시다 舍上聲 樂音洛

大舜은大ᄒᆞᆷ이이시니善을人으로ᄃᆞ려同ᄒᆞ샤己를舍ᄒᆞ시고人을從ᄒᆞ시며人에取ᄒᆞ야ᄡᅧ善ᄒᆞᆷ을樂ᄒᆞ더시다

●言舜之所爲、又有大於禹與子路者、善與人同、公天下之善而不爲私也、己未善則無所係吝、而舍以從人、人有善、則不待勉强、而取之於己、此、善與人同之目也

自耕稼陶漁로以至爲帝히無非取於人者ㅣ러시다

耕稼와陶와漁ᄒᆞᆷ으로브터ᄡᅧ帝되심애니르히人에取ᄒᆞᆷ이아니니업더시다

●舜之側微、耕于歷山、陶于河濱、漁于雷澤、

取諸人以爲善이是ㅣ與人爲善者也ㅣ니故로君子ᄂᆞᆫ莫大乎與人爲善이니라

人애取ᄒᆞ야ᄡᅧ善을ᄒᆞᆷ이이人의善ᄒᆞ옴을與ᄒᆞᆷ이니故로君子ᄂᆞᆫ人의善ᄒᆞ옴을與ᄒᆞᆷ

만크니업스니라

●與、猶許也、助也、取彼之善、而爲之於我、則彼益勸於爲善矣、是、我助其爲善也、能使天下之人、皆勸於爲善、君子之善、孰大於此、○此章、言聖賢樂善之誠、初無彼此之間去聲故、其在人者、有以裕於己、在己者、有以及於人、

○孟子ㅣ曰伯夷는 非其君不事ᄒᆞ며 非其友不友ᄒᆞ며 不立於惡人之朝ᄒᆞ야 不與惡人言ᄒᆞ더니 立於惡人之朝ᄒᆞ야 與惡人言호ᄃᆡ 如以朝衣朝冠으로 坐於塗炭ᄒᆞ며 推惡惡之心ᄒᆞ야 思與鄉人立애 其冠不正이어든 望望然去之ᄒᆞ야 若將浼焉ᄒᆞ니 是故로 諸侯ㅣ 雖有善其辭命而至者ㅣ라도 不受也ᄒᆞ니 不受也者는 是亦不屑就已니라 朝音潮惡惡上去聲下如字浼莫罪反

孟子ㅣᄀᆞᆯᄋᆞ샤ᄃᆡ伯夷ᄂᆞᆫ그君이아니어든事티아니ᄒᆞ며그友ㅣ아니어든友티아니ᄒᆞ며惡人의朝애立디아니ᄒᆞ야惡人으로ᄃᆞ려言티아니ᄒᆞ더니惡人의朝애立ᄒᆞ야惡人으로ᄃᆞ려言호ᄃᆡ朝衣와朝冠으로ᄡᅥ塗炭애坐ᄃᆞᆺᄒᆞ며惡을惡ᄒᆞᄂᆞᆫ心을推ᄒᆞ야思호ᄃᆡ鄕人으로ᄃᆞ려立홈애그冠이正티아니ᄒᆞ거든望望히去ᄒᆞ야장ᄎᆞᆺ浼ᄒᆞᆯᄃᆞᆺᄒᆞ니이런故로諸侯ㅣ비록그辭命을善히ᄒᆞ야至ᄒᆞᆫ者ㅣ이셔도受티아니ᄒᆞ니受티아니ᄒᆞ욤은이ᄯᅩᄒᆞᆫ就홈을屑히아니너김이니라

●塗、泥也、鄕人、鄕里之常人也、望望、去而不顧之貌、浼、汙去聲也、屑、趙氏、曰潔也、說文、曰動作切切也、不屑就、言不以就之爲潔、而切切於是也、已、語助辭、

柳下惠ᄂᆞᆫ 不羞汙君ᄒᆞ며 不卑小官ᄒᆞ야 進不隱賢ᄒᆞ야 必以其道ᄒᆞ며 遺

佚袒裼裎
音일 音단 音쳑 音程

佚而不怨ᄒᆞ며阨窮而不憫ᄒᆞ더니故로曰爾爲爾오我爲我니雖袒裼裸裎於我側이나爾焉能浼我哉리오ᄒᆞ니故로由由然與之偕而不自失焉ᄒᆞ야援而止之而止ᄒᆞ니援而止之而止者ᄂᆞᆫ是亦不屑去已니라

柳下惠ᄂᆞᆫ汙君을羞티아니ᄒᆞ며小官을卑티아니ᄒᆞ야進홈애賢을隱티아니ᄒᆞ야반ᄃᆞ시그道로뻐ᄒᆞ며遺佚ᄒᆞ야도怨티아니ᄒᆞ며阨窮ᄒᆞ야도憫티아니ᄒᆞ더니故로골오ᄃᆡ네네오내내니비록내側애셔袒裼ᄒᆞ며裸裎ᄒᆞᆫ들네엇디能히나를浼ᄒᆞ리오ᄒᆞ니故로由由히더브러偕호ᄃᆡ스스로失티아니ᄒᆞ야援ᄒᆞ야止ᄒᆞ거든止ᄒᆞ니援ᄒᆞ야止ᄒᆞ거든止홈은이ᄯᅩᄒᆞᆫ去홈을屑히아니너기미니라

柳下惠、魯大夫展禽、居柳下而諡惠也、不隱賢、不枉道也、遺佚、放棄也、阨、困也憫、憂也、爾爲爾、至焉能浼我哉、惠之言也、袒裼、露臂也、裸裎、露身也、由由、自得之貌、偕、並處也、不自失、不失其正也、援而止之而止者、言欲去而可留也、

孟子ㅣ曰伯夷ᄂᆞᆫ隘ᄒᆞ고柳下惠ᄂᆞᆫ不恭ᄒᆞ니隘與不恭은君子ㅣ不由也ㅣ니라

孟子ㅣ골ᄋᆞ샤ᄃᆡ伯夷ᄂᆞᆫ隘ᄒᆞ고柳下惠ᄂᆞᆫ恭티아니ᄒᆞ니隘와다ᄆᆞᆺ恭티아니홈은君子ㅣ由티아니ᄒᆞᄂᆞ니라

○隘、狹窄也、不恭、簡慢也、夷惠之行、固皆造乎至極之地、然、既有所偏則不能無弊、故、不可由也

原本 孟子集註卷之三 終

孟子集註卷之四

公孫丑章句下

凡十四章、自第三章以下、記孟子出處(上聲)行實、爲詳

孟子ㅣ曰天時ㅣ不如地利오地利ㅣ不如人和ㅣ니라

孟子ㅣ골ᄋᆞ샤ᄃᆡ天時ㅣ地利만ᄀᆞᆺ디몯ᄒᆞ고地利ㅣ人和만ᄀᆞᆺ디몯ᄒᆞ니라

●天時、謂時日支干孤虛王相之屬也、地利、險阻城池之固也、人和、得民心之和也、

三里之城과七里之郭을環而攻之而不勝ᄒᆞᄂᆞ니夫環而攻之에必有得天時者矣언마ᄂᆞᆫ然而不勝者ᄂᆞᆫ是ㅣ天時ㅣ不如地利也ㅣ니라

夫音扶

三里ㅅ城과七里ㅅ郭을環ᄒᆞ야攻호ᄃᆡ勝티몯ᄒᆞᄂᆞ니環ᄒᆞ야攻홈애반ᄃᆞ시天時를得홈이잇건마ᄂᆞᆫ그러나勝티몯ᄒᆞ욘이天時ㅣ地利만ᄀᆞᆺ디몯홈이니라

●三里、七里、城郭之小者、郭、外城、環、圍也、言四面攻圍、曠日持久、必有値天時之善者、

城非不高也ㅣ며池非不深也ㅣ며兵革이非不堅利也ㅣ며米粟이非不多也ㅣ로ᄃᆡ委而去之ᄒᆞᄂᆞ니是ㅣ地利ㅣ不如人和也ㅣ니라

城이高티아니티아니ᄒᆞ며池ㅣ深티아니티아니ᄒᆞ며兵革이堅利티아니티아니ᄒᆞ

畔 반할반 叛

造 나아갈조 就也

며米粟이多티아니티아니호ᄃᆡ委ᄒᆞ고去ᄒᆞᄂᆞ니이地利ㅣ人和ᄀᆞᆮ디몯홈이니라

●革、甲也、粟、穀也、委、棄也、言不得民心、不爲、去聲守也、

故로曰域民호ᄃᆡ不以封疆之界ᄒᆞ며固國호ᄃᆡ不以山谿之險ᄒᆞ며威天下호ᄃᆡ不以兵革之利니得道者ᄂᆞᆫ多助ᄒᆞ고失道者ᄂᆞᆫ寡助ㅣ라寡助之至에ᄂᆞᆫ親戚이畔之ᄒᆞ고多助之至에ᄂᆞᆫ天下ㅣ順之니라

故로ᄀᆞᆯᄋᆞᄃᆡ民을域호ᄃᆡ封疆ㅅ界로ᄡᅥ아니ᄒᆞ며國을固호ᄃᆡ山谿ㅅ險으로ᄡᅥ아니ᄒᆞ며天下를威호ᄃᆡ兵革ㅅ利로ᄡᅥ아니ᄒᆞᄂᆞ니道를得ᄒᆞᆫ者ᄂᆞᆫ助ㅣ만홈이至ᄒᆞ얀天下ㅣ順ᄒᆞᄂᆞ니라 ...

故로ᄀᆞᆯᄋᆞᄃᆡ民을域호ᄃᆡ封疆ㅅ界로ᄡᅥ아니ᄒᆞ며國을固호ᄃᆡ山谿ㅅ險으로ᄡᅥ아니ᄒᆞ며天下를威호ᄃᆡ兵革ㅅ利로ᄡᅥ아니ᄒᆞᄂᆞ니道를得ᄒᆞᆫ者ᄂᆞᆫ助ㅣ하고道를失ᄒᆞᆫ者ᄂᆞᆫ助ㅣ져근디라助ㅣ져금이至ᄒᆞ얀親戚이畔ᄒᆞ고助ㅣ만홈이至ᄒᆞ얀天下ㅣ順ᄒᆞᄂᆞ니라

●域、界限也、

以天下之所順으로攻親戚之所畔이라故로君子ㅣ有不戰이언뎡戰必勝矣니라

天下의順ᄒᆞᆫ바로ᄡᅥ親戚의畔ᄒᆞᆫ바를攻ᄒᆞᄂᆞᆫ디라故로君子ㅣ戰티아님이이실ᄲᅮᆫ이언뎡戰ᄒᆞ면반ᄃᆞ시勝ᄒᆞᄂᆞ니라

●言不戰則已、戰則必勝、○尹氏、曰言得天下者、凡以得民心而已、

○孟子ㅣ將朝王이러시니王이使人來曰寡人이如就見者也ㅣ러니有寒疾이라不可以風이실시朝將視朝ᄒᆞ리니不識게이다可使寡人으로得見乎ㅣ잇가

對曰不幸而有疾이라不能造朝ㅣ로소이다

章內朝並音潮唯朝將之朝如字造七到反下同

愈 병나을유 瘳也

孟子ㅣ장찻王씌朝호려ᄒᆞ더시니王이人을보려와ᄀᆞᆯᄋᆞ샤ᄃᆡ寡人이就ᄒᆞ야見ᄒᆞ염즉ᄒᆞ다니寒疾이인ᄂᆞᆫ디라可히써風티몯ᄒᆞᆯ꺼실서朝에장찻朝ᄅᆞᆯ視호리니아디몯거이다可히寡人으로히여곰見케ᄒᆞ리잇가對ᄒᆞ야ᄀᆞᆯᄋᆞ샤ᄃᆡ幸티몯ᄒᆞ야疾이인ᄂᆞᆫ디라能히朝애造티몯ᄒᆞ리로소이다

●王、齊王也、孟子、本將朝王、王、不知而託疾、以召孟子、故、孟子、亦以疾辭也、

明日에出吊於東郭氏러시니公孫丑ㅣ曰昔者에辭以病ᄒᆞ시고今日吊ㅣ或者不可乎ᆫ뎌曰昔者疾이今日愈ㅣ어니如之何不吊ㅣ리오

明日애東郭氏에게出ᄒᆞ야吊ᄒᆞ더시니公孫丑ㅣᄀᆞᆯ오ᄃᆡ昔者애病으로써辭ᄒᆞ시고今日에吊ᄒᆞ삼이或者권댄可티아니ᄒᆞᆫ뎌ᄀᆞᆯᄋᆞ샤ᄃᆡ昔者人疾이今日에ᄒᆞ거니愈ᄒᆞ거니엇디吊티아니ᄒᆞ리오

●東郭氏、齊大夫家也、昔者、昨日也、或者、疑辭、辭疾而出吊、與孔子不見孺悲、取瑟而歌、同意、

王이使人問疾ᄒᆞ시고醫來어ᄂᆞᆯ孟仲子ㅣ對曰昔者애有王命이어시ᄂᆞᆯ有采薪之憂ㅣ라不能造朝ㅣ러시니今病少愈ㅣ어시ᄂᆞᆯ趨造於朝ᄒᆞ더시니我ᄂᆞᆫ不識게라能至否乎아ᄒᆞ고使數人으로要於路曰請必無歸而造於朝ᄒᆞ소셔 要平聲

王이人을브려疾을問ᄒᆞ시고醫ㅣ來커ᄂᆞᆯ孟仲子ㅣ對ᄒᆞ야ᄀᆞᆯ오ᄃᆡ昔者애王命이잇거시ᄂᆞᆯ薪을采ᄒᆞᄂᆞᆫ憂ㅣ인ᄂᆞᆫ디라能히朝애造티몯ᄒᆞ얏더시니이제病이져기愈ᄒᆞ거시ᄂᆞᆯ朝애趨ᄒᆞ야造ᄒᆞ더시니나ᄂᆞᆫ아디몯게라能히至ᄒᆞ신가否ᄒᆞ신가ᄒᆞ고數人으로ᄒᆞ여곰路애要ᄒᆞ야ᄀᆞᆯ오ᄃᆡ請컨댄반ᄃᆞ시歸티말고朝애造ᄒᆞ소셔

●孟仲子、趙氏、以爲孟子之從昆弟、學於孟子者也、采薪之憂、言病不能采薪、謙

己말이 止也

辭也、仲子、權辭以對、又使人、要孟子、令勿歸而造朝、以實己言、

不得已而之景丑氏ᄒᆞ야宿焉이러시니景子ㅣ曰內則父子ㅣ오外則君臣이人之大倫也ㅣ니父子는主恩ᄒᆞ고君臣은主敬ᄒᆞ니丑ㅣ見王之敬子也ㅣ오未見所以敬王也케이다曰惡ㅣ라是何言也오齊人이無以仁義與王言者는豈以仁義로爲不美也ㅣ리오其心에曰是何足與言仁義也云爾則不敬이莫大乎是ᄒᆞ니我는非堯舜之道ㅣ어든不敢以陳於王前ᄒᆞ노니故로齊人이莫如我敬王也ㅣ니라 惡平聲下同

시러곰마디몯ᄒᆞ샤景丑氏의게가宿ᄒᆞ더시니景子ㅣ글오ᄃᆡ內ㄴ則父子ㅣ오外ㄴ則君臣이人의큰倫이니父子ᄂᆞᆫ恩을主ᄒᆞ고君臣은敬을主ᄒᆞ니丑ㅣ王의子敬홈을見ᄒᆞ고ᄡᅧ王을敬ᄒᆞᄂᆞᆫ바ᄅᆞᆯ見티몯ᄒᆡ이다글오ᄉᆞᄃᆡ惡ㅣ라이엇딘말이오齊人이仁義로ᄡᅧ王ᄭᅴ더브러니ᄅᆞᆯ者ㅣ업슴은엇디仁義로ᄡᅧ美티아니타ᄒᆞ리오그心에글오ᄃᆡ이엇디足히더브러仁義ᄅᆞᆯ言ᄒᆞ리오ᄒᆞᆫ則敬티아니홈이이만크니업스니나ᄂᆞᆫ堯舜의道ㅣ아니어든敢히ᄡᅧ王前에陳티아니ᄒᆞ노니故로齊人이나에王敬홈만ᄀᆞᄐᆞ니업ᄉᆞ니라

●景丑氏、齊大夫家也、景子、景丑也、惡、歎辭也、景丑所言、敬之小者也、孟子所言、敬之大者也、

景子ㅣ曰否ㅣ라非此之謂也ㅣ라禮예曰父ㅣ召ㅣ어시든無諾ᄒᆞ며君이命召ㅣ어시든不俟駕ㅣ라ᄒᆞ니固將朝也ㅣ라가聞王命而遂不果ᄒᆞ시니宜與夫禮로

若不相似然ᄒᆞ이다 夫音扶下同

景子ㅣᄀᆞᆯ오ᄃᆡ아니라이를닐옴이아니라禮예ᄀᆞᆯ오ᄃᆡ父ㅣ召ᄒᆞ거시든諾이업ᄉᆞ며君이命ᄒᆞ야召ᄒᆞ거시든駕를俟티말라ᄒᆞ니진실로장ᄎᆞᆺ朝호려ᄒᆞ다가王命을聞ᄒᆞ고드듸여果티아니ᄒᆞ시니맛당이禮로더브러서로ᄀᆞᆮ디아니ᄒᆞᆫ듯ᄒᆞ이다

●禮、曰父、命呼、唯而不諾、又曰君、命召、在官、不俟屨、在外、不俟車、言孟子、本欲朝王、而聞命中止、似與此禮之意、不同也、

曰豈謂是與ㅣ리오曾子ㅣ曰晉楚之富ᄂᆞᆫ不可及也ㅣ니彼以其富ㅣ어든我以吾仁이오彼以其爵이어든我以吾義니吾何慊乎哉리오ᄒᆞ시니夫豈不義를而曾子ㅣ言之시리오是或一道也ㅣ니라天下에有達尊이三이니爵一齒一德一이니朝廷엔莫如爵이오鄕黨엔莫如齒오輔世長民엔莫如德이니惡得有其一ᄒᆞ야以慢其二哉리오 與平聲慊口簟反長上聲

ᄀᆞᆯᄋᆞ샤ᄃᆡ엇디이를닐ᄋᆞ리오曾子ㅣᄀᆞᆯᄋᆞ샤ᄃᆡ晉과楚의富ᄂᆞᆫ可히及디몯ᄒᆞ나뎌그富로ᄡᅥᄒᆞ거든내내仁으로ᄡᅥᄒᆞ고뎌그爵으로ᄡᅥᄒᆞ거든내내義로ᄡᅥᄒᆞᆯ띠니내엇디慊ᄒᆞ리오ᄒᆞ시니엇디不義를曾子ㅣ닐ᄋᆞ시리오이或ᄒᆞᆫ道ㅣ니라天下에達ᄒᆞᆫ尊이三이인ᄂᆞ니爵이一이오齒ㅣ一이오德이一이니朝廷앤爵만ᄀᆞᆮᄐᆞᆫ이업고鄕黨앤齒만ᄀᆞᆮᄐᆞᆫ이업고世를輔ᄒᆞ며民에長에홈앤德만ᄀᆞᆮᄐᆞᆫ이업ᄉᆞ니엇디시러곰그一을두어그二를慢ᄒᆞ리오

●慊、恨也、少也、或作嗛字、書、以爲口銜物也、然則慊亦但爲心有所銜之義、其爲快爲足、爲恨爲少、則因其事、而所銜、有不同耳、孟子、言我之意、非如景子之所

醜 갓ᄒᆞᆯ 츄 類也
齊 가ᄌᆞ덕할 제 等也

言者、因引曾子之言而云、夫此豈是不義、而曾子、肯以爲言、是或別有一種道理也、達、通也、蓋通天下之所尊、有此三者、曾子之說、蓋以德言之也、今齊王但有爵耳、安得以此、慢於齒德乎、

故로將大有爲之君은必有所不召之臣이라欲有謀焉則就之ᄒᆞᄂᆞ니其尊德樂道ㅣ不如是면不足與有爲也ㅣ니라 樂音洛

故로장ᄎᆞᆺ키ᄒᆞ욤이이실君은반다시召티몯ᄒᆞᆯ배臣을두ᄂᆞᆫ디라謀코져ᄒᆞ면就ᄒᆞᄂᆞ니그德을尊ᄒᆞ며道를樂홈이이ᄀᆞᆮ디아니면足히더브러ᄒᆞ욤이잇디몯ᄒᆞᆯ꺼시이니라

●大有爲之君、大有作爲、非常之君也、程子、曰古之人、所以必待人君、致敬盡禮而後、往者、非欲自爲尊大也、爲去聲是故耳、

故로湯之於伊尹애學焉而後에臣之故로不勞而王ᄒᆞ시고桓公之於管仲애學焉而後에臣之故로不勞而霸ᄒᆞ니라

故로湯이伊尹의게學ᄒᆞᆫ後에臣ᄒᆞ신故로勞티아니ᄒᆞ야王ᄒᆞ시고桓公이管仲의게學ᄒᆞᆫ後에臣ᄒᆞᆫ故로勞티아니ᄒᆞ야霸ᄒᆞ니라

●先從受學、師之也、後以爲臣、任之也、

今天下ㅣ地醜德齊ᄒᆞ야莫能相尙은無他ㅣ라好臣其所敎而不好臣其所受敎ㅣ니라 好去聲

이제天下ㅣ地ㅣ醜ᄒᆞ고德이齊ᄒᆞ야能히서르尙ᄒᆞ리업숨은他ㅣ업ᄉᆞᆫ디라그敎ᄒᆞᆯ배臣홈을好ᄒᆞ고그敎를受ᄒᆞᆯ배臣홈을好티아니홈이니라

●醜、類也、尙、過也、所敎、謂聽從於己、可役使者也、所受敎、謂己之所從學者也

湯之於伊尹과桓公之於管仲에則不敢召ᄒᆞ니管仲도且猶不可召ㅣ온而況不爲管仲者乎아

湯이伊尹의게와桓公이管仲의게곤敢히召티몯ᄒᆞ니管仲도오히려可히召티몯ᄒᆞ곤ᄒᆞ믈며管仲을ᄒᆞ디아니ᄒᆞᄂᆞᆫ者아

●不爲管仲、孟子、自謂也、范氏、曰孟子之於齊、處賓師之位、非當仕有官職者、故、其言、如此、○此章、見賓師、不以趨走承順爲恭、而以責難陳善爲敬、人君、不以崇高富貴爲重、而以貴德尊士爲賢、則上下交而德業成矣、

○陳臻이問曰前日於齊예王이餽兼金一百而不受ᄒᆞ시고於宋에餽七十鎰而受ᄒᆞ시고於薛에餽五十鎰而受ᄒᆞ시니前日之不受ㅣ是則今日之受ㅣ非也ㅣ오今日之受ㅣ是則前日之不受ㅣ非也ㅣ니夫子ㅣ必居一於此矣시리이다

陳臻이묻ᄌᆞ와ᄀᆞᆯ오ᄃᆡ前日에齊예王이兼金一百을餽ᄒᆞ야늘受티아니ᄒᆞ시고宋에七十鎰을餽ᄒᆞ야늘受ᄒᆞ시고薛에五十鎰을餽ᄒᆞ야늘受ᄒᆞ시니前日의受티아니ᄒᆞ심이是ᄒᆞ면今日의受ᄒᆞ심이非ᄒᆞ고今日의受ᄒᆞ심이是ᄒᆞ면前日의受티아니ᄒᆞ심이非ᄒᆞ니夫子ㅣ반ᄃᆞ시이에一에居ᄒᆞ시리이다

●陳臻、孟子弟子、兼金、好金也、其價、兼倍於常者、一百、百鎰也、

孟子ㅣ曰皆是也ㅣ니라

孟子ㅣᄀᆞᆯᄋᆞ샤ᄃᆡ다是ᄒᆞ니라

●皆適於義也、

當在宋也ᄒᆞ야予將有遠行이라니行者는必以贐이라ᄒᆞ니辭曰餽贐이어니予何爲不受ᅵ리오 贐徐刃反

宋애이숌애當ᄒᆞ야내장ᄎᆞᆺ遠行이잇다니行者는반ᄃᆞ시ᄡᅥ贐ᄒᆞᄂᆞᆫ디라辭ᄒᆞ야ᄀᆞᆯ오ᄃᆡ贐으로餽ᄒᆞ노라ᄒᆞ거니내엇디受티아니ᄒᆞ리오

●贐、送行者之禮也、

當在薛也ᄒᆞ야予有戒心이라니辭曰聞戒故로爲兵餽之어니予何爲不受ᅵ리오 爲兵之爲去聲

薛에이숌애當ᄒᆞ야내戒心이잇다니辭ᄒᆞ야ᄀᆞᆯ오ᄃᆡ戒를聞ᄒᆞᆫ故로兵을爲ᄒᆞ야餽ᄒᆞ노라ᄒᆞ거니내엇디受티아니ᄒᆞ리오

●時人、有欲害孟子者、孟子、設兵以戒備之、薛君、以金餽孟子、爲兵備、辭曰聞子之有戒心也、

若於齊則未有處也ᄒᆞ니無處而餽之는是ᅵ貨之也ᅵ니焉有君子而可以貨取乎ᅵ리오 焉於虔反

만일齊에ᄂᆞᆫ處ᄒᆞᆷ이잇디아니ᄒᆞ니處ᄒᆞᆷ이업시셔餽ᄒᆞᆷ은이貨ᄒᆞᆷ이니엇디君子ᅵ오可히貨로ᄡᅥ取ᄒᆞᆷ이이시리오

●無遠行戒心之事、是、未有所處上聲也、取、猶致也、○尹氏、曰言君子之辭受取予唯當於理而已、

○孟子ㅣ之平陸ᄒᆞ사 謂其大夫曰子之持戟之士ㅣ一日而三失伍則去之아 否乎아 曰不待三이니이다 上去聲

孟子ㅣ平陸애之ᄒᆞ샤그대부ᄃᆞ려닐어ᄀᆞᆯᄋᆞ샤ᄃᆡ子의戟을持ᄒᆞᆫ士ㅣ一日에세번伍를失ᄒᆞ면去ᄒᆞᆯ까아닐까ᄀᆞᆯᄋᆞᄃᆡ三을待티아니리이다

●平陸、齊下邑也、大夫、邑宰也、戟、有枝兵也、士、戰士也、伍、行音杭列也、去之、殺之也、

然則子之失伍也ㅣ亦多矣로다 凶年饑歲에 子之民이 老羸는 轉於溝壑ᄒᆞ고 壯者는 散而之四方者ㅣ幾千人矣오 曰此非距心之所得爲也ㅣ니이다 幾上聲

그러ᄒᆞᆫ則子의伍를失ᄒᆞᆷ이ᄯᅩ多ᄒᆞ도다凶年과饑歲예子의民이老와羸는溝壑애轉ᄒᆞ고壯者는散ᄒᆞ야四方애간者ㅣ몃千人고ᄀᆞᆯ오ᄃᆡ이는距心의시러곰ᄒᆞᆯ빼아니니이다

●子之失伍、言其失職、猶士之失伍也、距心、大夫名、對言此乃王之大政使然、非我所得專爲也、

曰今有受人之牛羊而爲之牧之者則必爲之求牧與芻矣리니 求牧與芻而不得則反諸其人乎아 抑亦立而視其死與아 曰此則距心之罪也ㅣ로소이다 爲去聲死與之與平聲

ᄀᆞᆯᄋᆞ샤ᄃᆡ今애人의牛羊을受ᄒᆞ야爲ᄒᆞ야牧ᄒᆞᆯ者ㅣ이시면반ᄃᆞ시爲ᄒᆞ야牧과다뭇

見보일현現也

芻를求ᄒᆞ리니牧과다못芻를求ᄒᆞ야得디몯ᄒᆞ면그人의게反ᄒᆞ랴ᄯᅩᄒᆞᆫ立ᄒᆞ야셔그
死ᄒᆞᆷ을보랴ᄀᆞᆯ오ᄃᆡ인則距心의罪로소이다

●牧之、養之也、牧、牧地也、芻、草也、孟子、言若不得自專、何不致其事而去、

他日에見於王曰王之爲都者를臣知五人焉이로니知其罪者는惟孔距心이러이다ᄒᆞ고爲王誦之ᄒᆞ신대王曰此則寡人之罪也ㅣ로소이다爲王之爲去聲

他日에王ᄭᅴ見ᄒᆞ야ᄀᆞᆯ오샤ᄃᆡ王의都를ᄒᆞ는者를臣이五人을아노니그罪를아는者
는오직孔距心이러이다ᄒᆞ고王을爲ᄒᆞ야誦ᄒᆞ신대王이ᄀᆞᆯ오샤ᄃᆡ인則寡人의罪로
소이다

◉爲都、治邑也、邑有先君之廟曰都、孔、大夫姓也 爲王誦其語、所以風曉王也○
陳氏、曰孟子、一言而齊之君臣、擧知其罪、固足以興邦矣、然而齊、卒不得爲善國
者、豈非說而不繹、從而不改故邪。

○孟子ㅣ謂蚳鼃曰子之辭靈丘而請士師ㅣ似也는爲其可以言也ㅣ니今旣數月矣로ᄃᆡ未可以言與아蚳音遲鼃烏化反爲去聲與平聲

孟子ㅣ蚳鼃ᄃᆞ려닐어ᄀᆞᆯ오샤ᄃᆡ子ㅣ靈丘를辭ᄒᆞ고士師를請ᄒᆞᆷ이似ᄒᆞᆷ은그可히ᄡᅥ
言ᄒᆞᆷ을爲ᄒᆞ예니今에이믜數月이로ᄃᆡ可히ᄡᅥ言티몯ᄒᆞ리로소냐

●蚳鼃、齊大夫也、靈丘、齊下邑、似也、言所爲、近似有理、可以言、謂士師、近王、
得以諫刑罰之不中者、

蚳鼃ㅣ諫於王而不用이어늘致爲臣而去ᄒᆞᆫ대

蚳鼃ㅣ王ᄭᅴ諫ᄒᆞ야用티아니ᄒᆞ야늘臣되옴을致ᄒᆞ고去ᄒᆞᆫ대

●致、猶還也、

見보일현現也

齊人이曰所以爲蚳鼃則善矣어니와所以自爲則吾不知也케라 爲去聲

齊人이글오ᄃᆡ뻐蚳鼃를爲ᄒᆞᄂᆞᆫ밴則善ᄒᆞ거니와뻐스스로爲ᄒᆞᄂᆞᆫ밴則내아디몯게라

●譏孟子、道不行、而不能也、

公都子ㅣ以告ᄒᆞᆫᄃᆡ

公都子ㅣ뻐告ᄒᆞᆫᄃᆡ

●公都子 孟子弟子也、

曰吾ㅣ聞之也ᄒᆞ니有官守者ㅣ不得其職則去ᄒᆞ고有言責者ㅣ不得其言則去ㅣ라ᄒᆞ니我無官守ᄒᆞ며我無言責也則吾進退ㅣ豈不綽綽然有餘裕哉리오

글오샤ᄃᆡ내聞호니官守를둔ᄂᆞᆫ者ㅣ그職을得디몯ᄒᆞ면去ᄒᆞ고言責을둔ᄂᆞᆫ者ㅣ그言을得디몯ᄒᆞ면去ᄒᆞᆫ다ᄒᆞ니내官守ㅣ업스며내言責이업슨則내進ᄒᆞ며退홈이엇디綽綽히餘裕ㅣ잇디아니ᄒᆞ리오

●官守、以官爲守者、言責、以言爲責者、綽綽、寬貌、裕、寬意也、孟子、居賓師之位、未嘗受祿、故、其進退之際、寬裕如此、尹氏、曰進退久速、當去聲於理而已、

○孟子ㅣ爲卿於齊ᄒᆞ샤出弔於滕ᄒᆞ실서王이使蓋大夫王驩으로爲輔行이러시니王驩이朝暮見이어늘反齊滕之路토록未嘗與之言行事也ᄒᆞ시다

孟子ㅣ齊애卿이되샤滕에出ᄒᆞ야弔ᄒᆞ실씨王이蓋人ᄃᆡ우王驩으로ᄒᆞ여곰輔行을

사맛더시니王驩이朝暮에뵈거늘齊滕人路를反ᄒᆞ도록일쯕더브러行事를言티아니ᄒᆞ시다

●蓋、齊下邑也、王驩、王、嬖臣也、輔行、副使也、反、往而還也、行事、使事也、

公孫丑ㅣ曰齊卿之位ㅣ不爲小矣며齊滕之路ㅣ不爲近矣로대反之而未嘗與言行事는何也잇고曰夫旣或治之어니予何言哉리오

公孫丑ㅣ골오듸齊卿의位ㅣ小티아니ᄒᆞ며齊滕人路ㅣ近티아니호듸反호듸일쯕더브러行事를言티아니ᄒᆞ샴은엇디니잇고골ᄋᆞ샤듸이믜或治ᄒᆞ얏거니내므슴마롤ᄒᆞ리오

●王驩、蓋攝卿以行故、曰齊卿、夫旣或治之、言有司、已治之矣、孟子之待小人、不惡而嚴、如此、

○孟子ㅣ自齊葬於魯ᄒᆞ시고反於齊ᄒᆞ실서止於嬴이러시니充虞ㅣ請曰前日에不知虞之不肖ᄒᆞ샤使虞敦匠事ㅣ어시늘嚴ᄒᆞ야虞ㅣ不敢請ᄒᆞ니今願竊有請也ᄒᆞ노니木若以美然ᄒᆞ더이다

孟子ㅣ齊로브터魯에葬ᄒᆞ시고齊예反ᄒᆞ실석嬴에止ᄒᆞ엿더시니充虞ㅣ請ᄒᆞ야골오듸前日에虞의不肖홈을아디몯ᄒᆞ샤虞로ᄒᆞ여금匠事를敦ᄒᆞ야시늘嚴ᄒᆞ야虞ㅣ敢히請티몯ᄒᆞ니今에願컨듸그으기請홈이인노니木이너모美ᄒᆞ듯ᄒᆞ더이다

●孟子、仕於齊、喪去聲母、歸葬於魯、嬴、齊南邑、充虞、孟子弟子、嘗董治作棺之事者也、嚴、急也、木、棺木也、以、已通、以美、太美也

曰古者애棺椁이無度ᄒᆞ더니中古에棺이七寸이오椁을稱之ᄒᆞ야自天子

達於庶人ᄒᆞ니 非直爲觀美也ㅣ라 然後에 盡於人心이니 稱去聲
글은 샤ᄃᆡ 녜 棺과 槨이 度ㅣ 업더니 中古애 棺이 七寸이오 槨을 稱케ᄒᆞ야 天子로브터 庶人에 達ᄒᆞ니 ᄒᆞᆫ갓 觀에 美홈을 ᄒᆞ는 줄이 아니라 그런 後에 人心에 盡ᄒᆞᆯᄊᆡ니라
●度、厚薄尺寸也、中古、周公制禮時也、槨稱之、與棺相稱也、欲其堅厚久遠、非特爲人觀視之美而已、

不得이란 不可以爲悅이며 無財란 不可以爲悅이니 得之爲有財ᄒᆞ야는 古之人이 皆用之ᄒᆞ니 吾何爲獨不然이리오
得디 몯ᄒᆞ야란 可히 ᄡᅧ 悅티 몯ᄒᆞᆯ꺼시며 財ㅣ 업서란 可히 ᄡᅧ 悅티 몯ᄒᆞᆯ꺼시니 得ᄒᆞ고 財ㅣ 이셔는 녜ㅅ 사ᄅᆞᆷ이 다 用ᄒᆞ니 내 엇디 호올로 그리 아니ᄒᆞ리오
不得、謂法制所不當得、得之爲有財、言得之而又爲有財也、或曰爲、當作而、

且比化者ᄒᆞ야 無使土親膚ㅣ면 於人心에 獨無恔乎아 比必二反 恔音效
ᄯᅩ 化者를 比ᄒᆞ야 土로 ᄒᆞ여곰 膚에 親티 아니케ᄒᆞ면 人心애 호올로 恔홈이 업ᄉᆞ냐
●比、猶爲去聲下同也、化者、死者也、恔、快也、言爲死者、不使土、親近其肌膚、於人子之心、豈不快然無所恨乎、

吾ᄂᆞᆫ 聞之也호니 君子ᄂᆞᆫ 不以天下儉其親이니라
나ᄂᆞᆫ 聞호니 君子ᄂᆞᆫ 天下로ᄡᅧ 그 親에 儉히 아니ᄒᆞᄂᆞ니라
●送終之禮、所當得爲而不自盡、是、爲去聲天下、愛惜此物、而薄於吾親也、

○沈同이 以其私問曰燕可伐與잇가 孟子ㅣ 曰可ᄒᆞ니라 子噲도 不得

與人燕이며子之도不得受燕於子噲니有仕於此어든而子ㅣ悅之
ᄒᆞ야不告於王而私與之吾子之祿爵이어든夫士也ㅣ亦無王命而
私受之於子則可乎아何以異於是리오伐與之與平聲下伐與殺同夫音扶
沈同이그私로ᄡᅥ묻ᄌᆞ와ᄀᆞᆯ오ᄃᆡ燕을可히伐ᄒᆞ얌즉ᄒᆞ니잇가孟子ㅣᄀᆞᆯᄋᆞ샤ᄃᆡ可
ᄒᆞ니라子噲도시러곰人을燕을與티몯ᄒᆞᆯ꺼시며子之도시러곰燕을子噲의게受티
몯ᄒᆞᆯ꺼시니이에仕ᄒᆞ리잇거든子ㅣ悅ᄒᆞ야王ᄭᅴ告티아니ᄒᆞ고ᄉᆞᄉᆞ로吾子의祿爵
을與ᄒᆞ거든士ㅣ또ᄒᆞᆫ王命이업시ᄉᆞᄉᆞ로子의게受ᄒᆞᆫ則可ᄒᆞ냐엇디ᄡᅥ이에다ᄅᆞ리
오

●沈同、齊臣、以私問、非王命也、子噲子之、事見前篇、諸侯、土地人民、受之天子
傳之先君、私以與人、則與者受者、皆有罪也、仕、爲官也、士、卽從仕之人也、

齊人이伐燕이어늘或이問曰勸齊伐燕이라ᄒᆞ니有諸잇가曰未也ㅣ라沈同이
問燕可伐與아ᄒᆞ야늘吾ㅣ應之曰可ㅣ라ᄒᆞ니彼ㅣ然而伐之也ㅣ로다彼如曰
孰可以伐之오ᄒᆞ면則將應之曰爲天吏則可以伐之라호리라今有殺
人者어든或이問之曰人可殺與아ᄒᆞ면則將應之曰可ㅣ라호리니彼如曰
孰可以殺之오ᄒᆞ면則將應之曰爲士師則可以殺之라호리라今에以
燕伐燕이어니何爲勸之哉리오

齊人이燕을伐ᄒᆞ야늘或이묻ᄌᆞ와ᄀᆞᆯ오ᄃᆡ齊를勸ᄒᆞ야燕을伐타ᄒᆞ니인ᄂᆞ니잇가ᄀᆞᆯ
ᄋᆞ샤ᄃᆡ아니라沈同이燕을可히伐ᄒᆞ얌즉ᄒᆞ냐묻거늘내應ᄒᆞ야ᄀᆞᆯ오ᄃᆡ可타호니뎌

賈 안진장사 요坐賣

惡 엇지오 何也

그리니겨伐ᄒᆞ도다뎌만일에ᄀᆞᆯ오ᄃᆡ뉘可히ᄡᅥ伐ᄒᆞᆯ고ᄒᆞ면곧장ᄎᆞᆺ應ᄒᆞ야ᄀᆞᆯ오ᄃᆡ天吏된則可히ᄡᅥ伐ᄒᆞ리라ᄒᆞ리라今에사ᄅᆞᆷ殺ᄒᆞᆫ者ㅣ잇거든或이무러묻오ᄃᆡ사ᄅᆞᆷ을可히殺ᄒᆞᆯ것가ᄒᆞ며곧장ᄎᆞᆺ應ᄒᆞ야ᄀᆞᆯ오ᄃᆡ可타ᄒᆞ리니뎌만일ᄀᆞᆯ오ᄃᆡ뉘可히ᄡᅥ殺ᄒᆞᆯ고ᄒᆞ면곧장ᄎᆞᆺ應ᄒᆞ야ᄀᆞᆯ오ᄃᆡ士師ㅣ된則可히ᄡᅥ殺ᄒᆞ리라ᄒᆞ리라今에燕으로ᄡᅥ燕을伐ᄒᆞ거니엇디勸ᄒᆞ리오

●天吏、解見上篇、言齊無道、與燕無異、如以燕伐燕也、史記、亦謂孟子、勸齊伐燕、蓋傳聞此說之誤、○楊氏、曰燕固可伐矣、故、孟子、曰可、使齊王、能誅其君、弔其民、何不可之有、乃殺其父兄、虜其子弟而後、燕人、畔之、乃以是、歸咎孟子之言則誤矣、

○燕人이畔이어늘王曰吾ㅣ甚慙於孟子ᄒᆞ노라

燕人이畔ᄒᆞ야늘王이ᄀᆞᆯᄋᆞ샤ᄃᆡ내甚히孟子ᄭᅴ慙ᄒᆞ노라

●齊、破燕、後二年、燕人、共立太子平爲王、

陳賈ㅣ曰王無患焉ᄒᆞ쇼셔王이自以爲與周公孰仁且智잇고王曰惡ㅣ라是何言也오曰周公이使管叔監殷이어시늘管叔이以殷畔ᄒᆞ니知而使之면是ㅣ不仁也오不知而使之면是ㅣ不智也니仁智는周公도未之盡也ㅣ시니而況於王乎ㅣ잇가賈ㅣ請見而解之호리이다 惡監皆平聲

陳賈ㅣᄀᆞᆯ오ᄃᆡ王은患티말ᄋᆞ쇼셔王이스ᄉᆞ로ᄡᅥ周公으로더브러뉘仁코ᄯᅩ智ᄒᆞ라ᄒᆞ시ᄂᆞ니잇고王이ᄀᆞᆯᄋᆞ샤ᄃᆡ惡ㅣ라이엇딘말오ᄀᆞᆯ오ᄃᆡ周公이管叔으로ᄒᆞ여곰殷을監ᄒᆞ야시늘管叔이殷으로ᄡᅥ畔ᄒᆞ니알고使ᄒᆞ면이仁티몯ᄒᆞᆷ이오아디몯ᄒᆞ고使ᄒᆞ면이智티몯ᄒᆞᆷ이니仁과智ᄂᆞᆫ周公도盡티몯ᄒᆞ시니ᄒᆞ믈며王애시니잇가賈ㅣ請

컨댄見ᄒᆞ야解호리이다

●陳賈、齊大夫也、管叔、名鮮、武王弟、周公兄也、武王、勝商殺紂、立紂子武庚、而使管叔、與弟蔡叔、霍叔、監其國、武王、崩、成王、幼、周公、攝政、管叔、與武庚畔、周公、討而誅之、

見孟子問曰周公은何人也잇고曰古聖人也ㅣ시니라曰使管叔監殷이어시ᄂᆞᆯ管叔이以殷畔也ㅣ라ᄒᆞ니有諸잇가曰然ᄒᆞ다曰周公이知其將畔而使之與잇가曰不知也ㅣ시니라然則聖人도且有過與잇가曰周公은弟也ㅣ오管叔은兄也ㅣ니周公之過ㅣ不亦宜乎아

孟子를보ᄋᆞ와묻ᄌᆞ와ᄀᆞᆯ오ᄃᆡ周公은엇던사ᄅᆞᆷ이니잇고ᄀᆞᆯᄋᆞ샤ᄃᆡ녯聖人이시니라ᄀᆞᆯ오ᄃᆡ管叔으로ᄒᆞ여곰殷을監ᄒᆞ야시ᄂᆞᆯ管叔이殷으로ᄡᅥ畔타ᄒᆞ니인ᄂᆞ니잇가ᄀᆞᆯᄋᆞ샤ᄃᆡ然ᄒᆞ다ᄀᆞᆯ오ᄃᆡ周公이그장ᄎᆞᆺ畔ᄒᆞᆯ주를알오使ᄒᆞ시니잇가ᄀᆞᆯᄋᆞ샤ᄃᆡ아디몯ᄒᆞ시니라그런則聖人도ᄯᅩ過ㅣ인ᄂᆞ니잇가ᄀᆞᆯᄋᆞ샤ᄃᆡ周公은弟오管叔은兄이니周公의過ㅣᄯᅩᄒᆞᆫ宜티아니ᄒᆞ냐

●言周公、乃管叔之弟、管叔、乃周公之兄、然則周公、不知管叔之將畔而使之、其過、有所不免矣、或、曰周公之處上聲下同管叔、不如舜之處象、何也、游氏、曰象之惡、已著、而其志、不過富貴而已、故、舜、得以是而全之、若管叔之惡則未著、而其志其才、皆非象比也、周公、詎忍逆探其兄之惡而棄之邪、周公愛兄、宜無不盡者、管叔之事、聖人之不幸也、舜、誠信而喜象、周公、誠信而任管叔、此、天理人倫之至、其用心、一也、

且古之君子는過則改之러니今之君子는過則順之로다古之君子는其過也ㅣ如日月之食이라民皆見之ᄒᆞ고及其更也ᄒᆞ야는民皆仰之러니今之君子는豈徒順之리오又從而爲之辭ㅣ로다更平聲

또녯君子는過ㅣ어든곧改ᄒᆞ더니이젯君子는過ㅣ어든곧順ᄒᆞ놋다녯君子는그過ㅣ日月의食홈곧튼디라民이다見ᄒᆞ고그更홈애밋처는民이다仰ᄒᆞ더니이젯君子는엇지ᄒᆞᆫ갓順홀ᄲᅮᆫ이리오또조차辭를ᄒᆞ놋도다

●順、猶遂也、更、改也、辭、辯也、更之則無損於明故、民仰之、順而爲之辭、則其過、愈深矣、責賈、不能勉其君以遷善改過、而敎之以遂非文去聲過也、○林氏、曰齊王、慙於孟子、蓋羞惡之心、有不能自已者、使其君、有能因是心而將順之、則義不可勝用矣、而陳賈鄙夫、方且爲之曲爲辯說、而沮其遷善改過之心、長其飾非拒諫之惡、故、孟子、深責之、然、此書記事、散出而無先後之次、故、其說、必參考而後通、若以第二篇十章十一章、置之前章之後、此章之前、則孟子之意、不待論說而自明矣、

○孟子ㅣ致爲臣而歸ᄒᆞ실서

孟子ㅣ臣되옴을致ᄒᆞ고歸ᄒᆞ실서

●孟子ㅣ、久於齊而道不行故、去也、

王이就見孟子曰前日에願見而不可得이라가得侍ᄒᆞ야는同朝ㅣ甚喜러니今又棄寡人而歸ᄒᆞ시니不識재이다可以繼此而得見乎ㅣ잇가對

曰不敢請耳언뎡固所願也ㅣ니이다 朝音潮

王이孟子씌就ᄒᆞ야見ᄒᆞ야ᄀᆞᆯ오샤ᄃᆡ前日에見ᄒᆞᆷ을願호ᄃᆡ可히得디몯ᄒᆞ얏다가侍ᄒᆞᆷ을得ᄒᆞ야는同朝ㅣ甚히喜ᄒᆞ더니이제ᄯᅩ寡人을棄ᄒᆞ고歸ᄒᆞ시니아디몯게이다可히ᄡᅥ此로繼ᄒᆞ야시러곰見ᄒᆞ리잇가對ᄒᆞ야ᄀᆞᆯ오샤ᄃᆡ敢히請티몯ᄒᆞᆯ ᄲᅮᆫ이언뎡진실로願ᄒᆞ는배니이다

他日에王이謂時子曰我欲中國而授孟子室ᄒᆞ고養弟子以萬鍾ᄒᆞ야使諸大夫國人으로皆有所矜式ᄒᆞ노니子ㅣ盍爲我言之오리 爲去聲

他日에王이時子ᄃᆞ려닐어ᄀᆞᆯ오샤ᄃᆡ내國에中ᄒᆞ야孟子를室을授ᄒᆞ고弟子를養호ᄃᆡ萬鍾으로ᄡᅥᄒᆞ야모ᄃᆞᆫ대우와國人으로ᄒᆞ여곰다矜ᄒᆞ야式ᄒᆞᆯ배잇게ᄒᆞ고쟈ᄒᆞ노니子ㅣ엇디나를爲ᄒᆞ야言티아니ᄒᆞ리오

● 時子、齊臣也、中國、當國之中也、萬鍾、穀祿之數也、鍾、量名、受六斛四斗、矜、敬也、式、法也、盍、何不也、

時子ㅣ因陳子而以告孟子ㅣ어늘陳子ㅣ以時子之言으로告孟子ᄒᆞᆫᄃᆡ

時子ㅣ陳子를因ᄒᆞ야ᄡᅥ孟子씌告ᄒᆞ라ᄒᆞ야ᄂᆞᆯ陳子ㅣ時子의言으로ᄡᅥ孟子씌告ᄒᆞᆫ대

● 陳子、卽陳臻也、

孟子ㅣ曰然ᄒᆞ다夫時子ㅣ惡知其不可也ㅣ리오如使予欲富ㅣᆫᄃᆡᆫ辭十萬而受萬이是爲欲富乎아 夫音扶 惡平聲

孟子ㅣᄀᆞᆯ오샤ᄃᆡ然ᄒᆞ다時子ㅣ엇디그可티아니ᄒᆞᆫ줄을알리오만일에날로ᄒᆞ여곰

龍 音壟

富코저 ᄒᆞᆯ띤댄 十萬을 辭ᄒᆞ고 萬을 受홈이 富코저 홈가

●孟子ㅣ、既以道不行而去、則其義不可以復留、而時子、不知則又有難顯言者、故、但言設使我欲富、則我前日爲卿、嘗辭十萬之祿、今乃受此萬鍾之饋、是我雖欲富、亦不爲此也、

季孫이 曰異哉라 子叔疑여 使己爲政ᄒᆞ되 不用則亦已矣어늘 又使其子弟爲卿ᄒᆞ니 人亦孰不欲富貴리오마는 而獨於富貴之中에 有私龍斷焉이라ᄒᆞ니라

季孫이 ᄀᆞᆯ오ᄃᆡ 異ᄒᆞ다 子叔疑여 己로ᄒᆞ여곰 政을 호ᄃᆡ 用티 아닌則 ᄯᅩᄒᆞᆫ 말ᄭᅥ시어ᄂᆞᆯ ᄯᅩ 그 子弟로ᄒᆞ여곰 卿을ᄒᆞ니 人이 ᄯᅩ 혼뉘 富貴코저 아니ᄒᆞ리오마ᄂᆞᆫ 호올로 富貴人中ᄉᆞᄉᆞᆺ龍斷을 둣다ᄒᆞ니라

●此、孟子、引季孫之語也、季孫、子叔疑、不知何時人、龍斷、岡壟之斷而高也、義見形甸反下文、蓋子叔疑者、嘗不用而使其子弟爲卿、季孫、譏其既不得於此、而又欲求得於彼、如下文、賤丈夫登龍斷者之所爲也、孟子、引此、以明道既不行、復受其祿、則無以異此矣、

古之爲市者ㅣ 以其所有로 易其所無者ㅣ어든 有司者ㅣ 治之耳러니 有賤丈夫焉ᄒᆞ니 必求龍斷而登之ᄒᆞ야 以左右望而罔市利어늘 人皆以爲賤故로 從而征之ᄒᆞ니 征商이 自此賤丈夫始矣니라

녯 市ᄒᆞᄂᆞᆫ 者ㅣ 그 둔ᄂᆞᆫ 바로ᄡᅥ 그 업ᄉᆞᆫ 바를 易ᄒᆞ거든 有司者ㅣ 治ᄒᆞᆯ ᄲᅮᆫ이러니 賤ᄒᆞᆫ 丈夫ㅣ 이시니 반ᄃᆞ시 龍斷을 求ᄒᆞ야 登ᄒᆞ야ᄡᅥ 左右로 望ᄒᆞ야 市利를 罔ᄒᆞ거늘 人이 다

齊 재계ᄒᆞᆯ재 齋也

뻐賤히너긘故로조차征ᄒᆞ니商을征홈이이賤ᄒᆞᆫ丈夫로브터始ᄒᆞ니라

●孟子、釋龍斷之說如此、治之、謂治其爭訟、左右望者、欲得此而又取彼也、罔謂罔羅取之也、從而征之、謂人惡其專利故、就征其稅、後世緣此、遂征商人也、○程子、曰齊王所以處(上聲)孟子者、未爲不可、孟子、亦非不肯爲國人矜式者、但齊王、實非欲尊孟子、乃欲以利誘之、故、孟子、拒而不受、

○孟子ㅣ去齊ᄒᆞ실ᄉᆡ宿於晝ㅣ러시니 晝如字或曰當作畫音獲下同

孟子ㅣ齊를去ᄒᆞ실ᄉᆡ晝에宿ᄒᆞ더시니

●晝、齊西南近邑也、

有欲爲王留行者ㅣ坐而言이어늘不應ᄒᆞ시고隱几而臥ᄒᆞ신대 爲去聲下同 隱於靳反

王을爲ᄒᆞ야行을留코져ᄒᆞᆫ者ㅣ이셔坐ᄒᆞ야言ᄒᆞ거늘應티아니ᄒᆞ시고几를隱ᄒᆞ고臥ᄒᆞ신대

●隱、憑也、客、坐而言、孟子、不應而臥也、

客이不悅曰弟子ㅣ齊宿而後敢言이어늘夫子ㅣ臥而不聽ᄒᆞ시ᄂᆞ니請勿復敢見矣로리이다曰坐ᄒᆞ라我ㅣ明語子호리라昔者에魯繆公이無人乎子思之側則不能安子思ᄒᆞ고泄柳申詳이無人乎繆公之側則不能安其身이러니다 復扶又反 語去聲

客이悅티아니ᄒᆞ야ᄀᆞᆯ오ᄃᆡ弟子ㅣ齊宿ᄒᆞᆫ後에敢히言ᄒᆞ거ᄂᆞᆯ夫子ㅣ臥ᄒᆞ고聽티아니ᄒᆞ시니請컨댄다시敢히見티마로리이다ᄀᆞᆯ오샤ᄃᆡ坐ᄒᆞ라내明히子ᄃᆞ려語호리라昔에魯繆公이子思의側에人을업시ᄒᆞᆫ則能히子思ᄅᆞᆯ安케몯ᄒᆞ고泄柳와申詳이

繆公의側에人이업슨則能히그身을安티몯ᄒᆞ더니라

●齊宿、齊戒越宿也、繆音穆公、尊禮子思、常使人候伺、道達誠意於其側、乃能安而留之也、泄柳、魯人、申詳、子張之子也、繆公尊之、不如子思、然、二子、義不苟容、非有賢者、在其君之左右、維持調護之、則亦不能安其身矣、

子ㅣ爲長者慮而不及子思ᄒᆞ니子ㅣ絶長者乎아長者ㅣ絶子乎아

子ㅣ長者를爲ᄒᆞ야慮호ᄃᆡ子思의게밋디몯ᄒᆞ니子ㅣ長者를絶ᄒᆞ냐長者ㅣ子를絶ᄒᆞᄂᆞ냐

●長者、孟子自稱也、言齊王、不使子來、而子、自欲爲王留我、是所以爲我謀者、不及繆公留子思之事、而先絶我也、我之臥而不應、豈爲先絶子乎、

○孟子ㅣ去齊ᄒᆞ실ᄉᆡ尹士ㅣ語人曰不識王之不可以爲湯武則是ㅣ不明也ㅣ오識其不可ㅣ오然且至則是ㅣ干澤也ㅣ니千里而見王ᄒᆞ야不遇故로去호ᄃᆡ三宿而後出晝ᄒᆞ니是何濡滯也오士則玆不悅ᄒᆞ노라

孟子ㅣ齊를去ᄒᆞ실ᄉᆡ尹士ㅣ人ᄃᆞ려語ᄒᆞ야ᄀᆞᆯ오ᄃᆡ王이可히ᄡᅥ湯武ㅣ되디몯ᄒᆞᆯ술을아디몯ᄒᆞᆫ則이明티몯홈이오그可티몯ᄒᆞᆫ줄알고그리호ᄃᆡ또至ᄒᆞᆫ則이澤을干홈이니千里예王을見ᄒᆞ야遇티몯ᄒᆞᆫ故로去호ᄃᆡ세번宿ᄒᆞᆫ後에晝에出ᄒᆞ니이엇디濡滯ᄒᆞᄂᆞ뇨士ᄂᆞᆫ이예悅티아니ᄒᆞ노라

●尹士、齊人也、干、求也、澤、恩澤也、濡滯、遲留也、

高子ㅣ以告ᄒᆞᆫ대

惡얻지오何也

高子ㅣ뻐告ᄒᆞᆫ딕

●高子、亦齊人、孟子弟子也、

曰夫尹士ㅣ惡知予哉리오千里而見王은是予所欲也ㅣ니不遇故로去ㅣ豈予所欲哉리오予不得已也ㅣ로라 夫音扶下同

골아샤딕尹士ㅣ엇디날룰알리오千里에王을見홈은이내의欲ᄒᆞ는배니遇티몯ᄒᆞᆫ故로去홈이엇디내의欲ᄒᆞ는배리오내시러곰마디몯ᄒᆞ노라

●見王、欲以行道也、今道不行、故、不得已而去、非本欲如此也、

予ㅣ三宿而出晝호딕於予心에猶以爲速ᄒᆞ노니王庶幾改之니王如改諸ㅣ시면則必反予ㅣ시리라

내세번宿ᄒᆞ고晝에出호딕내心애오히려뻐速히너기노니王이거의改ᄒᆞ시리니王이만일에改ᄒᆞ시면곰반드시나룰反ᄒᆞ시리라

●所改、必指一事而言、然、今不可考矣、

夫出晝而王不予追也ᄒᆞ실시予ㅣ然後浩然有歸志호니予ㅣ雖然이나豈舍王哉리오王由足用爲善ᄒᆞ시리니王如用予ㅣ시면則豈徒齊民安이리오天下之民이擧安ᄒᆞ리니王庶幾改之를予日望之ᄒᆞ노라

晝에出호딕王이나룰追티아니ᄒᆞ실씨내그런後에浩然히歸志룰두니내비록그러나엇디王을舍ᄒᆞ리오王이오히려足히뻐善을ᄒᆞ시리니王이만일에나룰用ᄒᆞ시면곧엇디ᄒᆞᆫ갓齊民이安홀뿐이리오天下앳民이다安ᄒᆞ리니王이거의改ᄒᆞ샴을내日로望ᄒᆞ노라

見 보일현 現也

豫 깃거울여 悅也

尤 원망ᄒᆞᆯ우 怨也

●浩然、如水之流、不可止也、楊氏、曰齊王、天資朴實、如好勇好貨好色好世俗之樂、皆以直告、而不隱於孟子、故足以爲善、若乃其心不然、而謬爲大言以欺人、是人、終不可與入堯舜之道矣、何善之能爲、

予豈若是小丈夫然哉ㅣ라 諫於其君而不受則怒ᄒᆞ야 悻悻然見於其面ᄒᆞ야 去則窮日之力而後에 宿哉ㅣ리오 悻形頂反

내엇디이小丈夫ᄀᆞᆮᄐᆞᆫ디라그君의게諫ᄒᆞ야受티아니ᄒᆞᆫ則怒ᄒᆞ야悻悻히그面에見ᄒᆞ야去ᄒᆞᆫ則日의力을窮ᄒᆞᆫ後에宿ᄒᆞ리오

●悻悻、怒意也、窮、盡也、

尹士ㅣ聞之曰士는 誠小人也ㅣ로다

尹士ㅣ聞ᄒᆞ고ᄀᆞᆯ오ᄃᆡ士ᄂᆞᆫ딘실로小人이로다

●此章、見聖賢行道濟時、汲汲之本心、愛君澤民、惓惓之餘意、李氏、曰於此、見君子憂則違之之情、而荷蕢者、所以爲果也、

○孟子ㅣ去齊ᄒᆞ실ᄉᆡ 充虞ㅣ路問曰夫子ㅣ若有不豫色然ᄒᆞ시니이다 前日에 虞ㅣ聞諸夫子ᄒᆞ니 曰君子ᄂᆞᆫ 不怨天ᄒᆞ며 不尤人이라ᄒᆞ이다

孟子ㅣ齊ᄅᆞᆯ去ᄒᆞ실ᄊᆡ充虞ㅣ路에묻ᄌᆞ와ᄀᆞᆯ오ᄃᆡ夫子ㅣ豫티아니ᄒᆞᆫ色이겨신ᄃᆞᆺᄒᆞ이다前日에虞ㅣ夫子ᄭᅴ듣ᄌᆞ오니ᄀᆞᆯ으샤ᄃᆡ君子ᄂᆞᆫ天을怨티아니ᄒᆞ며人을尤티아니ᄒᆞᆫ다ᄒᆞ이다

●路問、於路中問也、豫、悅也、尤、過也、此二句、實孔子之言、蓋孟子、嘗稱之敎人耳、

曰彼一時며此一時也ㅣ니라

ᄀᆞᆯᄋᆞ샤ᄃᆡ뎨一時며이一時니라

●彼、前日、此、今日、

五百年에必有王者ㅣ興ᄒᆞᄂᆞ니其間에必有名世者ㅣ니라

五百年에반ᄃᆞ시王者ㅣ興ᄒᆞ라인ᄂᆞ니그間에반ᄃᆞ시世예名ᄒᆞᄂᆞᆫ者ㅣ인ᄂᆞ니라

●自堯舜至湯、自湯至文武、皆五百餘年而聖人、出名世、謂其人德業聞去聲望、可名於一世者、爲之輔佐、若皐陶、稷契、伊尹、萊朱、太公望、散宜生之屬、

由周而來로七百有餘歲矣니以其數則過矣오以其時考之則可矣니라

周로브터옴으로七百이오ᄯᅩ餘歲니그數로ᄡᅥᆫ則過ᄒᆞ고그時로ᄡᅥ考ᄒᆞᆫ則可ᄒᆞ니라

●周、謂文武之間、數、謂五百年之期、時、謂亂極思治可以有爲之日、於是而不得一有所爲、此孟子所以不能無不豫也、

夫天이未欲平治天下也ㅣ시니如欲平治天下ㅣᆫ단當今之世ᄒᆞ야舍我오其誰也ㅣ리오吾何爲不豫哉ㅣ리오夫音扶舍上聲

天이天下ᄅᆞᆯ平治코쟈티아니ᄒᆞ시니만일에天下ᄅᆞᆯ平治코쟈ᄒᆞᆯ띤댄이젯世ᄅᆞᆯ當ᄒᆞ야나ᄅᆞᆯ舍ᄒᆞ고그뉘리오내엇디豫티아니ᄒᆞ리오

●言當此之時、而使我不遇於齊、是、天未欲平治天下也、然、天意、未可知而其具、又在我、我何爲不豫哉、然則孟子、雖若有不豫然者、而實未嘗不豫也、蓋聖人憂世之志、樂天之誠、有並行而不悖者、於此見矣、

○孟子ㅣ去齊居休ㅣ러시니公孫丑ㅣ問曰仕而不受祿이古之道乎ㅣ잇가

孟子ㅣ齊ᄅᆞᆯ去ᄒᆞ시고休에居ᄒᆞ얏더시니公孫丑ㅣ묻ᄌᆞ와ᄀᆞᆯ오ᄃᆡ仕ᄒᆞ고祿을受티아니홈이녯道ㅣ잇가

●休、地名

曰非也ㅣ라於崇에吾ㅣ得見王ᄒᆞ고退而有去志ᄒᆞ니不欲變故로不受也호라

ᄀᆞᆯᄋᆞ샤ᄃᆡ아니라崇애내시러곰王을見ᄒᆞ고退ᄒᆞ야去ᄒᆞᆯ志ᄅᆞᆯ두니變코쟈티아니ᄒᆞᆫ故로受티아니호라

●崇、亦地名、孟子、始見齊王、必有所不合、故、有去志、變、謂變其去志、

繼而有師命이라不可以請이언뎡久於齊는非我志也ㅣ니라

繼ᄒᆞ야師命이인ᄂᆞᆫ디라可히ᄡᅧ請티몯ᄒᆞᆯᄲᅮᆫ이언뎡齊예久홈ᄋᆞᆫ내志ㅣ아니니라

●師命、師旅之命也、國旣被兵、難請去也○孔氏、曰仕而受祿、禮也、不受齊祿、義也、義之所在、禮有時而變、公孫丑、欲以一端裁之、不亦誤乎、

原本
孟子集註卷之四 終

原本

孟子集註卷之五

滕文公章句上

凡五章

滕文公이爲世子애將之楚ᄒᆞᆯ서過宋而見孟子ᄒᆞ신대

滕文公이世子ㅣ되여실쎄장ᄎᆞ楚애갈ᄊᆡ宋애過ᄒᆞ다가孟子ᄅᆞᆯ보신대

●世子、太子也

孟子ㅣ道性善ᄒᆞ샤디言必稱堯舜이러시다

孟子ㅣ性의善ᄒᆞᆷ을道ᄒᆞ샤디말마다반ᄃᆞ시堯舜을稱ᄒᆞ더시다

●道、言也、性者、人所稟於天以生之理也、渾然至善、未嘗有惡、人與堯舜、初無少異、但衆人、汨於私欲而失之、堯舜則無私欲之蔽、而能充其性爾、故、孟子、與世子言、每道性善、而必稱堯舜以實之、欲其知仁義、不假外求、聖人、可學而至、而不懈於用力也、門人、不能悉記其辭、而撮其大旨如此、程子、曰性、卽理也、天下之理、原其所自、未有不善、喜怒哀樂、未發、何嘗不善、發而中節、卽無往而不善、發不中節然後、爲不善、故、凡言善惡、皆先善而後惡、言吉凶、皆先吉而後凶言是非、皆先是而後非

世子ㅣ自楚反ᄒᆞ야復見孟子ᄒᆞ신대孟子ㅣ曰世子ᄂᆞᆫ疑吾言乎ㅣ잇가夫道ᄂᆞᆫ一而已矣니이다 復扶又反 夫音扶

世子ㅣ楚로브터反ᄒᆞ야다시孟子ᄅᆞᆯ보신대孟子ㅣᄀᆞᆯᄋᆞ샤디世子ᄂᆞᆫ내말ᄋᆞᆯ의심ᄒᆞ

시ᄂᆞ니잇가 道ᄂᆞᆫ ᄒᆞᆫ나ᄒᆞᆯ ᄯᆞᄅᆞᆷ이니이다

●時人、不知性之本善、而以聖賢、爲不可企及、故、世子、於孟子之言、不能無疑、而復來求見、蓋恐別有、卑近易行之說也、孟子、知之、故、但告之如此、以明古今聖愚、本同一性、前言已盡、無復有他說也

成覸이 謂齊景公曰彼丈夫也ㅣ며 我丈夫也ㅣ니 吾何畏彼哉ㅣ오ᄒᆞ며 顏淵이 曰舜何人也ㅣ며 予何人也오 有爲者ㅣ 亦若是ㅣ라ᄒᆞ며 公明儀ㅣ 曰文王은 我師也ㅣ라ᄒᆞ시니 周公이 豈欺我哉시리오ᄒᆞ니이다 覸古莧反

成覸이 齊景公ᄭᅴ 닐어 ᄀᆞᆯ오ᄃᆡ 뎌도 丈夫ㅣ며 나도 丈夫ㅣ니 내 엇디 뎌를 畏ᄒᆞ리오ᄒᆞ며 顏淵이 ᄀᆞᆯ오ᄃᆡ 舜은 엇던 人이며 나는 엇던 人고 ᄒᆞ욤을 둔ᄂᆞᆫ 者ㅣ 또 이 ᄀᆞᆮ다ᄒᆞ며 公明儀ㅣ ᄀᆞᆯ오ᄃᆡ 文王은 내 師ㅣ라ᄒᆞ시니 周公이 엇디 나를 欺ᄒᆞ시리오ᄒᆞ니이다

●成覸、人姓名、彼、謂聖賢也、有爲者、亦若是、言人能有爲則皆如舜也、公明、姓、儀、名、魯賢人也、文王我師也、蓋周公之言、公明儀、亦以文王、爲必可師、故誦周公之言、而歎其不我欺也、孟子、旣告世子、以道無二致、而復引此三言以明之、欲世子、篤信力行、以師聖賢、不當復求他說也

今滕을 絕長補短이면 將五十里也ㅣ나 猶可以爲善國이니이다 書애 曰若藥이 不瞑眩이면 厥疾이 不瘳ㅣ라ᄒᆞ니이다 瞑莫甸反眩音縣

今에 滕이 長을 絕ᄒᆞ야 短을 補ᄒᆞ면 쟝ᄎᆞᆺ 五十里나 오히려 可히 ᄡᅥ 善ᄒᆞᆫ 國이 되리니 書에 ᄀᆞᆯ오ᄃᆡ 藥이 瞑眩티 아니ᄒᆞ면 그 疾이 瘳티 몯홈이 ᄀᆞᆮ다ᄒᆞ니이다

●絕、猶截也、書、商書說命篇、瞑眩、憒亂、言滕國雖小、猶足爲治、但恐安於卑近、不能自克、則不足以去惡而爲善也○愚、按孟子之言性善、始見於此、而詳具於告

子之篇․然、默識而旁通之則七篇之中、無非此理、其所以擴前聖之未發、而有功於聖人之門、程子之言、信矣

○滕定公이薨커늘世子ㅣ謂然友曰昔者애孟子ㅣ嘗與我言於宋이어시늘於心終不忘이라니今也不幸ᄒᆞ야至於大故ᄒᆞ니吾欲使子로問於孟子然後에行事ᄒᆞ노라

滕定公이薨커늘世子ㅣ然友ᄃᆞ려닐너ᄀᆞᆯᄋᆞ샤ᄃᆡ昔에孟子ㅣ일즉날로더브러宋에言ᄒᆞ야시늘ᄆᆞᄋᆞᆷ에ᄆᆞᄎᆞᆷ내닛디몯ᄒᆞ얏다니이제幸티몯ᄒᆞ야大故에닐으니내子로ᄒᆞ여곰孟子ᄭᅴ묻ᄌᆞ온後에事ᄅᆞᆯ行코쟈ᄒᆞ노라

●定公、文公父也、然友、世子之傅也、大故、大喪也、事、謂喪禮

然友ㅣ之鄒ᄒᆞ야問於孟子ᄒᆞᆫ대孟子ㅣ曰不亦善乎아親喪은固所自盡也ㅣ니曾子ㅣ曰生事之以禮ᄒᆞ며死葬之以禮ᄒᆞ며祭之以禮면可謂孝矣라ᄒᆞ시니諸侯之禮ᄂᆞᆫ吾未之學也ㅣ어니와雖然이나吾ㅣ嘗聞之矣로니三年之喪애齊疏之服과飦粥之食은自天子達於庶人ᄒᆞ야三代ㅣ共之ᄒᆞ니라 齊音資疏所居反飦諸延反

然友ㅣ鄒에가孟子ᄭᅴ묻ᄌᆞ온대孟子ㅣᄀᆞᆯᄋᆞ샤ᄃᆡ또ᄒᆞᆫ善티아니ᄒᆞ나親의喪은진실로스ᄉᆞ로盡홀배니曾子ㅣᄀᆞᆯᄋᆞ샤ᄃᆡ生을事호ᄃᆡ禮로ᄡᅥᄒᆞ며死ᄅᆞᆯ葬호ᄃᆡ禮로ᄡᅥᄒᆞ며祭호ᄃᆡ禮로ᄡᅥᄒᆞ면可히孝ㅣ라니ᄅᆞᆯ꺼시라ᄒᆞ시니諸侯의禮ᄂᆞᆫ내學디몯ᄒᆞ얏거니와비록그러나내일즉드런노니三年ㅅ喪애齊疏ㅅ服과飦粥ㅅ食은天子로브터

庶人에達ᄒᆞ야三代ㅣ共ᄒᆞ니라
●當時諸侯、莫能行古喪禮、而文公、獨能以此爲問、故、孟子、善之、又言父母之喪、固人子之心所自盡者、蓋悲哀之情、痛疾之意、非自外至、宜乎文公於此、有所不能自已也、但所引曾子之言、本孔子、告樊遲者、豈曾子、嘗誦之、以告其門人歟、三年之喪者、子生三年然後、免於父母之懷、故、父母之喪、必以三年也、齊、衣下縫音逢也不緝七入反曰斬衰音催下同緝之曰齊衰、疏、麤也、麤布也、飦、糜也、喪禮、三日始食粥、既葬、乃疏食、此、古今貴賤通行之禮也

然友ㅣ反命ᄒᆞ야定爲三年之喪ᄒᆞᆫ대父兄百官이皆不欲曰吾宗國魯先君도莫之行ᄒᆞ시고吾先君도亦莫之行也ᄒᆞ시니至於子之身而反之ㅣ不可ᄒᆞ니다且志예曰喪祭ᄂᆞᆫ從先祖ㅣ라ᄒᆞ니曰吾有所受之也ㅣ니이다

然友ㅣ命을反ᄒᆞ야三年ㅅ喪을定ᄒᆞ야ᄒᆞᆫ대父兄과百官이다欲디아니ᄒᆞ야ᄀᆞᆯ오ᄃᆡ우리宗國인魯先君도行티아니ᄒᆞ시고우리先君도ᄯᅩᄒᆞᆫ行티아니ᄒᆞ시니子의身애니르러反ᄒᆞ욤이可티아니ᄒᆞ이다ᄯᅩ志예ᄀᆞᆯ오ᄃᆡ喪祭ᄂᆞᆫ先祖를從ᄒᆞᆫ다ᄒᆞ니ᄀᆞᆯ오ᄃᆡ우리受ᄒᆞᆫ배이심이니이다

●父兄、同姓老臣也、滕與魯、俱文王之後、而魯祖周公、爲長、兄弟宗之、故、滕、謂魯爲宗國也、然、謂二國、不行三年之喪者、乃其後世之失、非周公之法、本然也、志、記也、引志之言而釋其意、以爲所以如此者、蓋爲上世以來、有所傳受、雖或不同、不可改也、然、志所言、本謂先王之世、舊俗所傳、禮文小異、而可以通行者耳、不謂後世失禮之甚者也

謂然友曰吾 他日애 未嘗學問이오 好馳馬試劒ᄒᆞ다니 今也애 父兄百官이 不我足也ᄒᆞ니 恐其不能盡於大事ᄒᆞ노니 子ㅣ爲我問孟子라ᄒᆞ
然友ㅣ復之鄒ᄒᆞ야 問孟子ᄒᆞᆫ대 孟子ㅣ曰然ᄒᆞ다 不可以他求者也ㅣ라 孔子ㅣ曰君薨커시든 聽於冢宰ᄒᆞ나니 歠粥ᄒᆞ고 面深墨ᄒᆞ야 卽位而哭이어든 百官有司ㅣ 莫敢不哀는 先之也ㅣ라 上有好者ㅣ면 下必有甚焉者矣니 君子之德은 風也ㅣ오 小人之德은 草也ㅣ니 草尙之風이면 必偃이라ᄒᆞ시니 是在世子ᄒᆞ니라 好爲去聲復扶又反歠川悅反

然友다려닐어ᄀᆞᆯᄋᆞ샤ᄃᆡ내他日애일쯕學問을아니ᄒᆞ고馬ᄅᆞᆯ馳ᄒᆞ며劒을試ᄒᆞ욤을好ᄒᆞ다니이제父兄과百官이나ᄅᆞᆯ足히너기디아니ᄒᆞ니그能히大事애盡티몯ᄒᆞᆯ까恐ᄒᆞ노니子ㅣ나ᄅᆞᆯ爲ᄒᆞ야孟子ᄭᅴ묻ᄌᆞ오라然友ㅣ다시鄒에가孟子ᄭᅴ묻ᄌᆞ온대孟子ㅣᄀᆞᆯᄋᆞ샤ᄃᆡ然ᄒᆞ다可히ᄡᅥ다ᄅᆞᆫᄃᆡ求티몯ᄒᆞᆯ꺼시라孔子ㅣᄀᆞᆯᄋᆞ샤ᄃᆡ君이薨커시든冢宰의게聽ᄒᆞᄂᆞ니粥을歠ᄒᆞ고面이기피墨ᄒᆞ야位예卽ᄒᆞ야哭ᄒᆞ거든百官이며有司ㅣ敢히哀티아니리업ᄉᆞᆷ은先ᄒᆞᆫ디라上애好ᄒᆞᆯ者ㅣ이시면下애반ᄃᆞ시甚ᄒᆞᆫ者ㅣ인ᄂᆞ니君子의德은風이오小人의德은草ㅣ니草애風이더으면반ᄃᆞ시偃ᄒᆞ다ᄒᆞ시니이世子ᄭᅴ인ᄂᆞ니라

●不我足、謂不以我、滿足其意也、然者、然其不我足之言、不可他求者、言當責之於己、冢宰、六卿之長也、歠、飮也、深墨、甚黑色也、卽、就也、尙、加也、論語、作上

古字通也、偃、伏也　孟子言但在世子、自盡其哀而已

然友ㅣ反命ᄒᆞᆫ대 世子ㅣ曰然ᄒᆞ다 是誠在我ㅣ라ᄒᆞ시고 五月居廬ᄒᆞ야 未有命戒어시ᄂᆞᆯ 百官族人이 可謂曰知다ᄒᆞ며 及至葬ᄒᆞ야 四方이 來觀之ᄒᆞ더니 顏色之戚과 哭泣之哀에 吊者ㅣ 大悅ᄒᆞ더라

然友ㅣ命을反ᄒᆞᆫ대世子ㅣᄀᆞᆯᄋᆞ샤ᄃᆡ然ᄒᆞ다이진실로내게인나니라ᄒᆞ시고五月을廬애居ᄒᆞ야命戒ᄅᆞᆯ두디아니ᄒᆞ거시ᄂᆞᆯ百官과族人이다닐어ᄀᆞᆯ오ᄃᆡ안다ᄒᆞ며밋葬홈애니르러四方이來ᄒᆞ야觀ᄒᆞ더니顏色의戚홈과哭泣의哀홈애吊ᄒᆞᄂᆞᆫ者ㅣ키悅ᄒᆞ더라

●諸侯、五月而葬、未葬、居倚廬於中門之外、居喪不言、故、未有命令教戒也、可謂曰知、疑有闕誤、或曰皆謂世子之知禮也、○林氏、曰孟子之時、喪禮旣壞、然、三年之喪、惻隱之心、痛疾之意、出於人心之所固有者、初未嘗亡也、惟其溺於流俗之弊、是以、喪[去聲]其良心、而不自知耳、文公、見孟子而聞性善堯舜之說、則固有以啓發其良心矣、是以至此、而哀痛之誠心、發焉、及其父兄百官、皆不欲行、則亦反躬自責、悼其前行之不足以取信、而不敢有非其父兄百官之心、雖其資質、有過人者、而學問之力、亦不可誣也、及其斷然行之、而遠近見聞、無不悅服、則以人心之所同然者、自我發之、而彼之心悅誠服、亦有所不期然而然者、人性之善、豈不信哉

○滕文公이問爲國ᄒᆞ신대

滕文公이國ᄒᆞ욤을問ᄒᆞ신대

●文公、以禮聘孟子故、孟子、至滕、而文公、問之

孟子ㅣ曰民事ᄂᆞᆫ不可緩也ㅣ니詩云晝爾于茅오ㅣ宵爾索綯ᄒᆞ야亟其乘屋이오사其始播百穀이라ᄒᆞ니이다 綯音陶亟紀力反

孟子ㅣᄀᆞᆯᄋᆞ샤ᄃᆡ民의事ᄂᆞᆫ可히緩티몯ᄒᆞᆯ꺼시니詩예ᄀᆞᆯ오ᄃᆡ晝에네茅를于ᄒᆞ고宵에네索을綯ᄒᆞ야ᄲᆞᆯ리그屋애乘ᄒᆞ고사그비로소百穀을播ᄒᆞ리라ᄒᆞ니이다

●民事、謂農事、詩、豳風七月之篇、于、往取也、綯、絞也、亟、急也、乘、升也、播、布也、言農事至重、人君、不可以爲緩而忽之、故、引詩、言治屋之急如此者、蓋以來春、將復始播百穀、而不暇爲此也、

民之爲道也ㅣ有恒産者ᄂᆞᆫ有恒心이오無恒産者ᄂᆞᆫ無恒心이니苟無恒心이면放辟邪侈를無不爲己나及陷乎罪然後에從而刑之면是ᄂᆞᆫ罔民也ㅣ니焉有仁人이在位ᄒᆞ야罔民을而可爲也ㅣ리오是故로賢君이必恭儉ᄒᆞ야禮下ᄒᆞ며取於民이有制니이다

民의道ㅣ恒産을둔ᄂᆞᆫ者ᄂᆞᆫ恒心이잇고恒産이업ᄉᆞᆫ者ᄂᆞᆫ恒心이업ᄂᆞ니진실로恒心이업스면放辟ᄒᆞ며邪侈를ᄒᆞ디아님이업ᄂᆞ니罪예陷ᄒᆞᆷ애미ᄎᆞᆫ然後에從ᄒᆞ야刑ᄒᆞ면이ᄂᆞᆫ民을罔ᄒᆞᆷ이니엇디仁ᄒᆞᆫ사ᄅᆞᆷ이位예이셔民罔ᄒᆞᆷ을可이ᄒᆞᆷ이이시리오이런故로賢君이반다시恭ᄒᆞ며儉ᄒᆞ야下를禮ᄒᆞ며民에取ᄒᆞᆷ이制ㅣ인ᄂᆞ니이다

●恭則能以禮接下、儉則能取民以制

陽虎ㅣ曰爲富ㅣ면不仁也오爲仁이면不富矣라ᄒᆞ니이다

陽虎ㅣᄀᆞᆯ오ᄃᆡ富를ᄒᆞ면仁티몯ᄒᆞ고仁을ᄒᆞ면富티몯ᄒᆞᆫ다ᄒᆞ니이다

●陽虎、陽貨、魯季氏家臣也、天理人欲、不容並立、虎之言此、恐爲仁之害於富也、孟子、引之、恐爲富之害於仁也、君子小人、每相反而已矣、

夏后氏는五十而貢ᄒᆞ고殷人은七十而助ᄒᆞ고周人은百畝而徹ᄒᆞ니其實은皆什一也ㅣ니徹者는徹也ㅣ오助者는藉也ㅣ니이다 徹敕列反 藉子夜反

夏后氏는五十에貢ᄒᆞ고殷人은七十에助ᄒᆞ고周人은百畝에徹ᄒᆞ니그實은다什에一을ᄒᆞᆷ이니徹은徹ᄒᆞᆷ이오助는藉ᄒᆞᆷ이니이다

●此以下、乃言制民常產、與其取之之制也、夏時、一夫、受田五十畝、而每夫、計其五畝之入以爲貢、商人、始爲井田之制 以六百三十畝之地、畫爲九區、區、七十畝、中爲公田、其外八家、各授一區、但借其力、以助耕公田、而不復稅其私田、周時、一夫、受田百畝、鄕遂、用貢法、十夫、有溝、都鄙、用助法、八家同井、耕則通力而作、收則計畝而分故、謂之徹、其實皆什一者、貢法、皆以十分之一、爲常數、惟助法、乃是九一、而商制、不可考、周制則公田百畝中、以二十畝、爲廬舍、一夫所耕公田、實計十畝、通私田百畝、爲十一分而取其一、蓋又輕於十一矣、竊料商制亦、當似此、而以十四畝、爲廬舍、一夫、實耕公田七畝、是亦不過十一也、徹、通也均也、藉、借也

龍子ㅣ曰治地는莫善於助ㅣ오莫不善於貢이니貢者는校數歲之中ᄒᆞ야以爲常ᄒᆞᄂᆞ니樂歲애粒米狼戾ᄒᆞ야多取之而不爲虐이라도則寡

惡 엇지오 何也

取之ᄒᆞ고 凶年애 糞其田而不足이어늘 則必取盈焉ᄒᆞᄂᆞ니 爲民父母ㅣ라 使民으로 盻盻然將終歲勤動ᄒᆞ야 不得以養其父母ᄒᆞ고 又稱貸而益之ᄒᆞ야 使老稚로 轉乎丘壑이면 惡在其爲民父母也ㅣ리오ᄒᆞ니이다 盻五禮反

龍子ㅣ ᄀᆞᆯ오ᄃᆡ 地를 治ᄒᆞ욤은 助만 善ᄒᆞ니 업고 貢만 善티 아니ᄒᆞ니 업ᄉᆞ니 貢은 數歲ㅅ中을 校ᄒᆞ야 ᄡᅥ 常을 삼ᄂᆞ니 樂歲예 粒米ㅣ 狼戾ᄒᆞ야 多取ᄒᆞ야도 虐ᄒᆞ욤이 아니라도 곧 寡取ᄒᆞ고 凶年에 그 田을 糞ᄒᆞ야도 足디 몯ᄒᆞ거ᄂᆞᆯ 곧 반다시 盈을 取ᄒᆞᄂᆞ니 民의 父母ㅣ 되얀ᄂᆞᆫ디라 民으로 ᄒᆞ야곰 盻盻히 쟝ᄎᆞᆺ 歲ㅣ 終토록 勤動ᄒᆞ야 시러곰 ᄡᅥ 그 父母를 養티 몯ᄒᆞ게 ᄒᆞ고 ᄯᅩ 貸를 稱ᄒᆞ야 益ᄒᆞ야 老稚로 ᄒᆞ여곰 丘壑애 轉케 ᄒᆞ면 어ᄃᆡ 그 民의 父母ㅣ 되얀ᄂᆞᆫ 주리 이시리오 ᄒᆞ니이다

●龍子、古賢人、狼戾、猶狼藉、言多也、糞、壅也、盈、滿也、盻、恨視也、勤動、勞苦也、稱、擧也、貸、借也、取物於人而出息以償之也、益之、以足取盈之數也、稚、幼子也、

夫世祿은 滕이 固行之矣니이다 夫音扶

世祿은 滕이 본ᄃᆡ 行ᄒᆞᄂᆞ니이다

●孟子、嘗言文王治岐、耕者九一、仕者世祿、二者、王政之本也、今世祿、滕已行之、惟助法、未行故、取於民者、無制耳、蓋世祿者、授之土田、使之食其公田之入、實與助法、相爲表裏、所以使君子小人、各有定業、而上下相安者也、故、下文 遂言助法

詩云雨我公田ᄒᆞ야 遂及我私ㅣ라ᄒᆞ니 惟助애 爲有公田ᄒᆞ니 由此觀之컨댄 雖周ㅣ나 亦助也ㅣ로소이다 雨于付反

詩예닐오ᄃᆡ우리公田애雨ᄒᆞ야드ᄃᆡ여우리私애及ᄒᆞ라ᄒᆞ니오직助애公田이이시니일로말ᄆᆡ아마觀컨댄비록周ㅣ나또ᄒᆞᆫ助를ᄒᆞ도소이다

●詩、小雅大田之篇、雨、降雨如字也、言願天、雨於公田、而遂及私田、先公而後私也、當時助法、盡廢、典籍、不存、惟有此詩、可見周亦用助故、引之也

設爲庠序學校ᄒᆞ야以敎之ᄒᆞ니庠者ᄂᆞᆫ養也ㅣ오校者ᄂᆞᆫ敎也ㅣ오序者ᄂᆞᆫ射也ㅣ라夏曰校ㅣ오殷曰序ㅣ오周曰庠이오學則三代共之ᄒᆞ니皆所以明人倫也ㅣ라人倫이明於上이면小民이親於下ᄒᆞᄂᆞ니이다

設ᄒᆞ야庠이며序ㅣ며學이며校를ᄒᆞ야뻐敎ᄒᆞ니庠은養홈이오校ᄂᆞᆫ敎홈이오序ᄂᆞᆫ射옴이라夏ᄂᆞᆫ글오ᄃᆡ校ㅣ라ᄒᆞ고殷은글오ᄃᆡ序ㅣ라ᄒᆞ고周ᄂᆞᆫ글오ᄃᆡ庠이라ᄒᆞ고學인則三代ㅣ共ᄒᆞ니다뻐人倫을明ᄒᆞᄂᆞᆫ배라 人倫이上애明ᄒᆞ면小民이下애親ᄒᆞᄂᆞ니이다

●庠、以養老爲義、校、以敎民爲義、序、以習射爲義、皆鄕學也、學、國學也、共之、無異名也、倫、序也、父子有親、君臣有義、夫婦有別、長幼有序、朋友有信、此、人之大倫也、庠序學校、皆以明此而已

有王者ㅣ起ᄒᆞ면必來取法ᄒᆞ리니是爲王者師也ㅣ니이다

王者ㅣ起ᄒᆞ리이시면반다시와取ᄒᆞ야法ᄒᆞ리니이王者의師ㅣ되옴이니이다

●滕國、褊小、雖行仁政、未必能興王業、然、爲王者師、則雖不有天下、而其澤、亦足以及天下矣、聖賢至公無我之心、於此可見

詩云周雖舊邦이나其命維新이라ᄒᆞ니文王之謂也ㅣ니子ㅣ力行之ᄒᆞ시면

亦以新子之國ᄒᆞ시리이다

詩예닐오ᄃᆡ周ㅣ비록녯나라히나 그命이새롭다ᄒᆞ니文王을닐음이니子ㅣ힘써行ᄒᆞ시면또ᄒᆞᆫᄡᅧ子의國을新ᄒᆞ시리이다

●詩、大雅文王之篇、言周雖后稷以來、舊爲諸侯、其受天命而有天下 則自文王始也、子、指文公、諸侯未踰年之稱也

使畢戰으로問井地ᄒᆞ신대孟子ㅣ曰子之君이將行仁政ᄒᆞ야選擇而使子ᄒᆞ시니子必勉之어다夫仁政은必自經界始니經界ㅣ不正이면井地ㅣ不均ᄒᆞ며穀祿이不平ᄒᆞ리니是故로暴君汙吏ᄂᆞᆫ必慢其經界ᄒᆞᄂᆞ니經界既正이면分田制祿은可坐而定也ㅣ니라 夫音扶

畢戰으로ᄒᆞ여곰井地를무르신대孟子ㅣ골ᄋᆞ샤ᄃᆡ子의君이장ᄎᆞᆺ仁政을行호려ᄒᆞ야選擇ᄒᆞ야子를使ᄒᆞ시니子ㅣ반다시勉홀디어다仁政은반다시界를經홈오로브터始ᄒᆞᄂᆞ니界를經ᄒᆞ욤이正티아니ᄒᆞ면井地ㅣ均티아니ᄒᆞ며穀祿이平티아니ᄒᆞ리니이런故로暴君과汙吏ᄂᆞᆫ반다시그界를經ᄒᆞ욤을慢ᄒᆞᄂᆞ니界를經ᄒᆞ욤이이믜正ᄒᆞ면田을分ᄒᆞ며祿을制ᄒᆞ욤은可히坐ᄒᆞ야셔定홀띠니라

●畢戰、滕臣、文公、因孟子之言、而使畢戰、主爲井地之事故、又使之來問其詳也、井地、卽井田也、經界、謂治地分田、經畫其溝塗封植之界也、此法、不脩則田無定分、而豪强、得以兼幷、故、井地有不均、賦無定法、而貪暴、得以多取故、穀祿、有不平、此、欲行仁政者之所以必從此始、而暴君汙吏、則必欲慢而廢之也、有以正之則分田制祿、可不勞而定矣

夫滕이壤地ㅣ褊小ᄒᆞ나將爲君子焉이며將爲野人焉이니無君子ㅣ면莫治野人이오無野人이면莫養君子ㅣ니라 夫音扶 養去聲

滕이壤地ㅣ褊小ᄒᆞ나쟝ᄎᆞᆺ君子ㅣ되며쟝ᄎᆞᆺ野人이되리니君子ㅣ업ᄉᆞ면野人을治티몯ᄒᆞ고野人이업ᄉᆞ면君子를養티몯ᄒᆞᄂᆞ니라

●言滕地雖小、然其間、亦必有爲君子而仕者、亦必有爲野人而耕者、是以、分田制祿之法、不可偏廢也

請野애九一而助ᄒᆞ고國中애什一ᄒᆞ야使自賦ᄒᆞ라

請컨ᄃᆡ野애九에一을ᄒᆞ야助ᄒᆞ고國中에什애一을ᄒᆞ야ᄒᆞ여곰스스로賦케ᄒᆞ라

●此、分田制祿之常法、所以治野人、使養君子也、野、郊外都鄙之地也、九一而助、爲公田而行助法也、國中、郊門之內、鄕遂之地也、田不井授、但爲溝洫、使什而自賦其一、蓋用貢法也、周所謂徹法者、蓋如此、以此推之、當時、非惟助法不行、其貢、亦不止什一矣

卿以下는必有圭田이니圭田은五十畝ㅣ니라

卿으로ᄡᅥ下는반다시圭田이인ᄂᆞ니圭田은五十畝ㅣ니라

●此、世祿常制之外、又有圭田、所以厚君子也、圭、潔也、所以奉祭祀也、不言世祿者、滕已行之、但此未備耳

餘夫는二十五畝ㅣ니라

餘夫는二十五畝ㅣ니라

●程子、曰一夫、上父母、下妻子、以五口八口爲率、受田百畝、如有弟、是、餘夫也年十六、別受田二十五畝、俟其壯而有室然後、更受百畝之田、愚、按此、百畝常制

之外、又有餘夫之田、以厚野人也

死徙애無出鄕이니鄕田同井이出入애相友ᄒᆞ며守望애相助ᄒᆞ며疾病애相扶持ᄒᆞ면則百姓이親睦ᄒᆞ리다

死ᄒᆞ며徙ᄒᆞ욤애鄕애出티말을ᄯᅵ니鄕田애井을同ᄒᆞᆫ이出入에서ᄅᆞ友ᄒᆞ며守望애서ᄅᆞ助ᄒᆞ며疾病애서ᄅᆞ扶持ᄒᆞ면곧百姓이親睦ᄒᆞ리라

●死、謂葬也、徙、謂徙其居也、同井者、八家也、友、猶伴也、守望、防寇盜也

方里而井이니井이九百畝ㅣ니其中이爲公田이라八家ㅣ皆私百畝ᄒᆞ야同養公田ᄒᆞ야公事를畢然後에敢治私事ㅣ니所以別野人也ㅣ니라 養去聲

方으로里ㅣ井이니井이九百畝ㅣ니그中이公田이라八家ㅣ다百畝를私ᄒᆞ야ᄒᆞᆫ가지로公田을養ᄒᆞ야公事를畢ᄒᆞᆫ然後에敢히私事를治홀ᄯᅵ니ᄡᅧ野人을別ᄒᆞ는배니라

●此、詳言井田形體之制、乃周之助法也、公田、以爲君子之祿、而私田、野人之所受、先公後私、所以別君子野人之分也、不言君子、據野人而言、省文耳、上言野及國中二法、此獨詳於治野者、國中貢法、當世已行、但取之、過於什一爾

此其大略也ㅣ니若夫潤澤之則在君與子矣니라 夫音扶

이그大略이니만일에潤澤ᄒᆞᆷ인則君과다ᄆᆞᆺ子의게인ᄂᆞ니라

●井地之法、諸侯、皆去其籍、此特其大略而已、潤澤、謂因時制宜、使合於人情、宜於土俗、而不失乎先王之意也、○呂氏、曰子張子、慨然有意三代之治、論治人先務、未始不以經界爲急、講求法制、粲然備具、要之、可以行於今、如有用我者、

舉而措之耳、嘗曰仁政、必自經界始、貧富不均、敎養無法、雖欲言治、皆苟而已、世之病難行者、未始不以亟奪富人之田、爲辭、然、玆法之行、悅之者衆、苟處之有術、期以數年、不刑一人、而可復所病者、特上之未行耳、乃言曰縱不能行之天下、猶可驗之一鄕、方與學者、議古之法、買田一方、畫爲數井、上不失公家之賦役、退以其私、正經界、分宅里、立斂法、廣儲蓄、興學校、成禮俗、救菑恤患、厚本抑末、足以推先王之遺法、明當今之可行、有志未就而卒○愚、按喪禮經界兩章、見孟子之學、識其大者、是以、雖當禮法廢壞之後、制度節文、不可復考、而能因畧以致詳、推舊而爲新、不屑屑於旣往之迹、而能合乎先王之意、眞可謂命世亞聖之才矣

○有爲神農之言者許行이自楚之滕ᄒᆞ야踵門而告文公曰遠方之人이聞君의行仁政ᄒᆞ고願受一廛而爲氓ᄒᆞ노이다文公이與之處ᄒᆞ시니其徒數十人이皆衣褐ᄒᆞ고捆屨織席ᄒᆞ야以爲食ᄒᆞ더라 衣去聲 捆音閫

神農의言ᄒᆞᄂᆞᆫ者許行이楚로브터滕에가門애踵ᄒᆞ야文公ᄭᅴ告ᄒᆞ야ᄀᆞᆯ오ᄃᆡ遠方앳人이君의仁政行ᄒᆞ옴을聞ᄒᆞ고願컨댄一廛을受ᄒᆞ야氓이되려ᄒᆞ노이다文公이處를與ᄒᆞ시니그徒數十人이다褐을衣ᄒᆞ고屨를捆ᄒᆞ며席을織ᄒᆞ야ᄡᅥ食을ᄒᆞ더라

●神農、炎帝神農氏、始爲耒耜、敎民稼穡者也、爲其言者、史遷所謂農家者流也、許、姓、名、行也、踵門、足至門也、仁政、上章所言井地之法也、廛、民所居也、氓、野人之稱、褐、毛布、賤者之服也、捆、扣椓之、欲其堅也、以爲食、賣以供食也、程子、曰許行所謂神農之言、乃後世、稱述上古之事、失其義理者耳、猶陰陽醫方、稱黃帝之說也

陳良之徒陳相이與其弟辛으로負耒耜而自宋之滕ᄒᆞ야曰聞君의

行聖人之政호니 是亦聖人也ㅣ시니 願爲聖人氓호노이다

陳良의徒陳相이그弟ㅣ辛으로더브러耒耜를負호고宋으로브터滕에가글오ᄃᆡ君의聖人의政行호욤을聞호니이ᄯᅩ호聖人이시니願컨댄聖人의氓이되려호노이다

●陳良、楚之儒者、耜、所以起土、耒、其柄也

陳相이 見許行而大悅호야 盡棄其學而學焉이러니 陳相이 見孟子호야 道許行之言曰 滕君則誠賢君也ㅣ어니와 雖然이나 未聞道也ㅣ로다 賢者는 與民並耕而食호며 饔飧而治호ᄂᆞ니 今也에 滕有倉廩府庫호니 則是厲民而以自養也ㅣ니 惡得賢이리오 饔音雍飧音孫惡平聲

陳相이許行을見호고키悅호야그學을다棄호고學호더니陳相이孟子를보ᄋᆞ와許行의言을닐어글오ᄃᆡ滕君인則진실로賢君이어니와비록그러나道를聞치몯호얏도다賢者ᄂᆞᆫ民으로더브러갈와耕호야食호며饔飧호고治호ᄂᆞ니이제滕이倉廩과府庫를두니곧이民을厲호야ᄡᅥ스스로養홈이니엇디시러곰賢호리오

●饔飧、熟食也、朝曰饔、夕曰飧、言當自炊爨、以爲食、而兼治民事也、厲、病也、許行此言、蓋欲陰壞孟子、分別君子小人之法

孟子ㅣ曰 許子는 必種粟而後에 食乎아 曰然호다 許子는 必織布而後에 衣乎아 曰否ㅣ라 許子는 衣褐이니라 許子는 冠乎아 曰冠이니라 曰奚冠고 曰冠素ㅣ니라 曰自織之與아 曰否ㅣ라 以粟易之니라 曰許子는 奚爲不自織고 曰害於耕이니라 曰許子는 以釜甑爨호며 以鐵耕乎아 曰然

ᄒᆞ다

自爲之與아 曰否ㅣ라 以粟易之니라 衣去聲 與平聲

孟子ㅣ ᄀᆞᆯᄋᆞ샤ᄃᆡ 許子ᄂᆞᆫ 반ᄃᆞ시 粟을 種ᄒᆞᆫ後에 食ᄒᆞᄂᆞ냐 ᄀᆞᆯ오ᄃᆡ 然ᄒᆞ다 許子ᄂᆞᆫ 반ᄃᆞ시 布를 織ᄒᆞᆫ後에 衣ᄒᆞᄂᆞ냐 ᄀᆞᆯ오ᄃᆡ 아니라 許子ᄂᆞᆫ 褐을 衣ᄒᆞᄂᆞ니라 許子ᄂᆞᆫ 冠ᄒᆞᄂᆞ냐 ᄀᆞᆯ오ᄃᆡ 冠ᄒᆞᄂᆞ니라 ᄀᆞᆯᄋᆞ샤ᄃᆡ 므슴 冠고 ᄀᆞᆯ오ᄃᆡ 素로 冠ᄒᆞᄂᆞ니라 ᄀᆞᆯᄋᆞ샤ᄃᆡ 스ᄉᆞ로 織ᄒᆞᄂᆞ냐 ᄀᆞᆯ오ᄃᆡ 아니라 粟으로ᄡᅥ 易ᄒᆞᄂᆞ니라 ᄀᆞᆯᄋᆞ샤ᄃᆡ 許子ᄂᆞᆫ 엇디 스ᄉᆞ로 織디 아니ᄒᆞᄂᆞ뇨 ᄀᆞᆯᄋᆞᄃᆡ 耕에 害홈이니라 ᄀᆞᆯᄋᆞ샤ᄃᆡ 許子ᄂᆞᆫ 釜ㅣ며 甑으로ᄡᅥ 爨ᄒᆞ며 鐵로ᄡᅥ 耕ᄒᆞᄂᆞ냐 ᄀᆞᆯ오ᄃᆡ 然ᄒᆞ다 스ᄉᆞ로 ᄒᆞᄂᆞ냐 ᄀᆞᆯ오ᄃᆡ 否ㅣ라 粟으로ᄡᅥ 易ᄒᆞᄂᆞ니라

● 釜、所以煮、甑、所以炊、爨、然火也、鐵、耜屬也、此語八反、皆孟子問而陳相、對也

以粟易械器者ㅣ 不爲厲陶冶ㅣ니 陶冶ㅣ 亦以其械器易粟者ㅣ 豈爲厲農夫哉리오 且許子ᄂᆞᆫ 何不爲陶冶ᄒᆞ야 舍皆取諸其宮中而用之ᄒᆞ고 何爲紛紛然與百工交易고 何許子之不憚煩고 曰百工之事ᄂᆞᆫ 固不可耕且爲也ㅣ니라 舍去聲

粟으로ᄡᅥ 械器를 易ᄒᆞᄂᆞᆫ者ㅣ 陶冶를 厲홈이 아니니 陶冶ㅣ 또ᄒᆞᆫ 그 械器로ᄡᅥ 粟을 易ᄒᆞᄂᆞᆫ者ㅣ 엇디 農夫를 厲홈이리오 또 許子ᄂᆞᆫ 엇디 陶冶를 ᄒᆞ야 다믄다 그 宮中에 取ᄒᆞ야 用티 아니ᄒᆞ고 엇디 紛紛히 百工으로 더브러 交易ᄒᆞᄂᆞᆫ고 엇디 許子ᄂᆞᆫ 煩을 憚티 아니ᄒᆞᄂᆞᆫ고 ᄀᆞᆯ오ᄃᆡ 百工의 일은 진실로 可히 耕ᄒᆞ고 또 ᄒᆞ디 몯ᄒᆞᆯ꺼시니라

● 此、孟子、言而陳相。對也。械、下戒反、器、釜甑之屬也、陶、爲甑者、冶、爲釜鐵者、舍、止也或讀屬上句、舍、謂作陶冶之處也、

烈 쓰거울렬 熱也

然則治天下ᄂᆞᆫ獨可耕且爲與아有大人之事ᄒᆞ며有小人之事ᄒᆞ니且一人之身而百工之所爲ㅣ備ᄒᆞ니如必自爲而後에用之면是ᄂᆞᆫ率天下而路也ㅣ니라故로曰或勞心ᄒᆞ며或勞力이니勞心者ㅣ治人ᄒᆞ고勞力者ᄂᆞᆫ治於人이라ᄒᆞ니治於人者ᄂᆞᆫ食人ᄒᆞ고治人者ᄂᆞᆫ食於人이天下之通義也ㅣ니라 與平聲 食音嗣

그런則天下治홈은ᄒᆞ올로可히耕ᄒᆞ고ᄯᅩᄒᆞ랴大人의事ㅣ이시며小人의事ㅣ이시니ᄯᅩ一人의身에百工의ᄒᆞᄂᆞᆫ배備ᄒᆞ야시니만일에반ᄃᆞ시스스로ᄒᆞᆫ후에用ᄒᆞ면이ᄂᆞᆫ天下ᄅᆞᆯ率ᄒᆞ야路홈이니라故로ᄀᆞᆯ오ᄃᆡ或心을勞ᄒᆞ며或力을勞ᄒᆞᄂᆞ니心을勞ᄒᆞᄂᆞᆫ者ᄂᆞᆫ人을治ᄒᆞ고力을勞ᄒᆞᄂᆞᆫ者ᄂᆞᆫ人의게治히인다ᄒᆞ니人의게治ᄒᆞ이ᄂᆞᆫ者ᄂᆞᆫ人을食ᄒᆞ고人을治ᄒᆞᄂᆞᆫ者ᄂᆞᆫ人의게食ᄒᆞ임이天下앳通ᄒᆞᆫ義니라

此、以下、皆孟子言也、路、謂奔走道路、無時休息也、治於人者、見治於人也、食人者、出賦稅、以給公上也、食於人者、見食於人也、此四句、皆古語而孟子、引之也、君子、無小人則飢、小人、無君子則亂、以此相易、正猶農夫、陶冶、以粟與械器相易、乃所以相濟、而非所以相病也、治天下者、豈必耕且爲哉

當堯之時ᄒᆞ야天下ㅣ猶未平ᄒᆞ야洪水ㅣ橫流ᄒᆞ야氾濫於天下ᄒᆞ야草木暢茂ᄒᆞ며禽獸繁殖이라五穀不登ᄒᆞ며禽獸偪人ᄒᆞ야獸蹄鳥跡之道ㅣ交於中國이어늘堯獨憂之ᄒᆞ샤擧舜而敷治焉이어시늘舜이使益掌火ᄒᆞ신대益이烈山澤而焚之ᄒᆞ니禽獸ㅣ逃匿이어늘禹ㅣ疏九河ᄒᆞ며瀹濟漯而

注諸海ᄒᆞ시며 決汝漢ᄒᆞ며 排淮泗而注之江ᄒᆞ시니 然後에 中國이 可得而食也ᄒᆞ니 當是時也ᄒᆞ야 禹ㅣ 八年於外에 三過其門而不入ᄒᆞ시니 雖欲耕이나 得乎아 瀹音藥 濟子禮反 漯他合反

堯ㅅ時를當ᄒᆞ야天下ㅣ오히려平티몯ᄒᆞ야洪水ㅣ橫히流ᄒᆞ야天下애氾濫ᄒᆞ야草木이暢茂ᄒᆞ며禽獸ㅣ緊殖ᄒᆞᆫ디라五穀이登티몯ᄒᆞ며禽獸ㅣ人에偪ᄒᆞ야獸의蹄며鳥의跡의道ㅣ中國에交ᄒᆞ얏거늘堯ㅣᄒᆞ올로憂ᄒᆞ샤舜을擧ᄒᆞ야治를敷케ᄒᆞ여시늘舜이益으로ᄒᆞ여곰火를掌ᄒᆞ신대益이山과澤을烈ᄒᆞ야焚ᄒᆞ니禽獸ㅣ逃匿ᄒᆞ거늘禹ㅣ九河를疏ᄒᆞ며濟와漯을瀹ᄒᆞ야海예注ᄒᆞ시며汝와漢을決ᄒᆞ며淮와泗를排ᄒᆞ야江애注ᄒᆞ시니그런後애中國이可히시러곰食ᄒᆞ니이時를當ᄒᆞ야禹ㅣ外예八年이대세적그門을過호ᄃᆡ入디아니ᄒᆞ시니비록耕코저ᄒᆞ나得ᄒᆞ랴

●天下猶未平者、洪荒之世、生民之害多矣、聖人、迭興、漸次除治、至此尙未盡平也、洪、大也、橫流、不由其道、而散溢妄行也、氾濫、橫流之貌、暢茂、長盛也、緊殖、衆多也、五穀、稻黍稷麥菽也、登、成熟也、道、路也、獸蹄鳥跡、交於中國、言禽獸多也、敷、布也、益、舜臣名、烈、熾也、禽獸逃匿然後、禹、得施治水之功、疏、通也、分也、九河、曰徒駭、曰太史、曰馬頰、曰覆釜、曰胡蘇、曰簡、曰潔、曰鉤盤、曰鬲津、瀹、亦疏通之意、濟漯、二水名、決排、皆去其壅塞也、汝漢淮泗、亦皆水名也、據禹貢及今水路、惟漢水、入江耳、汝泗則入淮、而淮自入海、此謂四水、皆入于江、記者之誤也

后稷이 敎民稼穡ᄒᆞ야 樹藝五穀ᄒᆞᆫ대 五穀이 熟而民人이 育ᄒᆞ니 人之有道也애 飽食煖衣ᄒᆞ야 逸居而無敎ㅣ면 則近於禽獸ㅣ일시 聖人이 有

契 商祖名 설

陶 화락할 요 和樂

易 다ᄉᆞ릴 이

憂之ᄒᆞ사使契爲司徒ᄒᆞ야敎以人倫ᄒᆞ시니父子有親이며君臣有義며夫婦有別이며長幼有序ㅣ며朋友有信이니라放勳이曰勞之來之ᄒᆞ며匡之直之ᄒᆞ며輔之翼之ᄒᆞ야使自得之ᄒᆞ고又從而振德之ᄒᆞ라ᄒᆞ시니聖人之憂民이如此ᄒᆞ시니而暇耕乎아 別彼列反長上聲勞來皆去聲

后稷 民을稼穡을敎ᄒᆞ야五穀을樹ᄒᆞ며藝ᄒᆞᆫ대五穀이熟ᄒᆞ야民人이育ᄒᆞ니人이道ㅣ이슴애食을飽히ᄒᆞ며衣를煖히ᄒᆞ야편히居ᄒᆞ고敎홈이업스면골禽獸에近ᄒᆞ릴ᄉᆡ聖人이憂홈을두샤契로ᄒᆞ여곰司徒를삼아敎호ᄃᆡ人倫으로ᄡᅥᄒᆞ시니父子ㅣ親이이시며君臣이義ㅣ이시며夫婦ㅣ別이이시며長幼ㅣ序ㅣ이시며朋友ㅣ信이시미니라放勳이ᄀᆞᆯ으샤ᄃᆡ勞ᄒᆞ며來ᄒᆞ며匡ᄒᆞ며直ᄒᆞ며輔ᄒᆞ며翼ᄒᆞ야ᄒᆞ여곰스ᄉᆞ로得게ᄒᆞ고ᄯᅩ조초振ᄒᆞ야德ᄒᆞ라ᄒᆞ시니聖人의民을憂ᄒᆞ샴이이러ᄐᆞᆺᄒᆞ시니暇ᄒᆞ야耕ᄒᆞ랴

●言水土平然後、得以敎稼穡、衣食足然後、得以施敎化、后稷、官名、棄、爲之、然言敎民則亦非並耕矣、樹、亦種也、藝、殖也、契、亦舜臣名也、司徒、官名也、人之有道、言其皆有秉彝之性也、然、無敎、則亦放逸怠惰而失之、故、聖人、設官、而敎以人倫、亦因其固有者而道之耳、書、曰天敍有典、勅我五典五惇哉、此之謂也、放勳本史臣、贊堯之辭、孟子、因以爲堯號也、德、猶惠也、堯言勞者、勞之、來者、來之邪者、正之、枉者、直之、輔以立之、翼以行之、使自得其性矣、又從而提撕警覺、以加惠焉、不使其放逸怠惰而或失之、蓋命契之辭也

堯ㅣ以不得舜으로爲己憂ᄒᆞ시고舜이以不得禹皐陶로爲己憂ᄒᆞ시니夫以百畝之不易로爲己憂者ᄂᆞᆫ農夫也ㅣ니라 夫音扶易去聲

治也

易쉬을이不難

堯ㅣ舜을得디몯ᄒᆞ욤으로ᄡᅧ己의憂를삼으시고舜이禹와皐陶를得디몯ᄒᆞ욤으로ᄡᅧ己의憂를삼으시니百畝의易티몯ᄒᆞ욤으로ᄡᅧ己의憂를삼ᄂᆞᆫ者ᄂᆞᆫ農夫ㅣ니라

●易、治也、堯舜之憂民、非事事而憂之也、急先務而已、所以憂民者、其大如此、則不惟不暇耕、而亦不必耕矣

分人以財를謂之惠오敎人以善을謂之忠이오爲天下得人者를謂之仁이니是故로以天下與人은易ᄒᆞ고爲天下得人은難ᄒᆞ니라 爲去聲

人을財로ᄡᅧ分ᄒᆞ욤을惠라닐ᄋᆞ고人을善으로ᄡᅧ敎ᄒᆞ욤을忠이라닐ᄋᆞ고天下를爲ᄒᆞ야人을得ᄒᆞᄂᆞᆫ者를仁이라닐ᄋᆞᄂᆞ니이런故로天下로ᄡᅧ人을與홈은易ᄒᆞ고天下를爲ᄒᆞ야人을得ᄒᆞ욤은難ᄒᆞ니라

●分人以財、小惠而已、敎人以善、雖有愛民之實、然、其所及、亦有限而難久、惟若堯之得舜、舜之得禹皐陶、乃所謂爲天下得人者、而其恩惠廣大、敎化無窮矣、此所以爲仁也

孔子ㅣ曰大哉라堯之爲君이여惟天이惟大어늘惟堯ㅣ則之ᄒᆞ시니蕩蕩乎民無能名焉이로다君哉라舜也ㅣ여巍巍乎有天下而不與焉이라ᄒᆞ시니堯舜之治天下ㅣ其無所用其心哉시리요마ᄂᆞᆫ亦不用於耕耳라시니

孔子ㅣ골ᄋᆞ샤ᄃᆡ大타堯의君되옴이여오직天이大ᄒᆞ거늘오작堯ㅣ則ᄒᆞ시니蕩蕩홉다民이能히名티몯ᄒᆞ놋도다君답다舜이여巍巍홉다天下를두샤ᄃᆡ與티아니타ᄒᆞ시니堯舜의天下를治ᄒᆞ심이엇디그心을ᄡᅳ실ᄇᆡ업ᄉᆞ리오마ᄂᆞᆫ또ᄒᆞᆫ耕에用티아니ᄒᆞ시니라

●則、法、也蕩蕩、廣大之貌、君哉、言盡君道也、巍巍、高大之貌、不與、猶言不相

關、言其不以位、爲樂

吾聞用夏變夷者ㅣ요 未聞變於夷者也ㅣ케라 陳良은 楚產也ㅣ니 悅周公仲尼之道ᄒᆞ야 北學於中國이어ᄂᆞᆯ 北方之學者ㅣ 未能或之先也ᄒᆞ니 彼所謂豪傑之士也ㅣ라 子之兄弟ㅣ 事之數十年이라가 師死而遂倍之온여

내夏ᄅᆞᆯ用ᄒᆞ야夷ᄅᆞᆯ變ᄒᆞᆫ者ᄅᆞᆯ듣고夷의게變ᄒᆞ인者ᄅᆞᆯ듣디몯게라陳良은楚人產이니周公과仲尼의道ᄅᆞᆯ悅ᄒᆞ야北으로中國에學ᄒᆞ거ᄂᆞᆯ北方읫學ᄒᆞᄂᆞᆫ者ㅣ能히或先티몯ᄒᆞ니뎌닐온밧豪傑읫士ㅣ라子의兄弟ㅣ數十年을事ᄒᆞ다가師ㅣ死커ᄂᆞᆯ드듸여倍ᄒᆞ곤여

●此以下、責陳相、倍音佩師而學許行也、夏、諸夏禮義之敎也、變夷、變化蠻夷之人也、變於夷、反見變化於蠻夷之人也、產、生也、陳良、生於楚、在中國之南故、北遊而學於中國也、先、過也、豪傑、才德出衆之稱、言其能自拔於流俗也、倍、與背同、言陳良、用夏變夷、陳相、變於夷也

昔者에 孔子ㅣ 沒커시ᄂᆞᆯ 三年之外에 門人이 治任將歸ᄒᆞᆯ시 入揖於子貢ᄒᆞ고 相嚮而哭ᄒᆞ야 皆失聲然後에 歸어ᄂᆞᆯ 子貢은 反築室於場ᄒᆞ야 獨居三年然後에 歸ᄒᆞ니라 他日에 子夏子張子游ㅣ 以有若似聖人이라ᄒᆞ야 欲以所事孔子로 事之ᄒᆞ야 彊曾子ᄒᆞᆫ대 曾子ㅣ 曰不可ᄒᆞ니 江漢以濯

之며秋陽以暴之라皜皜乎不可尙已라ᄒᆞ시니라 任平聲彊上聲暴蒲木反皜音杲

녯孔子ㅣ沒커시ᄂᆞᆯ三年外예門人이任을治ᄒᆞ야장ᄎᆞᆺ歸홀ᄉᆡ入ᄒᆞ야子貢의게揖ᄒᆞ고서ᄅᆞ嚮ᄒᆞ야哭ᄒᆞ야다聲을失ᄒᆞᆫ後에歸ᄒᆞ거ᄂᆞᆯ子貢은反ᄒᆞ야場애室을築ᄒᆞ야호올로三年을居ᄒᆞᆫ後에歸ᄒᆞ니라他日에子夏와子張과子游ㅣ有若으로ᄡᅥ聖人ᄀᆞᆮ다ᄒᆞ야孔子事ᄒᆞ던바로ᄡᅥ事코져ᄒᆞ야曾子ᄅᆞᆯ彊ᄒᆞᆫ대曾子ㅣᄀᆞᆯᄋᆞ샤ᄃᆡ可티아니ᄒᆞ니江漢으로ᄡᅥ濯ᄒᆞ며秋陽으로ᄡᅥ暴ᄒᆞᆫ디라皜皜홉다可히尙티몯ᄒᆞ리라ᄒᆞ시니라

●三年、古者爲師、心喪三年、若喪父而無服也、任、擔也、場、塚上之壇場也、有若似聖人 蓋其言行氣象、有似之者、如檀弓、所記子游、謂有子之言、似夫子之類、是也、所事孔子、所以事夫子之禮也、江漢、水多、言濯之潔也、秋日、燥烈、言暴之乾也、皜皜、潔白貌、尙、加也、言夫子、道德明著、光輝潔白、非有若、所能彷彿音弗也、或、曰此三語者、孟子、贊美曾子之辭也

今也에南蠻鴂舌之人이非先生之道ㅣ어ᄂᆞᆯ子ㅣ倍子之師而學之ᄒᆞ니亦異於曾子矣로다 鴂亦作鵙古役反

이제南蠻人鴂舌읫사ᄅᆞᆷ이先王의道ㅣ아니어ᄂᆞᆯ子ㅣ子의師ᄅᆞᆯ倍ᄒᆞ고學ᄒᆞ니또ᄒᆞᆫ子애서다ᄅᆞ도다

●鴂、博勞也、惡聲之鳥、南蠻之聲、似之指許行也

吾聞出於幽谷ᄒᆞ야遷于喬木者ㅣ오未聞下喬木而入於幽谷者케라

내幽谷애出ᄒᆞ야喬木애遷ᄒᆞᄂᆞᆫ者ᄅᆞᆯ듣고喬木애下ᄒᆞ야幽谷애入ᄒᆞᄂᆞᆫ者ᄅᆞᆯ듣디몯

게라

●小雅伐木之詩、云伐木丁丁、鳥鳴嚶嚶出自幽谷、遷于喬木

魯頌에曰戎狄是膺ᄒᆞ니荊舒是懲이라ᄒᆞ니周公이方且膺之어시ᄂᆞᆯ子是之學ᄒᆞ니亦爲不善變矣로다

魯頌애ᄀᆞᆯ오ᄃᆡ戎狄을이膺ᄒᆞ니荊과舒ㅣ이에懲타ᄒᆞ니周公이보야ᄒᆞ로ᄯᅩ膺ᄒᆞ거늘子ㅣ이를學ᄒᆞ니ᄯᅩᄒᆞᆫ善히變티몯홈이로다

●魯頌、閟宮之篇也、膺、擊也、荊、楚本號也、舒、國名、近楚者也、懲、艾也、今按此詩、爲僖公之頌、而孟子、以周公言之、亦斷章取義也

賈 갑가 售直

從許子之道則市賈ㅣ不貳ᄒᆞ야國中이無僞ᄒᆞ야雖使五尺之童으로適市라도莫之或欺니布帛長短이同則賈相若ᄒᆞ며麻縷絲絮輕重이同則賈相若ᄒᆞ며五穀多寡ㅣ同則賈相若ᄒᆞ며屨大小ㅣ同則賈相若이니라

許子의道를從ᄒᆞ면市賈ㅣ貳티아니ᄒᆞ야國中이僞ㅣ업서비록五尺童으로ᄒᆞ여곰市예適ᄒᆞ야도欺ᄒᆞ리업ᄉᆞ리니布와帛이長이며短이同ᄒᆞ면賈ㅣ서르ᄀᆞᆮᄐᆞ며麻와縷와絲와絮ㅣ輕重이同ᄒᆞ면賈ㅣ서르ᄀᆞᆮᄐᆞ며五穀이多ㅣ며寡ㅣ同ᄒᆞ면賈ㅣ서르ᄀᆞᆮᄐᆞ며屨ㅣ大며小ㅣ同ᄒᆞ면賈ㅣ서르ᄀᆞᆮᄐᆞ니라

●陳相、又言許子之道、如此、蓋神農、始爲市井故、許行託於神農、而有是說也、五尺之童、言幼小無知也、許行、欲使市中所粥之物、皆不論精粗美惡、但以長短輕重多寡大小、爲價也

齊간ᄌᆞ런ᄒᆞᆯ졔等也

曰夫物之不齊는物之情也ㅣ니或相倍蓰ᄒᆞ며或相什伯ᄒᆞ며或相千
萬이어늘子ㅣ比而同之ᄒᆞ니是는亂天下也ㅣ로다巨屨小屨ㅣ同賈ㅣ면人
豈爲之哉리오從許子之道ㅣ면相率而爲僞者也ㅣ니惡能治國家리오
ᄀᆞᆯᄋᆞ샤ᄃᆡ物의齊티아니홈은物의情이니或서로倍ᄒᆞ며蓰ᄒᆞ며或서ᄅᆞ什ᄒᆞ며伯ᄒᆞ
며或서ᄅᆞ千ᄒᆞ며萬ᄒᆞ거늘子ㅣ比ᄒᆞ야同케ᄒᆞ니이ᄂᆞᆫ天下ᄅᆞᆯ亂홈이로다巨ᄒᆞᆫ屨와
小ᄒᆞᆫ屨ㅣ賈ㅣ同ᄒᆞ면人이엇디ᄒᆞ리오許子의道ᄅᆞᆯ從ᄒᆞ면서ᄅᆞ率ᄒᆞ야僞ᄅᆞᆯ홈이니
엇디能히國家ᄅᆞᆯ治ᄒᆞ리오
●倍、一倍也、蓰、五倍也、什伯千萬、皆倍數也、比、次也、孟子、言物之不齊、乃其
自然之理、其有精粗、猶其有大小也、若大屨小屨、同價、則人豈肯爲其大者哉、今
不論精粗、使之同價、是、使天下之人、皆不肯爲其精者、而競爲濫惡之物、以相欺
耳

○墨者夷之ㅣ因徐辟而求見孟子ᄒᆞᆫ대孟子ㅣ曰吾ㅣ固願見이니라
今吾ㅣ尙病이라病愈ㅣ어든我且往見ᄒᆞ리니夷子는不來니라 辟音壁 又音闢
墨ᄒᆞᄂᆞᆫ者夷之ㅣ徐辟을因ᄒᆞ야孟子ᄭᅴ보ᄋᆞ옴을求ᄒᆞᆫ대孟子ㅣᄀᆞᆯᄋᆞ샤ᄃᆡ내본ᄃᆡ見
코자願ᄒᆞ다니이제내오히려病ᄒᆞᆫ디라病이愈커든내ᄯᅩ往ᄒᆞ야見호리니夷子ᄂᆞᆫ來
티아니ᄒᆞᆯ띠니라
●墨者、治墨翟之道者、夷、姓、之、名、徐辟、孟子弟子、孟子稱疾、疑亦託辭、以觀
其意之誠否

他日에又求見孟子ᄒᆞᆫ대孟子ㅣ曰吾ㅣ今則可以見矣어니와不直則

見 보일현 現也

道不見ᄒᆞ나我且直之호리라吾聞夷子는墨者ㅣ라ᄒᆞ니墨之治喪也는以薄爲其道也ㅣ라夷子ㅣ思以易天下ᄒᆞ나니豈以爲非是而不貴也ㅣ리오 然而夷子ㅣ葬其親이厚ᄒᆞ니則是以所賤事親也ㅣ로다

他日애ᄯᅩ孟子보ᄋᆞ옴을求ᄒᆞᆫ대孟子ㅣᄀᆞᆯᄋᆞ샤ᄃᆡ내이제면可히ᄡᅥ見ᄒᆞ려니와直디아니면道ㅣ見티아니ᄒᆞᄂᆞ니내ᄯᅩ直호리라나는들오니夷子는墨者ㅣ라호니墨의喪을治ᄒᆞ옴은薄으로ᄡᅥ그道를삼ᄂᆞᆫ디라夷子ㅣ思호ᄃᆡᄡᅥ天下를易호려ᄒᆞᄂᆞ니엇디ᄡᅥ是티아니타ᄒᆞ야貴히아니너기리오그러나夷子ㅣ그親을葬ᄒᆞ옴이厚ᄒᆞ니곧이賤ᄒᆞᄂᆞᆫ바로ᄡᅥ親을事ᄒᆞ옴이로다

● 又求見則其意已誠矣、故、因徐辟、以質之如此、直、盡言以相正也、莊子、曰墨子、生不歌、死無服、桐棺三寸而無椁、是、墨之治喪、以薄爲道也、易天下、謂移易天下之風俗也、夷子、學於墨氏、而不從其敎、其心、必有所不安者、故、孟子、因以詰之

徐子ㅣ以告夷子ᄒᆞᆫ대夷子ㅣ曰儒者之道애古之人이若保赤子ㅣ라ᄒᆞ니此言은何謂也오之則以爲愛無差等이오施由親始라ᄒᆞ노라徐子ㅣ以告孟子ᄒᆞᆫ대孟子ㅣ曰夫夷子는信以爲人之親其兄之子ㅣ爲若親其鄰之赤子乎아彼有取爾也ㅣ니赤子匍匐將入井이非赤子之罪也ㅣ라且天之生物也ㅣ使之一本이어늘而夷子는二本故也ㅣ로다 夫音扶下同匍音蒲匐蒲北反

徐子ㅣ써夷子ᄃᆞ려告ᄒᆞᆫ대夷子ㅣᄀᆞᆯ오ᄃᆡ儒者의道애녯사ᄅᆞᆷ이 赤子保홈ᄀᆞᆮ티ᄒᆞ다
ᄒᆞ니이言은엇디닐옴고之ᄂᆞᆫ써ᄒᆞ요ᄃᆡ愛홈은差等이업고施홈은親으로브터始ᄒᆞᆯ
께시라ᄒᆞ노라徐子ㅣ써孟子씌告ᄒᆞᆫ대孟子ㅣᄀᆞᆯᄋᆞ샤ᄃᆡ夷子ᄂᆞᆫ진실로써ᄒᆞ요ᄃᆡ人
의그兄의子를親히홈이그隣읫赤子를親히홈ᄀᆞᆮ다ᄒᆞᄂᆞ냐뎌ᄂᆞᆫ取홈이인ᄂᆞ니赤子
의匍匐ᄒᆞ야장ᄎᆞᆺ井에入홈이赤子의罪아니라ᄯᅩ天의物을生ᄒᆞ욤이ᄒᆞ여곰一本이
어늘夷子ᄂᆞᆫ二本인故ㅣ로다

●若保赤子、周書康誥篇文、此、儒者之言也、夷子、引之、蓋欲援儒而入於墨、以拒孟子之非己、又曰愛無差等、施由親始、則推墨而附於儒、以釋己所以厚葬其親之意、皆所謂遁辭也、孟子、言人之、愛其兄子、與隣之子、本有差等、書之取譬、本爲小民無知而犯法、如赤子無知而入井耳、且人物之生、必各本於父母而無二、乃自然之理、若天使之然也、故、其愛由此立、而推以及人、自有差等、今如夷子之言則是視其父母、本無異於路人、但其施之之序、姑自此始耳、非二本而何哉、然、於先後之間、猶知所擇、則又本心之明、有終不得而息者、此其所以卒能受命、而自覺其非也

蓋上世예嘗有不葬其親者ㅣ러니其親이死커늘則擧而委之於壑ᄒᆞ고
他日過之ᄒᆞᆯᄉᆡ狐狸ㅣ食之ᄒᆞ며蠅蚋ㅣ姑嘬之어늘其顙有泚ᄒᆞ야睨而不
視ᄒᆞ니夫泚也ᄂᆞᆫ非爲人泚ㅣ라中心이達於面目이니蓋歸ᄒᆞ야反虆梩而
掩之ᄒᆞ니掩之ㅣ誠是也ㅣ면則孝子仁人之掩其親이亦必有道矣
니라

蚋音汭嘬楚怪反泚七禮反睨音詣爲去聲虆力追反梩力知反

上世예일즉그親을葬티아니ᄒᆞᆫ者ㅣ잇더니그親이死커늘곰擧ᄒᆞ야壑애委ᄒᆞ고他

日에過홀써狐와狸ㅣ食ᄒᆞ며蠅과蚋ㅣ嘬ᄒᆞ거늘그顙애泚ㅣ이셔睨ᄒᆞ고視티몯ᄒᆞ니泚ᄒᆞ욤은人을爲ᄒᆞ야泚홈인줄이아니라中心이面目애達홈이니歸ᄒᆞ야虆와梩를反ᄒᆞ야掩ᄒᆞ니掩ᄒᆞ욤이진실로是ᄒᆞ면곧孝子와仁人의그親을掩홈이ᄯᅩ반ᄃᆞ시道ㅣ인ᄂᆞ니라

●因夷子厚葬其親而言此、以深明一本之意、上世、謂太古也、委、棄也、壑、山水所趨也、蚋、蚊屬、姑、語助聲、或曰螻蛄也、嘬、攢、共食之也、顙、額也、泚、泚然汗出之貌、睨、邪視也、視、正視也、不能不視、而又不忍正視、哀痛迫切、不能爲心之甚也、非爲人泚、言非爲他人見之而然也、所謂一本者、於此見之、尤爲親切、蓋惟至親故、如此、在他人、則雖有不忍之心、而其哀痛迫切、不至若此之甚矣、反、覆也、虆、土籠也、梩、土轝也、於是、歸而掩覆其親之尸、此、葬埋之禮、所由起也、此掩其親者、若所當然、則孝子仁人、所以掩其親者、必有其道、而不以薄爲貴矣

徐子ㅣ以告夷子흔대夷子ㅣ憮然爲間曰命之矣샷다 憮音武 間如字

徐子ㅣ써夷子ᄃᆞ려告ᄒᆞᆫ대夷子ㅣ憮然히爲間ᄒᆞ야ᄀᆞᆯ오ᄃᆡ之를命ᄒᆞ샷다

●憮然、茫然自失之貌、爲間者、有頃之間也、命、猶敎也、言孟子、已敎我矣、蓋因其本心之明、以攻所學之蔽、是以、吾之言、易入、而彼之惑、易解也

原本

孟子集註卷之五 終

滕文公章句下

凡十章

陳代曰不見諸侯ㅣ宜若小然ᄒᆞ이다 今一見之ᄒᆞ시면 大則以王이오 小則以覇ㅣ니 且志에曰枉尺而直尋이라ᄒᆞ니 宜若可爲也ㅣ로소이다 王去聲

陳代ㅣ골오ᄃᆡ 諸侯를見티아니ᄒᆞ심이 맛당히 小ㅣ ᄂᆞᆫᄃᆞᆺᄒᆞ이다 이제ᄒᆞᆫ번見ᄒᆞ시면大ᄒᆞ면ᄡᅧ王ᄒᆞ고 小ᄒᆞ여ᄡᅧ覇ᄒᆞ리니 ᄯᅩ志예골오ᄃᆡ 尺을枉ᄒᆞ야尋을直ᄒᆞ다ᄒᆞ니 맛당히可히ᄒᆞ염즉ᄒᆞ도소이다

●陳代、孟子弟子也、小、謂小節也、枉、屈也、直、伸也、八尺曰尋、枉尺直尋、猶屈已、一見諸侯、而可以致王覇、所屈者、小、所伸者、大也

孟子ㅣ曰昔에齊景公이田ᄒᆞᆯ새 招虞人以旌ᄒᆞᆫ대 不至어늘 將殺之러니 志士ᄂᆞᆫ不忘在溝壑이오 勇士ᄂᆞᆫ不忘喪其元이라ᄒᆞ시니 孔子ᄂᆞᆫ奚取焉고 取非其招不往也ㅣ시니 如不待其招而往앤 何哉오 喪去聲

孟子ㅣ골ᄋᆞ샤ᄃᆡ 녜齊景公이 田ᄒᆞᆯᄉᆡ 虞人을招호ᄃᆡ 旌으로ᄡᅧᄒᆞᆫ대至티아니ᄒᆞ거늘 장ᄎᆞᆺ殺호려ᄒᆞ더니 志士ᄂᆞᆫ溝壑애이숌을忘티아니ᄒᆞ고 勇士ᄂᆞᆫ그元喪ᄒᆞ욤을忘티아니ᄒᆞᆫ다ᄒᆞ시니 孔子ᄂᆞᆫ므스서슬取ᄒᆞ신고 그招ㅣ아니어든往티아니홈을取ᄒᆞ시니그招를待티아니ᄒᆞ고往ᄒᆞ욤앤엇디오

●田、獵也、虞人、守苑囿之吏也、招大夫以旌、招虞人以皮冠、元、首也、志士、固窮常念死無棺槨、棄溝壑而不恨、勇士、輕生、常念戰鬪而死、喪其首而不顧也、此二

舍 노올사 舍也
貫 의힐관 習也

句、乃孔子、歎美虞人之言、夫音扶虞人、招之不以其物 尙守死而不往、況君子、豈可、不待其招、而自往見之邪、此以上 告之以不可往見之意

且夫枉尺而直尋者는 以利言也ㅣ니 如以利則枉尋直尺而利라도 亦可爲與아 夫音扶 與平聲

ᄯᅩ尺을枉ᄒᆞ야尋을直ᄒᆞ다ᄒᆞ욤은利로ᄡᅥ닐옴이니만일에利로ᄡᅥᄒᆞ면尋을枉ᄒᆞ고尺을直ᄒᆞ야利ᄒᆞ야도ᄯᅩᄒᆞᆫ可히ᄒᆞ랴

●此以下、正其所稱枉尺直尋之非、夫所謂枉小而所伸者、大則爲之者、計其利耳 一有計利之心、則雖枉多伸少而有利、亦將爲之邪、甚言其不可也

昔者애 趙簡子ㅣ使王良으로 與嬖奚乘ᄒᆞᆫ대 終日而不獲一禽ᄒᆞ고 嬖奚ㅣ反命曰天下之賤工也ㅣ러이다 或이 以告王良ᄒᆞᆫ대 良이 曰請復之호리라 彊而後可ㅣ라ᄒᆞ야늘 一朝而獲十禽ᄒᆞ고 嬖奚ㅣ反命曰天下之良工也ㅣ러이다 簡子ㅣ曰我ㅣ使掌與女乘호리라ᄒᆞ고 謂王良ᄒᆞᆫ대 良이 不可曰吾ㅣ爲之範我馳驅ᄒᆞ니 終日不獲一ᄒᆞ고 爲之詭遇ᄒᆞ니 一朝而獲十ᄒᆞ니 詩云不失其馳어늘 舍矢如破ㅣ라ᄒᆞ니 我는 不貫與小人乘ᄒᆞ니 請辭ㅣ라ᄒᆞ니라 乘去聲彊上聲女汝爲去聲舍上聲

녜趙簡子ㅣ王良으로ᄒᆞ여곰嬖奚로더브러乘케ᄒᆞᆫ대日이終토록ᄒᆞᆫ禽을獲디몯ᄒᆞ고嬖奚ㅣ命을反ᄒᆞ야ᄀᆞᆯ오ᄃᆡ天下읫賤工이러이다或이ᄡᅥ王良ᄃᆞ려告ᄒᆞᆫ대良이ᄀᆞᆯ오ᄃᆡ請컨댄다시호리라彊ᄒᆞᆫ後에可ㅣ라ᄒᆞ야ᄂᆞᆯᄒᆞᆫ아ᄎᆞᆷ의열禽을獲ᄒᆞ고嬖奚ㅣ命

을反ᄒᆞ야골오ᄃᆡ天下읫良工이러이다簡子ㅣ골오ᄃᆡ내ᄒᆞ여곰너를더브러乘홈을掌케호리라ᄒᆞ고王良ᄃᆞ려닐온대良이可티아니타ᄒᆞ야골오ᄃᆡ내爲ᄒᆞ야내馳驅를範으로호니日이終토록ᄒᆞᆫ나홀獲디몯ᄒᆞ고爲ᄒᆞ야詭로遇호니ᄒᆞᆫ아ᄎᆞᆷ의열홀獲ᄒᆞ니詩예닐오ᄃᆡ그馳를失티아니ᄒᆞ거ᄂᆞᆯ矢舍홈을破ᄐᆞᆺᄒᆞ다ᄒᆞ니나ᄂᆞᆫ小人으로더브러乘홈을貫티몯호니請컨댄辭ᄒᆞ여지라ᄒᆞ니라

●趙簡子、晉大夫趙鞅(於兩反)也、王良、善御者也、嬖奚、簡子幸臣、與之乘、爲之御也、復之、再乘也、彊而後可、嬖奚不肯、彊之而後、肯也、一朝、自晨至食時也、掌、專主也、範、法度也、詭遇、不正而與禽遇也、言奚不善射、以法馳驅、則不獲、廢法詭遇而後中也、詩、小雅車攻之篇、言御者、不失其馳驅之法、而射者、發矢皆中而力、今嬖奚、不能也、貫、習也

御者ㅣ且羞與射者比ᄒᆞ야比而得禽獸ㅣ雖若丘陵이라도弗爲也ᄒᆞ니如枉道而從彼앤何也오且子ㅣ過矣로다枉己者ㅣ未有能直人者也ㅣ니라(比必反)

御者ㅣ또射者로더브러比홈을羞ᄒᆞ야比ᄒᆞ야禽獸를得홈이비록丘陵ᄀᆞᄐᆞᆯ띠라도ᄒᆞ디아니ᄒᆞ니道를枉ᄒᆞ야彼를從홈앤엇데오또子ㅣ過ᄒᆞ도다己를枉ᄒᆞᆫ者ㅣ能히人을直ᄒᆞ리잇디아니ᄒᆞ니라

●比、阿黨也、若丘陵、言多也、○或、曰居今之世、出處去就、不必一一中節、欲其一一中節、則道不得行矣、楊氏、曰何其不自重也、枉己、其能直人乎、古之人、寧道之不行、而不輕其去就、是以、孔孟、雖在春秋戰國之時、而進必以正、以至終不得行而死也、使不恤其去就、而可以行道、孔孟、當先爲之矣、孔孟、豈不欲道之行哉

○景春이曰公孫衍張儀ᄂᆞᆫ豈不誠大丈夫哉리오 一怒而諸侯ㅣ懼ᄒᆞ고安居而天下ㅣ熄ᄒᆞ니라

景春이ᄀᆞᆯ오ᄃᆡ公孫衍과張儀ᄂᆞᆫ엇디진실로大丈夫ㅣ아니리오ᄒᆞᆫ번怒ᄒᆞ음애諸侯ㅣ懼ᄒᆞ고安居ᄒᆞ음애天下ㅣ熄ᄒᆞᄂᆞ니라

●景春、人姓名、公孫衍、張儀、皆魏人、怒則說諸侯、使相攻伐故、諸侯、懼也

孟子ㅣ曰是焉得爲大丈夫哉ㅣ리오 子ㅣ未學禮乎아 丈夫之冠也애 父ㅣ命之ᄒᆞ고 女子之嫁也애 母ㅣ命之ᄒᆞᄂᆞ니 往애送之門ᄒᆞᆯ시 戒之曰往之女家ᄒᆞ야 必敬必戒ᄒᆞ야 無違夫子ㅣ라ᄒᆞᄂᆞ니 以順爲正者ᄂᆞᆫ 妾婦之道也ㅣ니라 焉於虔反冠去聲 女家之女音汝

孟子ㅣᄀᆞᆯᄋᆞ샤ᄃᆡ이엇디시러곰大丈夫ㅣ되리오子ㅣ禮를學디아니ᄒᆞ얀ᄂᆞ냐丈夫의冠ᄒᆞ음애父ㅣ命ᄒᆞ고女子의嫁ᄒᆞ음애母ㅣ命ᄒᆞᄂᆞ니往ᄒᆞᆯ쎄門에送ᄒᆞᆯ쎄戒ᄒᆞ야ᄀᆞᆯ오ᄃᆡ네家에往ᄒᆞ야반ᄃᆞ시敬ᄒᆞ며반ᄃᆞ시戒ᄒᆞ야夫子를違티말라ᄒᆞᄂᆞ니順으로ᄡᅥ正을삼ᄂᆞᆫ者ᄂᆞᆫ妾婦의道ㅣ니라

●加冠於首曰冠、女家、夫家也、婦人、內夫家、以嫁爲歸也、夫子、夫也、女子從人、以順爲正道也、蓋言二子、阿諛苟容、竊取權勢、乃妾婦順從之道耳、非丈夫之事也

居天下之廣居ᄒᆞ며 立天下之正位ᄒᆞ며 行天下之大道ᄒᆞ야 得志ᄒᆞ안 與民由之ᄒᆞ고 不得志ᄒᆞ안 獨行其道ᄒᆞ야 富貴ㅣ 不能淫ᄒᆞ며 貧賤이 不能移ᄒᆞ며 威武ㅣ 不能屈이 此之謂大丈夫ㅣ니라

質 패백 지幣也

天下앳廣ᄒᆞᆫ居애居ᄒᆞ며天下앳正ᄒᆞᆫ位에立ᄒᆞ며天下앳大ᄒᆞᆫ道애行ᄒᆞ야志를得ᄒᆞ얀民으로더브러由ᄒᆞ고志를得디몯ᄒᆞ얀호올로그道를行ᄒᆞ야富貴ㅣ能히淫티몯ᄒᆞ며貧賤이能히移티몯ᄒᆞ며威武ㅣ能히屈티몯홈이이닐온大丈夫ㅣ니라

●廣居、仁也、正位、禮也、大道、義也、與民由之、推其所得於人也、獨行其道、守其所得於己也、淫、蕩其心也、移、變其節也、屈、挫其志也、○何叔京、曰戰國之時、聖賢道否、天下、不復扶又反見其德業之盛、但見姦巧之徒、得志橫行、氣焰可畏、遂以爲大丈夫、不知由君子觀之、是乃妾婦之道耳、何足道哉

○周霄ㅣ問曰古之君子ㅣ仕乎가잇孟子ㅣ曰仕ㅣ니라傳애曰孔子ㅣ三月無君則皇皇如也ᄒᆞ샤出疆애必載質ᄒᆞ라ᄒᆞ고公明儀ㅣ曰古之人이三月無君則弔ㅣ라ᄒᆞ니라 傳直戀反

周霄ㅣ묻ᄌᆞ와ᄀᆞᆯᄋᆞ되녯君子ㅣ仕ᄒᆞ더니잇가孟子ㅣᄀᆞᆯᄋᆞ샤되仕ᄒᆞ니라傳에ᄀᆞᆯ오되孔子ㅣ三月을君이업스면皇皇ᄃᆞᆺᄒᆞ샤疆애出ᄒᆞ심애반ᄃᆞ시質를載ᄒᆞ시다ᄒᆞ고公明儀ㅣᄀᆞᆯᄋᆞ되녯사ᄅᆞᆷ이三月을君이업스면弔ᄒᆞ다ᄒᆞ니라

●周霄、魏人、無君、謂不得仕而事君也、皇皇、如有求而弗得之意、出疆、謂失位而去國也、質、所執以見人者、如士則執雉也、出疆載之者、將以見所適國之君而事之也

三月無君則弔ㅣ不以急乎가잇

三月을君이업스면弔ᄒᆞ욤이너무急디아니ᄒᆞ니잇가

●周霄、問也、以、已、通、太也、後章、放此

曰士之失位也ㅣ猶諸侯之失國家也ㅣ니 禮에 曰諸侯ㅣ耕助ᄒᆞ야以供粢盛ᄒᆞ고 夫人이 蠶繅ᄒᆞ야 以爲衣服이라ᄒᆞ니 犧牲이 不成ᄒᆞ며 粢盛이 不潔ᄒᆞ며 衣服이 不備ᄒᆞ면 不敢以祭ᄒᆞ고 惟士ㅣ無田則亦不祭ᄒᆞᄂᆞ니 牲殺器皿衣服이 不備ᄒᆞ야 不敢以祭則不敢以宴이니 亦不足弔乎아

ᄀᆞᆯ오ᄉᆞᄃᆡ 士의 位ᄅᆞᆯ 失ᄒᆞ욤이 諸侯의 國家ᄅᆞᆯ 失ᄒᆞ욤 ᄀᆞᄐᆞ니 禮예 ᄀᆞᆯ오ᄃᆡ 諸侯ㅣ 耕助ᄒᆞ야 ᄡᅥ 粢盛을 供ᄒᆞ고 夫人이 蠶繅ᄒᆞ야 ᄡᅥ 衣服을 ᄒᆞ다ᄒᆞ니 犧牲이 成티 몯ᄒᆞ며 粢盛이 潔티 몯ᄒᆞ며 衣服이 備티 몯ᄒᆞ면 敢히 ᄡᅥ 祭티 몯ᄒᆞ고 士ㅣ 田이 업스면 ᄯᅩᄒᆞᆫ 祭티 몯ᄒᆞᄂᆞ니 牲殺과 器皿과 衣服이 備티 몯ᄒᆞ야 敢히 ᄡᅥ 祭티 몯ᄒᆞ면 敢히 ᄡᅥ 宴티 몯ᄒᆞ리니 ᄯᅩᄒᆞᆫ 足히 弔티 아니ᄒᆞ랴

●禮、曰諸侯、爲藉百畝、冕而靑紘、躬秉耒以耕、而庶人、助以終畝、收而藏之御廩、以供宗廟之粢盛、使世婦、蠶于公桑蠶室、奉繭以示于君、遂獻于夫人、夫人、副褘受之、繅三盆手、遂布于三宮世婦、使繅以爲黼黻文章、而服以祀先王先公、又曰士、有田則祭、無田則薦、黍稷曰粢、在器曰盛、牲殺、牲必特殺也、皿、所以覆器者

出疆에 必載質은 何也ㅣ잇고

疆애 出홈애 반ᄃᆞ시 質ᄅᆞᆯ 載홈은 엇디 잇고

●周霄問也

曰士之仕也ㅣ猶農夫之耕也ㅣ니 農夫ㅣ 豈爲出疆ᄒᆞ야 舍其耒耜哉리오 曰晉國이 亦仕國也ㅣ로되 未嘗聞仕ㅣ如此其急ᄒᆞ니 仕ㅣ如此

其急也ㅣᆫ댄 君子之難仕ᄂᆞᆫ 何也ㅣ잇고 曰 丈夫ㅣ 生而願爲之有室ᄒᆞ며 女子ㅣ 生而願爲之有家ᄂᆞᆫ 父母之心이라 人皆有之언마ᄂᆞᆫ 不待父母之命과 媒妁之言ᄒᆞ고 鑽穴隙相窺ᄒᆞ며 踰牆相從ᄒᆞ면 則父母國人이 皆賤之ᄒᆞᄂᆞ니 古之人이 未嘗不欲仕也ㅣ언마ᄂᆞᆫ 又惡不由其道ᄒᆞ니 不由其道而往者ᄂᆞᆫ 與鑽穴隙之類也ㅣ니라 爲去聲舍上聲妁音酌隙去逆反惡去聲

ᄀᆞᆯᄋᆞ샤ᄃᆡ 士의 仕ᄒᆞ욤이 農夫의 耕ᄒᆞᆷ ᄀᆞᆮᄐᆞ니 農夫ㅣ 엇디 疆애 出ᄒᆞᆷ을 爲ᄒᆞ야 그 耒耜를 舍ᄒᆞ리오 ᄀᆞᆯ오ᄃᆡ 晉國이 ᄯᅩᄒᆞᆫ 仕ᄒᆞᄂᆞᆫ 國이로ᄃᆡ 일즉 仕ᄒᆞᆷ이 이러ᄐᆞ시 그 急ᄒᆞᆷ을 듣디 몯ᄒᆞ니 仕ㅣ 이러ᄐᆞ시 急ᄒᆞᆯ뎐댄 君子의 仕ᄒᆞ욤을 難히 너굠은 엇디니잇고 ᄀᆞᆯᄋᆞ샤ᄃᆡ 丈夫ㅣ 生ᄒᆞᆷ애 爲ᄒᆞ야 室둠을 願ᄒᆞ며 女子ㅣ 生ᄒᆞᆷ애 爲ᄒᆞ야 家둠을 願ᄒᆞᆷ은 父母의 心이라 人이 다 둣건마ᄂᆞᆫ 父母의 命과 媒妁의 言을 待티 아니ᄒᆞ고 穴隙을 鑽ᄒᆞ야 서르 窺ᄒᆞ며 墻을 踰ᄒᆞ야 서르 從ᄒᆞ면 곧 父母와 國人이 다 賤히 너기ᄂᆞ니 녜 사ᄅᆞᆷ이 일즉 仕코져 아니티 아니컨마ᄂᆞᆫ ᄯᅩ 그 道를 말미암디 아니ᄒᆞᆷ을 惡ᄒᆞ니 그 道를 말믜암디 아니ᄒᆞ야 往ᄒᆞᄂᆞᆫ 者ᄂᆞᆫ 穴隙을 鑽ᄒᆞᄂᆞ니로 더브러 類ㅣ니라

●晉國、解見首篇、仕國、謂君子遊宦之國、霄、意以孟子、不見諸侯、爲難仕、故、先問古之君子仕否然後、言此、以風切之也、男、以女爲室、女、以男爲家、妁、亦媒也、言爲父母者、非不願其男女之有室家、而亦惡其不由道、蓋君子、雖不潔身以亂倫、而亦不徇利而忘義也

○彭更이 問曰 後車數十乘과 從者數百人으로 以傳食於諸侯ㅣ

食 밥사 飯也

羨남을여 餘也

不以泰乎ㅣ잇가 孟子ㅣ曰非其道則一簞食ㅣ라도 不可受於人이어니와 如其道則舜이受堯之天下호샤ᄃᆡ 不以爲泰ᄒᆞ시니 子ㅣ以爲泰乎아

彭更이몯ᄌᆞ와골오ᄃᆡ後車數十乘과從者數百人으로ᄡᅥ諸侯에傳食ᄒᆞ욤이너무泰티아니ᄒᆞ니잇가孟子ㅣ골ᄋᆞ샤ᄃᆡ그道ㅣ아니면ᄒᆞᆫ簞人食ㅣ라도可히人의게受티몯ᄒᆞ려니와만일에그道ㅣ면舜이堯의天下를受ᄒᆞ샤ᄃᆡᄡᅥ泰히아니너기시니子ㅣᄡᅥ泰히너기ᄂᆞ냐

●彭更、孟子弟子也、泰、侈也

曰否라士ㅣ無事而食이不可也ㅣ니이다

골오ᄃᆡ아니라士ㅣ事ㅣ업시셔食홈이可티아니ᄒᆞ니이다

●言不以舜爲泰、但謂今之士、無功而食人之食、則不可也

曰子ㅣ不通功易事ᄒᆞ야以羨補不足이면則農有餘粟ᄒᆞ며女有餘布ㅣ어니와 子ㅣ如通之면則梓匠輪輿ㅣ皆得食於子ᄒᆞ리니 於此有人焉ᄒᆞ니 入則孝ᄒᆞ고出則悌ᄒᆞ야守先王之道ᄒᆞ야以待後之學者호ᄃᆡ而不得食於子ᄒᆞᄂᆞ니子ㅣ何尊梓匠輪輿而輕爲仁義者哉오 羨延而又

골ᄋᆞ샤ᄃᆡ子ㅣ功을通ᄒᆞ며事를易ᄒᆞ야羨으로ᄡᅥ不足을補티아니ᄒᆞ면農이나믄粟이이시며女ㅣ나믄布ㅣ이시려니와子ㅣ만일에通ᄒᆞ면梓와匠과輪과輿ㅣ다시러곰子의게食ᄒᆞ리니이예사ᄅᆞᆷ이이시니入ᄒᆞ면孝ᄒᆞ고出ᄒᆞ면悌ᄒᆞ야先王의道를守ᄒᆞ야ᄡᅥ後人學者를待호ᄃᆡ시러곰子의게食디몯ᄒᆞᄂᆞ니子ㅣ엇디梓와匠과輪과輿

食 밥사 飯也

惡 위오할오

믈尊ᄒᆞ고仁義ᄒᆞᄂᆞᆫ者ᄅᆞᆯ輕히너기ᄂᆞᆫ뇨

●通功易事、謂通人之功、而交易其事、羨、餘也、有餘、言無所貿易、而積於無用也、梓人、匠人、木工也、輪人、輿人、車工也

曰梓匠輪輿ᄂᆞᆫ其志ㅣ將以求食也ㅣ어니와君子之爲道也도其志ㅣ亦將以求食與잇가曰子ㅣ何以其志爲哉오其有功於子에可食而食之矣니且子ᄂᆞᆫ食志乎아食功乎아曰食志니이다 可食而食食志食功之食皆音嗣

ᄀᆞᆯ오ᄃᆡ梓와匠과輪과輿ᄂᆞᆫ그志ㅣ쟝ᄎᆞᆺ뻐食을求ᄏᆡ니와君子의道ᄒᆞ욤도그志ㅣᄯᅩᄒᆞᆫ쟝ᄎᆞᆺ뻐食을求ᄒᆞᄂᆞ니잇가ᄀᆞᆯᄋᆞ샤ᄃᆡ子ㅣ엇디志로뻐ᄒᆞ료그子의게功이이숌애可히食ᄒᆞ얌즉거든食ᄒᆞᄂᆞ니ᄯᅩ子ᄂᆞᆫ志ᄅᆞᆯ食ᄒᆞᄂᆞ냐功을食ᄒᆞᄂᆞ냐ᄀᆞᆯ오ᄃᆡ志ᄅᆞᆯ食ᄒᆞᆯ띠니이다、

●孟子、言自我而言、固不求食、自彼而言、凡有功者、則當食之

曰有人於此ᄒᆞ니毁瓦畫墁이오其志ㅣ將以求食也則子ㅣ食之乎아曰否ㅣ라曰然則子ㅣ非食志也ㅣ라食功也ㅣ로다 墁武女反子食之食亦音嗣

ᄀᆞᆯᄋᆞ샤ᄃᆡ사ᄅᆞᆷ이이예이시니瓦ᄅᆞᆯ毁ᄒᆞ며墁을畫ᄒᆞ고그志ㅣ쟝ᄎᆞᆺ뻐食을求ᄒᆞ면子ㅣ食ᄒᆞ랴ᄀᆞᆯ오ᄃᆡ아니라ᄀᆞᆯᄋᆞ샤ᄃᆡ그러면子ㅣ志ᄅᆞᆯ食ᄒᆞᆷ이아니라功을食ᄒᆞᆷ이로다

●墁、墻壁之飾也、毁瓦畫墁、言無功而有害也、既曰食功、則以士爲無事而食者、眞尊梓匠輪輿、而輕爲仁義者矣

○萬章이問曰宋은小國也ㅣ라今애將行王政ᄒᆞᄂᆞ니齊楚ㅣ惡而伐

憎也

食 밥사 飯也

之則如之何ㅣ니잇고 惡去聲

萬章이묻ᄌᆞ와ᄀᆞᆯ오ᄃᆡ宋은져근나라히라이제장ᄎᆞᆺ王政을行호려ᄒᆞᄂᆞ니齊楚ㅣ惡ᄒᆞ야伐ᄒᆞ면엇디ᄒᆞ리잇고

●萬章、孟子弟子、宋王偃、嘗滅滕伐薛、敗齊楚魏之兵、欲霸天下、疑卽此時也

孟子ㅣ曰湯이居亳ᄒᆞ실시與葛爲鄰이러시니葛伯이放而不祀ㅣ어ᄂᆞᆯ湯이使人問之曰何爲不祀오曰無以供犧牲也ㅣ로이다湯이使遺之牛羊ᄒᆞ신대葛伯이食之ᄒᆞ고又不以祀ㅣ어ᄂᆞᆯ湯이又使人問之曰何爲不祀오曰無以供粢盛也ㅣ로이다湯이使亳衆으로往爲之耕이어시ᄂᆞᆯ老弱이饋食ㅣ러니葛伯이帥其民ᄒᆞ야要其有酒食黍稻者ᄒᆞ야奪之호ᄃᆡ不授者를殺之ᄒᆞ더니有童子ㅣ以黍肉餉이어ᄂᆞᆯ殺而奪之ᄒᆞ니書에曰葛伯이仇餉이라ᄒᆞ니此之謂也ㅣ니라 遺唯季反盛音成爲之之爲去聲饋食酒食之食音嗣要平聲餉式亮反

孟子ㅣᄀᆞᆯᄋᆞ샤ᄃᆡ湯이亳에居ᄒᆞ실ᄭᅢ葛로더브러隣이되얏더시니葛伯이放ᄒᆞ야祀티아니ᄒᆞ거ᄂᆞᆯ湯이人으로ᄒᆞ여곰問ᄒᆞ야ᄀᆞᆯᄋᆞ샤ᄃᆡ엇지祀티아니ᄒᆞᄂᆞ뇨ᄀᆞᆯ오ᄃᆡᄡᅥ犧牲을供홀ᄭᅢ시업소이다湯이ᄒᆞ여곰牛羊을遺ᄒᆞ신대葛伯이食ᄒᆞ고ᄯᅩᄡᅥ祀티아니ᄒᆞ거ᄂᆞᆯ湯이ᄯᅩ人으로ᄒᆞ여곰問ᄒᆞ야ᄀᆞᆯᄋᆞ샤ᄃᆡ엇디祀티아니ᄒᆞᄂᆞ뇨ᄀᆞᆯ오ᄃᆡᄡᅥ粢盛을供홀ᄭᅢ시업소이다湯이亳앳衆으로ᄒᆞ여곰往ᄒᆞ야爲ᄒᆞ야耕ᄒᆞ라ᄒᆞ거시ᄂᆞᆯ老弱이食를饋ᄒᆞ더니葛伯이그民을帥ᄒᆞ야그酒食와黎稻두ᄂᆞᆫ者를要ᄒᆞ야奪호ᄃᆡ授티아니ᄒᆞᄂᆞᆫ者를殺ᄒᆞ더니童子ㅣ黍ㅣ며肉으로ᄡᅥ餉ᄒᆞ리잇거ᄂᆞᆯ殺ᄒᆞ고奪ᄒᆞ니書

復 회답할복 答也

載 비로소재 始也

에ᄀᆞᆯ오ᄃᆡ葛伯이餉ᄒᆞᄂᆞᆫ너仇라ᄒᆞ니이ᄅᆞᆯ닐ᄋᆞ니라
●葛、國名、伯、爵也、放而不祀、放縱無道、不祀先祖也、亳衆、湯之民、其民、葛民
也、授、與也、餉、亦饋也、書、商書仲虺之誥也、仇餉、言與餉者、爲仇也
爲其殺是童子而征之ᄒᆞ신대四海之內ㅣ皆曰非富天下也ㅣ라爲
匹夫匹婦ᄒᆞ야復讐也ㅣ라ᄒᆞ니라 爲去聲
그이童子殺ᄒᆞ옴을爲ᄒᆞ야征ᄒᆞ신대四海人內ㅣ다ᄀᆞᆯ오ᄃᆡ 天下ᄅᆞᆯ富히너기신주ㅣ
아니라匹夫와匹婦ᄅᆞᆯ爲ᄒᆞ야讐ᄅᆞᆯ復ᄒᆞ시다ᄒᆞ니라
●非富天下、言湯之心、非以天下、爲富而欲得之也
湯이始征을自葛로載ᄒᆞ사十一征而無敵於天下ᄒᆞ니東面而往에西
夷怨ᄒᆞ며南面而征에北狄이怨ᄒᆞ야曰奚爲後我오ᄒᆞ야民之望之ㅣ若
大旱之望雨也ᄒᆞ야歸市者ㅣ弗止ᄒᆞ며芸者ㅣ不變이어ᄂᆞᆯ誅其君弔其
民ᄒᆞ신대如時雨降이라民이大悅ᄒᆞ니書에曰徯我后ᄒᆞ노소니后來ᄒᆞ시면其無
罰아ᄒᆞ니라
湯이비로소征ᄒᆞ심을葛로브터載ᄒᆞ샤十一征ᄒᆞ심애 天下애敵이업ᄉᆞ니東으로面
ᄒᆞ야征ᄒᆞ심애西夷ㅣ怨ᄒᆞ며南으로面ᄒᆞ야征ᄒᆞ심애北夷이怨ᄒᆞ야ᄀᆞᆯ ᄃᆡ엇디우
리ᄅᆞᆯ後에ᄒᆞ시ᄂᆞᆫ고ᄒᆞ야民의望홈이大旱애雨ᄅᆞᆯ望홈ᄀᆞᆮ티ᄒᆞ야市예歸ᄒᆞᄂᆞᆫ者ㅣ止
티아니ᄒᆞ며芸ᄒᆞᄂᆞᆫ者ㅣ變티아니ᄒᆞ거ᄂᆞᆯ그君을誅ᄒᆞ고그民을弔ᄒᆞ신대時雨ㅣ降
홈ᄀᆞᆮᄐᆞᆫ디라民이키悅ᄒᆞ니 書에ᄀᆞᆯ오ᄃᆡ우리后ᄅᆞᆯ徯ᄒᆞ노소니后ㅣ來ᄒᆞ시면그罰이
업ᄉᆞ리라ᄒᆞ니라

食밥사飯也

●載、亦始也、十一征、所征、十一國也、餘、已見前篇

有攸不爲臣이어늘 東征ᄒᆞ샤 綏厥士女ᄒᆞ신대 匪厥玄黃ᄒᆞ야 紹我周王見休ᄒᆞ야 惟臣附于大邑周ᄒᆞ니 其君子ᄂᆞᆫ 實玄黃于匪ᄒᆞ야 以迎其君子ᄒᆞ고 其小人은 簞食壺漿으로 以迎其小人ᄒᆞ니 救民於水火之中ᄒᆞ야 取其殘而已矣니라

臣이되디아니ᄒᆞᄂᆞᆫ배잇거ᄂᆞᆯ 東으로征ᄒᆞ샤그士女를綏ᄒᆞ신대그玄黃을匪ᄒᆞ야우리周王을紹ᄒᆞ야休를보와 大邑周에臣附ᄒᆞ니그君子ᄂᆞᆫ玄黃을匪예實ᄒᆞ야ᄡᅥ그君子를迎ᄒᆞ고그小人은簞食와壺漿으로ᄡᅥ 그小人을迎ᄒᆞ니民을水火ㅅ中에救ᄒᆞ야그殘을取ᄒᆞᆯᄯᆞ름이니라

●按周書武成篇、載武王之言、孟子、約其文如此、然、其辭、特與今書文不類、今姑依此文解之、有所不爲臣、謂助紂爲惡、而不爲周臣者、匪、與篚同、玄黃、幣也、紹、繼也、猶言事也、言其士女、以篚、盛玄黃之幣、迎武王而事之也、商人而曰我周王、猶商書所謂我后也、休、美也、言武王、能順天休命、而事之者、皆見休也、臣附、歸服也、孟子、又釋其意、言商人、聞周師之來、各以其類相迎者、以武王、能救民於水火之中、取其殘民者誅之、而不爲暴虐耳、君子、謂在位之人、小人、謂細民也

太誓에曰我武를惟揚ᄒᆞ야侵于之疆ᄒᆞ야則取于殘ᄒᆞ야殺伐用張ᄒᆞ니于湯애有光이라ᄒᆞ니라

●太誓에ᄀᆞᆯ오ᄃᆡ우리武를揚ᄒᆞ야疆을侵ᄒᆞ야곧殘을取ᄒᆞ야殺伐이ᄡᅥ張ᄒᆞ니湯애光이잇다ᄒᆞ니라

●太誓、周書也、今書文、亦小異、言武王、威武奮揚、侵彼紂之疆界、取其殘賊、而殺伐之功、因以張大、比於湯之伐桀、又有光焉、引此、以證上文取其殘之義

不行王政云爾언뎡苟行王政이면四海之內ㅣ皆擧首而望之ᄒᆞ야欲以爲君ᄒᆞ리니齊楚ㅣ雖大나何畏焉이리오

王政을行티아닐떠언뎡진실로王政을行ᄒᆞ면四海人內ㅣ다首를擧ᄒᆞ야望ᄒᆞ야ᄡᅧ君을삼고쟈ᄒᆞ리니齊와楚ㅣ비록크나엇디畏ᄒᆞ리오

●宋、實不能行王政、後果爲齊所滅、王偃、走死、○尹氏、曰爲國者、能自治而得民心、則天下、皆將歸往之、恨其征伐之不早也、尙何彊國之足畏哉、苟不自治、而以彊弱之勢、言之、是、可畏而已矣

○孟子ㅣ謂戴不勝曰子欲子之王之善與아我ㅣ明告子호리라有楚大夫於此ᄒᆞ니欲其子之齊語也則使齊人傅諸아使楚人傅諸아曰使齊人傅之니라曰一齊人이傅之어든衆楚人이咻之면雖日撻而求其齊也ㅣ라도不可得矣어니와引而置之莊嶽之間數年이면雖日撻而求其楚ㅣ라도亦不可得矣리라 與平聲咻音休

孟子ㅣ戴不勝ᄃᆞ려닐어ᄀᆞᆯ으샤ᄃᆡ子ㅣ子의王을善코쟈ᄒᆞᄂᆞ냐내明히子의게告호리라楚人태우ㅣ이예이시니그子를齊人語를ᄒᆞ과댜ᄒᆞ면齊人으로ᄒᆞ여곰傅ᄒᆞ랴楚人으로ᄒᆞ여곰傅ᄒᆞ랴ᄀᆞᆯ으ᄃᆡ齊人으로ᄒᆞ여곰傅홀띠니라ᄀᆞᆯ으샤ᄃᆡᄒᆞᆫ齊人이傅ᄒᆞ거든모ᄃᆞᆫ楚人이咻ᄒᆞ면비록日로撻ᄒᆞ야그齊를求ᄒᆞ야도可히得디몯ᄒᆞ련니와

引ᄒᆞ야莊嶽人間에置홈을數年이면비록日로撻ᄒᆞ야그楚를求ᄒᆞ야도ᄯᅩᄒᆞᆫ可히得디몯ᄒᆞ리라

●戴不勝、宋臣也、齊語、齊人語也、傅、敎也、咻、讙也、齊、齊語也、莊嶽、齊街里名也、楚、楚語也、此、先設譬以曉之也

子ㅣ謂薛居州를善士也ㅣ라ᄒᆞ야使之居於王所ᄒᆞᄂᆞ니在於王所者ㅣ長幼卑尊이皆薛居州也ㅣ면王誰與爲不善이며在王所者ㅣ長幼卑尊이皆非薛居州也ㅣ면王誰與爲善이리오一薛居州ㅣ獨如宋王애何이리오 長上聲

子ㅣ薛居州를닐ᄋᆞ되善ᄒᆞᆫ士ㅣ라ᄒᆞ야ᄒᆞ여곰王所애居케ᄒᆞᄂᆞ니王所애인ᄂᆞᆫ者ㅣ長과幼와卑와尊이다薛居州ㅣ면王이눌로더브러不善을ᄒᆞ며王所애인ᄂᆞᆫ者ㅣ長과幼와卑와尊이다薛居州ㅣ아니면王이눌로더브러善을ᄒᆞ리오ᄒᆞᆫ薛居州ㅣ호올로宋王애엇디ᄒᆞ리오

●居州、亦宋臣、言小人衆而君子獨、無以成正君之功

○公孫丑ㅣ問曰不見諸侯ㅣ何義잇고孟子ㅣ曰古者에不爲臣ᄒᆞ야ᄂᆞᆫ不見ᄒᆞ더니라

公孫丑ㅣ묻ᄌᆞ와ᄀᆞᆯ오ᄃᆡ諸侯를보디아니ᄒᆞ심이엇던義잇고孟子ㅣᄀᆞᆯᄋᆞ샤ᄃᆡ녜ㅅ臣이되디아니ᄒᆞ야ᄂᆞᆫ見티아니ᄒᆞ더라

●不爲臣、謂未仕於其國者也、此、不見諸侯之義也

見보일 현 現也

段干木은 踰垣而辟之ᄒᆞ고 泄柳는 閉門而不內ᄒᆞ니 是皆已甚ᄒᆞ니 迫이어와 斯可以見矣니라 辟去聲內與納同

段干木은 垣을 踰ᄒᆞ야 辟ᄒᆞ고 泄柳는 門을 閉ᄒᆞ고 內디 아니ᄒᆞ니 이 다 너무 甚ᄒᆞ니 迫ᄒᆞ거든 이예 可히 뻐 볼꺼시니라

●段干木、魏文侯時人、泄柳、魯繆公時人、文侯、繆公、欲見此二人、而二人、不肯見之、蓋未爲臣也、已甚、過甚也、迫、謂求見之切也

陽貨ㅣ欲見孔子而惡無禮ᄒᆞ야 大夫ㅣ有賜於士ㅣ어든 不得受於其家ㅣ면 則往拜其門일시 陽貨ㅣ矙孔子之亡也而饋孔子蒸豚ᄒᆞᆫ대 孔子ㅣ亦矙其亡也而往拜之ᄒᆞ시니 當是時ᄒᆞ야 陽貨ㅣ先이면 豈得不見이시리오 欲見之見音現 惡去聲矙音勘

陽貨ㅣ孔子를 뵈과뎌 호ᄃᆡ 禮ㅣ업다 홈을 惡ᄒᆞ야 대우ㅣ士의게 賜홈이 잇거든 시러곰 그 家의셔 受티 몯ᄒᆞ면 往ᄒᆞ야 그 門에 拜홀꺼실식 陽貨ㅣ孔子의 亡홈을 矙ᄒᆞ야 孔子ᄭᅴ 蒸ᄒᆞᆫ 豚을 饋ᄒᆞᆫ대 孔子ㅣ또 그 亡홈을 矙ᄒᆞ야 往ᄒᆞ야 拜ᄒᆞ시니 이 時예 當ᄒᆞ야 陽貨ㅣ先ᄒᆞ면 엇디 시러곰 見티 아니ᄒᆞ시리오

●此、又引孔子之事、以明可見之節也、欲見孔子、欲召孔子、來見己也、惡無禮、畏人以己爲無禮也、受於其家、對使人、拜受於家也、其門、大夫之門也、矙、窺也、陽貨、於魯、爲大夫、孔子、爲士故、以此物、及其不在而饋之、欲其來拜而見之也、先、謂先來加禮也

曾子ㅣ曰脅肩諂笑ㅣ病于夏畦ㅣ라ᄒᆞ며 子路ㅣ曰未同而言을 觀其

色컨댄赧赧然이라 非由之所知也ㅣ라ᄒᆞ니 由是觀之則君子之所養을可知已矣니라 脅虛業反 赧奴簡反

曾子ㅣᄀᆞᆯ으샤ᄃᆡ 肩을脅ᄒᆞ며諂히笑홈이夏畦두곤病되다ᄒᆞ며子路ㅣᄀᆞᆯ오ᄃᆡ同티몯ᄒᆞ고言홈을그色을 보건댄赧赧ᄒᆞ디라由의알배아니라ᄒᆞ니일로말ᄆᆡ아마보면君子의養ᄒᆞ는바를可히알띠니라

●脅肩、竦體、諂笑、彊笑、皆小人側媚之態也、病、勞也、夏畦、夏月治畦之人也言爲此者、其勞、過於夏畦之人也、未同而言、與人未合、而彊與之言也、赧赧、慙而面赤之貌、由、子路名、言非己所知、甚惡之之辭也、孟子、言由此二言觀之則二子之所養、可知、必不肯不、俟其禮之至、而輒往見之也、○此章、言聖人禮義之中正、過之者、傷於迫切而不洪、不及者、淪於汚賤而不恥

○戴盈之曰什一와 去關市之征을 今玆未能이란ᄃᆡ 請輕之ᄒᆞ야 以待來年然後애 已호ᄃᆡ 何如ᄒᆞ니잇고 去上聲

戴盈之ㅣᄀᆞᆯ오ᄃᆡ什에一을홈과關市옛征을去홈을이제이를能히몯ᄒᆞ란ᄃᆡ請컨댄輕히ᄒᆞ야ᄡᅧ來年을기ᄃᆞ린然後에마로ᄃᆡ엇더ᄒᆞ니잇고

●盈之、亦宋大夫也、什一、井田之法也、關市之征、商賈之稅也、已、止也

孟子ㅣ曰今有人이 日攘其隣之鷄者ㅣ어든 或이 告之曰是非君子之道ㅣ라ᄒᆞᆫ대 曰請損之ᄒᆞ야 月攘一鷄ᄒᆞ야 以待來年然後에 已호리다 攘如羊反

孟子ㅣᄀᆞᆯ으샤ᄃᆡ이제人이날로그隣人雞를攘ᄒᆞ리잇거든或이告ᄒᆞ야ᄀᆞᆯ오ᄃᆡ이君子의道ㅣ아니라ᄒᆞᆫ대ᄀᆞᆯ오ᄃᆡ請컨댄損ᄒᆞ야ᄃᆞᆯ로一鷄를攘ᄒᆞ야ᄡᅧ來年을기ᄃᆞ린然

後에己홈이로다

如知其非義ㄴ댄斯速已矣니何待來年이리오

●攘、物自來而取之也、損、減也

만일에그義아닌줄을알면딘이에샐리마롤띠니엇디來年을기돌이리오

●知義理之不可、而不能速改、與月攘一鷄、何以異哉

○公都子ㅣ曰外人이皆稱夫子好辯ᄒᆞᄂᆞ니敢問何也잇고孟子ㅣ曰予豈好辯哉리오予ㅣ不得已也ㅣ로라天下之生이久矣라一治一亂이니라 好去聲下同治去聲

公都子ㅣ골오ᄃᆡ外人人이다夫子를辯을好ᄒᆞ신다稱ᄒᆞᄂᆞ니敢히묻잡노이다엇데니잇고孟子ㅣ골ᄋᆞ샤ᄃᆡ내엇디辯을好ᄒᆞ리오내시러곰마디몯ᄒᆞ예로라天下앳生이오란디라ᄒᆞᆫ번治ᄒᆞ고ᄒᆞᆫ번亂ᄒᆞᄂᆞ니라

●生、謂生民也、一治一亂、氣化盛衰、人事得失、反覆相尋、理之常也

當堯之時ᄒᆞ야水ㅣ逆行ᄒᆞ야氾濫於中國ᄒᆞ야蛇龍이居之ᄒᆞ야民無所定ᄒᆞ야下者ᄂᆞᆫ爲巢ᄒᆞ고上者ᄂᆞᆫ爲營窟ᄒᆞ니書애曰洚水ㅣ警余ㅣ라ᄒᆞ니洚水者ᄂᆞᆫ洪水也ㅣ니라 洚音降又胡貢胡工二反

堯人時를當ᄒᆞ야水ㅣ거스리行ᄒᆞ야中國에氾濫ᄒᆞ야蛇와龍이居ᄒᆞ니民이定홀배업서下ᄒᆞᆫ者ᄂᆞᆫ巢를ᄒᆞ고上ᄒᆞᆫ者ᄂᆞᆫ營窟을ᄒᆞ니書에골오ᄃᆡ洚水ㅣ나를警ᄒᆞ다ᄒᆞ니洚水ᄂᆞᆫ洪水ㅣ니라

●水逆行 下流壅塞故、水、倒流而旁溢也、下、下地、上、高地也、營窟、穴處上聲也
書虞書大禹謨也、洚水、洚洞無涯之水也、警、戒也、此、一亂也

使禹治之어시늘 禹ㅣ掘地而注之海ᄒᆞ시고 驅蛇龍而放之菹ᄒᆞ신대 水ㅣ由地中行ᄒᆞ니 江淮河漢이 是也ㅣ라 險阻ㅣ既遠ᄒᆞ며 鳥獸之害人者ㅣ消然後에 人得平土而居之ᄒᆞ니라 菹側魚反

禹로ᄒᆞ여곰治ᄒᆞ라ᄒᆞ여시늘禹ㅣ地를掘ᄒᆞ야海예注ᄒᆞ시고蛇와龍을驅ᄒᆞ야菹에放ᄒᆞ신대水ㅣ地中을말믜아마行ᄒᆞ니江과淮와河와漢이이라險阻ㅣ임의遠ᄒᆞ며鳥獸의人을害홈이消ᄒᆞᆫ然後에사ᄅᆞᆷ이平土를得ᄒᆞ야居ᄒᆞ니라

●掘地、掘去壅塞也、菹、澤生草者也、地中、兩涯之間也、險阻、謂水之氾濫也、遠去也、消、除也、此、一治也

堯舜이既沒ᄒᆞ시니 聖人之道ㅣ衰ᄒᆞ야 暴君이 代作ᄒᆞ야 壞宮室以爲汙池ᄒᆞ야 民無所安息ᄒᆞ며 棄田以爲園囿ᄒᆞ야 使民不得衣食ᄒᆞ고 邪說暴行이 又作ᄒᆞ야 園囿汙池沛澤이 多而禽獸ㅣ至ᄒᆞ니 及紂之身ᄒᆞ야 天下ㅣ又大亂ᄒᆞ니라 壞音怪行去聲下同沛蒲內反

堯舜이임의沒ᄒᆞ시니聖人의道ㅣ衰ᄒᆞ야暴君이代로作ᄒᆞ야宮室을壞ᄒᆞ야ᄡᅧ汙池을삼아民이安息홀ᄇᆡ업스며田을棄ᄒᆞ야ᄡᅧ園囿를삼아民으로ᄒᆞ여곰衣食홈을得디몯게ᄒᆞ고邪說과暴行이ᄯᅩ作ᄒᆞ야園囿와汙池와沛澤이하禽獸ㅣ至ᄒᆞ니紂의身에밋처天下ㅣᄯᅩ키亂ᄒᆞ니라

●暴君、謂夏太康、孔甲、履癸、商武乙之類也、宮室、民居也、沛、草木之所生也、澤、水所鍾也、自堯舜沒、至此、治亂、非一、及紂而又一大亂也

周公이相武王ᄒᆞ샤誅紂ᄒᆞ시고伐奄三年에討其君ᄒᆞ시고驅飛廉於海隅而戮之ᄒᆞ시니滅國者ㅣ五十이오驅虎豹犀象而遠之ᄒᆞ신대天下ㅣ大悅ᄒᆞ니書에曰丕顯哉라文王謨ㅣ여丕承哉라武王烈이여佑啓我後人ᄒᆞ샤ᄃᆡ咸以正無缺이라ᄒᆞ니라 相去聲 奄平聲

周公이武王을相ᄒᆞ샤紂를誅ᄒᆞ시고奄을伐ᄒᆞ신三年애그君을討ᄒᆞ시고飛廉을海隅에驅ᄒᆞ야戮ᄒᆞ시니國을滅ᄒᆞᆫ者ㅣ五十이오虎와豹와犀와象을모라遠히ᄒᆞ신대天下ㅣ키悅ᄒᆞ니書에ᄀᆞᆯ오ᄃᆡ키顯ᄒᆞ다文王의謨ㅣ여키承ᄒᆞ다武王의烈이여우리後人을佑ᄒᆞ야啓ᄒᆞ샤ᄃᆡ다正으로ᄡᅥᄒᆞ샤缺홈이업다ᄒᆞ니라

●奄、東方之國、助紂爲虐者也、飛廉、紂、幸臣也、五十國、皆紂黨虐民者也、書、周書君牙之篇、丕、大也、顯、明也、謨、謀也、承、繼也、烈、光也、佑、助也、啓、開也、缺、壞也、此、一治也

世衰道微ᄒᆞ야邪說暴行이有作ᄒᆞ야臣弑其君者ㅣ有之ᄒᆞ며子弑其父者ㅣ有之라ᄒᆞ니 有作之有讀爲又古字通用

世ㅣ衰ᄒᆞ며道ㅣ微ᄒᆞ야邪說와暴行이또作ᄒᆞ야臣이그君을殺ᄒᆞᆫ者ㅣ이시며子ㅣ그父를弑ᄒᆞᆫ者ㅣ이시니라

●此、周室東遷之後、又一亂也

孔子ㅣ懼ᄒᆞ샤作春秋ᄒᆞ시니春秋ᄂᆞᆫ天子之事也ㅣ라是故로孔子ㅣ曰知

我者도 其惟春秋乎ㅣ며 罪我者도 其惟春秋乎ㄴ뎌ᄒᆞ시니라

孔子ㅣ 懼ᄒᆞ샤 春秋를 作ᄒᆞ시니 春秋ᄂᆞᆫ 天子의 事ㅣ라 이런 故로 孔子ㅣ ᄀᆞᆯᄋᆞ샤ᄃᆡ 我를 知ᄒᆞᆯ 者도 그 春秋ㅣ며 我를 罪ᄒᆞᆯ 者도 그 春秋ㄴ뎌ᄒᆞ시니라

●胡氏曰仲尼、作春秋、以寓王法、惇典庸禮、命德討罪、其大要、皆天子之事也、知孔子者、謂此書之作、遏人欲於橫流、存天理於旣滅、爲(去聲)後世、慮至深遠也、罪孔子者、以謂無其位、而託二百四十二年南面之權、使亂臣賊子、禁其欲而不得肆則戚矣、愚、謂孔子、作春秋、以討亂賊、則致治之法、垂於萬世、是亦一治也

聖王이 不作ᄒᆞ야 諸侯ㅣ 放恣ᄒᆞ며 處士ㅣ 橫議ᄒᆞ야 楊朱墨翟之言이 盈天下ᄒᆞ야 天下之言이 不歸楊則歸墨ᄒᆞ니 楊氏ᄂᆞᆫ 爲我ᄒᆞ니 是ᄂᆞᆫ 無君也ㅣ오 墨氏ᄂᆞᆫ 兼愛ᄒᆞ니 是ᄂᆞᆫ 無父也ㅣ니 無父無君은 是ㅣ 禽獸也ㅣ니라 公明儀ㅣ 曰庖有肥肉ᄒᆞ며 廐有肥馬ㅣ어든 民有飢色ᄒᆞ며 野有餓莩ㅣ면 此ᄂᆞᆫ 率獸而食人也ㅣ라ᄒᆞ니 楊墨之道ㅣ 不息ᄒᆞ면 孔子之道ㅣ 不著ᄒᆞ리니 是ᄂᆞᆫ 邪說이 誣民ᄒᆞ야 充塞仁義也ㅣ니 仁義充塞則率獸食人ᄒᆞ다가 人將相食ᄒᆞ리라 (橫爲皆去聲 莩皮表反)

聖王이 作디 아니ᄒᆞ야 諸侯ㅣ 放恣ᄒᆞ며 處士ㅣ 議를 橫히 ᄒᆞ야 楊朱와 墨翟의 言이 天下애 盈ᄒᆞ야 天下읫 言이 楊애 歸티 아니ᄒᆞ면 墨애 歸ᄒᆞ니 楊氏ᄂᆞᆫ 我를 爲ᄒᆞ니 이ᄂᆞᆫ 君이 업슴이오 墨氏ᄂᆞᆫ 愛를 兼ᄒᆞ니 이ᄂᆞᆫ 父ㅣ 업슴이니 父ㅣ 업스며 君이 업슴은 이 禽獸ㅣ니라 公明儀ㅣ ᄀᆞᆯ오대 庖애 肥肉이 이시며 廐애 肥馬ㅣ 잇거든 民이 饑色이 이시며

野애餓莩ㅣ이시면이는獸를率ᄒᆞ야人을食홈이라ᄒᆞ니楊墨의道ㅣ息디아니ᄒᆞ면孔子의道ㅣ著디몯ᄒᆞ리니이는邪說이民을誣ᄒᆞ야仁義를充塞홈이니仁義ㅣ充塞ᄒᆞ면獸를率ᄒᆞ야人을食ᄒᆞ다가人이장찻서ᄅᆞ食ᄒᆞ리라

●楊朱、但知愛身、而不復扶又反知有致身之義故、無君、墨子、愛無差等、而視其至親、無異衆人故、無父、無父無君則人道、滅絕、是亦禽獸而已、公明儀之言、義見首篇、充塞仁義、謂邪說、徧滿、妨於仁義也、孟子、引儀之言、以明楊墨道行、則人皆無父無君、以陷於禽獸、而大亂將起、是亦率獸食人、而人又相食也、此又一亂也、

吾ㅣ爲此懼ᄒᆞ야閑先聖之道ᄒᆞ야距楊墨ᄒᆞ며放淫辭ᄒᆞ야邪說者ㅣ不得作게ᄒᆞ노니作於其心ᄒᆞ야害於其事ᄒᆞ며作於其事ᄒᆞ야害於其政ᄒᆞᄂᆞ니聖人이復起ᄒᆞ샤도不易吾言矣시리라 爲去聲復扶又反

ᄂᆡ이ᄅᆞᆯ爲ᄒᆞ야懼ᄒᆞ야先聖의道ᄅᆞᆯ閑ᄒᆞ야楊墨을距ᄒᆞ며淫辭ᄅᆞᆯ放ᄒᆞ야邪說ᄒᆞᄂᆞᆫ者ㅣ시러곰作디몯게ᄒᆞ노니그心애作ᄒᆞ야그事애害ᄒᆞ며그事애作ᄒᆞ야그政에害ᄒᆞᄂᆞ니聖人이다시起ᄒᆞ샤도ᄂᆡ言을易디아니ᄒᆞ시리라

●閑、衞也、放、驅而遠之也、作、起也、事、所行、政、大體也、孟子、雖不得志於時然、楊墨之害、自是滅息、而君臣父子之道、賴以不墜、是亦一治也、程子、曰楊墨之害、甚於申韓、佛老之害、甚於楊墨、蓋楊氏、爲我、疑於義、墨氏、兼愛、疑於仁、申韓則淺陋易見故、孟子、止闢楊墨、爲其惑世之甚也、佛氏之言、近理、又非楊墨之比、所以爲害尤甚

昔者에禹ㅣ抑洪水而天下ㅣ平ᄒᆞ고周公이兼夷狄驅猛獸而百

姓이寧ᄒᆞ고孔子ㅣ成春秋而亂臣賊子ㅣ懼ᄒᆞ니라

녯禹ㅣ洪水를抑ᄒᆞ심애天下ㅣ平ᄒᆞ고周公이夷狄을兼ᄒᆞ며猛獸를驅ᄒᆞ심애百姓이寧ᄒᆞ고孔子ㅣ春秋를成ᄒᆞ심애亂臣과賊子ㅣ懼ᄒᆞ니라

●抑、止也、兼、幷之也、總結上文也

詩云戎狄是膺ᄒᆞ니荊舒是懲ᄒᆞ야則莫我敢承이라ᄒᆞ니無父無君은是周公所膺也ㅣ니라

詩예니르대戎狄을이膺ᄒᆞ니荊과舒ㅣ이懲ᄒᆞ야곳나를敢히承티몯ᄒᆞ다ᄒᆞ니父ㅣ업스며君이업ᄉᆞᆫ이ᄂᆞᆫ이周公의膺ᄒᆞ신배니라

●說見上篇、承、當也

我ㅣ亦欲正人心ᄒᆞ야息邪說ᄒᆞ며距詖行ᄒᆞ며放淫辭ᄒᆞ야以承三聖者ㅣ로니豈好辯哉리오予ㅣ不得已也ㅣ니라 行好皆去聲

ᄂᆡᄯᅩᄒᆞᆫ人心을正ᄒᆞ야邪說을息게ᄒᆞ며詖行을距ᄒᆞ며淫辭를放ᄒᆞ야ᄡᅥ三聖을承코져ᄒᆞ노니엇디辯을好ᄒᆞ리오ᄂᆡ시러곰마지몯ᄒᆞᆷ이니라

●詖、淫、解見前篇、辭者、說之詳也、承、繼也、三聖、禹、周公、孔子也、蓋邪說、橫流、壞音怪人心術、甚於洪水猛獸之災、慘於夷狄篡弑之禍、故、孟子、深懼而力救之、再言豈好辯哉、予不得已也、所以深致意焉、然、非知道之君子、孰能眞知其所以不得已之故哉

能言距楊墨者ᄂᆞᆫ聖人之徒也ㅣ니라

能히楊墨距ᄒᆞ욤을言ᄒᆞᄂᆞᆫ者ᄂᆞᆫ聖人의徒ㅣ니라

於 탄식ᄒᆞᄂᆞᆫ말오 歎辭
咽 목구멍 嗌也

●言苟有能爲此距楊墨之說者、則其所趨、正矣、雖未必知道、是亦聖人之徒也、
孟子、旣答公都子之問、而意有未盡故、復言此、蓋邪說、害正、人人得而攻之、不
必聖賢、如春秋之法、亂臣賊子、人人得而誅之、不必士師也、聖人、救世立法之意
其切如此、若以此意推之、則不能攻討、而又唱爲不必攻討之說者、其爲邪詖之徒、
亂賊之黨、可知矣○尹氏、曰學者、於是非之原、毫釐有差、則害流於生民、禍及於
後世、故、孟子、辯邪說、如是之嚴、而自以爲承三聖之功也、當是時、方且以好辯
目之、是、以常人之心、而度待洛反聖賢之心也

○匡章이曰陳仲子ᄂᆞᆫ豈不誠廉士哉리오居於陵ᄒᆞᆯ시三日不食ᄒᆞ야
耳無聞ᄒᆞ며目無見也ㅣ러니井上有李ㅣ螬食實者ㅣ過半矣어ᄂᆞᆯ匍匐
往將食之ᄒᆞ야三咽然後에아耳有聞ᄒᆞ며目有見ᄒᆞ니라 於音烏下於陵同 螬音曹咽音宴

匡章이갈오대陳仲子ᄂᆞᆫ엇지진실로廉士ㅣ아니리오於陵에居할새三日을食지못
하야耳ㅣ聞홈이업사오며目이見홈이업더니井上에李ㅣ螬ㅣ實을食한者ㅣ半이
過ᄒᆞᆫ이잇거ᄂᆞᆯ匍匐ᄒᆞ야가將ᄒᆞ야食ᄒᆞ야세번咽ᄒᆞᆫ然後에야耳ㅣ聞홈이이시며目
이見홈이이시니라

●匡章、陳仲子、皆齊人、廉、有分辨不苟取也、於陵、地名、螬、蠐螬、蟲也、匍匐言
無力、不能行也、咽、呑也

孟子ㅣ曰於齊國之士에吾必以仲子로爲巨擘焉이어니와雖然이나仲
子ᄂᆞᆫ惡能廉이리오充仲子之操ㅣ면則蚓而後可者也ㅣ니라 擘薄厄反惡平聲蚓音引

孟子ㅣ갈아사대齊國人士의내반다시仲子로써巨擘을삼으려니와비록그러나仲

子는엇지能히廉하리오仲子의操를先하면곳蚓後에可하니라

●巨擘、大指也、言齊人中、有仲子、如衆小指中、有大指也、充、推而滿之也、操、所守也、蚓、丘蚓也、言仲子、未得爲廉也、必若滿其所守之志、則惟丘蚓之無求於世然後、可以爲廉耳

夫蚓은上食槁壤ᄒᆞ고下飮黃泉ᄒᆞᄂᆞ니仲子所居之室은伯夷之所築與아抑亦盜跖之所築與아所食之粟은伯夷之所樹與아抑亦盜跖之所樹與아是未可知也ㅣ로다 夫音扶 與平聲

蚓안上으로槁壤을食하고下로黃泉을飮하나니仲子의居한밧室안伯夷의築한바가또한盜跖의築한바가食하는밧粟은伯夷의樹한바가또한盜跖의樹한바가이可히아지못하리로다

●槁壤、乾土也、黃泉、濁水也、抑、發語辭也、言蚓、無求於人而自足、而仲子、不免居室食粟、若所從來、或有非義、則是未能如蚓之廉也

日是何傷哉리오彼ㅣ身織屨ᄒᆞ고妻辟纑ᄒᆞ야以易之也ㅣ니라 辟音壁 纑音盧

갈오대이엇지傷하리오뎌몯소屨를織하고妻ㅣ纑를辟하야써易하나니라

●辟、績也、纑、練麻也

日仲子는齊之世家也ㅣ라兄戴ㅣ蓋祿이萬鍾이러니以兄之祿으로爲不義之祿而不食也ᄒᆞ며以兄之室로爲不義之室而不居也ᄒᆞ고辟兄離母ᄒᆞ야處於於陵이러니他日에歸則有饋其兄生鵝者ㅣ어늘己

頻顣曰惡用是鶃鶃者爲哉오리 他日에 其母ㅣ殺是鵝也ᄒᆞ야 與之食之러니 其兄이 自外至曰是ㅣ鶃鶃之肉也ㅣ라ᄒᆞᆫ대 出而哇之ᄒᆞ니라 蓋音閤 哇音蛙

갈아사대仲子는齊人世家ㅣ라兄戴ㅣ蓋人祿이萬鍾이러니兄의祿으로써不義엣祿이라하야食지아니하며兄의室로써不義엣室이라하야居치아니하고兄을辟하며母를離하야於陵에處하얏더니他日에歸한則그兄을生鵝를饋할者ㅣ잇거날己頻顣하야갈오대엇지이鶃鶃하는거슬用하리오他日에그母ㅣ이鵝를殺하야與하야날食하더니그兄이外로부터至하야갈오대이鶃鶃의肉이라한대出하야哇하니라

●世家、世卿之家、兄名、戴、食采於蓋、其入、萬鍾也、歸、自於陵歸也、己、仲子也鶃鶃、鵝聲也、頻顣而言、以其兄受饋、爲不義也、哇、吐之也

以母則不食ᄒᆞ고 以妻則食之ᄒᆞ며 以兄之室則弗居ᄒᆞ고 以於陵則居之ᄒᆞ니 是尙爲能充其類也乎아 若仲子者는 蚓而後充其操者也ㅣ니라

母로써則食지아니하고妻로써則食하며兄의室로써則居지아니하고於陵으로써則居하니이오히려能히 그類를充하옴이랴仲子갓튼者는蚓인後에야 그操를充할者ㅣ니라

●言仲子、以母之食、兄之室、爲不義、而不食不居、其操守如此、至於妻所易之粟於陵所居之室、既未必伯夷之所爲、則亦不義之類耳、今仲子、於此則不食不居、於彼則食之居之、豈爲能充滿其操守之類者乎、必其無求自足、如丘蚓然、乃爲能滿其志、而得爲廉耳、然、豈人之所可爲哉、○范氏、曰天之所生、地之所養、惟人

爲大、人之所以爲大者、以其有人倫也、仲子、避兄離母、無親戚君臣上下、是無人倫也、豈有無人倫而可以爲廉哉

孟子集註卷之六 終

孟子集註卷之七

離婁章句上

凡二十八章

孟子ㅣ曰離婁之明과公輸子之巧로도不以規矩ㅣ면不能成方員이오師曠之聰으로도不以六律이면不能正五音이오堯舜之道로도不以仁政이면不能平治天下ㅣ니라

孟子ㅣ갈으샤듸離婁의明과公輸子의巧로도規와矩로써아니ᄒᆞ면能히方과員을成티몯ᄒᆞ고師曠의聰으로도六律로써아니ᄒᆞ며能히五音을正티몯ᄒᆞ고堯舜의道로도仁政으로써아니ᄒᆞ면能히天下를平治티몯ᄒᆞᄂᆞ니라

●離婁、古之明目者、公輸子、名、班、魯之巧人也、規、所以爲員之器也、矩、所以爲方之器也、師曠、晉之樂師、知音者也、六律、截竹爲筩、陰陽各六、以節五音之上下、黃鍾、大簇、姑洗、蕤賓、夷則、無射、爲陽 大呂、夾鍾、仲呂、林鍾、南呂、應鍾、爲陰也、五音、宮商角徵羽也、范氏、曰此、言治天下、不可無法度、仁政者、治天下之法度也、

今有仁心仁聞而民不被其澤ᄒᆞ야不可法於後世者ᄂᆞᆫ不行先王之道也ㅣ닐시니라 聞去聲

이제仁心과仁聞이이쇼듸民이그澤을被티몯ᄒᆞ야可히後世예法ᄒᆞ얌즉디몯ᄒᆞᆷ온先王의道를行티아닐시니라

●仁心、愛人之心也、仁聞者、有愛人之聲、聞於人也、先王之道、仁政、是也、范氏曰齊宣王、不忍一牛之死、以羊易之、可謂有仁心、梁武帝、終日一食蔬素、宗廟、以麪爲犧牲、斷刑死、必爲之涕泣、天下、知其慈仁、可謂有仁聞、然而宣王之時、齊國、不治、武帝之末、江南、大亂、其故何哉、有仁心仁聞、而不行先王之道故也、

故로曰徒善이不足以爲政이오徒法이不能以自行이라ᄒᆞ니라

故로 골오ᄃᆡ ᄒᆞᆫ갓善이 足히ᄡᅧ 政을 ᄒᆞ디 몯ᄒᆞ고 ᄒᆞᆫ갓法이 能히ᄡᅧ 스ᄉᆞ로行티 몯ᄒᆞᆫ다 ᄒᆞ니라

●徒、猶空也、有其心、無其政、是謂徒善、有其政、無其心、是謂徒法、程子、嘗言爲政、須要有綱紀文章、謹權審量、讀法平價、皆不可闕、而又曰必有關雎麟趾之意然後、可以行周官之法度、正謂此也、

詩云不愆不忘은率由舊章이라ᄒᆞ니遵先王之法而過者ㅣ未之有也ㅣ니라

詩에 닐오ᄃᆡ 愆티 아니ᄒᆞ며 忘티 아니홈은 舊章을 率ᄒᆞ야 由홈이라 ᄒᆞ니 先王의 法을 遵ᄒᆞ고 過ᄒᆞᆫ者ㅣ 잇디 아니ᄒᆞ니라

●詩、大雅假樂之篇、愆、過也、率、循也、章、典法也、所行、不過差不遺忘者、以其循用舊典故也、

聖人이旣竭目力焉ᄒᆞ시고繼之以規矩準繩ᄒᆞ시니以爲方員平直에不可勝用也ㅣ며旣竭耳力焉ᄒᆞ시고繼之以六律ᄒᆞ시니正五音에不可勝用也ㅣ며旣竭心思焉ᄒᆞ시고繼之以不忍人之政ᄒᆞ시니而仁覆

天下矣사니라 勝平聲

聖人이임의目力을竭ᄒᆞ시고繼ᄒᆞ되規와矩와準과繩으로ᄡᅥᄒᆞ시니ᄡᅥ方과員과平과直을ᄒᆞ욤애可히이긔여用티몯ᄒᆞ며임의耳力을竭ᄒᆞ시고繼ᄒᆞ되六律로ᄡᅥᄒᆞ시니五音을正ᄒᆞ욤애可히이긔여用티논ᄒᆞ며임의心思를竭ᄒᆞ시고繼ᄒᆞ되人을忍티몯ᄒᆞ논政으로ᄡᅥᄒᆞ시니仁이天下애覆ᄒᆞ시니라

●準、所以爲平、繩、所以爲直、覆、被也、此、言古之聖人、旣竭耳目心思之力、然、猶以爲未足以徧天下及後世、故、制爲法度、以繼續之、則其用、不窮而仁之所被者、廣矣、

故로曰爲高호ᄃᆡ必因丘陵ᄒᆞ며爲下호ᄃᆡ必因川澤이라ᄒᆞ니爲政호ᄃᆡ不因先王之道ㅣ면可謂智乎아

故로ᄀᆞᆯ오ᄃᆡ高를ᄒᆞ되반ᄃᆞ시丘陵을因ᄒᆞ며下를ᄒᆞ되반ᄃᆞ시川澤을因ᄒᆞᆫ다ᄒᆞ니政을ᄒᆞ되先王의道를因티아니ᄒᆞ면可히智라닐오랴

●丘陵、本高、川澤、本下、爲高下者、因之則用力少、而成功多矣、鄒氏、曰自首章至此、論以仁心仁聞 行先王之道

是以로惟仁者ㅣ아宜在高位니不仁而在高位면是는播其惡於衆也ㅣ니라

이러모로ᄡᅥ오직仁者ㅣ아高位예이욤이맛당ᄒᆞ니仁티아니ᄒᆞ고高位예이시면이논그惡을衆애播ᄒᆞᆷ이니라

●仁者、有仁心仁聞、而能擴而充之、以行先王之道者也、播惡於衆、謂貽患於下也、

辟 열벽 開也

蹶 급거할궤 急遽

上無道揆也ᄒᆞ며下無法守也ᄒᆞ야朝不信道ᄒᆞ며工不信度ᄒᆞ야君子ㅣ犯義오小人이犯刑이면國之所存者ㅣ幸也ㅣ니라 朝音潮

上이道로揆홈이업스며下ㅣ法으로守홈이업서朝ㅣ道ᄅᆞᆯ信티아니ᄒᆞ며工이度ᄅᆞᆯ信티아니ᄒᆞ야君子ㅣ義ᄅᆞᆯ犯ᄒᆞ고小人이刑을犯ᄒᆞ면國의存ᄒᆞᆫ배幸이니라

●此、言不仁而在高位之禍也、道、義理也、揆、度也、法、制度也、道揆、謂以義理度量事物、而制其宜、法守、謂以法度自守、工、官也、度、即法也、君子小人、以位而言也、由上無道揆故、下無法守、無道揆則朝不信道、而君子、犯義、無法守則工不信度、而小人、犯刑、有此六者、其國、必亡、其不亡者、僥倖而已、

故로曰城郭不完ᄒᆞ며兵甲不多ㅣ非國之災也ㅣ며田野不辟ᄒᆞ며貨財不聚ㅣ非國之害也ㅣ라上無禮ᄒᆞ며下無學이면賊民이興ᄒᆞ야喪無日矣라ᄒᆞ니라 喪去聲

故로ᄀᆞᆯ오ᄃᆡ城郭이完티아니ᄒᆞ며兵甲이多티아니홈이國의災ㅣ아니며田野ㅣ辟디아니ᄒᆞ며貨財ㅣ聚티아니홈이國의害ㅣ아니라上이禮ㅣ업스며下ㅣ學이업스면賊民이興ᄒᆞ야喪홈이日이업스리라ᄒᆞ니라

●上不知禮、則無以教民、下不知學、則易與爲亂、鄒氏、曰自是以惟仁者、至此、所以責其君、

詩曰天之方蹶시니無然泄泄라ᄒᆞ니

詩에ᄀᆞᆯ오ᄃᆡ天이보야ᄒᆞ로蹶ᄒᆞ시ᄂᆞ니泄泄티말올ᄯᅵ라ᄒᆞ니

●詩、大雅板之篇、蹶、顚覆之意、泄泄、怠緩悅從之貌、言天欲顚覆周室、群臣、無

느리질여怠緩

得泄泄然、不急救正之、

泄泄는猶沓沓也ㅣ니라 沓徒合反

●沓沓、卽泄泄之意、蓋孟子時人語、如此、

泄泄는沓沓이라ᄒᆞᆷ과ᄀᆞᄐᆞ니라

事君無義ᄒᆞ며進退無禮ᄒᆞ고言則非先王之道者ㅣ猶沓沓也ㅣ니라

君을事ᄒᆞᆷ애義업스며進ᄒᆞ며退ᄒᆞᆷ애禮업고言ᄒᆞᆫ則先王의道를非ᄒᆞ는者ㅣ沓沓ᄒᆞᆷ과ᄀᆞᄐᆞ니라

●非、詆毁也、

故로曰責難於君을謂之恭이오陳善閉邪를謂之敬이오吾君不能을謂之賊이라ᄒᆞ니라

故로ᄀᆞᆯ오ᄃᆡ難으로君ᄭᅴ責ᄒᆞᆷ을恭이라닐ᄋᆞ고善을陳ᄒᆞ야邪를閉ᄒᆞᆷ을敬이라닐ᄋᆞ고내君이能티몯ᄒᆞ리라ᄒᆞᆷ을賊이라닐ᄋᆞ다ᄒᆞ니라

●范氏、曰人臣、以難事、責於君、使其君、爲堯舜之君者、尊君之大也、開陳善道、以禁閉君之邪心、唯恐其君、或陷於有過之地者、敬君之至也、謂其君、不能行善道、而不以告者、賊害其君之甚也、鄒氏、曰自詩云天之方蹶、至此、所以責其臣、○鄒氏、曰此章、言爲治去聲者、當有仁心仁聞、以行先王之政、而君臣、又當各任其責也、

○孟子ㅣ曰規矩는方員之至也ㅣ오聖人은人倫之至也ㅣ니라

孟子ㅣᄀᆞᆯᄋᆞ샤ᄃᆡ規矩는方員의至오聖人은人倫의至니라

賊해할적害也

●至、極也、人倫、說見前篇、規矩、盡所以爲方員之理、猶聖人、盡所以爲人之道、

欲爲君인댄 盡君道ㅣ오 欲爲臣인댄 盡臣道ㅣ니 二者를 皆法堯舜而已矣니 不以舜之所以事堯로 事君이면 不敬其君者也ㅣ오 不以堯之所以治民으로 治民이면 賊其民者也ㅣ니라

君이되고쟈홀딘댄君의道를盡ᄒᆞ고臣이되고쟈홀딘댄臣의道를盡홀ᄯᅵ니二者를다堯舜을法홀ᄯᆞᄅᆞᆷ이니舜의ᄡᅥ堯事ᄒᆞ던바로ᄡᅥ君을事티아니ᄒᆞ면그君을敬티아니ᄒᆞᄂᆞᆫ者ㅣ오堯의ᄡᅥ民治ᄒᆞ던바로ᄡᅥ民을治티아니ᄒᆞ면그民을賊ᄒᆞᄂᆞᆫ者ㅣ니라

●法堯舜、以盡君臣之道、猶用規矩、以盡方員之極、此、孟子所以道性善而稱堯舜也、

孔子ㅣ曰道ㅣ二니 仁與不仁而已矣라ᄒᆞ시니라

孔子ㅣ골ᄋᆞ샤ᄃᆡ道ㅣ二니仁과다못仁티아닐ᄯᆞᄅᆞᆷ이라ᄒᆞ시니라

●法堯舜、則盡君臣之道而仁矣、不法堯舜、則慢君賊民而不仁矣、二端之外、更無他道、出乎此則入乎彼矣、可不謹哉、

暴其民이 甚則身弑國亡ᄒᆞ고 不甚則身危國削ᄒᆞᄂᆞ니 名之曰幽厲ㅣ면 雖孝子慈孫이라도 百世에 不能改之ㅣ니라

그民을暴홈이甚ᄒᆞᆫ則身이弑ᄒᆞ며國이亡ᄒᆞ고甚티아니ᄒᆞᆫ則身이危ᄒᆞ며國이削ᄒᆞᄂᆞ니名ᄒᆞ야골오ᄃᆡ幽厲ㅣ라ᄒᆞ면비록孝子ㅣ며慈孫이라도百世예能히改티몯ᄒᆞᄂᆞ니라

●幽、暗、厲、虐、皆惡諡也、苟得其實、則雖有孝子慈孫、愛其祖考之甚者、亦不得

廢公義而改之、言不仁之禍、必至於此、可懼之甚也、

詩云殷鑒不遠이라在夏后之世라ᄒᆞ니此之謂也ㅣ니라

詩에닐오ᄃᆡ殷의鑒이遠티아니ᄒᆞᆫ디라夏后ㅅ世에잇다ᄒᆞ니이를닐옴이니라

●詩、大雅蕩之篇、言商紂之所當鑒者、近在夏桀之世、而孟子、引之、又欲後人、以幽厲爲鑒也、

○孟子ㅣ曰三代之得天下也는以仁이오其失天下也는以不仁이니라

孟子ㅣ골ᄋᆞ샤ᄃᆡ三代의天下를得홈은仁으로ᄡᅥ오그天下를失홈은仁티아니홈으로ᄡᅵ니라

●三代、謂夏商周也、禹湯文武、以仁得之、桀紂幽厲、以不仁失之、

國之所以廢興存亡者ㅣ亦然ᄒᆞ니라

國의ᄡᅥ廢ᄒᆞ며興ᄒᆞ며存ᄒᆞ며亡ᄒᆞᄂᆞᆫ배ᄯᅩ그러ᄒᆞ니라

●國、謂諸侯之國、

天子ㅣ不仁이면不保四海ᄒᆞ고諸侯ㅣ不仁이면不保社稷ᄒᆞ고卿大夫ㅣ不仁이면不保宗廟ᄒᆞ고士庶人이不仁이면不保四體니라

天子ㅣ仁티아니ᄒᆞ면四海를保티몯ᄒᆞ고諸侯ㅣ仁티아니ᄒᆞ면社稷을保티몯ᄒᆞ고卿대위仁티아니ᄒᆞ면宗廟를保티몯ᄒᆞ고士庶人이仁티아니ᄒᆞ면四體를保티몯ᄒᆞᄂᆞ니라

●言必死亡、

惡 뮈어할오 憎也

今에惡死亡而樂不仁ᄒᆞᄂᆞ니 是猶惡醉而强酒ㅣ니라 樂音洛

이제死亡을惡호ᄃᆡ不仁을樂ᄒᆞᄂᆞ니이ᄂᆞᆫ醉ᄅᆞᆯ惡호ᄃᆡ酒ᄅᆞᆯ强홈ᄀᆞᄐᆞ니라

●此、承上章之意、而推言之也、

○孟子ㅣ曰愛人不親이어든反其仁ᄒᆞ고治人不治어든反其智ᄒᆞ고禮人不答이어든反其敬이니라 治人之治平聲 不治之治去聲

孟子ㅣᄀᆞᆯᄋᆞ샤ᄃᆡ人을愛호ᄃᆡ親티아니ᄒᆞ거든그仁을反ᄒᆞ고人을治호ᄃᆡ治티아니ᄒᆞ거든그智ᄅᆞᆯ反ᄒᆞ고人을禮호ᄃᆡ答디아니ᄒᆞ거든그敬을反홀띠니라

●我愛人而人不親我、則反求諸己、恐我之仁、未至也、智敬、放此、

行有不得者ㅣ어든 皆反求諸己니 其身이正而天下ㅣ歸之니라

行홈애得디몯ᄒᆞᆫ者ㅣ잇거든다己예反求홀띠니그身이正홈애天下ㅣ歸ᄒᆞᄂᆞ니라

●不得、謂不得其所欲、如不親、不治、不答、是也、反求諸己、謂反其仁、反其智反其敬也、如此則自治益詳、而身無不正矣、天下歸之、極言其效也、

詩云永言配命이 自求多福이라ᄒᆞ니라

詩예닐오ᄃᆡ기리言ᄒᆞ야命을配홈이ᄉᆞᄉᆞ로多福을求홈이라ᄒᆞ니라

●解見前篇、○亦承上章而言、

○孟子ㅣ曰人有恒言ᄒᆞᄃᆡ皆曰天下國家ㅣ라ᄒᆞᄂᆞ니 天下之本은在國ᄒᆞ고國之本은在家ᄒᆞ고家之本은在身이라ᄒᆞ니 恒胡登反

孟子ㅣᄀᆞᆯᄋᆞ샤ᄃᆡ人이덛덛ᄒᆞᆫ言을두ᄃᆡ다ᄀᆞᆯᄋᆞᄃᆡ天下와國家ㅣ라ᄒᆞᄂᆞ니天下의本

은國에잇고國의本은家에잇고家의本은身에인ᄂᆞ니라

●恒、常也、雖常言之、而未必知其言之有序也、故、推言之、而又以家、本乎身也、此、亦承上章而推言之、大學所謂自天子至於庶人、壹是皆以修身爲本、爲是故也

○孟子ㅣ曰爲政이不難ᄒᆞ니不得罪於巨室이니巨室之所慕를一國이慕之ᄒᆞ고一國之所慕를天下ㅣ慕之ᄒᆞᄂᆞ니故로沛然德敎ㅣ溢乎四海ᄒᆞᄂᆞ니라

孟子ㅣ골ᄋᆞ샤ᄃᆡ政을ᄒᆞ욤이難티아니ᄒᆞ니巨室에罪를得디아니홀ᄯᆡ니巨室의慕ᄒᆞᄂᆞᆫ바를一國이慕ᄒᆞ고一國이慕ᄒᆞᄂᆞᆫ바를天下ㅣ慕ᄒᆞᄂᆞ니故로沛然ᄒᆞᆫ德敎ㅣ四海에溢ᄒᆞᄂᆞ니라

●巨室、世臣大家也、得罪、謂身不正而取怨怒也、麥丘邑人、祝齊桓公曰願主君、無得罪於羣臣百姓、意蓋如此、慕、向也、心悅誠服之謂也、沛然、盛大流行之貌、溢、充滿也、蓋巨室之心、難以力服、而國人、素所取信、今既悅服、則國人、皆服、而吾德敎之所施、可以無遠而不至矣、此亦承上章而言、蓋君子、不患人心之不服、而患吾身之不脩、吾身、既脩、則人心之難服者、先服、而無一人之不服矣、○林氏曰戰國之世、諸侯、失德、巨室、擅權、爲患、甚矣、然、或者、不脩其本、而遽欲勝之則未必能勝而適以取禍、故、孟子、推本而言、惟務脩德、以服其心、彼既悅服、則吾之德敎、無所留礙、可以及乎天下矣、裴度所謂韓洪、輿疾討賊、承宗、斂手削地、非朝廷之力、能制其死命、特以處置得宜、能服其心故爾、政此類也、

○孟子ㅣ曰天下ㅣ有道앤小德이役大德ᄒᆞ며小賢이役大賢ᄒᆞ고天下ㅣ無道앤小役大ᄒᆞ며弱役强ᄒᆞᄂᆞ니斯二者ᄂᆞᆫ天也ㅣ니順天者ᄂᆞᆫ存ᄒᆞ고

逆天者는 亡ᄒᆞᄂᆞ니라

孟子ㅣ ᄀᆞᆯᄋᆞ샤ᄃᆡ 天下ㅣ 道ㅣ 이슘엔 小德이 大德에 役ᄒᆞ이며 小賢이 大賢에 役ᄒᆞ이고 天下ㅣ 道ㅣ 업숨엔 小ㅣ 大에 役ᄒᆞ이며 弱이 强애 役ᄒᆞ이ᄂᆞ니 이 二者ᄂᆞᆫ 天이니 天을 順ᄒᆞᄂᆞᆫ 者ᄂᆞᆫ 存ᄒᆞ고 天을 逆ᄒᆞᄂᆞᆫ 者ᄂᆞᆫ 亡ᄒᆞᄂᆞ니라

●有道之世、人皆脩德、而位必稱其德之大小、天下無道、人不脩德、則但以力相役而已、天者、理勢之當然也、

齊景公이 曰 既不能令ᄒᆞ고 又不受命이면 是ᄂᆞᆫ 絶物也ㅣ라ᄒᆞ고 涕出而女於吳ᄒᆞ니라 女去聲

齊景公이 ᄀᆞᆯᄋᆞ샤ᄃᆡ 임의 能히 令티 몯ᄒᆞ고 ᄯᅩ 命을 受티 아니ᄒᆞ면 이ᄂᆞᆫ 物을 絶ᄒᆞ미라ᄒᆞ고 涕ᄅᆞᆯ 出ᄒᆞ고 吳애 女ᄒᆞ니라

●引此、以言小役大、弱役强之事也、令、出令以使人也、受命、聽命於人也、物、猶人也、女、以女與人也、吳、蠻夷之國也、景公、羞與爲昏、而畏其强故、涕泣而以女與之、

今也에 小國이 師大國而恥受命焉ᄒᆞᄂᆞ니 是猶弟子而恥受命於先師也ㅣ니라

이제 小國이 大國을 師호ᄃᆡ 命受ᄒᆞᆷ을 恥ᄒᆞᄂᆞ니 이 弟子ㅣ 先師의게 命受ᄒᆞᆷ을 恥ᄒᆞᆷ ᄀᆞᆮᄐᆞ니라

●言小國、不脩德以自强、其般樂怠敖、皆若效大國之所爲者、而獨恥受其敎命、不可得也、

如恥之딘댄 莫若師文王이니 師文王이면 大國은 五年이오 小國은 七年에

麗 쐭마 졸려 偶數
裸 강신할관 酌鬯灌地

必爲政於天下矣리라

만일에恥홀띤댄文王을師홈만곧ᄐᆞ니업스니文王을師ᄒᆞ면大國은五年이오小國은七年에반드시政을天下에ᄒᆞ리라

●此、因其愧恥之心、而勉以脩德也、文王之政、布在方策、擧而行之、所謂師文王也、五年七年、以其所乘之勢、不同、爲差、蓋天下、雖無道、然、脩德之至、則道自我行、而大國、反爲吾役矣、程子、曰五年七年、聖人、度其時則可矣、然、凡此類、學者、皆當思其作爲如何。乃有益耳、

詩云商之孫子ㅣ其麗不億이언마ᄂᆞᆫ上帝既命이라侯于周服이로다侯服于周ᄒᆞ니天命靡常이라殷士膚敏이裸將于京이라ᄒᆞ야ᄂᆞᆯ孔子ㅣ曰仁不可爲衆也ㅣ니夫國君이好仁이면天下無敵이라ᄒᆞ시니라 夫音扶好去聲

詩예닐오ᄃᆡ商의孫子ㅣ그麗ㅣ億ᄲᅮᆫ이아니언마ᄂᆞᆫ上帝임의命ᄒᆞ신디라周에服ᄒᆞ놋다周에服ᄒᆞ니天命이常티아닌디라殷士의膚ᄒᆞ며敏ᄒᆞᆫ이京에裸ᄒᆞ야將ᄒᆞ다ᄒᆞ야ᄂᆞᆯ孔子ㅣᄀᆞᆯᄋᆞ샤ᄃᆡ仁에可히衆이되디몯ᄒᆞᄂᆞ니國君이仁을好ᄒᆞ면天下애敵이업스리라ᄒᆞ시니라

●詩、大雅文王之篇、孟子、引此詩、及孔子之言、以言文王之事、麗、數也、十萬曰億、侯、維也、商士、商孫子之臣也、膚、大也、敏、達也、裸、宗廟之祭、以鬱鬯之酒、灌地而降神也、將、助也、言商之孫子、衆多、其數、不但十萬而已、上帝既命周以天下、則凡此商之孫子、皆臣服于周矣、所以然者、以天命不常、歸于有德故也、是以、商士之膚大而敏達者、皆執裸獻之禮、助王祭事于周之京師也、孔子、因讀此詩而言有仁者、則雖有十萬之衆、不能當之、故、國君、好仁則必無敵於天下也、不可爲

衆、猶所謂難爲兄難爲弟云爾、

今也에欲無敵於天下而不以仁ᄒᆞᄂᆞ니是猶執熱而不以濯也ㅣ니

詩云誰能執熱ᄒᆞ야逝不以濯이리오ᄒᆞ니라

이제天下애敵이업과뎌호ᄃᆡ仁으로ᄡᅥ아니ᄒᆞᄂᆞ니이熱을執ᄒᆞ야ᄡᅥ濯디아니홈ᄀᆞᆮᄐᆞ니詩예닐오ᄃᆡ뉘能히熱을執ᄒᆞ야ᄡᅥ濯디아니리오ᄒᆞ니라

●恥受命於大國、是、欲無敵於天下也、乃師大國而不師文王、是、不以仁也、詩、大雅桑柔之篇、逝、語辭也、言誰能執持熱物、而不以水、自濯其手乎、○此章、言不能自强、則聽天所命、脩德行仁、則天命、在我、

○孟子ㅣ曰不仁者는可與言哉아安其危而利其菑ᄒᆞ야樂其所以亡者ᄒᆞᄂᆞ니不仁而可與言이면則何亡國敗家之有ㅣ리오 菑與災同 樂音洛

孟子ㅣᄀᆞᆯᄋᆞ샤ᄃᆡ仁티아니ᄒᆞᆫ者ᄂᆞᆫ可히더브러言ᄒᆞ랴그危ᄅᆞᆯ安히너기며그菑ᄅᆞᆯ利히너겨그ᄡᅥ亡ᄒᆞᆯ빠ᄅᆞᆯ樂ᄒᆞᄂᆞ니仁티아니ᄒᆞᆫ이오可히더브러言ᄒᆞᆯ꺼시면곧엇디國을亡ᄒᆞ며家ᄅᆞᆯ敗홈이이시리오

●安其危、利其菑者、不知其爲危菑、而反以爲安利也、所以亡者、謂荒暴淫虐、所以致亡之道也、不仁之人、私欲固蔽、失其本心故、其顚倒錯亂、至於如此、所以不可告以忠言、而卒至於敗亡也、

有孺子ㅣ歌曰滄浪之水ㅣ淸兮어든可以濯我纓이오滄浪之水ㅣ濁兮어든可以濯我足이라ᄒᆞ야ᄂᆞᆯ 浪音郎

孺子ㅣ이셔歌ᄒᆞ야ᄀᆞᆯ오ᄃᆡ滄浪ㅅ水ㅣ淸ᄒᆞ거든可히ᄡᅥ내纓을濯ᄒᆞ고滄浪ㅅ水ㅣ

濁ᄒᆞ거든可히ᄡᅥ내足을濯홀며라ᄒᆞ야ᄂᆞᆯ、

●滄浪、水名、纓、冠系也、

孔子ㅣ曰小子아聽之ᄒᆞ라淸斯濯纓이오濁斯濯足矣로소니自取之也ㅣ라ᄒᆞ시니라

孔子ㅣᄀᆞᆯᄋᆞ샤ᄃᆡ小子아聽ᄒᆞ라淸홈애이예纓을濯ᄒᆞ고濁홈애이예足을濯ᄒᆞ노소니스ᄉᆞ로取홈이라ᄒᆞ시니라

●言水之淸濁、有以自取之也、聖人、聲入心通、無非至理、此類、可見、

夫人必自侮然後에人이侮之ᄒᆞ며家必自毁而後에人이毁之ᄒᆞ며國必自伐而後에人이伐之ᄒᆞᄂᆞ니라 夫音扶

人이반ᄃᆞ시스ᄉᆞ로侮ᄒᆞᆫ然後에人이侮ᄒᆞ며家ㅣ반ᄃᆞ시스ᄉᆞ로毁히後에人이毁ᄒᆞ며國이바ᄃᆞ시스ᄉᆞ로伐ᄒᆞᆫ後에人이伐ᄒᆞᄂᆞ니라

●所謂自取之者、

太甲에曰天作孽은猶可違어니와自作孽은不可活이라ᄒᆞ니此之謂也ㅣ니라

太甲애ᄀᆞᆯᄋᆞᄃᆡ天이作ᄒᆞᆫ孽은오히려可히違ᄒᆞ려니와스ᄉᆞ로作ᄒᆞᆫ孽은可히活티몯ᄒᆞ리라ᄒᆞ니이ᄅᆞᆯ닐음이니라

●解見前篇、○此章、言心存則有以審夫音扶得失之幾、不存則無以辨於存亡之著、禍福之來、皆其自取、

惡 뮈어할오 憎也

○孟子ㅣ曰桀紂之失天下也는失其民也ㅣ니失其民者는失其心也ㅣ라得天下ㅣ有道ᄒᆞ니得其民이면斯得天下矣리라得其民이有道ᄒᆞ니得其心이면斯得民矣리라得其心이有道ᄒᆞ니所欲을與之聚之오所惡를勿施爾也ㅣ니라

孟子ㅣ골ᄋᆞ샤ᄃᆡ桀紂의天下를失ᄒᆞ욤은그民을失홈이니그民을失홈은그心을失홈써라天下를得홈이道ㅣ인ᄂᆞ니그民을得ᄒᆞ면이예天下를得ᄒᆞ리라그民을得홈이道ㅣ인ᄂᆞ니그心을得ᄒᆞ면이예民을得ᄒᆞ리라그心을得홈이道ㅣ인ᄂᆞ니欲ᄒᆞᄂᆞᆫ바를與ᄒᆞ야聚ᄒᆞ고惡ᄒᆞᄂᆞᆫ바를施티말을ᄯᆞ니라

●民之所欲、皆爲致之、如聚斂然、民之所惡、則勿施於民、鼂錯所謂人情、莫不欲壽、三王、生之而不傷、人情、莫不欲富、三王、厚之而不困、人情、莫不欲安、三王、扶之而不危、人情、莫不欲逸、三王、節其力而不盡、此類之謂也、

民之歸仁也ㅣ猶水之就下ㅣ며獸之走壙也ㅣ니라 走音奏

民의仁에歸홈이水ㅣ下에就ᄒᆞ며獸ㅣ壙애走홈ᄀᆞᄐᆞ니라

●壙、廣野也、言民之所以歸乎此、以其所欲之在乎此也、

故로爲淵敺魚者는獺也ㅣ오爲叢敺爵者는鸇也ㅣ오爲湯武敺民者는桀與紂也ㅣ니라 爲去聲敺與驅同獺音闥爵與雀同鸇諸延反

故로淵을爲ᄒᆞ야魚를敺ᄒᆞᄂᆞᆫ者ᄂᆞᆫ獺이오叢을爲ᄒᆞ야爵을敺ᄒᆞᄂᆞᆫ者ᄂᆞᆫ鸇이오湯武를爲ᄒᆞ야民을敺ᄒᆞᄂᆞᆫ者ᄂᆞᆫ桀과다ᄆᆞᆺ紂ㅣ니라

●淵、深水也、獺、食魚者也、叢、茂林也、鸇、食雀者也、言民之所以去此、以身所

欲、在彼而所惡、在此也、

今天下之君이有好仁者ㅣ면則諸侯ㅣ皆爲之毆矣리니雖欲無王
이나不可得已니라 好爲王皆去聲

이제天下엣君이仁을好ᄒᆞᆫ者ㅣ이시면諸侯ㅣ다爲ᄒᆞ야毆ᄒᆞ리니비록王티말오져
ᄒᆞ나可히得디몯ᄒᆞᆯ이니라

今之欲王者ᄂᆞᆫ猶七年之病에求三年之艾也ㅣ니苟爲不畜이면終
身不得ᄒᆞ리니苟不志於仁이면終身憂辱ᄒᆞ야以陷於死亡ᄒᆞ리라 王去聲

이제王코져ᄒᆞᄂᆞᆫ者ᄂᆞᆫ七年ㅅ病에三年ㅅ艾를求ᄒᆞᆷ곧ᄐᆞ니진실로畜디아니ᄒᆞ면身
이終토록得디몯ᄒᆞ리니진실로仁에志티아니ᄒᆞ면身이終토록憂ᄒᆞ며辱ᄒᆞ야뻐死
亡에陷ᄒᆞ리라

●艾、草名、所以灸者、乾久益善、夫音扶病已深、而欲救乾久之艾、固難卒辦、然、自
今畜之、則猶或可及、不然則病日益深、死日益迫、而艾終不可得矣、

詩云其何能淑이리오載胥及溺이라ᄒᆞ니此之謂也ㅣ니라

詩예닐오ᄃᆡ그엇디能히淑ᄒᆞ리오곧서르溺에及ᄒᆞᆫ다ᄒᆞ니이를닐옴이니라

●詩、大雅桑柔之篇、淑、善也、載、則也、胥、相也、言今之所爲、其何能善、則相引
以陷於亂亡而已、

○孟子ㅣ曰自暴者ᄂᆞᆫ不可與有言也ㅣ오自棄者ᄂᆞᆫ不可與有爲
也ㅣ니言非禮義를謂之自暴也ㅣ오吾身不能居仁由義를謂之自

舍 노을 사 捨也

爾 갓가올이 近也

易 쉬울이 不難

棄也ㅣ니라

孟子ㅣ ᄀᆞᆯᄋᆞ샤ᄃᆡ 스스로暴ᄒᆞᄂᆞᆫ者ᄂᆞᆫ可히더불어言홈을두디몯ᄒᆞᆯ꺼시오스스로棄ᄒᆞᄂᆞᆫ者ᄂᆞᆫ可히더불어ᄒᆞᆷ을두디몯ᄒᆞᆯ꺼시니言홈애禮義ᄅᆞᆯ非ᄒᆞᄂᆞᆫ이ᄅᆞᆯ自暴ㅣ라닐ᄋᆞ고내몸이能히仁에居ᄒᆞ며義ᄅᆞᆯ由티몯ᄒᆞ리로다ᄒᆞᄂᆞᆫ이ᄅᆞᆯ自棄라닐ᄋᆞᄂᆞ니라

●暴、猶害也、非、猶毁也、自害其身者、不知禮義之爲美、而非毁之、雖與之言、必不見信也、自棄其身者、猶知仁義之爲美、但溺於怠惰、自謂必不能行、與之有爲、必不能勉也、程子、曰人苟以善自治、則無不可移者、雖昏愚之至、皆可漸磨而進也、惟自暴者、拒之以不信、自棄者、絶之以不爲、雖聖人與居、不能化而入也、此所謂下愚之不移也、

仁은人之安宅也ㅣ오義는人之正路也ㅣ라

仁ᄋᆞᆫ人의安ᄒᆞᆫ宅이오義ᄂᆞᆫ人의正ᄒᆞᆫ路ㅣ라

●仁宅、已見前篇、義者、宜也、乃天理之當行、無人欲之邪曲故、曰正路、

曠安宅而弗居ᄒᆞ며舍正路而不由ᄒᆞᄂᆞ니哀哉라 舍上聲

安宅을曠ᄒᆞ고居티아니ᄒᆞ며正路ᄅᆞᆯ舍ᄒᆞ고由티아니ᄒᆞᄂᆞ니哀홉다

●曠、空也、由、行也、○此章、言道本固有、而人自絶之、是可哀也、此、聖賢之深戒、學者、所當猛省也、

○孟子ㅣ曰道在爾而求諸遠ᄒᆞ며事在易而求諸難ᄒᆞᄂᆞ니人人이親其親ᄒᆞ며長其長이면而天下ㅣ平ᄒᆞ리라 邇爾古字通用 易去聲長上聲

孟子ㅣ ᄀᆞᆯᄋᆞ샤ᄃᆡ道ㅣ爾예잇거ᄂᆞᆯ遠에求ᄒᆞ며事ㅣ易예잇거ᄂᆞᆯ難애求ᄒᆞᄂᆞ니人人

●이그親을親ᄒᆞ며그長을長ᄒᆞ면天下ㅣ平ᄒᆞ리라

●親長、在人、爲甚邇、親之長之、在人、爲甚易、而道初不外是也、舍上聲此而他求、則遠且難、而反失之、但人人、各親其親、各長其長、則天下、自平矣、

○孟子ㅣ曰居下位而不獲於上이면民不可得而治也ㅣ리라獲於上이有道ᄒᆞ니不信於友ㅣ면弗獲於上矣리라信於友ㅣ有道ᄒᆞ니事親弗悅이면弗信於友矣리라悅親이有道ᄒᆞ니反身不誠이면不悅於親矣리라誠身이有道ᄒᆞ니不明乎善이면不誠其身矣리라

孟子ㅣ갈ᄋᆞ샤ᄃᆡ下位예居ᄒᆞ야上애獲디몯ᄒᆞ면民을可히시러곰治티몯ᄒᆞ리라上애獲홈이道ㅣ인ᄂᆞ니友에信티몯ᄒᆞ면上애獲디몯ᄒᆞ리라友에信홈이道ㅣ인ᄂᆞ니親을事홈애悅케몯ᄒᆞ면友에信티몯ᄒᆞ리라親을悅케홈이道ㅣ인ᄂᆞ니身에反ᄒᆞ야誠티몯ᄒᆞ면親에悅티몯ᄒᆞ리라身을誠ᄒᆞ욤이道ㅣ인ᄂᆞ니善을明티몯ᄒᆞ면그身을誠티몯ᄒᆞ리라

●獲於上、得其上之信任也、誠、實也、反身不誠、反求諸身、而其所以爲善之心、有不實也、不明乎善、不能卽事窮理、無以眞知善之所在也、游氏、曰欲誠其意、先致其知、不明乎善、不誠其身矣、學至於誠身、則安往而不致其極哉、以內則順乎親、以外則信乎友、以上則可以得君、以下則可以得民矣、

是故로誠者ᄂᆞᆫ天之道也ㅣ오思誠者ᄂᆞᆫ人之道也ㅣ니라

이런故로誠은天의道ㅣ오誠을思ᄒᆞ욤은人의道ㅣ니라

●誠者、理之在我者、皆實而無僞、天道之本然也、思誠者、欲此理之在我者、皆實

辟 피할 피 避也

而無僞、人道之當然也

至誠而不動者ㅣ未之有也니不誠이면未有能動者也ㅣ니라

지극히誠ᄒᆞ고動티몯ᄒᆞᆯ者ㅣ잇디아니ᄒᆞ니誠티몯ᄒᆞ면能히動ᄒᆞᆯ者ㅣ잇디아니ᄒᆞ니라

●至、極也、楊氏、曰動、便是驗處、若獲乎上、信乎友、悅於親之類、是也、○此章、述中庸孔子之言、見思誠爲脩身之本、而明善、又爲思誠之本、乃子思、所聞於曾子、而孟子、所受乎子思者、亦與大學、相表裏、學者、宜潛心焉、

○孟子ㅣ曰伯夷ㅣ辟紂ᄒᆞ야居北海之濱이러니聞文王作興ᄒᆞ고曰盍歸乎來리오吾聞西伯은善養老者ㅣ라ᄒᆞ고太公이辟紂ᄒᆞ야居東海之濱이러니聞文王作興ᄒᆞ고曰盍歸乎來리오吾聞西伯은善養老者ㅣ라ᄒᆞ니라 辟去聲

孟子ㅣᄀᆞᆯᄋᆞ샤ᄃᆡ伯夷ㅣ紂ᄅᆞᆯ辟ᄒᆞ야北海人濱애居ᄒᆞ얏더니文王의作興홈을듣고ᄀᆞᆯᄋᆞᄃᆡ엇디도라오디아니ᄒᆞ리오나ᄂᆞᆫ西伯은老者ᄅᆞᆯ善養ᄒᆞᆫ다드로라ᄒᆞ고太公이紂ᄅᆞᆯ辟ᄒᆞ야東海人濱에居ᄒᆞ얏더니文王의作興홈을듣고ᄀᆞᆯᄋᆞᄃᆡ엇디도라오지아니ᄒᆞ리오나ᄂᆞᆫ西伯은老者ᄅᆞᆯ善養ᄒᆞᆫ다드로라ᄒᆞ니라

●作興皆起也、盍、何不也、西伯、即文王也、紂、命爲西方諸侯之長、得專征伐故稱西伯、太公、姜姓呂氏、名尙、文王發政、必先鰥寡孤獨、庶人之老、皆無凍餒、故伯夷、太公、來就其養、非求仕也

二老者ᄂᆞᆫ天下之大老也而歸之ᄒᆞ니是ᄂᆞᆫ天下之父ㅣ歸之也ㅣ라

天下之父ㅣ歸之어니其子ㅣ焉往이리오 焉於虔反

二老ᄂᆞᆫ天下의大老ㅣ로ᄃᆡ歸ᄒᆞ니이ᄂᆞᆫ天下의父ㅣ歸홈이라天下의父ㅣ歸ᄒᆞ거니그子ㅣ어ᄃᆡ가리오

●二老、伯夷、太公也、大老、言非常人之老者、天下之父、言齒德皆尊、如衆父然、既得其心、則天下之心、不能外矣、蕭何所謂養民致賢、以圖天下者、其意、暗與此合、但其意、則有公私之辨、學者、又不可不察也、

諸侯ㅣ有行文王之政者ㅣ면七年之內예必爲政於天下矣리라

諸侯ㅣ文王의政을行ᄒᆞᄂᆞᆫ者ㅣ이시면七年ㅅ內예반ᄃᆞ시天下애政을ᄒᆞ리라

●七年、以小國而言也、大國五年、在其中矣、

○孟子ㅣ曰求也ㅣ爲季氏宰ᄒᆞ야無能改於其德이오而賦粟이倍他日ᄒᆞᆫᄃᆡ孔子ㅣ曰求ᄂᆞᆫ非我徒也ㅣ로소니小子아鳴鼓而攻之ㅣ可也ㅣ라ᄒᆞ시니라

孟子ㅣ골ᄋᆞ샤ᄃᆡ求ㅣ季氏의宰되여셔能히그德에改케홈이업고粟을賦홈이他日에셔倍ᄒᆞᆫ대孔子ㅣ골ᄋᆞ샤ᄃᆡ求ᄂᆞᆫ우리徒ㅣ아니로소니小子아鼓를鳴ᄒᆞ야攻ᄒᆞ욤이可타ᄒᆞ시니라

●求、孔子弟子冉求、季氏、魯卿宰家臣、賦、猶取也、取民之粟、倍於他日也、小子弟子也、鳴鼓而攻之、聲其罪而責之也、

由此觀之컨ᄃᆡ君不行仁政而富之면皆棄於孔子者也ㅣ니況於爲之强戰ᄒᆞ야爭地以戰에殺人盈野ᄒᆞ며爭城以戰에殺人盈城이ᄯᆞ녀

此所謂率土地而食人肉이라罪不容於死ㅣ니라 爲去聲

일로 말ᄆᆡ암아 보건댄 君이 仁政을 行티 아니ᄒᆞ거든 富케ᄒᆞ면 다 孔子ᄭᅴ 棄히읺者ㅣ니 ᄒᆞ믈며 爲ᄒᆞ야 强히 戰ᄒᆞ야 地를 爭ᄒᆞ야 ᄡᅥ 戰ᄒᆞᆷ애 人을 殺ᄒᆞ야 野에 盈ᄒᆞ며 城을 爭ᄒᆞ야 ᄡᅥ 戰ᄒᆞᆷ애 人을 殺ᄒᆞ야 城에 盈ᄒᆞᆷ이ᄯᆞ녀 이 닐온 밧 土地를 率ᄒᆞ야 人肉을 食ᄒᆞᆷ이라 罪ㅣ 死ᄒᆞᆷ애 容티 몯ᄒᆞ리라

●林氏、曰富其君者、奪民之財耳、而夫子、猶惡之、況爲土地之故而殺人、使其肝腦塗地、則是率土地而食人之肉、其罪之大、雖至於死、猶不足以容之也、

故로善戰者ᄂᆞᆫ服上刑ᄒᆞ고連諸侯者ㅣ次之ᄒᆞ고辟草萊任土地者ㅣ次之니라 辟與闢同

故로 善히 戰ᄒᆞᄂᆞᆫ 者ᄂᆞᆫ 上刑을 服ᄒᆞ고 諸侯를 連ᄒᆞᄂᆞᆫ 者ㅣ 次ᄒᆞ고 草萊를 辟ᄒᆞ야 土地를 任ᄒᆞᄂᆞᆫ 者ㅣ 次ᄒᆞᄂᆞ니라

●善戰、如孫臏吳起之徒、連結諸侯、如蘇秦張儀之類、辟、開墾也、任土地、謂分土授民、使任耕稼之責、如李悝、盡地力、商鞅、開阡陌之類也、

○孟子ㅣ曰存乎人者ㅣ莫良於眸子ᄒᆞ니眸子ㅣ不能掩其惡ᄒᆞᄂᆞ니胷中이正則眸子ㅣ瞭焉ᄒᆞ고胷中이不正則眸子ㅣ眊焉이니라 眸音牟 瞭音了 眊音耄

孟子ㅣ ᄀᆞᆯᄋᆞ샤ᄃᆡ 人의게 存ᄒᆞᆫ거시 眸子만 良ᄒᆞ니 업ᄉᆞ니 眸子ㅣ 能히 그 惡ᄋᆞᆯ 掩티 몯ᄒᆞᄂᆞ니 胷中이 正ᄒᆞ면 眸子ㅣ 瞭ᄒᆞ고 胷中이 正티 아니ᄒᆞ면 眸子ㅣ 眊ᄒᆞᄂᆞ니라

●良、善也、眸子、目瞳子也、瞭、明也、眊者、蒙蒙、目不明之貌、蓋人與物接之時、其神、在目故、胷中、正則神精而明、不正則神散而昏、

溺 닉 새질 沒也

聽其言也ㅣ觀其眸子ㅣ면人焉廋哉ㅣ리오 焉於虔反 廋音搜

그言을聽ᄒᆞ고그眸子를觀ᄒᆞ면人이엇디廋ᄒᆞ리오

●廋、匿也、言 亦心之所發故、幷此以觀、則人之邪正、不可匿矣、然、言、猶可以僞爲、眸子則有不容僞者、

○孟子ㅣ曰恭者ᄂᆞᆫ不侮人ᄒᆞ고儉者ᄂᆞᆫ不奪人ᄒᆞᄂᆞ니侮奪人之君은惟恐不順焉이어니惡得爲恭儉이리오 恭儉은豈可以聲音笑貌爲哉리오 惡平聲

孟子ㅣᄀᆞᆯᄋᆞ샤ᄃᆡ 恭ᄒᆞᆫ者ᄂᆞᆫ人을侮티아니ᄒᆞ고儉ᄒᆞᆫ者ᄂᆞᆫ人을奪티아니ᄒᆞᄂᆞ니人을侮ᄒᆞ야奪ᄒᆞᄂᆞᆫ君은오직順티아니ᄒᆞᆯ까恐ᄒᆞ거니엇디시러곰恭ᄒᆞ며儉ᄒᆞ리오恭과儉은엇디可히聲音과笑貌로ᄡᅥᄒᆞ리오

●惟恐不順、言恐人之不順己、聲音笑貌、僞爲於外也、

○淳于髡이曰男女ㅣ授受不親이禮與ㅣ가孟子ㅣ曰禮也ㅣ니라 曰嫂溺則援之以手乎ㅣ가曰嫂溺不援이면是ᄂᆞᆫ豺狼也ㅣ니男女ㅣ授受不親은禮也ㅣ오嫂溺이어든援之以手者ᄂᆞᆫ權也ㅣ니라

淳于髡이ᄀᆞᆯ오ᄃᆡ男과女ㅣ授ᄒᆞ며受ᄒᆞ욤을親이아니홈이禮잇가孟子ㅣᄀᆞᆯᄋᆞ샤ᄃᆡ禮니라ᄀᆞᆯ오ᄃᆡ嫂ㅣ溺ᄒᆞ거든援호ᄃᆡ手로ᄡᅥᄒᆞ리잇가ᄀᆞᆯᄋᆞ샤ᄃᆡ嫂ㅣ溺ᄒᆞ거든援티아니면이ᄂᆞᆫ豺狼이니男과女ㅣ授ᄒᆞ며受ᄒᆞ욤을親히아니홈은禮오嫂ㅣ溺ᄒᆞ거든援호ᄃᆡ手로ᄡᅥ홈은權이니라

●淳于、姓、髡、名、齊之辯士、授、與也、受、取也、古禮、男女、不親授受、以遠別也

援、救之也、權、稱錘也、稱物輕重而往來、以取中者也、權而得中、是乃禮也、

曰今天下ㅣ溺矣어늘夫子之不援은何也잇고

골ᄋᆞ듸이제天下ㅣ溺ᄒᆞ얏거늘夫子의援티아니ᄒᆞ심은엇디잇고

●言今天下大亂、民遭陷溺、亦當從權以援之、不可守先王之正道也

曰天下ㅣ溺이어든援之以道ㅣ오嫂溺이어든援之以手ㅣ니子欲手援天下乎아

골ᄋᆞ샤듸天下ㅣ溺ᄒᆞ거든援ᄒᆞ듸道로ᄡᅧᄒᆞ고嫂ㅣ溺ᄒᆞ거든援ᄒᆞ듸手로ᄡᅧᄒᆞᄂᆞ니子ㅣ手로天下를援코뎌ᄒᆞᄂᆞ냐

●言天下溺、惟道、可以捄之、非若嫂溺、可手援也、今子、欲援天下、乃欲使我、枉道求合、則先失其所以援之之具矣、是、欲使我、以手援天下乎、○此章、言直己守道、所以濟時、枉道徇人、徒爲失己、

○公孫丑ㅣ曰君子之不敎子는何也잇고

公孫丑ㅣ골오듸君子의子를敎티아니ᄒᆞ욤은엇디잇고

●不親敎也

孟子ㅣ曰勢不行也ㅣ니라 敎者는必以正이니以正不行이어든繼之以怒ᄒᆞ고繼之以怒則反夷矣니 夫子ㅣ敎我以正ᄒᆞ샤듸夫子도未出於正也ㅣ라ᄒᆞ면則是父子相夷也ㅣ니父子相夷則惡矣니라

孟子ㅣ골ᄋᆞ샤듸勢ㅣ行티몯홀이니라敎ᄒᆞ욤은반ᄃᆞ시正으로ᄡᅧᄒᆞᄂᆞ니正으로ᄡᅧᄒᆞ듸行티아니ᄒᆞ거든繼ᄒᆞ듸怒로ᄡᅧᄒᆞ고繼ᄒᆞ듸怒로ᄡᅧᄒᆞ면도로혀夷ᄒᆞᄂᆞ니夫子

夷상할이傷也

ㅣ나를敎ᄒᆞ심을正으로ᄡᅥᄒᆞ샤ᄃᆡ 夫子도正에出티몯ᄒᆞ다ᄒᆞ면이父子ㅣ서르夷홈이니父子ㅣ서르夷ᄒᆞ면惡ᄒᆞ니라

●夷、傷也、敎子者、本爲愛其子也、繼之以怒、則反傷其子矣、父旣傷其子、子之心、又責其父曰夫子、敎我以正道、而夫子之身、未必自行正道、則是子又傷其父也、

古者에易子而敎之ᄒᆞ니라

녜子를易ᄒᆞ야敎ᄒᆞ니라

●易子而敎、所以全父子之恩、而亦不失其爲敎、

父子之間은不責善이니責善則離ᄒᆞᄂᆞ니離則不祥이莫大焉이니라

父子ㅅᄉᆞ이ᄂᆞᆫ善으로責디아니ᄒᆞᄂᆞ니善으로責ᄒᆞ면離ᄒᆞᄂᆞ니離ᄒᆞ면祥티아니홈이이만큰이업ᄉᆞ니라

●責善、朋友之道也、●王氏曰父有爭子、何也、所謂爭者、非責善也、當不義、則爭之而已矣、父之於子也、如何、曰當不義、則亦戒之而已矣、

○孟子ㅣ曰事孰爲大오事親이爲大ᄒᆞ니守孰爲大오守身이爲大ᄒᆞ니라不失其身而能事其親者를吾聞之오失其身而能事其親者를吾未之聞也ㅣ로라

孟子ㅣᄀᆞᆯᄋᆞ샤ᄃᆡ事홈이무서시大ᄒᆞ뇨親事홈이大ᄒᆞ니라守홈이무서시大ᄒᆞ뇨身守홈이大ᄒᆞ니라그身을失티아니ᄒᆞ고能히그親事ᄒᆞᄂᆞᆫ者를네듣고그身을失ᄒᆞ고能히그親事ᄒᆞᄂᆞᆫ者를내듣디몯ᄒᆞ얀노라

●守身、持守其身、使不陷於不義也、一失其身、則虧體辱親、雖日用三牲之養、亦

亡 업슬무 無也

不足以爲孝矣、

孰不爲事ㅣ리오마ᄂᆞᆫ 事親이 事之本也ㅣ오 孰不爲守ㅣ리오마ᄂᆞᆫ 守身이 守之本也ㅣ니라

므서시 事ㅣ 아니리오마ᄂᆞᆫ 親事홈이 事의 本이오 므서시 守ㅣ 아니리오마ᄂᆞᆫ 身守홈이 守의 本이니라

●事親孝、則忠可移於君、順可移於長、身正、則家齊國治而天下平、

曾子ㅣ 養曾晳호ᄃᆡ 必有酒肉이러시니 將徹홀ᄉᆡ 必請所與ᄒᆞ시며 問有餘ㅣ어든 必曰有ㅣ라ᄒᆞ더시다 曾晳이 死커ᄂᆞᆯ 曾元이 養曾子호ᄃᆡ 必有酒肉ᄒᆞ더니 將徹홀ᄉᆡ 不請所與ᄒᆞ며 問有餘ㅣ어시든 曰亡矣라ᄒᆞ니 將以復進也ㅣ라 此ㅣ 所謂養口體者也ㅣ니 若曾子則可謂養志也ㅣ니라 養去聲復扶又反

曾子ㅣ 曾晳을 養호ᄃᆡ 반ᄃᆞ시 酒肉을 두더시니 쟝ᄎᆞᆺ 徹홀ᄊᆡ 반ᄃᆞ시 與홀빠ᄅᆞᆯ 請ᄒᆞ시며 나ᄆᆞᆫ이 이슘을 믈거든 반ᄃᆞ시 ᄀᆞᆯᄋᆞ샤ᄃᆡ 잇다ᄒᆞ더시다 曾晳이 死커ᄂᆞᆯ 曾元이 曾子ᄅᆞᆯ 養호ᄃᆡ 반ᄃᆞ시 酒肉을 두더니 쟝ᄎᆞᆺ 徹홀ᄊᆡ 與홀빠ᄅᆞᆯ 請티 아니ᄒᆞ며 나ᄆᆞᆫ이 이슘을 믈거시든 ᄀᆞᆯ오ᄃᆡ 업다ᄒᆞ니 쟝ᄎᆞᆺ ᄡᅥ 다시 進ᄒᆞ려 홈이라 닐온 밧 口體ᄅᆞᆯ 養ᄒᆞᄂᆞᆫ 者ㅣ니 曾子 ᄀᆞᄐᆞ니ᄂᆞᆫ 이ᄂᆞᆫ 可히 志ᄅᆞᆯ 養ᄒᆞ다 닐올이니라

●此、承上文事親言之、曾晳、名點、曾子父也、曾元、曾子子也、曾子、養其父、每食、必有酒肉、食畢、將徹去、必請於父曰此餘者、與誰、或父問此物、尙有餘否、必曰有、恐親意、更欲與人也、曾元、不請所與、雖有、言無、其意、將以復進於親、不欲其與人也、此、但能養父母之口體而已、曾子則能承順父母之志、而不忍傷之也

事親은若曾子者ㅣ可也ㅣ니라

親을事홈을曾子ᄀᆞ튼者ㅣ可ᄒᆞ니라

●言當如曾子之養志、不可如曾元、但養口體、程子、曰子之身所能爲者、皆所當爲、無過分之事也、故、事親、若曾子、可謂至矣、而孟子、止曰可也、豈以曾子之孝爲有餘哉、

○孟子ㅣ曰人不足與適也ㅣ며政不足與間也ㅣ라惟大人이아爲能格君心之非ㅣ니君仁이면莫不仁이오君義면莫不義오君正이면莫不正이니一正君而國이定矣니라 適音謫 間去聲

孟子ㅣᄀᆞᆯᄋᆞ샤ᄃᆡ人을足히더브러適디아닐꺼시며政을足히더브로間티아닐꺼시라오직大人이아能히君心의非를格ᄒᆞᄂᆞ니君이仁ᄒᆞ면仁티아니리업고君이義ᄒᆞ면義티아니리업고君이正ᄒᆞ면正티아니리업ᄂᆞ니ᄒᆞᆫ번君을正홈애國이正ᄒᆞᄂᆞ니라 問字上有與字

●趙氏、曰適、過也、間、非也、格、正也、徐氏、曰格者、物之所取正也、書、曰格其非心、愚、謂間字上、亦當有與字、言人君用人之非、不足過謫、謫與讁同 行政之失、不足非間、惟有大人之德、則能格君心之不正、以歸于正、而國無不治矣、大人者、大德之人、正已而物正者也、○程子、曰天下之治亂、繫乎人君之仁與不仁耳、心之非、即害於政、不待乎發之於外也、昔者、孟子、三見齊王、而不言事、門人、疑之、孟子曰我、先攻其邪心、心旣正而後、天下之事、可從而理也、夫政事之失、用人之非、知者、能更之、直者、能諫之、然、非心存焉、則事事而更之、後復有其事、將不勝其

虞 념려ᄒᆞᆯ우 慮也

易 쉬울이 不難

樂 풍뉴악 八音總名

更矣、人人而去之、後復用其人、將不勝其去矣、是以、輔相之職、必在乎格君心之非然後、無所不正、而欲格君心之非者、非有大人之德、則亦莫之能也、

○孟子ㅣ曰有不虞之譽ᄒᆞ며有求全之毁라ᄒᆞ니

孟子ㅣᄀᆞᆯᄋᆞ샤ᄃᆡ虞티아니ᄒᆞᆫ譽ㅣ이시며全을求ᄒᆞ던毁ㅣ인ᄂᆞ니라

●虞、度也、呂氏、曰行(去聲)不足以致譽、而偶得譽、是謂不虞之譽、求免於毁、而反致毁、是謂求全之毁、言毁譽之言、未必皆實、修己者、不可以是、遽爲憂喜、觀人者、不可以是、輕爲進退、

○孟子ㅣ曰人之易其言也ᄂᆞᆫ無責耳矣니라

孟子ㅣᄀᆞᆯᄋᆞ샤ᄃᆡ人의그言을易히홈은責이업슴이니라

●人之所以輕易其言者、以其未遭失言之責故耳、蓋常人之情、無所懲於前、則無所警於後、非以爲君子之學、必俟有責而後、不敢易其言也、然、此豈亦有爲而言之與、

○孟子ㅣ曰人之患이在好爲人師ㅣ니라(好去聲)

孟子ㅣᄀᆞᆯᄋᆞ샤ᄃᆡ人의患이師되옴을好홈애인ᄂᆞ니라

●王勉、曰學問有餘、人資於己、不得已而應之、可也、若好爲人師、則自足、而不復有進矣、此、人之大患也、

○樂正子ㅣ從於子敖ᄒᆞ야之齊러니라

樂正子ㅣ子敖의게從ᄒᆞ야齊예갓더니

●子敖 王驩字、

見 보일현 現也

長 어른장 孟也

樂正子ㅣ見孟子ᄒᆞᆫ대 孟子ㅣ曰子亦來見我乎아 曰先生은何爲出此言也ㅣ시니잇고 曰子來幾日矣오 曰昔者ㅣ니이다 曰昔者則我出此言也ㅣ不亦宜乎아 曰舍館을未定이라이다 曰子ㅣ聞之也아 舍館을定然後에求見長者乎아

樂正子ㅣ孟子를뵈ᄋᆞ온대孟子ㅣ골ᄋᆞ샤ᄃᆡ子ㅣ또나를와見ᄒᆞᄂᆞ냐골오ᄃᆡ先生은엇디이言을出ᄒᆞ시ᄂᆞ니잇고골ᄋᆞ샤ᄃᆡ子ㅣ來ᄒᆞᆫ디면날오골오ᄃᆡ昔者ㅣ니이다골ᄋᆞ샤ᄃᆡ昔者ㅣ면내이言을出흠이또맛당티아니냐골오ᄃᆡ舍館을定티몯ᄒᆞ얏다이다골ᄋᆞ샤ᄃᆡ子ㅣ드런ᄂᆞ냐舍館을定ᄒᆞᆫ후에長者見흠을求ᄒᆞᄂᆞ냐

●昔者、前日也、館、客舍也、王驩、孟子所不與言者則其人、可知矣、樂正子、乃從之行、其失身之罪、大矣、又不早見長者、則其罪、又有甚者焉故、孟子、姑以此責之、

曰克이有罪호이다

골오ᄃᆡ克이罪이쇼이다

●陳氏曰樂正子、固不能無罪矣、然、其勇於受責、如此、非好善而篤信之、其能若是乎、世有强辯飾非、聞諫愈甚者、又樂正子之罪人也、

孟子ㅣ謂樂正子曰子之從於子敖來는徒餔啜也ㅣ로다 我ㅣ不意子ㅣ學古之道而以餔啜也호라 餔博孤反 啜昌悅反

孟子ㅣ樂正子ᄃᆞ려닐어골ᄋᆞ샤ᄃᆡ子의子敖의게從ᄒᆞ야來흠은ᄒᆞᆫ갓餔啜흠이로다내子ㅣ녯道를學ᄒᆞ고餔啜로ᄡᅥᄒᆞᆯ주를너기디아니호라

●徒、但也、餔、食也、啜、飮也、言其不擇所從、但求食耳、此乃正其罪而切責之、

○孟子ㅣ曰不孝ㅣ有三ᄒᆞ니無後爲大ᄒᆞ니라

孟子ㅣ골ᄋᆞ샤ᄃᆡ不孝ㅣ三이이시니後업슴이큰이라

●趙氏、曰於禮、有不孝者三事、謂阿意曲從、陷親不義、一也、家貧親老、不爲祿仕、二也、不娶無子、絕先祖祀、三也、三者之中、無後、爲大、

舜이不告而娶ᄂᆞᆫ爲無後也ㅣ시니君子ㅣ以爲猶告也ㅣ라ᄒᆞ니라 爲無之爲去聲

舜이告티아니ᄒᆞ고娶ᄒᆞ심은後ㅣ업슴을爲ᄒᆞ심이시니君子ㅣ뻐告ᄒᆞᆷ과ᄀᆞᄐᆞ다ᄒᆞ니라

●舜、告焉則不得娶、而終於無後矣、告者、禮也、不告者、權也、猶告、言與告同也、蓋權而得中、則不離於正矣、○范氏、曰天下之道、有正有權、正者、萬世之常、權者、一時之用、常道、人皆可守、權、非體道者、不能用也、蓋權、出於不得已者也、若父非瞽瞍、子非大舜、而欲不告而娶、則天下之罪人也、

○孟子ㅣ曰仁之實은事親이是也오義之實은從兄이是也ㅣ니라

孟子ㅣ골ᄋᆞ샤ᄃᆡ仁의實은親을事홈이이오義의實은兄을從홈이이니라

●仁主於愛、而愛莫切於事親、義主於敬、而敬莫先於從兄、故、仁義之道、其用、至廣而其實、不越於事親從兄之間、蓋良心之發、最爲切近而精實者、有子、以孝弟、爲爲仁之本、其意、亦猶此也

智之實은知斯二者ᄒᆞ야弗去ㅣ是也ㅣ오禮之實은節文斯二者ㅣ是也오樂之實은樂斯二者ㅣ니樂則生矣니生則惡可已也ㅣ리오惡可已則不知足之蹈之ᄒᆞ며手之舞之니라 樂斯樂則之樂音洛

惡엇지오憎也

底니를지致也豫깃거을여

智의實은이二者를아라去티아니홈이이오禮의實은이二者를節文홈이이오樂의實은이二者를樂홈이니樂ᄒᆞ면生ᄒᆞᄂᆞ니生ᄒᆞ면엇디可히已ᄒᆞ리오 엇디可히已ᄒᆞ리오ᄒᆞ면足의蹈ᄒᆞ며手의舞홈을아디몯ᄒᆞᄂᆞ니라

●斯二者、指事親從兄而言、知而弗去、則見之明而守之固矣、節文、謂品節文章、樂則生矣、謂和順從七容反容、無所勉强、事親從兄之意、油然自生、如草木之有生意也、旣有生意、則其暢茂條達、自有不可遏者、所謂惡可已也、其又盛、則至於手舞足蹈、而不自知矣、○此章、言事親從兄、良心眞切、天下之道、皆原於此、然、必知之明、而守之固然後、節之密而樂之深也、

○孟子ㅣ曰天下ㅣ大悅而將歸己어든視天下悅而歸己호ᄃᆡ猶草芥也ᄂᆞᆫ惟舜이爲然ᄒᆞ시니不得乎親이란不可以爲人이오不順乎親이란不可以爲子ㅣ러시다

孟子ㅣᄀᆞᆯᄋᆞ샤ᄃᆡ天下ㅣ키悅ᄒᆞ야쟝ᄎᆺ已예歸ᄒᆞ거든天下ㅣ悅ᄒᆞ야已예歸ᄒᆞ욤을視호ᄃᆡ草芥ᄀᆞᆮ티홈은오직舜이그러ᄒᆞ시니親에得다몯ᄒᆞ야란可히뻐人이되디몯ᄒᆞ리라ᄒᆞ시고親에順티몯ᄒᆞ야란可히뻐子ㅣ되디몯ᄒᆞ리라ᄒᆞ더시다

●言、舜視天下之歸己、如草芥、而惟欲得其親而順之也、得者、曲爲承順、以得其心之悅而已、順則有以諭之於道、心與之一、而未始有違、尤人所難也、爲人、蓋泛言之、爲子、則愈密矣、

舜이盡事親之道而瞽瞍ㅣ底豫ᄒᆞ니瞽瞍ㅣ底豫而天下ㅣ化ᄒᆞ며瞽瞍ㅣ底豫而天下之爲父子者ㅣ定ᄒᆞ니此之謂大孝ㅣ니라

悅也

舜이親事ᄒᆞᄂᆞᆫ道ᄅᆞᆯ盡ᄒᆞ심애瞽瞍ㅣ豫에底ᄒᆞ니瞽瞍ㅣ豫에底ᄒᆞ욤애天下ㅣ化ᄒᆞ며瞽瞍ㅣ豫에底ᄒᆞ욤애天下읫父子되온者ㅣ定ᄒᆞ니이ᄅᆞᆯ닐온大孝ㅣ니라

●瞽瞍、舜父名、底、致也、豫、悅、樂也、瞽瞍、至頑、嘗欲殺舜、舜、至是而底豫焉、書所謂不格姦、亦允若、是也、蓋舜、至此而有以順乎親矣、是以、天下之爲子者、知天下、無不可事之親、顧吾所以事之者、未若舜耳、於是、莫不勉而爲孝、至於其親、亦底豫焉、則天下之爲父者、亦莫不慈、所謂化也、子孝父慈、各止其所、而無不安其位之意、所謂定也、爲法於天下、可傳於後世、非止一身一家之孝而已、此所以爲大孝也、○李氏、曰舜之所以能使瞽瞍底豫者、盡事親之道、共爲子職、不見父母之非而已、昔、羅仲素、語此云只爲天下、無不是底父母、了翁、聞而善之曰唯如此而後、天下之爲父子者、定、彼臣弑其君、子弑其父者、常始於見其有不是處耳、

原本孟子集註卷之七終

孟子集註卷之八

離婁章句下

凡三十三章

孟子ㅣ曰舜은生於諸馮ᄒᆞ사遷於負夏ᄒᆞ사卒於鳴條ᄒᆞ시니東夷之人也ㅣ시니라

孟子ㅣ ᄀᆞᄅᆞ샤ᄃᆡ舜은諸馮에生ᄒᆞ샤負夏애遷ᄒᆞ샤鳴條애卒ᄒᆞ시니東夷人人이시니라

●諸馮、負夏、鳴條、皆地名、在東方夷服之地

文王은生於岐周ᄒᆞ샤卒於畢郢ᄒᆞ시니西夷之人也ㅣ시니라

文王은岐周에生ᄒᆞ샤畢郢에卒ᄒᆞ시니西夷人人이시니라

●岐周、岐山下、周舊邑、近畎夷、畢郢、近豐鎬、今有文王墓

地之相去也ㅣ千有餘里며世之相後也ㅣ千有餘歲로ᄃᆡ得志行乎中國ᄒᆞ산若合符節ᄒᆞ니라

地의서르去ᄒᆞ욤이千이오또나믄里며世의서르後ᄒᆞ욤이千이오또나믄歲로ᄃᆡ志를得ᄒᆞ야中國에行ᄒᆞ산符節을合ᄒᆞ욤ᄀᆞᄐᆞ니라

●得志行乎中國、謂舜爲天子、文王、爲方伯、得行其道於天下也、符節、以玉爲之篆刻文字、而中分之、彼此各藏其半、有故則左右相合、以爲信也、若合符節、言其同也、

梁 량 즁겁다리 以石絶水

辟 벽 물니칠 除也

先聖後聖이其揆一也ㅣ니라

先聖과後聖이그揆ᄒᆞ욤애ᄒᆞᆫ가지니라

●揆、度也、其揆一者、言度之而其道無不同也、○范氏、曰言聖人之生、雖有先後遠近之不同、然、其道則一也、

○子産이聽鄭國之政호ᄉᆡ以其乘輿로濟人於溱洧ᄒᆞᆫ대 乘去聲溱音臻洧榮美反

子産이鄭國人政을聽ᄒᆞ실ᄉᆡ그乘輿로ᄡᅥ人을溱洧에濟ᄒᆞᆫ대

●子産、鄭大夫、公孫僑音喬、溱、洧、二水名也、子産、見人有徒涉此水者、以其所乘之車、載而渡之、

孟子ㅣ曰惠而不知爲政이로다

孟子ㅣ갈ᄋᆞ샤ᄃᆡ惠ᄒᆞ고政ᄒᆞ욤을아디몯ᄒᆞ도다

●惠、謂私恩小利、政則有公平正大之體、綱紀法度之施焉、

歲十一月에徒杠이成ᄒᆞ며十二月에輿梁이成ᄒᆞ면民未病涉也ㅣ니라 杠音江

歲十一月에徒杠이成ᄒᆞ며十二月에輿梁이成ᄒᆞ면民이涉ᄒᆞ욤을病티아니ᄒᆞᄂᆞ니라

●杠、方橋也、徒杠、可通徒行者、梁、亦橋也、輿梁、可通車輿者、周十一月、夏九月也、周十二月、夏十月也、夏令、曰十月成梁、蓋農功已畢、可用民力、又時將寒沍、水有橋梁、則民不患於徒涉、亦王政之一事也、

君子ㅣ平其政이면行辟人이可也ㅣ니焉能人人而濟之오리

君子ㅣ그政을平히ᄒᆞ면行홈애人을辟홈이可ᄒᆞ니엇디시러곰人人마다濟ᄒᆞ리오

●辟、辟除也、如周禮、閽人、爲之辟之辟、言能平其政、則出行之際、辟除行人、使之避已、亦不爲過、況國中之水、當涉者衆、豈能悉以乘輿濟之哉、

故로爲政者ㅣ每人而悅之면日亦不足矣리라

故로政을ᄒᆞᄂᆞᆫ者ㅣ每人마다悅케호려ᄒᆞ면日도ᄯᅩᄒᆞᆫ足디몯ᄒᆞ리라

●言每人、皆欲致私恩、以悅其意、則人多日少、亦不足於用矣、諸葛武侯、嘗言治世、以大德、不以小惠、得孟子之意矣、

○孟子ㅣ告齊宣王曰君之視臣이如手足則臣視君을如腹心ᄒᆞ고君之視臣이如犬馬則臣視君을如國人ᄒᆞ고君之視臣이如土芥則臣視君을如寇讎ㅣ니이다

孟子ㅣ齊宣王ᄭᅴ告ᄒᆞ야ᄀᆞᆯ오샤ᄃᆡ君의臣보미手足ᄀᆞᆮ티ᄒᆞ면臣이君보ᄆᆞᆯ心腹ᄀᆞᆮ티ᄒᆞ고君의臣보미犬馬ᄀᆞᆮ티ᄒᆞ면臣이君보ᄆᆞᆯ國人ᄀᆞᆮ티ᄒᆞ고君의臣보미土芥ᄀᆞᆮ티ᄒᆞ면臣이君보ᄆᆞᆯ寇讎ᄀᆞᆮ티ᄒᆞᄂᆞ니이다

●孔氏、曰宣王之遇臣下、恩禮衰薄、至於昔者所進、今日不知其亡、則其於羣臣、可謂邈然無敬矣、故、孟子、告之以此、手足腹心、相待一體、恩義之至也、如犬馬則輕賤之、然、猶有豢養之恩焉、國人、猶言路人、言無怨無德也、土芥則踐踏之而已矣、斬艾之而已矣、其賤惡之、又甚矣、寇讎之報、不亦宜乎、

王曰禮예爲舊君有服ᄒᆞ니何如ㅣ라아斯可爲服矣니잇고 爲去聲下爲之同

王이ᄀᆞᆯ오샤ᄃᆡ禮예舊君을爲ᄒᆞ야服이잇시니엇디ᄒᆞ여아이에可히爲ᄒᆞ야服ᄒᆞ리잇고

●儀禮、曰以道去君、而未絕者、服齊衰三月、王、疑孟子之言、太甚故、以此禮、爲

問

曰諫行言聽ᄒᆞ야膏澤이下於民ᄒᆞ오이有故而去則君이使人導之出疆ᄒᆞ고又先於其所往ᄒᆞ며去三年不反然後에收其田里ᄒᆞᄂᆞᆫ此之謂三有禮焉이니如此則爲之服矣니이다

ᄀᆞᆯ샤ᄃᆡ諫홈애行ᄒᆞ며言홈애聽ᄒᆞ야膏澤이民의게下ᄒᆞ고故ㅣ이셔去ᄒᆞ면君이人으로ᄒᆞ여곰導ᄒᆞ야疆애出ᄒᆞ고ᄯᅩ그往ᄒᆞᄂᆞᆫ바애先ᄒᆞ며去ᄒᆞᆫ三年애反티아닌然後에그田과里ᄅᆞᆯ取ᄒᆞᄂᆞ니이ᄅᆞᆯ닐온세가짓禮이심이니이러ᄐᆞᆺᄒᆞ면爲ᄒᆞ야服ᄒᆞᄂᆞ니이다

●導之出疆、防剽掠也、先於其所往、稱道其賢、欲其收用之也、三年而後、收其田祿里居、前此、猶望其歸也、

今也앤爲臣이라諫則不行ᄒᆞ며言則不聽ᄒᆞ야膏澤이不下於民ᄒᆞ오이有故而去則君이搏執之ᄒᆞ고又極之於其所往ᄒᆞ며去之日에遂收其田里ᄒᆞᄂᆞ니此之謂寇讎ㅣ니寇讎에何服之有ㅣ리오

今앤臣이되연ᄂᆞᆫ디라諫ᄒᆞ면行티아니ᄒᆞ며言ᄒᆞ면聽티아니ᄒᆞ야膏澤이民의게下티아니ᄒᆞ고故ㅣ이셔去ᄒᆞ면君이搏執ᄒᆞ고ᄯᅩ그往ᄒᆞᄂᆞᆫ바애極ᄒᆞ며去ᄒᆞᆫ日에드듸여그田과里ᄅᆞᆯ取ᄒᆞᄂᆞ니이ᄅᆞᆯ닐온寇讎ㅣ니寇讎에므슴服이이시리오

●極、窮也、窮之於其所往之國、如晉錮欒盈也、○潘興嗣、曰孟子、告齊王之言、猶孔子、對定公之意也、而其言有迹、不若孔子之渾然也、蓋聖賢之別、如此、楊氏曰君臣、以義合者也、故、孟子、爲齊王、深言報施之道、使知爲君者、不可不以禮

莫 업슬 막 無也

遇其臣耳、若君子之自處則豈處其薄乎、孟子、曰王庶幾改之、予日望之、君子之言、蓋如此、

○孟子ㅣ曰無罪而殺士則大夫ㅣ可以去오無罪而戮民則士ㅣ可以徙ㅣ니라

孟子ㅣ갈ᄋᆞ샤ᄃᆡ罪업시셔士를殺ᄒᆞ면대우ㅣ可히ᄡᅥ去ᄒᆞᆯ꺼시오罪업시셔民을戮ᄒᆞ면士ㅣ可히ᄡᅥ徙ᄒᆞᆯ꺼시니라

●言君子、當見幾而作、禍已迫則不能去矣、

孟子ㅣ曰君仁이면莫不仁이오君義ㅣ면莫不義니라

孟子ㅣ갈ᄋᆞ샤ᄃᆡ君이仁ᄒᆞ면仁티아니리업고君이義ᄒᆞ면義티아니리업ᄉᆞ니라

●張氏、曰此章、重出、然、上篇、主言人臣、當以正君爲急、此章、直戒人君、義亦小異耳、

○孟子ㅣ曰非禮之禮와非義之義를大人이弗爲ㅣ니라

孟子ㅣ갈ᄋᆞ샤ᄃᆡ禮안닌禮와義아닌義를大人이ᄒᆞ디아니ᄒᆞᄂᆞ니라

●察理不精故、有二者之蔽、大人則隨事而順理、因時而處宜、豈爲是哉

○孟子ㅣ曰中也ㅣ養不中ᄒᆞ며才也ㅣ養不才라故로人樂有賢父兄也ㅣ니如中也ㅣ棄不中ᄒᆞ며才也ㅣ棄不才면則賢不肖之相去ㅣ其間이不能以寸이니라 樂音洛

孟子ㅣ갈ᄋᆞ샤ᄃᆡ中이不中을養ᄒᆞ며才ㅣ不才를養ᄒᆞᄂᆞᆫ디라故로人이賢ᄒᆞᆫ父兄이잇음을樂ᄒᆞᄂᆞ니만일中이不中을棄ᄒᆞ며才ㅣ不才를棄ᄒᆞ면곧賢과不肖의서르去홈

●이그間이能히ᄡᅥ寸도몯ᄒᆞ니라

●無過不及之謂中、足以有爲之謂才、養、謂涵育薰陶、俟其自化也、賢、謂中而才者也、樂有賢父兄者、樂其終能成已也、爲父兄者、若以子弟之不賢、遂遽絶之而不能敎、則吾亦過中而不才矣、其相去之間、能幾何哉

○孟子ㅣ曰人有不爲也而後에可以有爲니라

孟子ㅣᄀᆞᆯᄋᆞ샤ᄃᆡ人이ᄒᆞ디아니홈이이신後에可히ᄡᅥᄒᆞ욤이인ᄂᆞ니라

●程子、曰有不爲、知所擇也、惟能有不爲、是以、可以有爲、無所不爲者、安能有所爲耶

○孟子ㅣ曰言人之不善ᄒᆞ다가當如後患에何오

孟子ㅣᄀᆞᆯᄋᆞ샤ᄃᆡ人의不善을言ᄒᆞ다가맛당이後患에엇디ᄒᆞ료

●此亦有爲而言

○孟子ㅣ曰仲尼ᄂᆞᆫ不爲已甚者ㅣ러시다

孟子ㅣᄀᆞᆯᄋᆞ샤ᄃᆡ仲尼ᄂᆞᆫ已甚홈을ᄒᆞ디아니ᄒᆞ더시다

●已、猶太也、楊氏曰言聖人所爲、本分(去聲)之外、不如毫末、非孟子、眞知孔子、不能以是稱之

○孟子ㅣ曰大人者ᄂᆞᆫ言不必信이며行不必果오ㅣ惟義所在니라 行去聲

孟子ㅣᄀᆞᆯᄋᆞ샤ᄃᆡ大人은言을信홈을必티아니ᄒᆞ며行을果홈을必티아니ᄒᆞ고오직義의인ᄂᆞᆫ바로ᄒᆞᄂᆞ니라

●必、猶期也、大人言行、不先期於信果、但義之所在、則必從之、卒亦未嘗不信果也、○尹氏、曰主於義、則信果、在其中矣、信於信果、則未必合義、王勉 曰若不合

造 나아갈조 就也
資 도을자 助也

於義、而不信不果則妄人爾

○孟子ㅣ曰大人者는不失其赤子之心者也ㅣ니라

孟子ㅣᄀᆞᆯᄋᆞ샤ᄃᆡ大人은그赤子의心을失디아니ᄒᆞᆫ者ㅣ니라

●大人之心、通達萬變、赤子之心則純一無僞而已、然、大人之所以爲大人、正以其不爲物誘、而有以全其純一無僞之本然、是以、擴而充之則無所不知、無所不能、而極其大也

○孟子ㅣ曰養生者ㅣ不足以當大事오惟送死ㅣ아可以當大事ㅣ니라 養去聲

孟子ㅣᄀᆞᆯᄋᆞ샤ᄃᆡ生을養홈이足히ᄡᅧ大事애當티몯ᄒᆞ고오직死를送홈이아可히ᄡᅧ大事애當홈이니라

●事生、固當愛敬、然、亦人道之常耳、至於送死、則人道之大變、孝子之事親、舍是、無以用其力矣、故、尤以爲大事而必誠必信、不使少有後日之悔也

○孟子ㅣ曰君子ㅣ深造之以道는欲其自得之也ㅣ니自得之則居之安ᄒᆞ고居之安則資之深ᄒᆞ고資之深則取之左右애逢其原이니故로君子는欲其自得之ㅣ니라 造七到反

孟子ㅣᄀᆞᆯᄋᆞ샤ᄃᆡ君子ㅣ기피造홈을道로ᄡᅧᄒᆞ욤은그自得고쟈홈이니自得ᄒᆞ면居홈이安ᄒᆞ고居홈이安ᄒᆞ면資홈이深ᄒᆞ고資홈이深ᄒᆞ면左右에取ᄒᆞ욤애 그原을逢ᄒᆞᄂᆞ니故로君子ᄂᆞᆫ그自得고쟈ᄒᆞᄂᆞ니라

●造、詣也、深造之者、進而不已之意、道則其進爲之方也、資、猶藉也、左右、身之

兩旁、言至近而非一處也、逢、猶値也、原、本也、水之來處也、言君子、務於深造、而必以其道者、欲其有所持循、以俟夫(音扶)默識心通、自然而得之於已也、自得於已則所以處之者、安固而不搖、處之安固、則所藉者、深遠而無盡、所藉者深、則日用之間、取之至近、無所往而不値其所資之本也、○程曰、學不言而自得者、乃自得也、有安排布置者、皆非自得也、然必潛心積慮、優遊厭飫於其間然後、可以有得、若急迫求之、則是私已而已、終不足以得之也

孟子ㅣ曰博學而詳說之는將以反說約也ㅣ니라

孟子ㅣ ᄀᆞᆯᄋᆞ샤ᄃᆡ 너비學ᄒᆞ고 ᄌᆞ셰說ᄒᆞ욤은 장ᄎᆞᆺ뻐反ᄒᆞ야 約에說호려니라

●言所以博學於文、而詳說其理者、非欲以誇多而鬪靡也、欲其融會貫通、有以反而說到至約之地耳、蓋上章之意、而言學、非欲其徒博、而亦不可以徑約也

○孟子ㅣ曰以善服人者는未有能服人者也ㅣ니以善養人然後에能服天下ᄒᆞᄂᆞ니天下ㅣ不心服而王者ㅣ未之有也ㅣ니라

孟子ㅣ ᄀᆞᆯᄋᆞ샤ᄃᆡ 善으로뻐人을服ᄒᆞᄂᆞᆫ者ᄂᆞᆫ能히人을服ᄒᆞᆫ者ㅣ잇디아니ᄒᆞ니善으로뻐人을養ᄒᆞᆫ然後에能히天下ᄅᆞᆯ服ᄒᆞᄂᆞ니天下ㅣ心服디아니ᄒᆞ고王ᄒᆞᆫ者ㅣ잇디아니ᄒᆞ니라

●服人者、欲以取勝於人、養人者、欲其同歸於善、蓋心之公私、小異而人之向背(音佩)頓殊、學者、於此、不可以不審也

○孟子ㅣ曰言無實不祥ᄒᆞ니不祥之實은蔽賢者ㅣ當之니라

孟子ㅣ ᄀᆞᆯᄋᆞ샤ᄃᆡ 言이實不祥이업ᄉᆞ니不祥의實은賢을蔽ᄒᆞᄂᆞᆫ者ㅣ當ᄒᆞᄂᆞ니라

亟 빈삭ᄒᆞᆫ기 頻數

●或曰天下之言、無有實不祥者、惟蔽賢、爲不祥之實、或、曰言而無實者、不祥故蔽賢、爲不祥之實、二說、不同、未知孰是、疑或有闕文焉

○徐子ㅣ曰仲尼ㅣ亟稱於水曰水哉水哉여ᄒᆞ시니 何取於水也ㅣ시니잇고

徐子ㅣ ᄀᆞᆯ오ᄃᆡ 仲尼ㅣ ᄌᆞ조 水에 稱ᄒᆞ야 ᄀᆞᆯᄋᆞ샤ᄃᆡ 水여 水여 ᄒᆞ시니 므서슬 水에 取ᄒᆞ시니잇고

●亟、數也、水哉水哉、歎美之辭

孟子ㅣ曰原泉이 混混ᄒᆞ야 不舍晝夜ᄒᆞ야 盈科而後에 進ᄒᆞ야 放乎四海ᄒᆞᄂᆞ니 有本者ㅣ如是라 是之取爾시니라 舍放皆上聲舍一讀如字見論語子在川上章

孟子ㅣ ᄀᆞᆯᄋᆞ샤ᄃᆡ 原泉이 混混하야 晝夜를 舍티 아니ᄒᆞ야 科에 盈ᄒᆞᆫ後에 進ᄒᆞ야 四海에 放ᄒᆞᄂᆞ니 本이 이인ᄂᆞᆫ者ㅣ 이 ᄀᆞᄐᆞᆫ디라 이를 取ᄒᆞ시니라

●原泉、有原之水也、混混、湧出之貌、不舍晝夜、言常出不竭也、盈、滿也、科、坎也、言其進以漸也、放、至也、言水有原本、不已而漸進、以至于海、如人有實行則亦不已而漸進、以至于極也、

苟爲無本이면 七八月之間에 雨集ᄒᆞ야 溝澮ㅣ皆盈이나 其涸也ᄂᆞᆫ 可立而待也ㅣ니 故로 聲聞過情을 君子ㅣ恥之니라 澮古外反涸下各反聞去聲

진실로 本이 업스면 七八月ㅅ間에 雨ㅣ 集ᄒᆞ야 溝와 澮ㅣ 다 盈ᄒᆞ나 그 涸ᄒᆞᆷ은 可히 셔셔 기ᄃᆞ올꺼시니 故로 聲聞이 情에 過ᄒᆞᆷ을 君子ㅣ 恥하ᄂᆞ니라

●集、聚也、澮、田間水道也、涸、乾也、如人無實行而暴得虛譽、不能長久也、聲

聞、名譽也、情、實也、恥者、恥其無實而將不繼也、林氏、曰徐子之爲人、必有躐等干譽之病故、孟子、以是答之、○鄒氏、曰孔子之稱水、其旨微矣、孟子、獨取此者、自徐子之所急者、言之也、孔子、嘗以聞達、告子張矣、達者、有本之謂也、聞則無本之謂也、然則學者、其可以不務本乎、

○孟子ㅣ曰人之所以異於禽獸者ㅣ幾希ᄒᆞ니庶民은去之ᄒᆞ고君子는存之ᄒᆞᄂᆞ니라

孟子ㅣᄀᆞᆯᄋᆞ샤ᄃᆡ人의ᄡᅥ禽獸에異ᄒᆞᆫ밧者ㅣ幾希ᄒᆞ니庶民은去ᄒᆞ고君子ᄂᆞᆫ存ᄒᆞᄂᆞ니라

●幾希、少也、庶、衆也、人物之生、同得天地之理、以爲性、同得天地之氣、以爲形、其不同者、獨人於其間、得形氣之正、而能有以全其性、爲少異耳、雖曰少異、然、人物之所以分、實在於此、衆人、不知此而去之、則名雖爲人、而實無以異於禽獸、君子、知此而存之、是以、戰兢惕厲(惕他歷反)、而卒能有以全其所受之正也、

舜은明於庶物ᄒᆞ시며察於人倫ᄒᆞ시니由仁義行이라非行仁義也ㅣ시니라

舜은庶物에明ᄒᆞ시며人倫에察ᄒᆞ시니仁義로由ᄒᆞ야行ᄒᆞ신디라仁義를行ᄒᆞ시ᄂᆞᆫ줄이아니시니라

●物、事物也、明則有以識其理也、人倫、說見前篇、察則有以盡其理之詳也、物理固非度外、而人倫、尤切於身、故、其知之、有詳畧之異、在舜則皆生而知之也、由仁義行、非行仁義、則仁義已根於心、而所行、皆從此出、非以仁義爲美而後、勉强行之、所謂安而行之也、此則聖人之事、不待存之而無不存矣、○尹氏、曰存之者、

君子也、存者、聖人也、君子所存、存天理也、由仁義行、存者、能之、

○孟子ㅣ曰禹는惡旨酒而好善言이러시다 惡好皆去聲

孟子ᄀᆞᄅᆞ샤ᄃᆡ禹는旨酒ᄅᆞᆯ惡ᄒᆞ시고善言을好ᄒᆞ더시다

●戰國策、曰儀狄、作酒、禹、飮而甘之曰後世、必有以酒、亡其國者、遂疏儀狄、而絶旨酒、書、曰禹拜昌言、

湯은執中ᄒᆞ시며立賢無方이러시다

湯은中을執ᄒᆞ시며賢을立ᄒᆞ샤ᄃᆡ方업시ᄒᆞ더시다

●執、謂守而不失、中者、無過不及之名、方、猶類也、立賢無方、惟賢則立之於位、不問其類也、

文王은視民如傷ᄒᆞ시며望道而未之見이러시다 而讀爲如古字通用

文王은民을視ᄒᆞ샤ᄃᆡ傷ᄒᆞᆫ걷ᄐᆞ티ᄒᆞ시며道ᄅᆞᆯ望ᄒᆞ샤ᄃᆡ見티몯ᄒᆞᆫᄃᆞ시ᄒᆞ더시다

●民已安矣、而視之、猶若有傷、道已至矣、而望之、猶若未見、聖人之愛民深而求道切、如此、不自滿足終日乾乾之心也、

武王은不泄邇ᄒᆞ시며不忘遠이러시다

武王은邇ᄅᆞᆯ泄티아니ᄒᆞ시며遠을忘티아니ᄒᆞ더시다

●泄、狎也、邇者、人所易狎而不泄、遠者、人所易忘而不忘、德之盛、仁之至也、

周公은思兼三王ᄒᆞ사以施四事ᄒᆞ샤대其有不合者ㅣ어든仰而思之ᄒᆞ샤

夜以繼日ᄒᆞ샤幸而得之어시든坐以待旦ㅣ러시다

周公은三王兼홈을思ᄒᆞ샤ᄡᅥ四事를施ᄒᆞ샤ᄃᆡ그合디아님이잇거든仰ᄒᆞ야思ᄒᆞ야夜로ᄡᅥ日을繼ᄒᆞ샤幸혀得ᄒᆞ야시든坐ᄒᆞ야ᄡᅥ아ᄎᆞᆷ을기들오더시다

●三王、禹也湯也文武也、四事、上四條之事也、時異勢殊故、其事、或有所不合、思而得之、則其理、初不異矣、坐以待旦、急於行也○此、承上章言舜、因歷叙羣聖以繼之、而各擧其一事、以見形甸反其憂勤惕厲之意、蓋天理之所以常存、而人心之所以不死也、程子、曰孟子所稱、各因其一事而言、非謂武王、不能執中立賢、湯、却泄邇忘遠也、人謂各擧其盛、亦非也、聖人、亦無不盛、

○孟子ㅣ曰王者之迹이熄而詩亡ᄒᆞ니詩亡然後에春秋ㅣ作ᄒᆞ니라

孟子ㅣᄀᆞᆯᄋᆞ샤ᄃᆡ王者의迹이熄홈애詩ㅣ亡ᄒᆞ니詩ㅣ亡ᄒᆞᆫ然後에春秋ㅣ作ᄒᆞ니라

●王者之跡熄、謂平王、東遷而政敎號令、不及於天下也、詩亡、謂黍離、降爲國風而雅、亡也、春秋、魯史記之名、孔子、因而筆削之、始於魯隱公之元年、實平王之四十九年也、

晉之乘과楚之檮杌와魯之春秋ㅣ一也ㅣ니라 乘去聲檮音逃杌音兀

晉의乘과楚의檮杌와魯의春秋ㅣᄒᆞᆫ가지니라

●乘、義未詳、趙氏、以爲興於田賦乘馬之事、或、曰取記載當時行事、而名之也、檮杌、惡獸名、古者、因以爲凶人之號、取記惡垂戒之義也、春秋者、記事者、必表年、以首事、年有四時故、錯擧以爲所記之名也、古者列國皆有史官。掌記時事、此三者、皆其所記冊書之名也、

其事則齊桓晉文이오其文則史ㅣ니孔子ㅣ曰其義則丘ㅣ竊取之

矣로라ᄒᆞ시니라

그事ᄂᆞᆫ齊桓과晉文이오그文은史ㅣ니孔子ㅣᄀᆞᆯᄋᆞ샤ᄃᆡ그義ᄂᆞᆫ丘ㅣ그윽이取호라ᄒᆞ시니라

●春秋之時、五覇迭興而桓文、爲盛、史、史官也、竊取者、謙辭也、公羊傳、作其辭則丘、有罪焉爾、意亦如此、蓋言斷之在己、所謂筆則筆、削則削、游夏、不能贊一辭者也、尹氏、曰言孔子、作春秋、亦以史之文、載當時之事也、而其義、則定天下之邪正、爲百王之大法○此、又承上章、歷叙羣聖、因以孔子之事、繼之而孔子之事、莫大於春秋故、特言之、

○孟子ㅣ曰君子之澤도五世而斬이오小人之澤도五世而斬이니라

孟子ㅣᄀᆞᆯᄋᆞ샤ᄃᆡ君子의澤도五世예斬ᄒᆞ고小人의澤도五世예斬ᄒᆞᄂᆞ니라

●澤、猶言流風餘韻也、父子相繼爲一世、三十年、亦爲一世、斬、絕也、大約君子小人之澤、五世而絕也、楊氏、曰四世而緦、服之窮也、五世、袒免(音問)殺同姓也、六世、親屬竭矣、服窮則遺澤、寖微故、五世而斬、

予ㅣ未得爲孔子徒也ㅣ나予ᄂᆞᆫ私淑諸人也ㅣ로다

내시러곰孔子의徒ㅣ되디몯ᄒᆞ나나ᄂᆞᆫ人의게그윽이淑호라

●私、猶竊也、淑、善也、李氏、以爲方言、是也、人、謂子思之徒也、自孔子卒、至孟子游梁時、方百四十餘年、而孟子、已老、然則孟子之生、去孔子未百年也、故、孟子言予雖未得親受業於孔子之門、然、聖人之澤、尙存、猶有能傳其學者故、我、得聞孔子之道於人、而私竊以善其身、蓋推尊孔子、而自謙之辭也○此、又承上三章、歷叙舜禹、至於周孔、而以是終之、其辭、雖謙、然、其所以自任之重、亦有不得而辭者

矣

○孟子ㅣ曰可以取ㅣ며可以無取에取면傷廉이오可以與ㅣ며可以無與에與ㅣ면傷惠오可以死ㅣ며可以無死에死ㅣ면傷勇이니라

孟子ㅣ골ᄋᆞ샤ᄃᆡ可히ᄡᅥ取ᄒᆞ얌즉ᄒᆞ며可히ᄡᅥ取티마람즉ᄒᆞᆫᄃᆡ取ᄒᆞ면廉을傷ᄒᆞ고可히ᄡᅥ與ᄒᆞ얌즉ᄒᆞ며可히ᄡᅥ與티마람즉ᄒᆞᆫᄃᆡ與ᄒᆞ면惠를傷ᄒᆞ고可히ᄡᅥ死ᄒᆞ얌즉ᄒᆞ며可히ᄡᅥ死티마람즉ᄒᆞᆫᄃᆡ死ᄒᆞ면勇을傷ᄒᆞ리니라

●先言可以者、略見而自許之辭也、後言可以無者、深察而自疑之辭也、過取、固害於廉、然、過與、亦反害其惠、過死、亦反害其勇、蓋過猶不及之意也、林氏、曰公西華、受五秉之粟、是、傷廉也、冉子、與之、是傷惠也、子路之死於衛、是傷勇也、

○逄蒙이學射於羿ᄒᆞ야盡羿之道ᄒᆞ고思天下애惟羿ㅣ爲愈己라ᄒᆞ야於是에殺羿ᄒᆞᆫ대孟子ㅣ曰是亦羿ㅣ有罪焉이니라公明儀ㅣ曰宜若無罪焉이다ᄒᆞ니曰薄乎云爾언뎡惡得無罪리오 逄薄江反 惡平聲

逄蒙이射를羿의게學ᄒᆞ야羿의道를盡ᄒᆞ고思호ᄃᆡ天下애오직羿ㅣ己두곤더은이리ᄒᆞ야이예羿를殺ᄒᆞᆫ대孟子ㅣ골ᄋᆞ샤ᄃᆡ이ᄯᅩ羿ㅣ罪인ᄂᆞ니라公明儀ㅣ골오ᄃᆡ맛당이罪업ᄉᆞᆫ듯ᄒᆞ이다골ᄋᆞ샤ᄃᆡ薄다ᄒᆞᆯ ᄲᅮᆫ이언뎡엇디시러곰罪업ᄉᆞ리오

●羿、有窮后羿也、逄蒙、羿之家衆也、羿、善射、簒夏自立、後爲家衆所殺、愈、猶勝也、薄、言其罪差薄耳

鄭人이使子濯孺子로侵衛어늘衛ㅣ使庾公之斯로追之러니子濯孺子ㅣ曰今日에我ㅣ疾作이라不可以執弓이로소니吾ㅣ死矣夫닌뎌ᄒᆞ고問其

僕曰追我者는誰也오其僕이曰庾公之斯也ㅣ로소이다曰吾ㅣ生矣로다其僕이曰庾公之斯는衛之善射者也ㅣ어늘夫子ㅣ曰吾生은何謂也ㅣ잇고曰庾公之斯는學射於尹公之他ᄒᆞ고尹公之他는學射於我ᄒᆞ니夫尹公之他는端人也ㅣ라其取友ㅣ必端矣리라庾公之斯ㅣ至曰夫子는何爲不執弓고曰今日에我ㅣ疾作이라不可以執弓이로다曰小人은學射於尹公之他ᄒᆞ고尹公之他는學射於夫子ᄒᆞ니我ㅣ不忍以夫子之道로反害夫子ᄒᆞ노라雖然이나今日之事는君事也ㅣ라我ㅣ不敢廢라ᄒᆞ고抽矢扣輪ᄒᆞ야去其金ᄒᆞ고發乘矢而後에反ᄒᆞ니라

鄭人이子濯孺子로ᄒᆞ여곰衛를侵ᄒᆞ거ᄂᆞᆯ衛ㅣ庾公斯로ᄒᆞ여곰追ᄒᆞ더니子濯孺子ㅣ골오ᄃᆡ今日에내疾이作ᄒᆞᆫ다라可히ᄡᅥ弓을執디몯ᄒᆞ리로소니내死ᄒᆞ린뎌ᄒᆞ고그僕ᄃᆞ려問ᄒᆞ야골오ᄃᆡ나를追ᄒᆞᄂᆞᆫ者ᄂᆞᆫ누구고그僕이골오ᄃᆡ庾公之斯ㅣ로소이다골오ᄃᆡ내生ᄒᆞ리로다그僕이골오ᄃᆡ庾公斯ᄂᆞᆫ衛예善射ᄒᆞᄂᆞᆫ者ㅣ어ᄂᆞᆯ夫子ㅣ골ᄋᆞ샤ᄃᆡ내生ᄒᆞ리라홈은엇디닐옴이잇고골오ᄃᆡ庾公斯ᄂᆞᆫ射를尹公他의게學ᄒᆞ고尹公他ᄂᆞᆫ射를내게學ᄒᆞ니尹公他ᄂᆞᆫ端ᄒᆞᆫ人이라그友를取홈이반ᄃᆞ시端ᄒᆞ리라庾公斯ㅣ至ᄒᆞ야골오ᄃᆡ夫子ᄂᆞᆫ엇디弓을執디아니ᄒᆞᄂᆞ뇨골오ᄃᆡ今日에내疾이作ᄒᆞᆫ디라可히ᄡᅥ弓을執디몯ᄒᆞ리로다골오ᄃᆡ小人은射를尹公他의게學ᄒᆞ고尹公他ᄂᆞᆫ射를夫子의게學ᄒᆞ니내ᄎᆞ마夫子의道로ᄡᅥ도로혀夫子를害티몯ᄒᆞ노라비록그러나今日의事ᄂᆞᆫ君의事ㅣ라내敢히廢티몯ᄒᆞ리라ᄒᆞ고矢를抽ᄒᆞ야輪에扣ᄒᆞ야그金을去ᄒᆞ고乘矢를發ᄒᆞᆫ後에反ᄒᆞ니라

齊 재계 할재 齋也

●之、語助也、僕、御也、尹公他、亦衛人也、端、正也、孺子、以尹公、正人、知其取友必正故、度庾公、必不害己、小人庾公自稱也、金、鏃也、扣輪出鏃、令不害人、乃以射也、乘矢、四矢也、孟子、言使羿、如子濯孺子、得尹公他而敎之、則必無逄蒙之禍、然、夷羿、簒弑之賊、蒙乃逆儔、庾斯、雖全私恩、亦廢公義、其事皆無足論者、孟子、蓋特以取友而言耳

○孟子ㅣ曰西子ㅣ蒙不潔則人皆掩鼻而過之니라

孟子ㅣ골ᄋᆞ샤ᄃᆡ西子ㅣ潔티아니거슬蒙ᄒᆞ면사ᄅᆞᆷ이다鼻ᄅᆞᆯ掩ᄒᆞ고過ᄒᆞ리니라

●西子、美婦人、蒙、猶冒也、不潔、汙穢之物也、掩鼻、惡其臭也

雖有惡人이나齊戒沐浴則可以祀上帝니라

비록惡人이나齊戒ᄒᆞ야沐浴ᄒᆞ면可히ᄡᅥ上帝ᄅᆞᆯ祀ᄒᆞ리니라

●惡人、醜貌者也、○尹氏、曰此章、戒人之喪善、而勉人以自新也

○孟子ㅣ曰天下之言性也는則故而已矣니故者는以利爲本이니라

孟子ㅣ골ᄋᆞ샤ᄃᆡ天下의性을言홈은곧故로홀ᄯᆞᄅᆞᆷ이니故ᄂᆞᆫ利로ᄡᅥ本을삼ᄂᆞ니라

●性者、人物所得以生之理也、故者、其已然之跡、若所謂天下之故者也、利、猶順也、語其自然之勢也、言事物之理、雖若無形而難知、然、其發見(形甸反)之已然、則必有跡而易見、故、天下之言性者、但言其故、而理自明、猶所謂善言天者、必有驗於人也、然、其所謂故者、又必本其自然之勢、如人之善、水之下、非有所矯揉造作而然者也、若人之爲惡、水之在山、則非自然之故矣

所惡於智者ᄂᆞᆫ 爲其鑿也ㅣ니 如智者ㅣ 若禹之行水也ㅣ면 則無惡於智矣리다 禹之行水也ᄂᆞᆫ 行其所無事也ㅣ시니 如智者ㅣ 亦行其所無事也ㅣ면 則智亦大矣리라 惡爲皆去聲

智者에 惡ᄒᆞᄂᆞᆫ 바ᄂᆞᆫ 그 鑿홈을 爲ᄒᆞ얘니 만일에 智者ㅣ 禹의 水行홈 ᄀᆞᆮ티ᄒᆞ면 智예 惡홈이 업ᄉᆞ리라 禹의 水行ᄒᆞ심은 그 일삼아 홈이 업슨바ᄅᆞᆯ 行ᄒᆞ시니 만일 에 智者ㅣ 또ᄒᆞᆫ 그 일삼아 홈이 업슨바ᄅᆞᆯ 行ᄒᆞ면 智 또ᄒᆞᆫ 大ᄒᆞ리니라

●天下之理、本皆利順、小智之人、務爲穿鑿、所以失之、禹之行水、則因其自然之勢、而導之、未嘗以私智穿鑿、而有所事、是以、水得其潤下之性、而不爲害也

天之高也와 星辰之遠也ㅣ나 苟求其故ㅣ면 千歲之日至ᄅᆞᆯ 可坐而致也ㅣ니라

天의 高홈과 星辰의 遠홈이나 진실로 그 故ᄅᆞᆯ 求ᄒᆞ면 千歲의 日至ᄅᆞᆯ 可히 坐ᄒᆞ야 致ᄒᆞᆯ꺼시니라

●天雖高、星辰雖遠、然、求其已然之跡、則其運有常、雖千歲之久、其日至之度、可坐而得、況於事物之近、若因其故而求之、豈有不得其理者、而何以穿鑿爲哉、必言日至者、造曆者、以上古十二月甲子朔夜半冬至、爲曆元也、○程子、曰此章、專爲智而發、愚、謂事物之理、莫非自然、順而循之、則爲大智、若用小智、而鑿以自私、則害於性、而反爲不智、程子之言、可謂深得此章之旨矣

○公行子ㅣ 有子之喪이어늘 右師ㅣ 往弔ᄒᆞᆯ서 入門커늘 有進而與右師言者ᄒᆞ며 有就右師之位而與右師言者ㅣ러니

公行子ㅣ子의喪이잇거늘右師ㅣ가吊홀쌔門에入ᄒᆞ거늘進ᄒᆞ야右師로더불어言ᄒᆞᆫ者ㅣ이시며右師의位에就ᄒᆞ야右師로더불어言ᄒᆞᆫ者ㅣ잇더니

●公行子、齊大夫、右師、王驩也

孟子ㅣ不與右師言ᄒᆞ신대右師ㅣ不悅曰諸君子ㅣ皆與驩言이어늘孟子ㅣ獨不與驩言ᄒᆞ시니是ᄂᆞᆫ簡驩也ㅣ로다

孟子ㅣ右師로더불어言타아니ᄒᆞ신대右師ㅣ悅티아니ᄒᆞ야ᄀᆞᆯ오ᄃᆡ諸君子ㅣ다驩으로더불어言ᄒᆞ거늘孟子ㅣ호올로驩으로더불어言티아니ᄒᆞ니이ᄂᆞᆫ驩ᄋᆞᆯ簡홈이로다

●簡、畧也、

孟子ㅣ聞之ᄒᆞ시고曰禮예朝廷애不歷位而相與言ᄒᆞ며不踰階而相揖也ᄒᆞᄂᆞ니我欲行禮어ᄂᆞᆯ子敖ㅣ以我爲簡ᄒᆞ니不亦異乎아 朝音潮

孟子ㅣ聞ᄒᆞ시고ᄀᆞᆯ오ᄉᆞᄃᆡ禮예朝廷애位를歷ᄒᆞ야셔ᄅᆞ더불어言티아니ᄒᆞ며階를踰ᄒᆞ야셔ᄅᆞ揖디아니ᄒᆞᄂᆞ니나ᄂᆞᆫ禮를行코자ᄒᆞ거ᄂᆞᆯ子敖ㅣ날로ᄡᅥ簡타ᄒᆞ니ᄯᅩᄒᆞᆫ異티아니ᄒᆞ냐

●是時、齊卿大夫、以君命、吊、各有位次、若周禮、凡有爵者之喪禮、則職喪、涖音利其禁令、序其事故、云朝廷也、歷、更涉也、位、他人之位也、右師、未就位、而進與之言則右師、歷己之位矣、右師、已就位而就與之言、則已歷右師之位矣、孟子右師之位、又不同階、孟子、不敢失此禮故、不與右師言也、

○孟子ㅣ曰君子所以異於人者ᄂᆞᆫ以其存心也ㅣ니君子ᄂᆞᆫ以仁

存心ᄒᆞ며以禮存心이니라

孟子ㅣ ᄀᆞᆯᄋᆞ샤ᄃᆡ 君子의 ᄡᅥ 人애 異ᄒᆞᆫ 받者ᄂᆞᆫ 그 心을 存ᄒᆞᆷ으로ᄡᅵ니 君子ᄂᆞᆫ 仁으로ᄡᅥ 心을 存ᄒᆞ며 禮로ᄡᅥ 心을 存ᄒᆞᄂᆞ니라

● 以仁禮存心、言以是存於心而不忘也、

仁者ᄂᆞᆫ愛人ᄒᆞ고有禮者ᄂᆞᆫ敬人ᄒᆞᄂᆞ니

仁ᄒᆞᆫ者ᄂᆞᆫ 人을 愛ᄒᆞ고 禮잇ᄂᆞᆫ者ᄂᆞᆫ 人을 敬ᄒᆞᄂᆞ니

● 此、仁禮之施、

愛人者ᄂᆞᆫ人恒愛之ᄒᆞ고敬人者ᄂᆞᆫ人恒敬之니라

人을 愛ᄒᆞᄂᆞᆫ者ᄂᆞᆫ 人이 덛덛이 愛ᄒᆞ고 人을 敬ᄒᆞᄂᆞᆫ者ᄂᆞᆫ 人이 덛덛이 敬ᄒᆞᄂᆞ니라

● 此、仁禮之驗、

有人於此ᄒᆞ니其待我以橫逆則君子ㅣ必自反也ᄒᆞ야我必不仁也ㅣ며必無禮也ㅣ로다此物이奚宜至哉오ᄒᆞᄂᆞ니라 橫去聲下同

人이 이예 이시니 그 나를 待호ᄃᆡ 橫逆으로ᄡᅥᄒᆞ면 君子ㅣ 반ᄃᆞ시 스ᄉᆞ로 反ᄒᆞ야 내 반ᄃᆞ시 仁티 몯ᄒᆞ며 반ᄃᆞ시 禮업두다 이 物이 엇디 맛당이 至ᄒᆞᄂᆞ뇨ᄒᆞᄂᆞ니라

● 橫逆、謂強暴、不順理也、物、事也、

其自反而仁矣며自反而有禮矣로ᄃᆡ其橫逆이由是也ㅣ어든君子ㅣ必自反也ᄒᆞ야我必不忠이로다ᄒᆞᄂᆞ니라 由與猶同下倣此

스ᄉᆞ로 反홈애 仁ᄒᆞ며 스ᄉᆞ로 反홈애 禮이쇼ᄃᆡ 그 橫逆ᄒᆞ욤이 이 ᄀᆞᆮ거든 君子ㅣ 반ᄃᆞ시 스ᄉᆞ로 反ᄒᆞ야 내 반ᄃᆞ시 忠티 몯ᄒᆞ두다ᄒᆞᄂᆞ니라

難 힐난 할난 詰辨

亡 업슬 무 無也

●忠者、盡己之謂、我必不忠、恐所以愛敬人者、有所不盡其心也、

自反而忠矣로되 其橫逆이 由是也ㅣ어든 君子ㅣ 曰此亦妄人也已矣로다ᄒᆞᄂᆞ니 如此則與禽獸奚擇哉리오 於禽獸애 又何難焉이리오

스스로反홈애忠호ᄃᆡ그橫逆ᄒᆞ욤이이ᄀᆞᆺ거든君子ㅣᄀᆞᆯ오ᄃᆡ이ᄯᅩᄒᆞᆫ妄人일 ᄯᆞᄅᆞᆷ이로다ᄒᆞᄂᆞ니이ᄀᆞᆺᄐᆞ면禽獸로더블어엇지擇ᄒᆞ리오禽獸에ᄯᅩ엇디難ᄒᆞ리오

●奚擇、何異也、又何難焉、言不足與之校也、

是故로 君子ㅣ 有終身之憂ㅣ오 無一朝之患也ㅣ니 乃若所憂則有之ᄒᆞ니 舜도 人也ㅣ며 我亦人也ㅣ로ᄃᆡ 舜은 爲法於天下ᄒᆞ샤 可傳於後世어시늘 我ᄂᆞᆫ 由未免爲鄕人也ᄒᆞ니 是則可憂也ㅣ라 憂之如何오 如舜而已矣니라 若夫君子所患則亡矣니 非仁無爲也ㅣ며 非禮無行也ㅣ라 如有一朝之患이라도 則君子ㅣ 不患矣니라 夫音扶

이런故로君子ㅣ終身ㅅ憂ㅣ잇고一朝ㅅ患이업ᄂᆞ니憂ᄒᆞᄂᆞᆫ바ᄂᆞᆫ이 시니舜도人이며나도ᄯᅩᄒᆞᆫ人이로ᄃᆡ舜은天下애法이도외샤可히後世예傳ᄒᆞ시거늘나ᄂᆞᆫ오히려鄕人되옴을免티몯ᄒᆞ야시니이ᄂᆞᆫ可히憂ᄒᆞ얌즉ᄒᆞ니라憂호ᄃᆡ엇디ᄒᆞ료舜ᄀᆞᆮᄐᆞ려홀ᄯᆞᄅᆞᆷ이니라만일에君子의患ᄒᆞᄂᆞᆫ바ᄂᆞᆫ업ᄉᆞ니仁이아니어든ᄒᆞ디아니ᄒᆞ며禮아니어든行티아니ᄒᆞᄂᆞᆫ디라만일애一朝ㅅ患이이실ᄯᅵ라도곧君子ㅣ患티아니ᄒᆞᄂᆞ니라

●鄕人、鄕里之常人也、君子、存心不苟、

食 밥사 飯也

由 갈홀유 似也

○禹稷이 當平世ᄒᆞ야 三過其門而不入ᄒᆞ신대 孔子ㅣ 賢之ᄒᆞ시니라

禹와稷이平ᄒᆞᆫ世ᄅᆞᆯ當ᄒᆞ야세번그門을過ᄒᆞ샤ᄃᆡ入다아니ᄒᆞ신대孔子ㅣ賢히너기시니라

●事見前篇、

顏子ㅣ 當亂世ᄒᆞ야 居於陋巷ᄒᆞ샤 一簞食와 一瓢飮을 人不堪其憂ㅣ어늘 顏子ㅣ 不改其樂ᄒᆞ신대 孔子ㅣ 賢之ᄒᆞ시니라 樂音洛

顏子ㅣ亂ᄒᆞᆫ世ᄅᆞᆯ當ᄒᆞ야陋巷애居ᄒᆞ샤ᄒᆞᆫ簞ㅅ食과ᄒᆞᆫ瓢ㅅ飮을人이그憂ᄅᆞᆯ堪티몯ᄒᆞ거ᄂᆞᆯ顏子ㅣ그樂을改티아니ᄒᆞ신대孔子ㅣ賢히너기시니라

孟子ㅣ 曰禹稷顏回ㅣ 同道ᄒᆞ니라

孟子ㅣᄀᆞᆯᄋᆞ샤ᄃᆡ禹稷과顏回ㅣ道ㅣ同ᄒᆞ니라

●聖賢之道、進則救民、退則脩己、其心、一而已矣、

禹ᄂᆞᆫ 思天下有溺者ㅣ어든 由己溺之也ᄒᆞ시며 稷은 思天下有饑者ㅣ어든 由己饑之也ᄒᆞ니 是以로 如是其急也ㅣ시니라 由與猶同

禹ᄂᆞᆫ思ᄒᆞ샤ᄃᆡ天下애溺ᄒᆞᆫ者ㅣ잇거든己ㅣ溺홈ᄀᆞᆮ티ᄒᆞ시며稷은思호ᄃᆡ天下애饑ᄒᆞᆫ者ㅣ잇거든己ㅣ饑홈ᄀᆞᆮ티ᄒᆞ니일로뻐이러ᄐᆞ시그急히ᄒᆞ시니라

●禹稷、身任其職故、以爲己責、而救之急也、

禹稷顏子ㅣ 易地則皆然이리라

禹稷과顏子ㅣ地ᄅᆞᆯ易ᄒᆞ면다그러ᄒᆞ리라

●聖賢之心、無所偏倚、隨感而應、各盡其道、故、使禹稷、居顏子之地、則亦能樂顏子之樂、使顏子、居禹稷之任、亦能憂禹稷之憂也、

今有同室之人이鬪者ㅣ어든救之호ᄃᆡ雖被髮纓冠而救之라도可也ㅣ니라

今에同室엣人이鬪ᄒᆞᄂᆞᆫ者ㅣ잇거든救호ᄃᆡ비록髮을被ᄒᆞ며冠을纓ᄒᆞ고救ᄒᆞ야도可ᄒᆞ니라

●不暇束髮、而結纓往救、言急也、以喩禹稷、

鄕鄰에有鬪者ㅣ어든被髮纓冠而往救之則惑也ㅣ니雖閉戶ㅣ라도可也ㅣ니라

鄕鄰에鬪ᄒᆞᄂᆞᆫ者ㅣ잇거든髮을被ᄒᆞ며冠을纓ᄒᆞ고가救ᄒᆞ면惑이니비록戶ᄅᆞᆯ閉ᄒᆞ야셔도可ᄒᆞ니라

●喩顏子也○此章、言聖賢、心無不同、事則所遭或異、然、處上聲之、各當其理、是乃所以爲同也、尹氏曰當其可之謂時、前聖後聖、其心、一也、故、所遇、皆盡善、

○公都子ㅣ曰匡章을通國이皆稱不孝焉이어늘夫子ㅣ與之遊ᄒᆞ시고又從而禮貌之ᄒᆞ시니敢問何也ㅣ잇고

公都子ㅣ골ᄋᆞᄃᆡ匡章을通國이다不孝ㅣ라稱ᄒᆞ거ᄂᆞᆯ夫子ㅣ더불어遊ᄒᆞ시고ᄯᅩ조초禮貌ᄒᆞ시니敢히묻ᄌᆞᆸ노이다어ᄃᆡ니잇고

●匡章、齊人、通國、盡一國之人也、禮貌、敬之也

賊 히할 적害 也

孟子ㅣ曰世俗所謂不孝者ㅣ五ㅣ니惰其四肢ᄒᆞ야不顧父母之養이一不孝也ㅣ오博奕好飮酒ᄒᆞ야不顧父母之養이二不孝也ㅣ오好貨財ᄒᆞ며私妻子ᄒᆞ야不顧父母之養이三不孝也ㅣ오從耳目之欲ᄒᆞ야以爲父母戮이四不孝也ㅣ오好勇鬪狠ᄒᆞ야以危父母ㅣ五不孝也ㅣ니章子ㅣ有一於是乎아 好養從皆去聲狠胡懇反

孟子ㅣ골ᄋᆞ샤ᄃᆡ世俗애닐온밧不孝ㅣ五ㅣ니그四肢롤惰ᄒᆞ야父母養홈을顧티아니홈이ᄒᆞᆫ不孝ㅣ오博ᄒᆞ며奕ᄒᆞ며酒飮홈을好ᄒᆞ야父母養홈을顧티아니홈이두不孝ㅣ오貨財롤好ᄒᆞ며妻子롤私ᄒᆞ야父母養홈을顧티아니홈이세不孝ㅣ오耳目의欲을從ᄒᆞ야ᄡᅥ父母의戮이되게홈이네不孝ㅣ오勇을好ᄒᆞ야鬪ᄒᆞ며狠ᄒᆞ야ᄡᅥ父母롤危케홈이다ᄉᆞᆺ不孝ㅣ니이예一이나둔ᄂᆞ냐

●戮、羞辱也、狠、忿戾也、

夫章子ᄂᆞᆫ子父ㅣ責善而不相遇也ㅣ니라

章子ᄂᆞᆫ子와父ㅣ善으로責ᄒᆞ다가서르遇티몯ᄒᆞ니라

●遇、合也、相責以善、而不相合故、爲父母所逐也、

責善은朋友之道也ㅣ니父子責善이賊恩之大者ㅣ니라

善으로責ᄒᆞ욤은朋友의道ㅣ니父와子ㅣ善으로責홈이恩을賊홈의큰者ㅣ니라

●賊、害也、朋友、當相責以善、父子、行之、則害天性之恩也、

夫章子ᄂᆞᆫ豈不欲有夫妻子母之屬哉리오마ᄂᆞᆫ爲得罪於父ᄒᆞ야不得

屛 물니칠병 斥也

近이라出妻屛子ᄒᆞ야終身不養焉ᄒᆞ니其設心에以爲不若是면是則罪之大者ㅣ라ᄒᆞ니是則章子已矣니라 夫章之夫音扶爲去聲屛必井反又必正反養去聲

章子ᄂᆞᆫ엇디夫妻ㅣ며子母의屬을두고쟈아니ᄒᆞ리오마ᄂᆞᆫ父에罪를得ᄒᆞ야사러곰近티몯홈을爲혼디라妻를出ᄒᆞ며子를屛ᄒᆞ야身이終토록養ᄒᆞ이디몯ᄒᆞ니그心設ᄒᆞ욤애ᄡᅧ이곤티아니ᄒᆞ면이ᄂᆞᆫ罪의큰者ㅣ라ᄒᆞ니이ᄂᆞᆫ章子ㅣᄯᆞ름이니라

●言章子、非不欲身有夫妻之配、子有子母之屬、但爲身不得近於父故、不敢受妻子之養、以自責罰其心、以爲不如此、則其罪益大也○此章之旨、於衆所惡去聲而必察焉、可以見聖賢至公至仁之心矣、○楊氏、曰章子之行、孟子、非取之也、特哀其志、而不與之絕耳、

○曾子ㅣ居武城ᄒᆞ실서有越寇ㅣ러니或曰寇至ᄒᆞᄂᆞ니盍去諸ㅣ리오曰無寓人於我室ᄒᆞ야毀傷其薪木ᄒᆞ라寇退則曰脩我牆屋ᄒᆞ라我將反호리라寇退커ᄂᆞᆯ曾子ㅣ反ᄒᆞ신대左右ㅣ曰待先生이如此其忠且敬也ㅣ어ᄂᆞᆯ寇至則先去ᄒᆞ야以爲民望ᄒᆞ고寇退則反ᄒᆞ시니殆於不可ㅣ로소이다沈猶行이曰是ᄂᆞᆫ非汝所知也ㅣ라昔에沈猶ㅣ有負芻之禍ㅣ어ᄂᆞᆯ從先生者七十人이未有與焉이라ᄒᆞ니라 與去聲

曾子武城애居ᄒᆞ실써越人寇ㅣ잇더니或이ᄀᆞᆯᄋᆞ샤ᄃᆡ寇ㅣ至ᄒᆞᄂᆞ니엇디去티아니ᄒᆞ리오ᄀᆞᆯᄋᆞ샤ᄃᆡ人을내室애寓ᄒᆞ야그薪木을毀傷티말라寇ㅣ退ᄒᆞ거ᄂᆞᆯ곰ᄀᆞᆯᄋᆞ샤ᄃᆡ내牆屋을脩ᄒᆞ라내장ᄎᆞᆺ反호리라寇ㅣ退커ᄂᆞᆯ曾子ㅣ反ᄒᆞ신대左右ㅣᄀᆞᆯ오ᄃᆡ先

生을待ᄒᆞᆷ이이러ᄐᆞᆺ시그忠ᄒᆞ고또敬ᄒᆞ거ᄂᆞᆯ寇ㅣ至ᄒᆞ면몬져去ᄒᆞ샤뻐民의望이되사고寇ㅣ退ᄒᆞ면反ᄒᆞ시니不可에거의로소이다沈猶行이ᄀᆞᆯ오ᄃᆡ이ᄂᆞᆫ네알빼아니라녜沈猶ㅣ負芻人禍ㅣ잇거ᄂᆞᆯ先生을從ᄒᆞᆫ者七十人이與ᄒᆞ니잇디아니ᄒᆞ니라

●武城、魯邑名、盍、何不也、左右、曾子之門人也、忠敬、言武城之大夫、事曾子忠誠恭敬也、爲民望、言使望而效之、沈猶行、弟子姓名也、言曾子、嘗舍於沈猶氏時有負芻者、作亂、來攻沈猶氏、曾子、率其弟子去之、不與其難、言師賓、不與臣同、

子思ㅣ居於衛ᄒᆞ실시有齊寇ㅣ러니或曰寇至ᄒᆞᄂᆞ니盍去諸ㅣ리오子思ㅣ曰如伋이去ㅣ면君誰與守ㅣ리오ᄒᆞ시니라

子思ㅣ衛에居ᄒᆞ실ᄯᅢ齊人寇ㅣ잇더니或이ᄀᆞᆯ오ᄃᆡ寇ㅣ至ᄒᆞᄂᆞ니엇디去티아니ᄒᆞ리오子思ㅣᄀᆞᆯᄋᆞ샤ᄃᆡ만일에伋이去ᄒᆞ면君이눌로더브러守ᄒᆞ리오ᄒᆞ시니라

●言所以不去之意、如此、

孟子ㅣ曰曾子子思ㅣ同道ᄒᆞ니曾子ᄂᆞᆫ師也ㅣ며父兄也ㅣ오子思ᄂᆞᆫ臣也ㅣ며微也ㅣ니曾子子思ㅣ易地則皆然이리라

孟子ㅣᄀᆞᆯᄋᆞ샤ᄃᆡ曾子와子思ㅣ道ㅣᄒᆞᆫ가지니曾子ᄂᆞᆫ師ㅣ며父兄이오子思ᄂᆞᆫ臣이며微ᄒᆞᆫ이니曾子와子思ㅣ地ᄅᆞᆯ易ᄒᆞ면다그러ᄒᆞ리라

●微、猶賤也、尹氏、曰或遠害、或死難、其事不同者、所處之地、不同也、君子之心不繫於利害、惟其是而已、故、易地則皆能爲之○孔氏曰古之聖賢、言行不同、事業亦異、而其道、未始不同也、學者知此、則因所遇而應之、若權衡之稱物、低昻屢變、而不害其爲同也、

○儲子ㅣ曰王이使人瞯夫子ᄒᆞ시ᄂᆞ니果有異於人乎가잇孟子ㅣ曰何以異於人哉리오堯舜도與人同耳시니라 瞯古莧反

儲子ㅣᄀᆞᆯ오ᄃᆡ王이人으로ᄒᆞ여곰夫子를瞯ᄒᆞ사ᄂᆞ니과연人에異ᄒᆞᆫ욤이인ᄂᆞ니잇가孟子ㅣᄀᆞᆯᄋᆞ샤ᄃᆡ엇디ᄡᅥ人에異ᄒᆞ리오堯舜도人으로더브러同ᄒᆞ시니라

●儲子、齊人也、瞯、竊視也、聖人、亦人耳、豈有異於人哉

○齊人이有一妻一妾而處室者ㅣ러니其良人이出則必饜酒肉而後에反이어늘其妻ㅣ問所與飲食者則盡富貴也ㅣ러라其妻ㅣ告其妾曰良人이出則必饜酒肉而後에反ᄒᆞ야서問其與飲食者ᄒᆞ니盡富貴也ㅣ로대而未嘗有顯者來ᄒᆞ니吾將瞯良人之所之也호리라蚤起ᄒᆞ야施從良人之所之ᄒᆞ니偏國中호ᄃᆡ無與立談者ㅣ러니卒之東郭墦間之祭者ᄒᆞ야乞其餘ᄒᆞ고不足이어든又顧而之他ᄒᆞ니此其爲饜足之道也ㅣ러라其妻ㅣ歸告其妾曰良人者ᄂᆞᆫ所仰望而終身也ㅣ어늘今若此ㅣ라ᄒᆞ고與其妾으로訕其良人而相泣於中庭이어늘而良人이未之知也ᄒᆞ야施施從外來ᄒᆞ야驕其妻妾ᄒᆞ더라 施音迤又音異墦音燔施施如字

齊ㅅ人이一妻와一妾으로室에處ᄒᆞᆫ者ㅣ잇더니그良人이出ᄒᆞ면반ᄃᆞ시酒와肉을饜ᄒᆞᆫ後에反ᄒᆞ거ᄂᆞᆯ그妻ㅣ더브러飯食ᄒᆞᄂᆞᆫ밧者를무르면다富貴러라그妻ㅣ그妾ᄃᆞ려告ᄒᆞ야ᄀᆞᆯ오ᄃᆡ良人이出ᄒᆞ면반ᄃᆞ시酒와肉을饜ᄒᆞᆫ後에反ᄒᆞᆫ써그더브러飲食

ᄒᆞᄂᆞᆫ者ᄅᆞᆯ누르니다富貴로ᄃᆡ일쪽顯ᄒᆞᆫ者ㅣ來ᄒᆞ리잇디아니ᄒᆞ니내챵ᄎᆞᆺ良人의之ᄒᆞᄂᆞᆫ바ᄅᆞᆯ瞯호리라ᄒᆞ고일니러良人의가ᄂᆞᆫ바ᄅᆞᆯ施ᄒᆞ야從ᄒᆞ니國中에徧호ᄃᆡ더불어서셔말ᄒᆞ리업더니ᄆᆞᄎᆞᆷ애東郭人墦間의祭ᄒᆞᄂᆞᆫᄃᆡ가그餘ᄅᆞᆯ乞ᄒᆞ고足다아니커든ᄯᅩ顧ᄒᆞ야他의之ᄒᆞ니이그饜足ᄒᆞᄂᆞᆫ道ㅣ러라그妻ㅣ歸ᄒᆞ야그妾ᄃᆞ려告ᄒᆞ야ᄀᆞᆯ오ᄃᆡ良人은仰望ᄒᆞ야身을終ᄒᆞᄂᆞᆫ배어ᄂᆞᆯ이제이러ᄐᆞᆺᄒᆞ다ᄒᆞ고그妾으로더불어그良人을訕ᄒᆞ고서ᄅᆞ中庭에서泣ᄒᆞ거ᄂᆞᆯ良人이아디몯ᄒᆞ야施施히外로조차來ᄒᆞ야그妻妾을驕ᄒᆞ더라

●章首、當有孟子曰字、闕文也、良人、夫也、饜、飽也、顯者、富貴人也、施、邪施而行、不使良人知也、墦、冢也、顧、望也、訕、怨詈也、施施、喜悅自得之貌、

由君子觀之컨ᄃᆡ**則人之所以求富貴利達者**ㅣ**其妻妾**이**不羞也而不相泣者**ㅣ**幾希矣**니라

君子로말ᄆᆡ암아觀컨댄곧人의ᄡᅥ富貴利達을求ᄒᆞᄂᆞᆫ밧者ㅣ그妻와妾이羞티아니ᄒᆞ야서ᄅᆞ泣디아니ᄒᆞᆯ者ㅣ져그니라

●孟子、言自君子、而觀之今之求富貴者、皆若此人耳、使其妻妾見之、不羞而泣者少矣、言可羞之甚也、○趙氏、曰言今之求富貴者、皆以枉曲之道、昏夜乞哀以求之、而以驕人於白日、與斯人、以何異哉、

原本孟子集註卷之八 終

孟子集註卷之九

萬章章句上

凡九章

萬章이 問曰舜이 往于田ᄒᆞ사 號泣于旻天ᄒᆞ시니 何爲其號泣也잇고

孟子ㅣ曰怨慕也ㅣ시니라 號平聲

萬章이 묻ᄌᆞ와 ᄀᆞᆯ오ᄃᆡ 舜이 田에 往ᄒᆞ샤 旻天에 號ᄒᆞ야 泣ᄒᆞ시니 엇디 그 號ᄒᆞ야 泣ᄒᆞ시니잇고 孟子ㅣ ᄀᆞᆯᄋᆞ샤ᄃᆡ 怨ᄒᆞ야 慕ᄒᆞ시니라

●舜往于田、耕歷山時也、仁覆閔下、謂之旻天、號泣于旻天、呼天而泣也、事見虞書大禹謨篇、怨慕、怨己之不得其親、而思慕也

萬章이 曰父母ㅣ愛之어시든 喜而不忘ᄒᆞ고 父母ㅣ惡之어시든 勞而不怨이니 然則舜은 怨乎잇가 曰長息이 問於公明高曰舜이 往于田則吾ㅣ既得聞命矣어니와 號泣于旻天과 于父母則吾不知也ㅣ로다 公明高ㅣ曰是는 非爾所知也ㅣ라ᄒᆞ니라 夫公明高는 以孝子之心이 爲不若是恝이라 我는 竭力耕田ᄒᆞ야 共爲子職而已矣니 父母之不我愛는 於我何哉오ᄒᆞ니라 惡去聲夫音扶恝苦八反共平聲

萬章이 ᄀᆞᆯ오ᄃᆡ 父母ㅣ 愛ᄒᆞ거시든 喜ᄒᆞ야 忘티 아니ᄒᆞ고 父母ㅣ 惡ᄒᆞ거시든 勞ᄒᆞ고

怨티아니홀꺼시니그러면舜은怨ᄒᆞ사니잇가글ᄋᆞ샤ᄃᆡ長息이公明高의게무러골오ᄃᆡ舜이田에往ᄒᆞ심은내이믜사러곰命을듣ᄌᆞ왓거니와旻天과父母의號ᄒᆞ야泣ᄒᆞ심은내아다몯하노이다公明高ㅣ골오ᄃᆡ이ᄂᆞᆫ네의알배아니라ᄒᆞ니公明高ᄂᆞᆫ뼈孝子의心이이러ᄐᆞ시恝티몯홀꺼사라나ᄂᆞᆫ力을竭ᄒᆞ야田을耕ᄒᆞ야子職을共홀ᄯᆞ름이니父母ㅣ날愛티아나ᄒᆞ심은내게므스거신고ᄒᆞ니라

●長息、公明高弟子、公明高、曾子弟子、于父母、亦書辭。言呼父母而泣也。恝無愁之貌、於我何哉、自責不知己有何罪耳、非怨父母也、楊氏、曰非孟子、深知舜之心、不能爲此言、蓋舜、惟恐不順於父母、未嘗自以爲孝也、若自以爲孝、則非孝矣

帝ㅣ使其子九男二女로百官牛羊倉廩을備ᄒᆞ야以事舜於畎畝之中ᄒᆞ시니天下之士ㅣ多就之者ㅣ어늘帝ㅣ將胥天下而遷之焉이러시니爲不順於父母ㅣ라如窮人無所歸러시다 爲去聲

帝ㅣ그子九男과二女로ᄒᆞ여곰百官과牛羊과倉廩을備ᄒᆞ야ᄡᅥ舜을畎畝人가온대事ᄒᆞ시니天下읫士ㅣ就ᄒᆞᆫ者ㅣ多하거늘帝ㅣ쟝ᄎᆞᆺ天下를胥ᄒᆞ야遷호려ᄒᆞ더시니父母의順티몯ᄒᆞ욤을爲ᄒᆞ신디라窮人이歸홀배업ᄉᆞᆫ이ᄀᆞᆮ더시다

●帝、堯也、史記、云二女妻之、以觀其內、九男事之、以觀其外、又言一年、所居成聚、二年成邑、三年成都、是、天下之士、就之也、胥、相去聲視也、遷之、移以與之也、如窮人之無所歸、言其怨慕迫切之甚也

天下之士ㅣ悅之는人之所欲也ㅣ어늘而不足以解憂ᄒᆞ시며好色은

艾 어엿블의 美好

人之所欲이어늘 妻帝之二女호샤ᄃᆡ 而不足以解憂호시며 富ᄂᆞᆫ 人之所欲이어늘 富有天下호샤ᄃᆡ 而不足以解憂호시며 貴ᄂᆞᆫ 人之所欲이어늘 貴爲天子호샤ᄃᆡ 而不足以解憂호시니 人悅之와 好色과 富貴에 無足以解憂者오 惟順於父母ㅣ아 可以解憂ㅣ러시다

天下읫士ㅣ悅호욤은사ᄅᆞᆷ의欲ᄒᆞᄂᆞᆫ배어늘足히ᄡᅧ憂ᄅᆞᆯ解티몯ᄒᆞ시며됴ᄒᆞᆫ色은사ᄅᆞᆷ의欲ᄒᆞᄂᆞᆫ배어늘帝의二女ᄅᆞᆯ妻ᄒᆞ샤ᄃᆡ足히ᄡᅧ憂ᄅᆞᆯ解티몯ᄒᆞ시며富ᄂᆞᆫ사ᄅᆞᆷ의欲ᄒᆞᄂᆞᆫ배어늘富ᄂᆞᆫ天下ᄅᆞᆯ두샤ᄃᆡ足히ᄡᅧ憂ᄅᆞᆯ解티몯ᄒᆞ시며貴ᄂᆞᆫ사ᄅᆞᆷ의欲ᄒᆞᄂᆞᆫ배어늘貴ᄂᆞᆫ天下ㅣ되샤ᄃᆡ足히ᄡᅧ憂ᄅᆞᆯ解티몯ᄒᆞ시니사ᄅᆞᆷ이悅홈과됴ᄒᆞᆫ色과富와貴에足히ᄡᅧ憂ᄅᆞᆯ解ᄒᆞᆯ꺼시업고오직父母ᄭᅴ順ᄒᆞ야아可히ᄡᅧ憂ᄅᆞᆯ解ᄒᆞ리러시다

●孟子、推舜之心如此、以解上文之意、極天下之欲、不足以解憂、而惟順於父母、可以解憂、孟子、眞知舜之心哉

人이 少則慕父母ᄒᆞ다가 知好色則慕少艾ᄒᆞ고 有妻子則慕妻子ᄒᆞ고 仕則慕君ᄒᆞ고 不得於君則熱中이니 大孝ᄂᆞᆫ 終身慕父母ᄒᆞᄂᆞ니 五十而慕者ᄅᆞᆯ 予於大舜애 見之矣로라 少好皆去聲

사ᄅᆞᆷ이少ᄒᆞ야셔ᄂᆞᆫ父母ᄅᆞᆯ慕ᄒᆞ다가色好홈을알면小艾ᄅᆞᆯ慕ᄒᆞ고 妻子ᄅᆞᆯ두면妻子ᄅᆞᆯ慕ᄒᆞ고仕ᄒᆞ면君을慕ᄒᆞ고君에得디몯ᄒᆞ면中을熱ᄒᆞᄂᆞ니大孝ᄂᆞᆫ 身이終토록父母ᄅᆞᆯ慕ᄒᆞᄂᆞ니五十이오慕ᄒᆞᄂᆞᆫ者ᄅᆞᆯ내大舜에보완노라

●言常人之情、因物有遷、惟聖人、爲能不失其本心也、艾、美好也、楚詞戰國策、所謂幼艾、義與此同、不得、失意也、熱中、躁急心熱也、言五十者、舜攝政時、年五

十也、五十而慕、則其終身慕、可知矣○此章、言舜不以得衆人之所欲爲己樂、而以不順乎親之心、爲己憂、非聖人之盡性、其孰能之

○萬章이問曰詩云娶妻如之何오必告父母ㅣ라ᄒᆞ니信斯言也ㄴ댄宜莫如舜이어시니舜之不告而娶ᄂᆞᆫ何也ㅣ잇고孟子ㅣ曰告則不得娶ᄒᆞ시리니男女居室은人之大倫也ㅣ니如告則廢人之大倫ᄒᆞ야以懟父母ㅣ라是以不告也ㅣ시니라 懟直類反

萬章이묻ᄌᆞ와ᄀᆞᆯ오ᄃᆡ詩예닐오ᄃᆡ妻ᄅᆞᆯ娶ᄒᆞ욤을엇디ᄒᆞ료반ᄃᆞ시父母ᄭᅴ告ᄒᆞᆯ께시라ᄒᆞ니진실로이말일딘댄맛당히舜ᄀᆞᄐᆞᆫ이업거시니舜의告티아니ᄒᆞ고娶ᄒᆞ심은엇디니잇고孟子ㅣᄀᆞᆯᄋᆞ샤ᄃᆡ告ᄒᆞ면娶홈을得디몯ᄒᆞ시리니男女ㅣ室에居ᄒᆞ욤은人의큰倫이니만일告ᄒᆞ면사ᄅᆞᆷ의큰倫을廢ᄒᆞ야ᄡᅧ父母ᄭᅴ懟ᄒᆞᆯ띠라일로ᄡᅧ告티아니ᄒᆞ시니라

●詩、齊國風南山之篇也、信、誠也誠、如此詩之言也、懟、讎怨也、舜父頑母嚚、音銀常欲害舜、告則不聽其娶、是、廢人之大倫、以讎怨於父母也

萬章이曰舜之不告而娶則吾ㅣ旣得聞命矣어니와帝之妻舜而不告ᄂᆞᆫ何也ㅣ잇고曰帝亦知告焉則不得妻也ㅣ시니다 妻去聲

萬章이ᄀᆞᆯ오ᄃᆡ舜의告티아니ᄒᆞ고娶ᄒᆞ심은내이믜시러곰命을듣ᄌᆞ왓거니와帝의舜을妻ᄒᆞ샤ᄃᆡ告티아니ᄒᆞ심은엇디니잇고ᄀᆞᆯᄋᆞ샤ᄃᆡ帝ㅣᄯᅩᄒᆞᆫ告ᄒᆞ면妻홈을得디몯ᄒᆞᆯᄯᅮᄅᆞᆯ아ᄅᆞ시니라

●以女、爲人妻曰妻、程子、曰堯妻舜而不告者、以君治之而已、如今之官府、治民

之私者ㅣ亦多

萬章이曰父母ㅣ使舜으로完廩ᄒᆞ고捐階ᄒᆞ고瞽瞍ㅣ焚廩ᄒᆞ며使浚井ᄒᆞ야出커시ᄂᆞᆯ從而揜之ᄒᆞ고象이曰謨蓋都君은咸我績이니牛羊父母ㅣ오倉廩父母ㅣ오干戈朕이오琴朕이오弤朕이오二嫂란使治朕棲호리라ᄒᆞ고象이往入舜宮ᄒᆞᆫ대舜이在牀琴이어시ᄂᆞᆯ象이曰鬱陶思君爾라ᄒᆞ고忸怩ᄒᆞᆫ대舜이曰惟玆臣庶를汝其于予治라ᄒᆞ시니不識게이다舜이不知象之將殺己與잇가曰奚而不知也ㅣ시리오象憂亦憂ᄒᆞ시고象喜亦喜ᄒᆞ시니라 弤都禮反忸女六反怩音尼與平聲

萬章이ᄀᆞᆯ오ᄃᆡ父母ㅣ舜으로ᄒᆞ여곰廩을完ᄒᆞ라ᄒᆞ고階를捐ᄒᆞ고瞽瞍ㅣ廩을焚ᄒᆞ며ᄒᆞ여곰井을浚ᄒᆞ라ᄒᆞ야出커시ᄂᆞᆯ조차揜ᄒᆞ고象이ᄀᆞᆯ오ᄃᆡ都君을謨ᄒᆞ야蓋ᄒᆞ음은다내績이니牛羊으란父母ᄒᆞ고倉廩으란父母ᄒᆞ고干戈란朕ᄒᆞ고琴으란朕ᄒᆞ고弤란朕ᄒᆞ고二嫂란ᄒᆞ여곰朕의棲를治케호리라ᄒᆞ고象이徃ᄒᆞ야舜ㅅ宮에入ᄒᆞᆫ대舜이床에겨샤琴ᄒᆞ거시ᄂᆞᆯ象이ᄀᆞᆯ오ᄃᆡ鬱陶히君을思호라ᄒᆞ고忸怩ᄒᆞᆫ대舜이ᄀᆞᆯ으샤ᄃᆡ이臣庶를네그내게治ᄒᆞ라ᄒᆞ시니아디몯게이다舜이象의장ᄎᆞᆺ己를殺호려ᄒᆞᆷ을아디몯ᄒᆞ시니잇가ᄀᆞᆯ으샤ᄃᆡ엇디아디몯ᄒᆞ시리오象이憂ᄒᆞ거든또ᄒᆞᆫ憂ᄒᆞ시고象이喜ᄒᆞ거든또ᄒᆞᆫ喜ᄒᆞ시니라

●完、治也、捐、去(去聲)也、階、梯也、揜、蓋也、按史記、曰使舜、上塗廩、瞽瞍、從下縱火焚廩、舜、乃以兩笠、自捍(音汗)而下去、得不死、後又使舜、穿井、舜、穿井爲匿空(音孔)旁出、舜既入深、瞽瞍與象、共下土實井、舜、從匿空中出去、卽其事也、象、舜、異母弟也、謨、謀也、蓋、蓋、井也、舜所居、三年成都故、謂之都君、咸、皆也、績、功也舜既入井、象、不知舜已出、欲以殺舜、爲己功也、干、盾也、戈、戟也、琴、舜所彈五絃琴也、弤、琱弓也、(丁聊反) 象、欲以舜之牛羊、倉廩、與父母、而自取此物也、二嫂、堯二女也、棲、牀也、象、欲使爲己妻也、象、往舜宮、欲分取所有、見舜、生在牀彈琴、蓋既出、即潛歸其宮也、鬱陶、思之甚、而氣不得伸也、象、言已思君甚之故、來見爾、忸怩、慚色也、臣庶、謂其百官也、象素憎舜、不至其宮故、舜見其來而喜、使之治其臣庶也、孟子、言舜非不知其將殺已、但見其憂則憂、見其喜則喜、兄弟之情、自有所不能已耳、萬章所言、其有無不可知、然、舜之心、則孟子有以知之矣、他亦不足辨也、程子、曰象憂亦憂、象喜亦喜、人情天理、於是爲至

曰然則舜은僞喜者與잇가曰否ㅣ라昔者애有饋生魚於鄭子産이어늘子産이使校人으로畜之池ᄒᆞᆫ대校人이烹之ᄒᆞ고反命曰始舍之ᄒᆞ니圉圉焉이러니少則洋洋焉ᄒᆞ야攸然而逝ᄒᆞ더이다子産이曰得其所哉ㄴ뎌得其所哉ㄴ뎌ᄒᆞ야ᄂᆞᆯ校人이出曰孰謂子産을智오予既烹而食之ᄒᆞ니曰得其所哉ㄴ뎌得其所哉ㄴ뎌ᄒᆞ니故로君子는可欺以其方이어니와難罔以非其道ㅣ니彼以愛兄之道로來故로誠信而喜之시니奚僞焉이리오(與平聲)

ᄀᆞᆯ오ᄃᆡ그러면舜은거즛喜ᄒᆞ신者ㅣ시니잇가ᄀᆞᆯ으샤ᄃᆡ아니라昔에生魚를鄭子産의게饋ᄒᆞ리잇거ᄂᆞᆯ子産이校人으로ᄒᆞ여곰池에畜ᄒᆞ라ᄒᆞᆫ대校人이烹ᄒᆞ고命을反ᄒᆞ야ᄀᆞᆯ오ᄃᆡ비로소舍ᄒᆞ니圉圉ᄒᆞ더니이윽ᄒᆞ야ᄂᆞᆫ洋洋ᄒᆞ야攸然히逝ᄒᆞ더이다子産이ᄀᆞᆯ오ᄃᆡ그所ᄅᆞᆯ得ᄒᆞᆫ뎌그所ᄅᆞᆯ得ᄒᆞᆫ뎌ᄒᆞ야ᄂᆞᆯ校人이出ᄒᆞ야ᄀᆞᆯ오ᄃᆡ뉘子産을닐

放 내칠방 逐也

오ᄃᆡ智라ᄒᆞ더뇨내임의烹ᄒᆞ야食ᄒᆞ니ᄀᆞᆯ오ᄃᆡ그所를得ᄒᆞᆫ뎌그所를得ᄒᆞᆫ뎌ᄒᆞ고녀
ᄒᆞ니故로君子ᄂᆞᆫ可히그方으로ᄡᅥ欺ᄒᆞ려니와그道아닌거ᄉᆞ로ᄡᅥ罔ᄒᆞᆷ은難하니
뎨兄愛하ᄂᆞᆫ道로ᄡᅥ來ᄒᆞᆫ故로誠信으로喜하시니엇디거즛ᄒᆞ시리오
●校人、主池沼小吏也、圉圉、困而未紓之貌、洋洋、則稍縱矣、攸然而逝者、自得
而遠去也、方、亦道也、罔、蒙蔽也、欺以其方、謂誑之以理之所有、罔以非其道、
謂昧之以理之所無、象、以愛兄之道來、所謂欺之以其方也、舜本不知其僞故、實
喜之、何僞之有○此章、又言舜、遭人倫之變、而不失天理之常也、

○萬章이問曰象이日以殺舜爲事ㅣ어ᄂᆞᆯ立爲天子則放之ᄂᆞᆫ何
也ㅣ잇고孟子ㅣ曰封之也ㅣ어시ᄂᆞᆯ或曰放焉이라ᄒᆞ니라
萬章이몬ᄌᆞ와ᄀᆞᆯ오ᄃᆡ象이날로舜殺ᄒᆞ욤으로ᄡᅥ事를삼거ᄂᆞᆯ立ᄒᆞ야天子ㅣ되샤ᄂᆞᆫ
放ᄒᆞ심은엇디잇고孟子ㅣᄀᆞᆯᄋᆞ샤封ᄒᆞ야시ᄂᆞᆯ或이ᄀᆞᆯ오ᄃᆡ放하다ᄒᆞ니라
●放、猶置也、置之於此、使不得去也、萬章、疑舜、何不誅之、孟子、言舜實封之、
而或者、誤以爲放也

萬章이曰舜이流共工于幽州ᄒᆞ시고放驩兜于崇山ᄒᆞ시고殺三苗于
三危ᄒᆞ시고殛鯀于羽山ᄒᆞ샤四罪ᄒᆞ신대而天下ㅣ咸服은誅不仁也ㅣ니
象이至不仁이어ᄂᆞᆯ封之有庳ᄒᆞ시니有庳之人은奚罪焉고仁人도固如
是乎ㅣ잇가在他人則誅之ᄒᆞ고在弟則封之온여曰仁人之於弟也애
不藏怒焉ᄒᆞ며不宿怨焉이오親愛之而已矣니親之란欲其貴也ㅣ오

愛之란 欲其富也ㅣ니 封之有庳는 富貴之也ㅣ시니 身爲天子오 弟爲匹夫ㅣ면 可謂親愛之乎아 庳音鼻

萬章이 ᄀᆞᆯ오ᄃᆡ 舜이 共工을 幽州에 流ᄒᆞ시고 驩兜를 崇山에 放ᄒᆞ시고 三苗를 三危에 殺ᄒᆞ시고 鯀을 羽山에 殛ᄒᆞ샤 四를 罪ᄒᆞ신대 天下ㅣ 다 服ᄒᆞ욤은 不仁을 誅ᄒᆞ심이니 象이 지극이 仁티 아니ᄒᆞ거ᄂᆞᆯ 有庳에 封ᄒᆞ시니 有庳ㅅ人은 므슴 罪오 仁人도 진실로 이 ᄀᆞᄐᆞᆫ이 잇가 他人에 이시면 誅ᄒᆞ고 弟에 이시면 封하곤여 ᄀᆞᆯᄋᆞ샤ᄃᆡ 仁人이 弟의게 怒를 藏티 아니ᄒᆞ며 怨을 宿디 아니ᄒᆞ고 親하며 愛홀 ᄯᆞᄅᆞᆷ이니 親ᄒᆞ야란 그 貴코져 ᄒᆞ고 愛ᄒᆞ야란 그 富코져 ᄒᆞᄂᆞ니 有庳에 封하욤은 富貴케 ᄒᆞ심이니 身이 天子ㅣ 되고 弟ㅣ 匹夫ㅣ 되면 可히 親愛ᄒᆞᆫ다 니ᄅᆞ랴

●流、徙也、共工、官名、驩兜、人名、二人、比周、相與爲黨、三苗、國名、負固、不服、殺、殺其君也、殛、誅也、鯀、禹父名、方命圮族、治水無功、皆不仁之人也、幽州、崇山、三危、羽山、有庳、皆地名也、或曰今道州鼻亭、即有庳之地也、未知是否、萬章疑舜、不當封象、使彼有庳之民、無罪而遭象之虐、非仁人之心也、藏怒、謂藏匿其怒、宿怨、謂留蓄其怨

敢問或曰放者는 何謂也ㅣ잇고 曰象이 不得有爲於其國ᄒᆞ고 天子ㅣ 使吏로 治其國而納其貢稅焉ᄒᆞ니 故로 謂之放이니 豈得暴彼民哉리오 雖然이나 欲常常而見之故로 源源而來ᄒᆞ니 不及貢ᄒᆞ야 以政接于有庳ᄒᆞ라 ᄒᆞ니 此之謂也ㅣ니라

敢히 묻ᄌᆞ노이다 或이 ᄀᆞᆯ오ᄃᆡ 放타 ᄒᆞ욤은 엇디 닐옴이니잇고 ᄀᆞᆯᄋᆞ샤ᄃᆡ 象이 시러곰 그 國에 ᄒᆞ욤이 잇디 몯ᄒᆞ고 天子ㅣ 吏로 ᄒᆞ여곰 그 國을 治ᄒᆞ고 그 貢稅를 納게 ᄒᆞ니 故로

考 고 父死稱 죽은아비

妣 비 母死稱 죽은어미

放이라니ᄅᆞ니엇디시러곰뎌民을暴ᄒᆞ리오비록그러나常常히보고쟈ᄒᆞ신故로源
源히來ᄒᆞ니貢에及디아니ᄒᆞ야셔政으로ᄡᅥ有庳를接다ᄒᆞ니이ᄅᆞᆯ닐음이니라
●孟子、言象、雖封爲有庳之君、然、不得治其國、天子、使吏代之、治而納其所收
之貢稅、於象、有似於放故、或者以爲放也、蓋象、至不仁、處之如此、則既不失吾親
愛之心、而彼亦不得虐有庳之民也、源源、若水之相繼也、來、謂來朝覲也、不及貢、
以政接于有庳、謂不待及諸侯朝貢之期、而以政事、接見有庳之君、蓋古書之辭、
而孟子、引以證源源而來之意、現其親愛之無已、如此也、○吳氏、曰言聖人、不以公
義、廢私恩、亦不以私恩、害公義、舜之於象、仁之至義之盡也

○咸丘蒙이問曰語에云盛德之士는君不得而臣ᄒᆞ며父不得而
子ㅣ라舜이南面而立이어시ᄂᆞᆯ堯ㅣ帥諸侯ᄒᆞ야北面而朝之ᄒᆞ시고瞽瞍ㅣ亦
北面而朝之어ᄂᆞᆯ舜이見瞽瞍ᄒᆞ시고其容이有蹙이라ᄒᆞ야ᄂᆞᆯ孔子ㅣ曰於斯
時也에天下ㅣ殆哉岌岌乎ㄴ뎌ᄒᆞ시니不識게이다此語ㅣ誠然乎哉잇가孟
子ㅣ曰否ㅣ라此非君子之言이라齊東野人之語也ㅣ라堯ㅣ老而舜이
攝也ㅣ러시니堯典에曰二十有八載에放勳이乃徂落커시ᄂᆞᆯ百姓은如喪
考妣三年ᄒᆞ고四海는遏密八音이라ᄒᆞ며孔子ㅣ曰天無二日이오民無二
王이라ᄒᆞ시니舜이既爲天子矣오又帥天下諸侯ᄒᆞ야以爲堯三年喪이면
是ᄂᆞᆫ二天子矣니라 朝音潮岌魚及反
咸丘蒙이묻ᄌᆞ와ᄀᆞᆯ오ᄃᆡ語에닐ᄋᆞᄃᆡ盛德엣士ᄂᆞᆫ君이시러곰臣티몯ᄒᆞ며父ㅣ시러

곰子ᄃᆡ묻ᄒᆞᄂᆞᆫᄃᆡ라舜이南面ᄒᆞ야立ᄒᆞ얏거시ᄂᆞᆯ堯ㅣ諸侯를師ᄒᆞ야北面ᄒᆞ야朝ᄒᆞ
시고瞽瞍ㅣᄯᅩ北面ᄒᆞ야朝ᄒᆞ거ᄂᆞᆯ舜이瞽瞍를보시고그容이蹙홈이잇다ᄒᆞ야ᄂᆞᆯ孔
子ㅣᄀᆞᆯᄋᆞ샤ᄃᆡ이時예天下ㅣ殆ᄒᆞ다岌岌ᄒᆞᆫ뎌ᄒᆞ시니아디몯게이다이말ᄉᆞᆷ이진실
로그러ᄒᆞ니잇가孟子ㅣᄀᆞᆯᄋᆞ샤ᄃᆡ아니라이君子의言이아니라齊ㅅ동녁野人의語
ㅣ라堯ㅣ老ᄒᆞ심애舜이攝ᄒᆞ더시니堯典에ᄀᆞᆯᄋᆞᄃᆡ二十이오ᄯᅩ八載예放勳이徂落
커시ᄂᆞᆯ百姓은考妣를喪홈ᄀᆞᆮ티ᄒᆞ욤을三年ᄒᆞ고四海ᄂᆞᆫ八音을遏密타ᄒᆞ며孔子ㅣ
ᄀᆞᆯᄋᆞ샤ᄃᆡ天에二日이업고民이二王이업다ᄒᆞ시니舜이이믜天子되시고ᄯᅩ天下ㅅ
諸侯를師ᄒᆞ야ᄡᅧ堯ㅅ三年喪을ᄒᆞ면이ᄂᆞᆫ두天子ㅣ니라

●咸丘蒙、孟子弟子也、語者、古語也、蹙、顰蹙、不自安也、岌岌、不安之貌也、言人倫、乖亂、天下將危也、齊東、齊國之東鄙也、孟子、言堯但老不治事、而舜攝天子之事耳、堯在時、舜未嘗卽天子位、堯何由、北面而朝乎、又引書及孔子之言、以明之、堯典、虞書篇名、今此文、乃見於舜典、蓋古書二篇、或合爲一耳、言舜攝位二十八年而堯死也、徂、升也、落、降也、人死則魂升而魄降故、古者、謂死爲徂落、遏、止也、密、靜也、八音、金石絲竹匏土革木樂器之音也

咸丘蒙이 曰舜之不臣堯則吾旣得聞命矣어니와 詩云普天之下ㅣ 莫非王土ㅣ며 率土之濱이 莫非王臣이라ᄒᆞ니 而舜이 旣爲天子矣시니 敢問瞽瞍之非臣은 如何ㅣ잇고 曰是詩也ᄂᆞᆫ 非是之謂也ㅣ라 勞於王事而不得養父母也ᄒᆞ야 曰此ㅣ 莫非王事ㅣ어ᄂᆞᆯ 我獨賢勞也ㅣ라ᄒᆞ니 故로 說詩者ㅣ 不以文害辭ᄒᆞ며 不以辭害志오 以意逆志라야 是爲

得之ㅣ니 如以辭而已矣신댄 雲漢之詩예 曰周餘黎民이 靡有子遺ㅣ라 ᄒᆞ니 信斯言也ㅣ댄 是는 周無遺民也ㅣ니라

咸丘蒙이 글오ᄃᆡ 舜의 堯를 臣티 아니홈우 내 이믜 시러곰 命을 듣ᄌᆞ왓거니와 詩예 닐오ᄃᆡ 普天人下ㅣ 王土ㅣ 안이니 업ᄉᆞ며 率土人濱이 王臣이 안이니 업다 ᄒᆞ니 舜이 이믜 天子ㅣ 되야 겨시니 敢히 묻ᄌᆞ노이다 瞽瞍의 臣 아님우 엇디니잇고 글ᄋᆞ샤ᄃᆡ 이 詩ᄂᆞᆫ 이를 닐음이 아니라 王事에 勞ᄒᆞ야 시러곰 父母를 養티 몯ᄒᆞ야 글ᄋᆞᄃᆡ 이 王事ㅣ 안이니 업거ᄂᆞᆯ 내 홀로 賢으로 勞ᄒᆞ노라 ᄒᆞ니 故로 詩를 說ᄒᆞᄂᆞᆫ 者ㅣ 文으로ᄡᅥ 辭를 害티 말며 辭로ᄡᅥ 志를 害티 말고 意로ᄡᅥ 志를 逆ᄒᆞ야아 이 得홈이니 만일에 辭로ᄡᅥ ᄒᆞᆯᄯᆞ름인댄 雲漢人詩예 글오ᄃᆡ 周人 나믄 黎民이 子遺도 잇디 아니ᄒᆞ니 진실로 이 言일딘댄 이ᄂᆞᆫ 周에 遺民이 업슴이니라

● 不臣堯、不以堯爲臣、使北面而朝也、詩、小雅北山之篇也、普、徧也、率、循也、此詩、今毛氏序、云役使不均、己勞於王事、而不得養其父母焉、其詩下文、亦云大夫不均、我從事獨賢、乃作詩者、自言天下、皆王臣、何爲獨使我以賢才而勞苦乎、非謂天子、可臣其父也、文、字也、辭、語也、逆、迎也、雲漢、大雅篇名也、孑、獨立之貌、遺、脫也、言說詩之法、不可以一字、而害一句之義 不可以一句、而害設辭之志、當以己意、迎取作者之志 乃可得之、若但以其辭而已、則如雲漢所言、是周之民、眞無遺種矣、惟以意逆之、則知作詩者之志、在於憂旱、而非眞無遺民也

孝子之至는 莫大乎尊親이오 尊親之至는 莫大乎以天下養이니 爲天子父니 尊之至也ㅣ오 以天下養ᄒᆞ시니 養之至也ㅣ라 詩曰永言孝思ㅣ라 孝思維則이라 ᄒᆞ니 此之謂也ㅣ니라 養去聲

孝子의지극호옴은親을尊호옴만크니업고親尊호옴이지극호옴은天下로뼈養호옴만크니업ᄉ니天子의父ㅣ되여시니尊의지극홈이오天下로뼈養호시니養의지극홈이라詩에글오ᄃᆡ기리孝호며思호논디라孝思ㅣ則호얌즉다호니이를닐옴이니라

●言瞽瞍、既爲天子之父、則當享天下之養、此、舜之所以爲尊親養親之至也、豈有使之北面而朝之理乎、詩、大雅下武之篇、言人能長言孝思而不忘、則可以爲天下法則也

書애曰祗載見瞽瞍호샤ᄃᆡ 夔夔齊栗호신대 瞽瞍ㅣ亦允若이라호니是爲父不得而子也ㅣ니라 齊側皆反

書애글오ᄃᆡ載를祗호야瞽瞍씌見호샤ᄃᆡ夔夔호며齊栗호신대瞽瞍ㅣ또允호야若다호니이父ㅣ시러곰子ㅣ몯홈이니라

●書、大禹謨篇也、祗、敬也、載、事也、夔夔齊栗、敬謹恐懼之貌、允、信也、若、順也、言舜、敬事瞽瞍、往而見之、敬謹如此、瞽瞍、亦信而順之也、孟子、引此而言瞽瞍、不能以不善、及其子、而反見化於其子、則是所謂父不得而子者、而非如咸丘蒙之說也

○萬章이曰堯ㅣ以天下與舜이라호니有諸잇가孟子ㅣ曰否라天子ㅣ不能以天下與人이니라

萬章이글오ᄃᆡ堯ㅣ天下로뼈舜을與호시다호니인ᄂᆞ니잇가孟子ㅣ글ᄋᆞ샤ᄃᆡ아니라天子ㅣ能히天下로뼈人을與티몯호ᄂᆞ니라

●天下者、天下之天下、非一人之私有故也

見 브일 면 現也
若 순할 약 順
與 줄 여 施與

行 갈힝 往也

暴 드러내여 뵈일폭 示顯

然則舜有天下也는 孰與之잇고 曰天이 與之시니라

그러면舜이天下를두심은뉘與ᄒᆞ니잇고ᄀᆞᄅᆞ샤ᄃᆡ天이與ᄒᆞ시니라

●萬章問、而孟子答也

天이 與之者는 諄諄然命之乎ㅣ잇가 諄之淳反

天이與ᄒᆞ옴은諄諄히命ᄒᆞ시니잇가

●萬章問也、諄諄、詳語之貌

曰否라 天이 不言이라 以行與事로 示之而已矣시니라

ᄀᆞᄅᆞ샤ᄃᆡ아니라天이言티아니ᄒᆞᄂᆞᆫ디라行과다믓事로ᄡᅧ뵐ᄯᆞᄅᆞᆷ이시니라

●行之於身、謂之行、措諸天下、謂之事、言但因舜之行事、而示以與之之意耳

曰以行與事로 示之者는 如之何ㅣ잇가 曰天子ㅣ 能薦人於天이언뎡 不能使天으로 與之天下ㅣ며 諸侯ㅣ 能薦人於天子ㅣ언뎡 不能使天子로 與之諸侯ㅣ며 大夫ㅣ 能薦人於諸侯ㅣ언뎡 不能使諸侯로 與之大夫ㅣ니 昔者애 堯ㅣ 薦舜於天而天이 受之ᄒᆞ시고 暴之於民而民이 受之ᄒᆞ니 故로 曰天이 不言이라 以行與事로 示之而已矣라ᄒᆞ노라

ᄀᆞᆯ오ᄃᆡ行과다믓事로ᄡᅧ뵈이시다홈은엇디잇고ᄀᆞᄅᆞ샤ᄃᆡ天子ㅣ能히人을天ᄭᅴ薦ᄒᆞᆯᄲᅮᆫ이언뎡能히天으로ᄒᆞ여곰天下를與케몯ᄒᆞ며諸侯ㅣ能히人을天子ᄭᅴ薦ᄒᆞᆯᄲᅮᆫ이언뎡能히天子로ᄒᆞ여곰諸侯를與케몯ᄒᆞ며大夫ㅣ能히人을諸侯ᄭᅴ薦ᄒᆞᆯᄲᅮᆫ이언뎡能히諸侯로ᄒᆞ여곰大夫를與케몯ᄒᆞᄂᆞ니녜堯ㅣ舜을天ᄭᅴ薦ᄒᆞ야시ᄂᆞᆯ天이受ᄒᆞ

載하재年也

시고民에暴ᄒᆞ야시ᄂᆞᆯ民이受ᄒᆞ니故로ᄀᆞᆯ오ᄃᆡ天이言티아닌디라行과다ᄆᆞᆫ事로ᄡᅥ示ᄒᆞ실ᄯᆞᄅᆞᆷ이라ᄒᆞ노라

●暴、顯也、言下能薦人於上、不能令上必用之、舜爲天人所受、是、因舜之行與事、而示之以與之之意也

曰敢問薦之於天而天이受之ᄒᆞ시고暴之於民而民이受之ᄂᆞᆫ如何ㅣ잇고 曰使之主祭而百神이享之ᄒᆞ니是ᄂᆞᆫ天이受之오使之主事而事治ᄒᆞ야百姓이安之ᄒᆞ니是ᄂᆞᆫ民이受之也ㅣ라天이與之ᄒᆞ며人이與之故로曰天子ㅣ不能以天下與人이라ᄒᆞ노라舜이相堯二十有八載ᄒᆞ시니非人之所能爲也ㅣ라天也ㅣ라堯ㅣ崩ᄒᆞ거시ᄂᆞᆯ三年之喪을畢ᄒᆞ고舜이避堯之子於南河之南이어시ᄂᆞᆯ天下諸侯朝覲者ㅣ不之堯之子而之舜ᄒᆞ며訟獄者ㅣ不之堯之子而之舜ᄒᆞ며謳歌者ㅣ不謳歌堯之子而謳歌舜ᄒᆞ니故로曰天也ㅣ라夫然後에之中國ᄒᆞ샤踐天子位焉ᄒᆞ시니而居堯之宮ᄒᆞ야逼堯之子ㅣ면是ᄂᆞᆫ簒也ㅣ라非天與也ㅣ니라 治相並去聲朝音潮夫普扶

ᄀᆞᆯ오ᄃᆡ敢히묻ᄌᆞᆸ노이다天ᄭᅴ薦ᄒᆞ야시ᄂᆞᆯ天이受ᄒᆞ시고民에暴ᄒᆞ여시ᄂᆞᆯ民이受ᄒᆞ욤은엇디니잇고ᄀᆞᆯᄋᆞ샤ᄃᆡᄒᆞ여곰祭를主ᄒᆞ욤애百神이享ᄒᆞ니이ᄂᆞᆫ天이受ᄒᆞ심이오ᄒᆞ여곰事를主ᄒᆞ욤애事ㅣ治ᄒᆞ야百姓이安ᄒᆞ니이ᄂᆞᆫ民이受ᄒᆞ욤이라天이與ᄒᆞ며人이與ᄒᆞᆫ故로ᄀᆞᆯ오ᄃᆡ天子ㅣ能히天下로ᄡᅥ人을與티몯ᄒᆞᆫ다ᄒᆞ노라舜이堯를도으

심을二十이오ᄯᅩ八載를ᄒᆞ시니人의能히ᄒᆞᆯ빼아니라天이라堯ㅣ崩커시늘三年人喪을ᄆᆞᄎᆞ시고舜이堯의子를南河ㅅ南에避ᄒᆞ얏거시늘天下ㅅ諸侯ㅣ朝覲ᄒᆞᄂᆞᆫ者ㅣ堯의子의게가디아니ᄒᆞ고舜의게가며獄을訟ᄒᆞᄂᆞᆫ者ㅣ堯의子의게가디아니ᄒᆞ고舜의게가며謳歌ᄒᆞᄂᆞᆫ者ㅣ堯의子를謳歌티아니ᄒᆞ고舜을謳歌ᄒᆞ니故로ᄀᆞᆯ오ᄃᆡ天이라그런後에中國애之ᄒᆞ샤天子ㅅ位를踐ᄒᆞ시니堯의宮에居ᄒᆞ야堯의子를逼ᄒᆞ면이ᄂᆞᆫ簒홈이라天이與홈이아니니라

●南河、在冀州之南、其南、即豫州也、訟獄、謂獄不決而訟之也

太誓애曰天視ㅣ自我民視며天聽이自我民聽이라ᄒᆞ니此之謂也ㅣ니라

大誓애ᄀᆞᆯ오ᄃᆡ天의視ᄒᆞ욤이우리民의視ᄒᆞ욤으로브테며天의聽ᄒᆞ욤이우리民의聽ᄒᆞ욤으로브테라ᄒᆞ니이ᄅᆞᆯ닐옴이니라

●自、從也、天無形、其視聽、皆從於民之視聽、民之歸舜、如此、則天與之、可知矣

○萬章이問曰人이有言호ᄃᆡ至於禹而德衰ᄒᆞ야不傳於賢而傳於子ㅣ라ᄒᆞ니有諸잇가孟子ㅣ曰否ㅣ라不然也ㅣ라天이與賢則與賢ᄒᆞ고天이與子則與子ㅣ니라昔者애舜이薦禹於天十有七年애舜이崩커시늘三年之喪을畢ᄒᆞ고禹ㅣ避舜之子於陽城이러시니天下之民이從之를若堯崩之後에不從堯之子而從舜也라ᄒᆞ니禹ㅣ薦益於天七年애禹ㅣ崩커시늘三年之喪을畢ᄒᆞ고益이避禹之子於箕山之陰이러니朝覲訟獄者ㅣ不之益而之啓曰吾君之子也ㅣ라ᄒᆞ며謳歌者ㅣ不謳歌益

而謳歌啓曰吾君之子也ㅣ라ᄒᆞ니라 朝音潮

萬章이묻ᄌᆞ와ᄀᆞᆯ오ᄃᆡ人이言을두ᄃᆡ禹에니르러德이衰ᄒᆞ야賢에傳티아니ᄒᆞ고子에傳타ᄒᆞ니인ᄂᆞ니잇가孟子ㅣᄀᆞᆯᄋᆞ샤ᄃᆡ아니라그러티아니ᄒᆞ니라天이賢을與ᄒᆞ면賢을與ᄒᆞ고天이子를與ᄒᆞ면子를與ᄒᆞ니라舜이禹를天ᄭᅴ薦ᄒᆞ신十이오ᄯᅩ七年에舜이崩커시ᄂᆞᆯ三年人喪을ᄆᆞᆺᄎᆞ시고禹ㅣ舜의子를陽城애避ᄒᆞ얏더시니天下앳民이從홈을堯ㅣ崩ᄒᆞ신後에堯의子를從티아니코舜을從홈ᄀᆞᆮ티ᄒᆞ니라禹ㅣ益을天ᄭᅴ薦ᄒᆞ신七年에禹ㅣ崩커시ᄂᆞᆯ三年人喪을ᄆᆞᆺ고益이禹의子를箕山人陰에避ᄒᆞ얏더니朝覲ᄒᆞ며獄을訟ᄒᆞᄂᆞᆫ者ㅣ益의ᄭᅴ가디아니ᄒᆞ고啓의게가ᄀᆞᆯ오ᄃᆡ우리君의子ㅣ라ᄒᆞ며謳歌ᄒᆞᄂᆞᆫ者ㅣ益을謳歌티아니ᄒᆞ고啓를謳歌ᄒᆞ야ᄀᆞᆯ오ᄃᆡ우리君의子ㅣ라ᄒᆞ니라

●陽城、箕山之陰、皆嵩山下、深谷中、可藏處、啓、禹之子也、楊氏、曰此語、孟子必有所受、然不可考矣、但云天與賢則與賢、天與子則與子、可以見堯舜禹之心、皆無一毫私意也

丹朱之不肖애舜之子ㅣ亦不肖ᄒᆞ며舜之相堯와禹之相舜也ᄂᆞᆫ歷年이多ᄒᆞ야施澤於民이久ᄒᆞ고啓ᄂᆞᆫ賢ᄒᆞ야能敬承繼禹之道ᄒᆞ며益之相禹也ᄂᆞᆫ歷年이少ᄒᆞ야施澤於民이未久ᄒᆞ니舜禹益相去之遠과其子之賢不肖ㅣ皆天也ㅣ라非人之所能爲也ㅣ니莫之爲而爲者ᄂᆞᆫ天也ㅣ오莫之致而至者ᄂᆞᆫ命也ㅣ니라 之相之相去聲 相去之相如字

丹朱의肖티아니ᄒᆞ욤애舜의子ㅣᄯᅩ肖티아니ᄒᆞ며舜의堯를相ᄒᆞ심과禹의舜을相

ᄒᆞ심은歷年이多ᄒᆞ야民에澤을施홈이久ᄒᆞ고啓은賢ᄒᆞ야能히敬承ᄒᆞ야禹의道를繼ᄒᆞ며益의禹를相ᄒᆞ욤을歷年이少ᄒᆞ야民에澤을施홈이久티아니ᄒᆞ니舜과禹와益의서로去ᄒᆞ욤이久遠홈과그子의賢ᄒᆞ며肖티아니홈이다天이라人의能히ᄒᆞ올ᄲᅢ안이니ᄒᆞ욤이업시ᄒᆞᄂᆞᆫ者ᄂᆞᆫ天이오릴외옴이업시니르ᄂᆞᆫ者ᄂᆞᆫ命이니라

●堯舜之子、皆不肖、而舜禹之爲相、久、此、堯舜之子、所以不有天下、而舜禹、有天下也、禹之子、賢、而益、相不久、此、啓所以有天下、而益、不有天下也、然、此皆非人力所爲而自爲、非人力所致而自至者、蓋以理言之、謂之天、自人言之、謂之命、其實則一而已

匹夫而有天下者ᄂᆞᆫ德必若舜禹而又有天子ㅣ薦之者ㅣ니故로仲尼ㅣ不有天下ᄒᆞ시니라

匹夫로天下를두ᄂᆞᆫ者ᄂᆞᆫ德이반ᄃᆞ시舜禹ᄀᆞᆺ고ᄯᅩ天子ㅣ薦ᄒᆞ리잇ᄂᆞ니故로仲尼天下를두디몯ᄒᆞ시니다

●孟子、因禹益之事、歷擧此下兩條、以推明之、言仲尼之德、雖無愧於舜禹、而無天子薦之者故、不有天下

繼世以有天下애天之所廢ᄂᆞᆫ必若桀紂者也ㅣ니故로益伊尹周公이不有天下ᄒᆞ시니라

世를繼ᄒᆞ야ᄡᅥ天下를둠애天의廢ᄒᆞᄂᆞᆫ바ᄂᆞᆫ반ᄃᆞ시桀과紂ᄀᆞᄐᆞᆫ者ㅣ니故로益과伊尹과周公이天下를두디몯ᄒᆞ시니라

●繼世而有天下者、其先世、皆有大功德於民故、必有大惡、如桀紂、則天乃廢之、如啓及太甲成王、雖不及益、伊尹、周公之賢聖、但能嗣守先業、則天亦不廢之故、

艾 다스릴애 治也

益伊尹周公、雖有舜禹之德、而亦不有天下

伊尹이相湯ᄒᆞ야以王於天下ㅣ러니湯이崩커시늘太丁은未立ᄒᆞ고外丙은二年이오仲壬은四年이러니太甲이顚覆湯之典刑이어늘伊尹이放之於桐三年ᄒᆞᆫ대太甲이悔過ᄒᆞ야自怨自艾ᄒᆞ야於桐애處仁遷義三年ᄒᆞ야以聽伊尹之訓己也ᄒᆞ야復歸于亳ᄒᆞ시니라

伊尹이湯을相ᄒᆞ야ᄡᅧ天下에王ᄒᆞ얏더니湯이崩커시늘太丁은立디몯ᄒᆞ고外丙은二年이오仲壬은四年이러니太甲이湯의典刑을顚覆ᄒᆞ거ᄂᆞᆯ伊尹이桐에放홈을三年을ᄒᆞᆫ대太甲이過를悔ᄒᆞ며스ᄉᆞ로怨ᄒᆞ며스ᄉᆞ로艾ᄒᆞ야桐에셔仁에處ᄒᆞ며義예遷홈을三年을ᄒᆞ야ᄡᅧ伊尹의己訓홈을聽ᄒᆞ야亳에다시歸ᄒᆞ시니라

●此、承上文、言伊尹不有天下之事、趙氏、曰太丁、湯之太子、未立而死、外丙、立二年、仲壬、立四年、皆太丁弟也、太甲、太丁子也、程子、曰古人、謂歲爲年、湯崩時、外丙、方二歲、仲壬、方四歲、惟太甲、差長故、立之也、二說、未知孰是、顚覆、壞亂也、典刑、常法也、桐、湯墓所在、艾、治也說文云芟草也、蓋斬絕自新之意、亳、商所都也

周公之不有天下는猶益之於夏와伊尹之於殷也ㅣ니라

周公의天下를두디몯ᄒᆞ심은益의夏에와伊尹의殷에ᄀᆞᆮᄐᆞ니라

●此、復言周公、所以不有天下之意

孔子ㅣ曰唐虞는禪ᄒᆞ고夏后殷周는繼ᄒᆞ니其義ㅣ一也ㅣ라ᄒᆞ시니라 禪音擅

孔子ㅣᄀᆞᄅᆞ샤ᄃᆡ唐과虞는禪ᄒᆞ고夏后와殷과周는繼ᄒᆞ니그義ㅣ 이라ᄒᆞ시니라

●禪、受也、或禪或繼、皆天命也、聖人、豈有私意於其間哉、○尹氏、曰孔子、曰唐虞禪、夏后殷周繼、其義、一也、孟子、曰天與賢則與賢、天與子則與子、知前聖之心者、無如孔子、繼孔子者、孟子而已矣

○萬章이問曰人이有言호되伊尹이以割烹要湯이라ᄒᆞ니有諸잇가(要平聲下同)

萬章이묻ᄌᆞ와ᄀᆞᆯ오ᄃᆡ人이言을두ᄃᆡ伊尹이割ᄒᆞ며烹홈으로ᄡᅥ湯을要타ᄒᆞ니인ᄂᆞ니잇가

●要、求也、按史記、伊尹、欲行道、以致君而無由、乃爲有莘氏之媵(以證反)臣、負鼎俎以滋味說湯、致於王道、蓋戰國時、有爲此說者、

孟子ㅣ曰否ㅣ라不然ᄒᆞ니라伊尹이耕於有莘之野而樂堯舜之道焉ᄒᆞ야非其義也ㅣ며非其道也ㅣ어든祿之以天下ㅣ라도弗顧也ᄒᆞ며繫馬千駟ㅣ라도弗視也ᄒᆞ고非其義也ㅣ며非其道也ㅣ어든一介를不以與人ᄒᆞ며一介를不以取諸人ᄒᆞ니라(樂音洛)

孟子ㅣᄀᆞᆯᄋᆞ샤ᄃᆡ아니라그러티아니ᄒᆞ니라伊尹이有莘ㅅ野에耕ᄒᆞ야堯舜의道를樂ᄒᆞ야그義아니며그道ㅣ아니어든祿호ᄃᆡ天下로ᄡᅥᄒᆞ야도顧티아니ᄒᆞ며馬千駟를繫ᄒᆞ야도視티아니ᄒᆞ고그義ㅣ아니며그道ㅣ아니어든一介를ᄡᅥ人을與티아니ᄒᆞ며一介를ᄡᅥ人의게取티아니ᄒᆞ니라

●莘、國名、樂堯舜之道者、誦其詩讀其書、而欣慕愛樂之也、駟、四匹也、介、與草芥之芥同、言其辭受取與、無大無細、一以道義而不苟也、

湯이使人以幣聘之ᄒᆞ신대囂囂然曰我何以湯之聘幣爲哉리오我

豈若處畎畝之中ᄒᆞ야由是以樂舜堯之道哉리오 囂五高反又戶驕反

湯이人을使ᄒᆞ야幣로써聘ᄒᆞ신대囂囂然ᄒᆞ야ᄀᆞᆯ오ᄃᆡ내엇디湯의聘幣로써ᄒᆞ리오 내엇디畎畝人가온대處ᄒᆞ야일로말미암아써堯舜의道ᄅᆞᆯ樂ᄒᆞ옴ᄀᆞᄐᆞ리오

●囂囂、無欲自得之貌、

湯이三使往聘之ᄒᆞ신대旣而오幡然改曰與我ㅣ處畎畝之中ᄒᆞ야由是以樂舜堯之道로ᄂᆞᆫ吾豈若使是君으로爲舜堯之君哉며吾豈若使是民으로爲舜堯之民哉ㅣ며吾豈若於吾身애親見之哉리오

湯이세번使ᄒᆞ야가聘ᄒᆞ시대이윽고幡然히改ᄒᆞ야ᄀᆞᆯ오ᄃᆡ내畎畝人가온대處ᄒᆞ야일로말미암아써堯舜의道ᄅᆞᆯ樂ᄒᆞ옴으론내엇디이君으로ᄒᆞ여곰堯舜人君이되게홈ᄀᆞᄐᆞ며내엇디이民으로ᄒᆞ여곰堯舜人民이되게홈ᄀᆞᄐᆞ며내엇디내身에親히見홈ᄀᆞᄐᆞ리오

●幡然、變動之貌、於吾身親見之、言於我之身、親見其道之行。不徒誦說向慕之而已也、

天之生此民也ᄂᆞᆫ使先知로覺後知ᄒᆞ며使先覺으로覺後覺也ㅣ시니予ᄂᆞᆫ天民之先覺者也ㅣ로니予將以斯道로覺斯民也ㅣ니非予ㅣ覺之오而誰也ㅣ리오

天이이民을生ᄒᆞ심은몬져知ᄒᆞᆫ이로ᄒᆞ여곰後에知ᄒᆞ리ᄅᆞᆯ覺게ᄒᆞ며몬져覺ᄒᆞᆫ이로ᄒᆞ여곰後에覺ᄒᆞ리ᄅᆞᆯ覺게ᄒᆞ시니나ᄂᆞᆫ天民의몬져覺ᄒᆞᆫ者ㅣ로니내쟝ᄎᆞᆺ이道로써이民을覺게ᄒᆞ리니내覺게아니코뉘리오

內 드릴납 入也 說 달닐세 誘也

●此亦伊尹之言也、知、謂識其事之所當然、覺、謂悟其理之所以然、覺後知後覺、如呼寐者而使之寤也、言天使者、天理當然、若使之也、程子、曰予天民之先覺、謂我乃天生此民中、盡得民道而先覺者也、旣爲先覺之民、豈可不覺其未覺者、及彼之覺、亦非分我所有以予之也、皆彼自有此理、我但能覺之而已、

思天下之民이匹夫匹婦ㅣ有不被堯舜之澤者ㅣ어든若己ㅣ推而內之溝中ᄒᆞ니其自任以天下之重이如此ㅣ라故로就湯而說之ᄒᆞ야以伐夏救民ᄒᆞ니라 推吐回反

思ᄒᆞ니天下엣民이匹夫ㅣ며匹婦ㅣ堯舜의澤을被티몯ᄒᆞᆫ者ㅣ잇거든己ㅣ推ᄒᆞ야溝中에內ᄒᆞᆫᄃᆞ시ᄒᆞ니그스ᄉᆞ로天下ㅅ重으로ᄡᅥ任홈이이러ᄐᆞᆺᄒᆞᆫ디라故로湯ᄭᅴ就ᄒᆞ야說ᄒᆞ야ᄡᅥ夏를伐ᄒᆞ야民을救ᄒᆞ니라

●書、曰昔先正保衡、作我先王曰予、弗克俾厥后、爲堯舜、其心愧恥、若撻于市、一夫不獲、則曰時予之辜、孟子之言、蓋取諸此、是時、夏桀無道、暴虐其民故、欲使湯伐夏以救之、徐氏、曰伊尹、樂堯舜之道、堯舜、揖遜、而伊尹、說湯以伐夏者、時之不同、義則一也、

吾ㅣ未聞枉己而正人者也ㅣ로니況辱己以正天下者乎아聖人之行이不同也ㅣ라或遠或近ᄒᆞ며或去或不去ㅣ나歸ᄂᆞᆫ潔其身而已矣니라 行去聲

내己를枉ᄒᆞ야人올正ᄒᆞᄂᆞᆫ者를듣디몯ᄒᆞ얀노니ᄒᆞ믈며己를辱ᄒᆞ야ᄡᅥ天下를正ᄒᆞᄂᆞᆫ者아聖人의行이同티아니ᄒᆞᆫ디라或近ᄒᆞ며或遠ᄒᆞ며或去ᄒᆞ며或去티아니ᄒᆞ나

歸ᄂᆞᆫ그身을潔홀ᄯᆞᄅᆞᆷ이니라

●辱己、甚於枉己、正天下、難於正人、若伊尹、以割烹要湯、辱己甚矣、何以正天下乎、遠、謂隱遁也、近、謂仕近君也、言聖人之行、雖不必同、然、其要如字歸在潔其身而已、伊尹。豈肯以割烹要湯哉、

吾ᄂᆞᆫ聞其以堯舜之道로要湯이오未聞以割烹也케라

나ᄂᆞᆫ그堯舜의道로ᄡᅥ湯을要타홈을듣고割烹으로ᄡᅥ홈을듣디몯게라

●林氏、曰以堯舜之道、要湯者、非實以是、要之也、道在此而湯之聘、自來耳、猶子貢、言夫子之求之、異乎人之求之也、愚、謂此語、亦猶前章所論父不得而子之意、

伊訓에曰天誅造攻을自牧宮은朕載自亳이라ᄒᆞ니라

伊訓에ᄀᆞᆯ오ᄃᆡ天誅ㅣ비로소攻홈을牧宮으로브터홈은朕이亳으로브터載ᄒᆞ다ᄒᆞ니라

●伊訓、商書篇名、孟子、引以證伐夏救民之事也、今書、牧宮、作鳴條、造載、皆始也、伊尹、言始攻桀無道、由我始其事於亳也、

○萬章이問曰或이謂孔子ㅣ於衛예主癰疽ᄒᆞ시고於齊예主侍人瘠環이라ᄒᆞ니有諸乎ㅣ잇가孟子ㅣ曰否ㅣ라不然也ㅣ라好事者ㅣ爲之也ㅣ니라

萬章이묻ᄌᆞ와ᄀᆞᆯ오ᄃᆡ或이닐오ᄃᆡ孔子ㅣ衛예癰疽ᄅᆞᆯ主ᄒᆞ시고齊예侍人이언瘠環을主ᄒᆞ시다ᄒᆞ니인ᄂᆞ니잇가孟子ㅣᄀᆞᆯᄋᆞ샤ᄃᆡ아니라그러티아니ᄒᆞ니라事ᄅᆞᆯ好ᄒᆞᄂᆞᆫ者ㅣᄒᆞ니라

●主、謂舍於其家、以之爲主人也、癰疽、瘍醫也、侍人、奄人也、瘠、姓、環、名、皆時君所近狎之人也、好事、謂喜造言生事之人也、

讎 사ᄅᆞᆷ일홈주 人名

於衛애主顔讎由ㅣ러시니彌子之妻ㅣ與子路之妻로兄弟也ㅣ라彌子ㅣ謂子路曰孔子ㅣ主我ᄒᆞ시면衛卿을可得也ㅣ다ᄒᆞ야늘子路ㅣ以告ᄒᆞᆫ대孔子ㅣ曰有命이라ᄒᆞ시니孔子ㅣ進以禮ᄒᆞ시며退以義ᄒᆞ샤得之不得애曰有命이라ᄒᆞ시니而主癰疽與侍人瘠環이시면是ᄂᆞᆫ無義無命也ㅣ니라

衛예顔讎由를主ᄒᆞ여더시니彌子의妻ㅣ子路의妻로더브러兄弟ㅣ라彌子ㅣ子路ᄃᆞ려닐어ᄀᆞᆯ오ᄃᆡ孔子ㅣ나를主ᄒᆞ시면衛卿을可히得ᄒᆞ리라ᄒᆞ야ᄂᆞᆯ子路ㅣ뻐告ᄒᆞᆫ대孔子ㅣᄀᆞᆯᄋᆞ샤ᄃᆡ命이인ᄂᆞ니라ᄒᆞ시니孔子ㅣ進ᄒᆞ샤ᄃᆡ禮로뻐ᄒᆞ시며退ᄒᆞ샤ᄃᆡ義로뻐ᄒᆞ샤得ᄒᆞ며得디몯홈애ᄀᆞᆯᄋᆞ샤ᄃᆡ命이인ᄂᆞ니라ᄒᆞ시니癰疽와다ᄆᆞᆺ侍人瘠環을主ᄒᆞ시면이ᄂᆞᆫ義ㅣ업ᄉᆞ며命이업ᄉᆞᆷ이니라

●顔讎由、衛之賢大夫也、史記、作顔濁鄒、彌子、衛靈公幸臣、彌子瑕也 徐氏、曰禮主於辭遜故、進以禮、義主於斷制故、退以義、難進而易退者也、在我者、有禮義而已、得之不得、則有命存焉、

孔子ㅣ不悅於魯衛ᄒᆞ샤遭宋桓司馬ㅣ將要而殺之ᄒᆞ야微服而過宋ᄒᆞ시니是時예孔子ㅣ當阨ᄒᆞ샤대主司城貞子ㅣ爲陳侯周臣ᄒᆞ시니라 要平聲

孔子ㅣ魯와衛예悅치아니ᄒᆞ샤宋桓司馬ㅣ장ᄎᆞᆺ要ᄒᆞ야殺호려홈을遭ᄒᆞ야微服ᄒᆞ고宋애過ᄒᆞ시니이時예孔子ㅣ阨애當ᄒᆞ샤ᄃᆡ司城이언貞子ㅣ陳侯周의臣되얀ᄂᆞᆫᄃᆡ主ᄒᆞ시니라

●不悅、不樂居其國也、桓司馬、宋大夫向魋也、司城貞子、亦宋大夫之賢者也、陳侯名周、按史記、孔子、爲魯司寇、齊人、饋女樂以間去聲之、孔子、遂行適衛、月餘、去衛適

食 밥사 飯也

宋、司馬魋、欲殺孔子、孔子、去至陳、主於司城貞子、孟子、言孔子、雖當阨難、然、猶擇所主、況在齊衛無事之時、豈有主癰疽侍人之事乎、

吾聞觀近臣호ᄃᆡ以其所爲主오觀遠臣호ᄃᆡ以其所主ㅣ라호니若孔子ㅣ主癰疽與侍人瘠環이시면何以爲孔子ㅣ리오

●近臣、在朝之臣、遠臣、遠方來仕者、君子小人、各從其類故、觀其所爲主、與其所主者、而其人、可知、

나ᄂᆞᆫ 드로니 近臣을 觀호ᄃᆡ 그 主ㅣ 되ᄂᆞᆫ 바로ᄡᅥ ᄒᆞ고 遠臣을 觀호ᄃᆡ 그 主ᄒᆞᄂᆞᆫ 바로ᄡᅥ 혼다 호니 만일 孔子ㅣ 癰疽와 다ᄆᆞᆺ 瘠環을 主ᄒᆞ시면 엇디 ᄡᅥ 孔子ㅣ라 ᄒᆞ리오

○萬章이問曰或曰百里奚ㅣ自鬻於秦養牲者ᄒᆞ야五羊之皮로食牛ᄒᆞ야以要秦穆公이라ᄒᆞ니信乎ㅣ잇가孟子ㅣ曰否ㅣ라不然ᄒᆞ니라好事者ㅣ爲之也ㅣ니라 食音嗣好去聲下同

萬章이 묻ᄌᆞ와 ᄀᆞᆯ오ᄃᆡ 或이 ᄀᆞᆯ오ᄃᆡ 百里奚ㅣ 秦人養牲ᄒᆞᄂᆞᆫ 者의게 스ᄉᆞ로 鬻ᄒᆞ야 五羊의 皮로 牛를 食ᄒᆞ야 ᄡᅥ 秦穆公을 要ᄒᆞ다 ᄒᆞ니 信ᄒᆞ니잇가 孟子ㅣ ᄀᆞᆯ으샤ᄃᆡ 아니라 그러치 아니ᄒᆞ니라 事를 好ᄒᆞᄂᆞᆫ 者ㅣ ᄒᆞ니라

●百里奚、虞之賢臣、人言其自賣於秦養牲者之家、得五羊之皮、而爲去聲之食牛、因以秦干穆公也、

百里奚ᄂᆞᆫ虞人也ㅣ라晉人이以垂棘之璧과與屈產之乘으로假道於虞ᄒᆞ야以伐虢이어ᄂᆞᆯ宮之奇ᄂᆞᆫ諫ᄒᆞ고百里奚ᄂᆞᆫ不諫ᄒᆞ니라 屈求勿反乘去聲

百里奚ᄂᆞᆫ虞人사ᄅᆞᆷ이니晉人이垂棘엣璧과다ᄆᆞᆺ屈애産ᄒᆞᆫ乘으로ᄡᅧ虞애道ᄅᆞᆯ假ᄒᆞ야ᄡᅧ虢을伐호려ᄒᆞ거ᄂᆞᆯ宮之奇ᄂᆞᆫ諫ᄒᆞ고百里奚ᄂᆞᆫ諫티아니ᄒᆞ니라

●虞、虢、皆國名、垂棘之璧、垂棘之地、所出之璧也、屈産之乘、屈地所生之良馬也、乘、四匹也、晉欲伐虢、道經於虞故、以此物借道、其實、欲幷取虞、宮之奇、亦虞之賢臣、諫虞公、令勿許、虞公、不用、遂爲晉所滅、百里奚、知其不可諫故、不諫而去之秦、

知虞公之不可諫而去之秦ᄒᆞ니年已七十矣라曾不知以食牛로干秦穆公之爲汙也ㅣ면可謂智乎아不可諫而不諫ᄒᆞ니可謂不智乎아知虞公之將亡而先去之ᄒᆞ니不可謂不智也ㅣ니라時擧於秦ᄒᆞ야知穆公之可與有行也而相之ᄒᆞ니可謂不智乎아相秦而顯其君於天下ᄒᆞ야可傳於後世ᄒᆞ니不賢而能之乎아自鬻以成其君을鄕黨自好者도不爲온而謂賢者ㅣ爲之乎아 相去聲

虞公의可히諫티몯홀줄을아라去ᄒᆞ고秦에가니年이이믜七十이라일즉牛食홈으로ᄡᅧ秦穆公을干홈이汙ᄒᆞᆫ줄을아디몯ᄒᆞ면可히智라니ᄅᆞ랴可히諫티몯홀새사라諫티아니ᄒᆞ니可히智티아니타니ᄅᆞ랴虞公의쟝ᄎᆞᆺ亡홀줄을아라몬져去ᄒᆞ니可히智티아니타니ᄅᆞ랴時에秦에擧ᄒᆞ야穆公의可히더불어行홈이이실줄을아라相ᄒᆞ니可히智티아니타니ᄅᆞ랴秦을相ᄒᆞ야그君을天下애顯ᄒᆞ야可히後世예傳케ᄒᆞ니賢티아니ᄒᆞ고能히ᄒᆞ랴스스로鬻ᄒᆞ야ᄡᅧ그君을成ᄒᆞ욤을鄕黨애스스로好ᄒᆞᄂᆞᆫ者도ᄒᆞ디아니ᄒᆞ곤賢者ㅣᄒᆞ다니ᄅᆞ랴

●自好、自愛其身之人也、孟子、言百里奚之智、如此、必知食牛以干主之爲汙、其賢、又如此、必不肯自鬻以成其君也、然、此事、當孟子時、已無所據、孟子、直以事理、反覆推之、而知其必不然耳、○范氏、曰古之聖賢、未遇之時、鄙賤之事、不恥爲之、如百里奚、爲人養牛、無足怪也、惟是人君、不致敬盡禮、則不可得而見、豈有先自汙辱、以要其君哉、莊周、曰百里奚、爵祿、不入於心故、飯牛而牛肥、使穆公、忘其賤而與之政、亦可謂知百里奚矣、伊尹、百里奚之事、皆聖賢出處之大節、故、孟子、不得不辨、尹氏、曰當時好事者之論、大率類此、蓋以其不正之心、度聖賢也、

原本
孟子集註卷之九 終

原本

孟子集註卷之十

萬章章下

凡九章

孟子ㅣ曰伯夷는 目不視惡色ᄒᆞ며 耳不聽惡聲ᄒᆞ고 非其君不事ᄒᆞ며 非其民不使ᄒᆞ야 治則進ᄒᆞ고 亂則退ᄒᆞ야 橫政之所出와 橫民之所止예 不忍居也ᄒᆞ며 思與鄕人處호ᄃᆡ 如以朝衣朝冠으로 坐於塗炭也ㅣ러니 當紂之時ᄒᆞ야 居北海之濱ᄒᆞ야 以待天下之淸也ᄒᆞ니 故로 聞伯夷之風者는 頑夫ㅣ廉ᄒᆞ며 懦夫ㅣ有立志ᄒᆞ니라 治去聲下同 橫去聲 朝音潮

孟子ㅣ ᄀᆞᆯᄋᆞ샤ᄃᆡ 伯夷ᄂᆞᆫ 目애 惡色을 視티 아니ᄒᆞ며 耳예 惡聲을 聽티 아니ᄒᆞ고 그 君이 아니어든 事티 아니ᄒᆞ며 그 民이 아니어든 使티 아니ᄒᆞ야 治ᄒᆞ면 進ᄒᆞ고 亂ᄒᆞ면 退ᄒᆞ야 橫政의 出ᄒᆞᄂᆞᆫ 바와 橫民의 止ᄒᆞᄂᆞᆫ 바애 참아 居티 아니ᄒᆞ며 鄕人으로 더브러 處홈을 思호ᄃᆡ 朝衣와 朝冠으로 ᄡᅥ 塗炭애 坐홈ᄀᆞ티 너기더니 紂의 時를 當ᄒᆞ야 北海人濱애 居ᄒᆞ야 ᄡᅥ 天下의 淸홈을 待ᄒᆞ니 故로 伯夷의 風을 드른 者ᄂᆞᆫ 頑ᄒᆞᆫ 夫ㅣ 廉ᄒᆞ며 懦ᄒᆞᆫ 夫ㅣ 立ᄒᆞᆫ 志를 두ᄂᆞ니라

●橫、謂不循法度、頑者、無知覺、廉者、有分辨、懦、柔弱也、餘、並見前篇、

伊尹이 曰何事非君이며 何使非民이리오ᄒᆞ야 治亦進ᄒᆞ며 亂亦進ᄒᆞ야 曰天之生斯民也는 使先知로 覺後知ᄒᆞ며 使先覺으로 覺後覺이시니 子는 天

民之先覺者也ㅣ로니 予將以此道로 覺此民也ㅣ라ᄒᆞ며 思天下之民이
匹夫匹婦ㅣ 有不與被堯舜之澤者ㅣ어든 若己ㅣ 推而內之溝
中ᄒᆞ니 其自任以天下之重也ㅣ니라 與音預

伊尹이ᄀᆞᆯ로ᄃᆡ어늬를事ᄒᆞ면君이아니며어늬를使ᄒᆞ면民이아니리오ᄒᆞ야 治ᄒᆞ야
도ᄯᅩ進ᄒᆞ며亂ᄒᆞ야도ᄯᅩ進ᄒᆞ야ᄀᆞᆯ오ᄃᆡ天이이民을生ᄒᆞᆷ은몬져知ᄒᆞᆫ이로ᄒᆞ여곰後
에知ᄒᆞ리를覺게ᄒᆞ며몬져覺ᄒᆞᆫ이로ᄒᆞ여곰後에覺ᄒᆞ리를覺게ᄒᆞ시니나ᄂᆞᆫ天民의
몬져覺ᄒᆞᆫ者ㅣ로니내장ᄎᆞᆺ이道로ᄡᅥ이民을覺게호리라ᄒᆞ며思호ᄃᆡ天下앳民이匹
夫ㅣ며匹婦ㅣ堯舜의澤을與ᄒᆞ야被티몯ᄒᆞᆫ者ㅣ잇거든己ㅣ推ᄒᆞ야溝中에內ᄒᆞᆷᄀᆞᆮ
티ᄒᆞ니그天下의重으로ᄡᅥ스ᄉᆞ로任ᄒᆞᆷ이니라

●何事非君、言所事卽君、何使非民、言所使卽民、無不可事之君、無不可使之民
也、餘見前篇、

柳下惠ᄂᆞᆫ 不羞汙君ᄒᆞ며 不辭小官ᄒᆞ며 進不隱賢ᄒᆞ야 必以其道ᄒᆞ며 遺
佚而不怨ᄒᆞ며 阨窮而不憫ᄒᆞ며 與鄕人處호ᄃᆡ 由由然不忍去也ᄒᆞ야 爾
爲爾오 我爲我ㅣ니 雖袒裼裸裎於我側인ᄃᆞᆯ 爾焉能浼我哉리오ᄒᆞ니 故로
聞柳下惠之風者ᄂᆞᆫ 鄙夫ㅣ 寬ᄒᆞ며 薄夫ㅣ 敦ᄒᆞ니라

柳下惠ᄂᆞᆫ汙君을羞티아니ᄒᆞ며小官을辭티아니ᄒᆞ며進ᄒᆞᆷ애賢을隱티아니ᄒᆞ야반
ᄃᆞ시그道로ᄡᅥᄒᆞ며遺佚ᄒᆞ야도怨티아니ᄒᆞ며阨窮ᄒᆞ야도憫티아니ᄒᆞ며鄕人으로
더블어處호ᄃᆡ由由히ᄎᆞᆷ아去티아니ᄒᆞ야네네오내내니비록내側에셔袒裼ᄒᆞ며裸
裎ᄒᆞᆫᄃᆞᆯ네엇디能히나를浼ᄒᆞ리오ᄒᆞ니故로柳下惠의風을聞ᄒᆞᆫ者ᄂᆞᆫ鄙ᄒᆞᆫ夫ㅣ寬ᄒᆞ

●며薄ᄒᆞᆫ夫ㅣ敦ᄒᆞ니라
鄙、狹陋也、敦、厚也、餘見前篇、

孔子之去齊에接淅而行ᄒᆞ시고去魯애曰遲遲라吾行也ㅣ여ᄒᆞ시니去父母國之道也ㅣ라可以速則速ᄒᆞ며可以久則久ᄒᆞ맛可以處則處ᄒᆞ며可以仕則仕는孔子也ㅣ시니라 淅先歷反

孔子ㅣ齊를去ᄒᆞ심애淅을接ᄒᆞ야行ᄒᆞ시고魯를去ᄒᆞ심애ᄀᆞᆯ으샤ᄃᆡ遲遲라내行이여ᄒᆞ시니父母의國을去ᄒᆞ는道ㅣ라可히ᄡᅧ速ᄒᆞ얌즉거든速ᄒᆞ며可히ᄡᅧ久ᄒᆞ얌즉거든久ᄒᆞ며可히ᄡᅧ處ᄒᆞ얌즉거든處ᄒᆞ며可히ᄡᅧ仕ᄒᆞ얌즉거든仕ᄒᆞ믄孔子ㅣ시니라

●接、猶承也、淅、漬米水也、漬米、將炊而欲去之速故、以手、承水取米而行、不及炊也、擧此一端、以見形甸反其久、速、仕、止、各當其可也、或曰孔子、去魯、不稅冕而行、豈得爲遲、楊氏曰孔子、欲去之意、久矣、不欲苟去故、遲遲其行也、膰肉不至、則得以微罪行矣、故、不稅冕而行、非速也、

孟子ㅣ曰伯夷는聖之淸者也ㅣ오伊尹은聖之任者也ㅣ오柳下惠는聖之和者也ㅣ오孔子는聖之時者也ㅣ시니라

孟子ㅣᄀᆞᆯ으샤ᄃᆡ伯夷는聖의淸ᄒᆞᆫ者ㅣ오伊尹은聖의任ᄒᆞᆫ者ㅣ오柳下惠는聖의和ᄒᆞᆫ者ㅣ오孔子는聖의時ᄒᆞᆫ者시니라

●張子、曰無所雜者、淸之極、無所異者、和之極、勉而淸、非聖人之淸、勉而和、非聖人之和、所謂聖者、不勉不思而至焉者也、孔氏、曰任者、以天下、爲己責也、愚、謂孔

子、仕止久速、各當其可、蓋兼三子之所以聖者、而時出之、非如三子之可以一德名也、或疑伊尹出處、合乎孔子、而不得爲聖之時、何也、程子、曰終是任底意思在

孔子之謂集大成이시니 集大成也者는 金聲而玉振之也ㅣ니 金聲也者는 始條理也ㅣ오 玉振之也者는 終條理也ㅣ니 始條理者는 智之事也ㅣ오 終條理者는 聖之事也ㅣ니라

孔子를닐온集ᄒᆞ야大成홈이시니集ᄒᆞ야 大成ᄒᆞ욤은金으로聲ᄒᆞ고玉으로振홈이라金으로聲ᄒᆞ욤은條理를始홈이오玉으로振ᄒᆞ욤은條理를終홈이니條理를始ᄒᆞᄂᆞᆫ者ᄂᆞᆫ智의事ㅣ오條理를終ᄒᆞᄂᆞᆫ者ᄂᆞᆫ聖의事ㅣ니라

●此、言孔子、集三聖之事、而爲一大聖之事、猶作樂者、集衆音之小成、而爲一大成也、成者、樂之一終、書所謂簫韶九成、是也、金、鐘屬、聲、宣也、如聲罪致討之聲玉、磬也、振、收也、如振河海而不洩(私列反)之振、始、始之也、終、終之也、條理、猶言脈絡、指衆音而言也、智者、知之所及、聖者、德之所就也。蓋樂有八音、金石絲竹匏土革木、若獨奏一音、則其一音、自爲始終、而爲一小成、猶三子之所知、偏於一、而其所就、亦偏於一也、八音之中、金石爲重故、特爲衆音之綱紀、又金始震而玉終詘(渠勿反)然也、故、幷奏八音、則於其未作而、先擊鎛鐘、以宣其聲、俟其旣闋而後、擊特磬、以收其韻、宣以始之、收以終之、二者之間、脈絡通貫、無所不備、則合衆小成、而爲一大成、猶孔子之知、無不盡、而德無不全也、金聲玉振、始終條理、疑古樂經之言故、兒寬、云、唯天子、建中和之極、兼總條貫、金聲而玉振之、亦此意也、

中 마질중 矢표的

智ᄂᆞᆫ譬則巧也ㅣ오聖은譬則力也ㅣ니由射於百步之外也ᄒᆞ니其至ᄂᆞᆫ爾力也ㅣ어니와其中은非爾力也ㅣ니라

智ᄂᆞᆫ譬ᄒᆞ면巧ㅣ오聖을譬ᄒᆞ면力이니百步밧긔셔射홈곤ᄐᆞ니 그至ᄒᆞ욤은네力이어니와그中ᄒᆞ욤은네力이아니니라

●此、復以射之巧力、發明聖智二字之義、見孔子、巧力俱全、而聖智兼備、三子則力有餘、而巧不足、是以一節、雖至於聖、而智不足以及乎時中也、○此章、言三子之行、各極其一偏、孔子之道、兼全於衆理、所以偏者、由其蔽於始、是以、缺於終、所以全者、由其知之至、是以、行之盡、三子、猶春夏秋冬之各一其時、孔子則太和元氣之流行於四時也、

○北宮錡ㅣ問曰周室班爵祿也ᄂᆞᆫ如之何ㅣ잇고 錡魚綺反

北宮錡묻ᄌᆞ와ᄀᆞᆯ오ᄃᆡ周室의爵과祿을班ᄒᆞ욤은엇다ᄒᆞ더니잇고

●北宮、姓、錡、名、衛人、班、列也、

孟子ㅣ曰其詳은不可得而聞也ㅣ로다諸侯ㅣ惡其害己也而皆去其籍이어니와然而軻也ㅣ嘗聞其略也ㅣ로라 惡去聲 去上聲

孟子ㅣᄀᆞᆯᄋᆞ샤ᄃᆡ그詳은可히시러곰듣디몯ᄒᆞ리로다諸侯ㅣ그己를害홈을惡ᄒᆞ야다그籍을去ᄒᆞ얏거니와그러나軻ㅣ일ᄌᆞᆨ그略을드런노라

●當時、諸侯、兼幷僭竊故、惡周制、妨害己之所爲也、

天子ㅣ一位오公이一位오侯ㅣ一位오伯이一位오子男이同一位니

凡五等也ㅣ라 君이 一位오 卿이 一位오 大夫ㅣ 一位오 上士ㅣ 一位오 中士ㅣ 一位오 下士ㅣ 一位니 凡六等이라

天子ㅣ 훈位오 公이 훈位오 侯ㅣ 훈位오 伯이 훈位오 子와 男이 훈가지로 훈位니 믈읫 다솟等이라 君이 훈位오 卿이 훈位오 ᄐᆡ위 훈位오 上士ㅣ 훈位오 中士ㅣ 훈位오 下士ㅣ 훈位니 믈읫 여솟等이라

●此、班爵之制也、五等、通於天下、六等、施於國中、

天子之制는 地方千里오 公侯은 皆方百里오 伯은 七十里오 子男은 五十里니 凡四等이라 不能五十里는 不達於天子ᄒᆞ야 附於諸侯ᄒᆞᄂᆞ니 曰附庸이니라

天子의 制는 ᄯᅡ히 方이 千里오 公과 侯는 다 方이 百里오 伯은 七十里오 子와 男은 五十里니 믈읫 네等이라 五十里예 能티 몯ᄒᆞ니는 天子씌 達티 몯ᄒᆞ야 諸侯에 附ᄒᆞᄂᆞ니 길온 附庸이니라

●此以下、班祿之制也、不能、猶不足也、小國之地、不足五十里者、不能自達於天子、因大國、以姓名通、謂之附庸、若春秋、邾儀父之類、是也、

天子之卿은 受地視侯ᄒᆞ고 大夫는 受地視伯ᄒᆞ고 元士는 受地視子男이니라

天子의 卿은 地受홈을 侯에 視ᄒᆞ고 대우ᄂᆞᆫ 地受홈을 伯에 視ᄒᆞ고 元士ᄂᆞᆫ 地受홈을 子男에 視ᄒᆞᄂᆞ니라

●視、比也、徐氏、曰王畿之內、亦制都鄙受地也、元士、上士也、

大國은地方百里니君은十卿祿이오卿祿은四大夫ㅣ오大夫는倍上士ㅣ오上士는倍中士ㅣ오中士는倍下士ㅣ오下士與庶人在官者는同祿ᄒᆞ니祿足以代其耕也니라

큰나라ᄒᆞᆫᄯᅡ히方이百里니君은卿의祿에서열히오卿의祿은대우에서네히오대우는上士에서倍ᄒᆞ고上士는中士에서倍ᄒᆞ고中士는下士에서倍ᄒᆞ고下士와다뭇庶人官에인는者는祿이ᄒᆞᆫ가지니祿이足히ᄡᅥ그耕을代ᄒᆞᄂᆞ니라

●十、十倍之也、四、四倍之也、倍、加一倍也、徐氏、曰大國、君田、三萬二千畝、其入、可食音嗣下可食並同二千八百八十人、卿田、三千二百畝、可食二百八十八人、大夫田、八百畝、可食七十二人、上士田、四百畝、可食三十六人、中士田、二百畝、可食十八人、下士與庶人在官者、田百畝、可食九人至五人、庶人在官、府史胥徒也、愚、按君以下所食之祿、皆助法之公田、藉農夫之力、以耕而收其租、士之無田與庶人在官者、則但受祿於官、如田之入而已、

次國은地方七十里니君은十卿祿이오卿祿은三大夫ㅣ오大夫는倍上士ㅣ오上士는倍中士ㅣ오中士는倍下士ㅣ오下士與庶人在官者는同祿ᄒᆞ니祿足以代其耕也ㅣ니라

버금나라ᄒᆞᆫᄯᅡ히方이七十里니君은卿의祿에서열히오卿의祿은대우에서세히오대우는上士에서倍ᄒᆞ고上士는中士에서倍ᄒᆞ고中士는下士에서倍ᄒᆞ고下士와다뭇庶人官에인는者는祿이足히ᄡᅥ그耕을代ᄒᆞ니라

●三、謂三倍之也、徐氏、曰次國、君田、二萬四千畝、可食二千一百六十人、卿田、二千四百畝、可食二百十六人、

小國은地方五十里니君은十卿祿이오卿祿은二大夫ㅣ오大夫ᄂᆞᆫ倍上士ㅣ오上士ᄂᆞᆫ倍中士ㅣ오中士ᄂᆞᆫ倍下士ㅣ오下士與庶人在官者ᄂᆞᆫ同祿ᄒᆞ니祿足以代其耕也ㅣ니라

젹은나라ᄒᆞᆫᄯᅡ히方이五十里니君은卿의祿에셔열히오卿의祿은대우에셔둘히오대우ᄂᆞᆫ上士에셔倍ᄒᆞ고上士ᄂᆞᆫ中士에셔倍ᄒᆞ고中士ᄂᆞᆫ下士에셔倍ᄒᆞ고下士와다뭇庶人官에인ᄂᆞᆫ者ᄂᆞᆫ祿이足히ᄡᅧ그耕을代ᄒᆞ니라

●二、即倍也、徐氏、曰小國、君田、一萬六千畝、可食千四百四十人、卿田、一千六百畝、可食百四十四人、

耕者之所獲은一夫ㅣ百畝ㅣ니百畝之糞에上農夫ᄂᆞᆫ食九人ᄒᆞ고上次ᄂᆞᆫ食八人ᄒᆞ고中은食七人ᄒᆞ고中次ᄂᆞᆫ食六人ᄒᆞ고下ᄂᆞᆫ食五人이니庶人在官者ㅣ其祿이以是爲差ㅣ니라 食音嗣差楚宜反

耕ᄒᆞᄂᆞᆫ者의獲ᄒᆞᄂᆞᆫ者바ᄂᆞᆫ一夫ㅣ百畝ㅣ니百畝엣糞에上農夫ᄂᆞᆫ九人을먹키고上에次ᄂᆞᆫ八人을먹키고中은七人을먹키고中에次ᄂᆞᆫ六人을먹키고下ᄂᆞᆫ五人을먹키ᄂᆞ니庶人官에인ᄂᆞᆫ者ㅣ그祿이일로ᄡᅧ차등을ᄒᆞᄂᆞ니라

●獲、得也、一夫一婦、佃田百畝、加之以糞、糞多而力勤者、爲上農、其所收、可供九人、其次、用力不齊故、有此五等、庶人在官者、其受祿、不同、亦有此五等也、○

愚、按此章之說、與周禮王制、不同、蓋不可考、闕之、可也、程子、曰孟子之時、去先王未遠、載籍、未經秦火、然而班爵祿之制、已不聞其詳、今之禮書、皆掇拾於煨燼之餘、而多出於漢儒一時之傅會、奈何欲盡信、而句爲之解乎、然則其事、固不可一二追復矣、

○萬章이問曰敢問友ᄒᆞ노이다孟子ㅣ曰不挾長ᄒᆞ며不挾貴ᄒᆞ며不挾兄弟而友니ㅣ友也者는友其德也니ㅣ不可以有挾也ㅣ니라

萬章이묻ᄌᆞ와ᄀᆞᆯ오ᄃᆡ敢히友홈을묻ᄌᆞᆸ노이다孟子ㅣᄀᆞᆯᄋᆞ샤ᄃᆡ長을挾디아니ᄒᆞ며貴를挾디아니ᄒᆞ며兄弟를挾디아니ᄒᆞ야友홀띠니友ᄒᆞ욤은그德을友홈이니可히ᄡᅥ挾홈을두디몯홀꺼시니라

●挾者、兼有而恃之之稱、

孟獻子는百乘之家也ㅣ라有友五人焉ᄒᆞ더니樂正裘와牧仲이오其三人則予ㅣ忘之矣로라獻子之與此五人者로友也애無獻子之家者也니ㅣ此五人者ㅣ亦有獻子之家ㅣ면則不與之友矣리라 乘去聲下同

孟獻子는百乘人家ㅣ라벋五人을두엇더니樂正裘와牧仲이오그三人인則내忘호라獻子의이五人者로더브러友ᄒᆞ욤애獻子의家ㅣ업슨者ㅣ니이五人者ㅣ또ᄒᆞᆫ獻子의家를有ᄒᆞ면끌너블어友티아니ᄒᆞ리라

●孟獻子、魯之賢大夫仲孫蔑也、張子、曰獻子、忘其勢、五人者、忘人之勢、不資其勢而利其有然後、能忘人之勢、若五人者、有獻子之家、則反爲獻子之所賤矣、

非惟百乘之家ㅣ爲然也ㅣ라雖小國之君이라도亦有之ᄒᆞ니費惠公이

曰吾ㅣ於子思則師之矣오吾ㅣ於顏般則友之矣오王順長息則事我者也ㅣ라ᄒᆞ니라 費音秘 般音班

오직百乘人家ㅣ그러ᄒᆞᆯ쑨이아니라비록小國엣君이라도ᄯᅩᄒᆞᆫ이시니費惠公이ᄀᆞᆯ오ᄃᆡ내子思애ᄂᆞᆫ師ᄒᆞ고내顏般애ᄂᆞᆫ友ᄒᆞ고王順과長息이ᄂᆞᆫ나ᄅᆞᆯ事ᄒᆞᄂᆞᆫ者ㅣ라ᄒᆞ니라

●惠公、費邑之君也、師、所尊也、友、所敬也、事我者、所使也、

非惟小國之君이爲然也ㅣ라雖大國之君이라도亦有之ᄒᆞ니晉平公之於亥唐也애入云則入ᄒᆞ며坐云則坐ᄒᆞ며食云則食ᄒᆞ야雖疏食菜羹이라도未嘗不飽ᄒᆞ니蓋不敢不飽也ㅣ라然이나終於此而已矣오弗與共天位也ᄒᆞ며弗與治天職也ᄒᆞ며弗與食天祿也ᄒᆞ니士之尊賢者也ㅣ라非王公之尊賢也ㅣ니라 疏食之食音嗣平公王公下諸本多無之字疑闕文也

오직小國엣君이그러ᄒᆞᆯ쑨아니라비록大國엣君이라도ᄯᅩᄒᆞᆫ이시니晉平公이亥唐의게入ᄒᆞ라니ᄅᆞ면入ᄒᆞ며坐ᄒᆞ라니ᄅᆞ면坐ᄒᆞ며食ᄒᆞ라니ᄅᆞ면食ᄒᆞ야비록疏食와菜羹이라도일즉飽치아니티아니ᄒᆞ니敢히飽티아니티몯ᄒᆞ얘니라그러나이예終ᄒᆞᆯᄯᆞᄅᆞᆷ이오더블어天位ᄅᆞᆯ共티아니ᄒᆞ며더블어天職을治티아니ᄒᆞ며더블어天祿을食디아니ᄒᆞ니士의賢을尊ᄒᆞᆷ이라王公의賢을尊ᄒᆞᆷ이아니니라

●亥唐、晉賢人也、平公、造 七倒反 之唐、言入、公乃入、言坐、乃坐、言食、乃食也、疏

食、糲飯也、不敢不飽、敬賢者之命也、○范氏、曰位曰天位、職曰天職、祿曰天祿、言天所以待賢人、使治天民、非人君、所得專者也、

舜이尙見帝어시늘帝ㅣ館甥于貳室ᄒᆞ시고亦饗舜ᄒᆞ샤迭爲賓主ᄒᆞ시니是ᄂᆞᆫ天子而友匹夫也ㅣ니라

舜이尙ᄒᆞ야帝를보아와시늘帝ㅣ甥을貳室에館ᄒᆞ시고또ᄒᆞᆫ舜의게饗ᄒᆞ샤서ᄅᆞ賓이며主ㅣ되시니이ᄂᆞᆫ天子ㅣ오匹夫를友ᄒᆞᆷ이니라

●尙、上也、舜、上而見於帝堯也、館、舍也、禮、妻父曰外舅、謂我舅者、吾謂之甥、堯、以女妻舜故、謂之甥、貳室、副宮也、堯、舍舜於副宮、而就饗其食、

用下敬上을謂之貴貴오用上敬下를謂之尊賢이니貴貴尊賢이其義一也ㅣ니라

下로써上을敬ᄒᆞᆷ을貴를貴ᄒᆞᆷ이라니ᄅᆞ고上으로써下를敬ᄒᆞᆷ을賢을尊ᄒᆞᆷ이라니ᄅᆞᄂᆞ니貴를貴ᄒᆞ며賢을尊ᄒᆞᆷ이그義ㅣᄒᆞᆫ가지니라

●貴貴、尊賢、皆事之宜者、然、當時、但知貴貴、而不知尊賢故、孟子、曰其義一也

○此、言朋友、人倫之一、所以輔仁故、以天子、友匹夫、而不爲詘、以匹夫、友天子、而不爲僭、此、堯舜所以爲人倫之至而孟子、言必稱之也、

○萬章이問曰敢問交際ᄂᆞᆫ何心也ㅣ잇고孟子ㅣ曰恭也ㅣ니라

萬章이묻자와ᄀᆞᆯ오ᄃᆡ敢히묻ᄌᆞᆸ노이다交際ᄒᆞᆷ은엇던ᄆᆞᄋᆞᆷ이니잇고孟子ㅣᄀᆞᆯᄋᆞ샤ᄃᆡ恭ᄒᆞᆷ이니라

●際、接也、交際、謂人以禮儀、幣帛、相交接也、

曰郤之卻之ㅣ爲不恭은何哉고잇曰尊者ㅣ賜之어든曰其所取之者ㅣ義乎아不義乎아而後受之라以是爲不恭이니故로弗卻也ㅣ니라

갈오ᄃᆡ卻ᄒᆞ욤이恭티아니타홈은엇디잇고갈ᄋᆞ샤ᄃᆡ尊者ㅣ賜ᄒᆞ거든갈오ᄃᆡ그取ᄒᆞᆫ바者ㅣ義ㄴ가義아닌가ᄒᆞᆫ後에受ᄒᆞᄂᆞᆫ디라일로ᄡᅥ恭티아니타ᄒᆞ니故로卻디아니ᄒᆞᄂᆞ니라

●郤、不受而還之也、再言之、未詳、萬章、疑交際之間、有所郤者、人便以爲不恭、何哉、孟子、言尊者之賜、而心竊計其所以得此物者、未知合義與否、必其合義然後、可受、不然則郤之矣、所以郤之爲不恭也、

曰請無以辭郤之오以心郤之曰其取諸民之不義也而以他辭로無受ㅣ不可乎가잇曰其交也ㅣ以道오其接也ㅣ以禮면斯ᄂᆞᆫ孔子도受之矣시니라

갈오ᄃᆡ請컨댄辭로ᄡᅥ却디말오心으로ᄡᅥ郤ᄒᆞ야갈오ᄃᆡ그民의게取홈이義아니라ᄒᆞ야他辭로ᄡᅥ受티마롬이可티아니ᄒᆞ니잇가갈ᄋᆞ샤ᄃᆡ그交홈이道로ᄡᅥᄒᆞ고그接홈이禮로ᄡᅥᄒᆞ면이ᄂᆞᆫ孔子도受ᄒᆞ시니라

●萬章、以爲、彼旣得之不義、則其餽、不可受、但無以言辭、間而郤之、直以心度其不義、而託於他辭、以郤之、如此可否邪、交以道、如餽贐、聞戒、周其飢、餓之類接以禮、謂辭命恭敬之節、孔子、受之、如受陽貨蒸豚之類也、

萬章이曰今有禦人於國門之外者ㅣ其交也ㅣ以道오其餽也

以禮ㅣ면 斯可受禦與가 잇가 曰不可ᄒᆞ니 康誥애 曰殺越人于貨ᄒᆞ야 閔不畏死를 凡民이 罔不譈라 ᄒᆞ니 是는 不待敎而誅者也ㅣ니 殷受夏周受殷所不辭也於今爲烈如之何其受之리오 與平聲 譈書作憝 徒對反

萬章이 ᄀᆞᆯ오대 이제 人을 國門外예 禦ᄒᆞᄂᆞᆫ 者ㅣ 그 交홈이 道로ᄡᅧ ᄒᆞ고 그 餽홈이 禮로ᄡᅧ ᄒᆞ면 이에 可히 禦ᄒᆞᆫ 거ᄉᆞᆯ 受ᄒᆞ리잇가 ᄀᆞᆯᄋᆞ샤대 可티 아니ᄒᆞ니 康誥애 ᄀᆞᆯ오대 人을 貨애 殺ᄒᆞ야 越ᄒᆞ야 閔히 死ᄅᆞᆯ 畏티 아니ᄒᆞᄂᆞᆫ 이ᄅᆞᆯ 믈읫 民이 譈티 아니리 업다 ᄒᆞ니 이ᄂᆞᆫ 敎ᄅᆞᆯ 待티 아니ᄒᆞ야 誅ᄒᆞᆯ 者ㅣ니 엇디 그 受ᄒᆞ리오

●禦、止也、止人而殺之、且奪其貨也、國門之外、無人之處也、萬章、以爲苟不問其物之所從來、而但觀其交際之禮、則設有禦人者、用其禦得之貨、以禮餽我、則可受之乎、康誥、周書篇名、越、顚越也、今書、閔、作暋、無凡民二字、譈、怨也、言殺人而顚越之、因取其貨、閔然不知畏死、凡民、無不怨之、孟子、言此、乃不待敎戒、而當卽誅者也、如何而可受之乎、商受至爲烈十四字、語意不倫、李氏、以爲此必有斷簡或闕文者、近之、而愚、意其直爲衍字耳、然、不可考、姑闕之、可也、

曰今之諸侯ㅣ 取之於民也ㅣ 猶禦也ㅣ어늘 苟善其禮際矣면 斯는 君子도 受之라 ᄒᆞ시ᄂᆞ니 敢問何說也ㅣ니잇고 曰子ㅣ 以爲有王者作인댄 將比今之諸侯而誅之乎아 其敎之不改而後애 誅之乎아 夫謂非其有而取之者를 盜也는 充類至義之盡也ㅣ라 孔子之仕於魯也애 魯人이 獵較ㅣ어늘 孔子ㅣ 亦獵較ᄒᆞ시니 獵較도 猶可온 而況受其

賜乎ㅣ녀 比去聲 夫音扶 較音角

골오ᄃᆡ이제諸侯ㅣ民의게取ᄒᆞ욤이禦홈ᄀᆞᆮ거ᄂᆞᆯ진실로그禮와際ᄅᆞᆯ善이ᄒᆞ면이ᄂᆞᆫ君子도受ᄒᆞᆫ다ᄒᆞ시니敢히묻ᄌᆞᆸ노이다엇던말ᄉᆞᆷ이니잇고골ᄋᆞ샤ᄃᆡ子ㅣ뻐호ᄃᆡ王者ㅣ作ᄒᆞ리이실딘댄장ᄎᆞᆺ이젯諸侯ᄅᆞᆯ比ᄒᆞ야誅ᄒᆞ랴그敎ᄒᆞ야改티아니ᄒᆞᆫ後에誅ᄒᆞ랴그두디아녀깨ᄉᆞᆯ取ᄒᆞ욤을盜ㅣ라닐옴은類ᄅᆞᆯ充ᄒᆞ야義盡ᄒᆞ욤애至ᄒᆞ욤이라孔子ㅣ魯애仕ᄒᆞ심애魯人이獵에較ᄒᆞ거ᄂᆞᆯ孔子ㅣ또ᄒᆞᆫ獵에較ᄒᆞ시니獵에較ᄒᆞ욤도오히려可ᄒᆞ곤ᄒᆞ물며그賜ᄅᆞᆯ受홈이ᄯᆞ녀

●比、連也、言今諸侯之取於民、固多不義、然、有王者起、必不連合、而盡誅之、必敎之不改而後、誅之、則其與禦人之盜、不待敎而誅者、不同矣、夫禦人於國門之外、與非其有而取之、二者、固皆不義之類、然、必禦人、乃爲眞盜、其謂非有而取、爲盜者、乃推其類、至於義之至精至密之處、而極言之耳、非便以爲眞盜也、然則今之諸侯、雖曰取非其有、而豈可遽以同於禦人之盜也哉、又引孔子之事、以明世俗所尙、猶或可從、況受其賜、何爲不可乎、獵較、未詳、趙氏、以爲田獵、相較、奪禽獸以祭、孔子不違、所以小同於俗也、張氏、以爲、獵而較所獲之多少也、二說、未知孰是

曰然則孔子之仕也ᄂᆞᆫ非事道與ㅣ잇가 曰事道也ㅣ시니라 事道ㅣ어시니奚獵較也ㅣ잇고 曰孔子ㅣ先簿正祭器ᄒᆞ샤不以四方之食으로供簿正ᄒᆞ시니라 曰奚不去也ㅣ시니잇고 曰爲之兆也ㅣ시니 兆ㅣ足以行矣而不行而後에去ᄒᆞ시니 是以로未嘗有所終三年淹也ㅣ시니라 與平聲

골오ᄃᆡ그러면孔子의仕ᄒᆞ심은道ᄅᆞᆯ事티아니ᄒᆞ시니잇가골ᄋᆞ샤ᄃᆡ道ᄅᆞᆯ事ᄒᆞ시니

兆 丕짐 丕末作意

라道를事ᄒᆞ거시니엇디獵에較ᄒᆞ시니잇고ᄀᆞᆯᄋᆞ샤ᄃᆡ孔子ㅣ몬져簿로祭器를正ᄒᆞ샤四方읫食으로써簿正ᄒᆞ욤을供티아니ᄒᆞ시니라ᄀᆞᆯ오ᄃᆡ엇디去티아니ᄒᆞ시니잇고ᄀᆞᆯᄋᆞ샤ᄃᆡ兆를ᄒᆞ욤이시니兆ㅣ足히써行ᄒᆞ리로ᄃᆡ行티몯ᄒᆞᆫ後에去ᄒᆞ시니일로써일쯕三年이終토독淹ᄒᆞ신배잇디아니ᄒᆞ시니라

●此、因孔子事、而反覆辯論也、事道者、以行道、爲事也、事道奚獵較也、萬章問也、先簿正祭器、未詳、徐氏、曰先以簿書、正其祭器、使有定數、而不以四方難繼之物、實之、夫器有常數、實有常品、則其本、正矣、彼獵較者、將久而自廢矣、未知是否也、兆、猶卜之兆、蓋事之端也、孔子所以不去者、亦欲小試行道之端、以示於人、使知者吾道之果可行也、若其端、旣可行、而人不能遂行之然後、不得已而必去之、蓋其去、雖不輕、而亦未嘗不決、是以、未嘗終三年、留於一國也、

孔子ㅣ有見行可之仕ᄒᆞ시며有際可之仕ᄒᆞ시며有公養之仕ᄒᆞ시니於季桓子앤見行可之仕也ㅣ오於衛靈公앤際可之仕也ㅣ오於衛孝公앤公養之仕也ㅣ니라

孔子ㅣ行ᄒᆞ욤이可홈을見ᄒᆞ신仕도겨시며際홈이可ᄒᆞᆫ仕도겨시며公의養으로ᄒᆞ신仕도겨시니季桓子앤行ᄒᆞ욤이可홈을見ᄒᆞ신仕ㅣ오衛靈公앤際홈이可ᄒᆞᆫ仕ㅣ오衛孝公앤公의養으로ᄒᆞ신仕ㅣ니라

●見行可、見其道之可行也、際可、接遇以禮也、公養、國君養賢之禮也、季桓子、魯卿季孫斯也、衛靈公、衛侯元也、孝公、春秋史記、皆無之、疑出公輒也、因孔子仕魯而言其仕、有此三者故、於魯則兆、足以行矣、而不行然後、去、而於衛之事、則又受其交際問餽、而不卻之一驗也、○尹氏、曰不聞孟子之義、則自好者、爲於音烏陵仲子

而已、聖賢辭受進退、惟義所在、愚、按此章文義、多不可曉、不必强上聲爲之說、

○孟子ㅣ曰仕ㅣ非爲貧也而有時乎爲貧ᄒᆞ며 娶妻ㅣ非爲養也而有時乎爲養이니라 爲養並去聲下同

孟子ㅣ갈ᄋᆞ샤ᄃᆡ仕ㅣ貧을爲홈이아니로ᄃᆡ時로貧을爲홈도이시며妻를娶홈이養을爲홈이아니로ᄃᆡ時로養을爲홈도인ᄂᆞ니라

●仕、本爲行道、而亦有家貧親老、或道與時違、而但爲祿仕者、如娶妻、本爲繼嗣而亦有爲不能親操井臼汲臼之事而欲資其餽養者

爲貧者ᄂᆞᆫ辭尊居卑ᄒᆞ며辭富居貧이니라

貧을爲ᄒᆞᄂᆞᆫ者ᄂᆞᆫ尊을辭ᄒᆞ고卑에居ᄒᆞ며富를辭ᄒᆞ고貧에居홀띠니라

●貧富、謂祿之厚薄、蓋仕不爲道、已非出處之正故、其所居、但當如此、

辭尊居卑ᄒᆞ며辭富居貧은惡乎宜乎오抱關擊柝이니라 惡平聲 柝音託

尊을辭ᄒᆞ고卑에居ᄒᆞ며富를辭ᄒᆞ고貧에居홈은어ᄃᆡ맛당ᄒᆞ뇨關을抱ᄒᆞ며柝을擊柝이니라

●柝、夜行所擊木也、蓋爲貧者、雖不主於行道、而亦不可以苟祿、故、惟抱關擊柝之吏、位卑祿薄、其職易稱、爲所宜居也、李氏、曰道不行矣、爲貧而仕者、此其律令也、若不能然則是、貪位慕祿而已矣、

孔子ㅣ嘗爲委吏矣샤 曰會計를當而已矣라ᄒᆞ시고 嘗爲乘田矣샤 曰牛羊을茁壯長而已矣라ᄒᆞ시니라 委烏僞反會工外反當都浪反乘去聲茁阻刮反長上聲

孔子ㅣ일쯕委吏되샤ᄀᆞᆯᄋᆞ샤ᄃᆡ會計를當히ᄒᆞᆯᄯᆞᄅᆞᆷ이라ᄒᆞ시고일쯕乘田이되샤ᄀᆞᆯᄋᆞ샤ᄃᆡ牛羊을茁히壯長케ᄒᆞᆯᄯᆞᄅᆞᆷ이라ᄒᆞ시니라

●此、孔子之爲貧而仕者也、委吏、主委積之吏也、乘田、主苑囿芻牧之吏也、茁、肥、貌、言以孔子大聖、而嘗爲賤官、不以爲辱者、所謂爲貧而仕、官卑祿薄、而職易稱也、

位卑而言高ㅣ罪也ㅣ오立乎人之本朝而道不行이恥也ㅣ니라 朝音潮

位ㅣ卑ᄒᆞ고言이高ᄒᆞᆷ이罪오人의本朝애立ᄒᆞ야道ㅣ行티몯ᄒᆞᆷ이恥니라

●以出位爲罪、則無行道之責、以廢道爲恥、則非竊祿之官、此爲貧者之所以必辭尊富、而寧處貧賤也、○尹氏、曰言爲貧者、不可以居尊、居尊者、必欲以行道、

○萬章이曰士之不託諸侯ᄂᆞᆫ何也ㅣ잇고孟子ㅣ曰不敢也ㅣ니라諸侯ㅣ失國而後에託於諸侯ᄂᆞᆫ禮也ㅣ오士之託於諸侯ᄂᆞᆫ非禮也ㅣ니라

萬章이ᄀᆞᆯ오ᄃᆡ士의諸侯에託디아니ᄒᆞ옴은엇지잇고孟子ㅣᄀᆞᆯᄋᆞ샤ᄃᆡ敢티몯ᄒᆞᆷ이니라諸侯ㅣ國을失ᄒᆞᆫ後에諸侯에託ᄒᆞ옴은禮오士의諸侯에託ᄒᆞ옴은禮아니니라

●託、寄也、謂不仕而食其祿也、古者、諸侯出奔他國、食其廩餼、謂之寄公、士無爵土、不得比諸侯、不仕而食祿、則非禮也、

萬章이曰君이餽之粟則受之乎ㅣ잇가曰受之니라受之ᄂᆞᆫ何義也ㅣ잇고曰君之於氓也애固周之니라

萬章이ᄀᆞᆯ오ᄃᆡ君이粟을餽ᄒᆞ면受ᄒᆞ리잇가ᄀᆞᆯᄋᆞ샤ᄃᆡ受ᄒᆞᆯ띠니라受ᄒᆞ옴은므슴義니잇고ᄀᆞᆯᄋᆞ샤ᄃᆡ君이氓의게진실로周ᄒᆞᄂᆞᆫ거시니라

●周、救也、視其空乏、則周䘏之、無常數、君待民之禮也、

亟 빈삭 잘거 頻數

曰周之則受ᄒᆞ고賜之則不受ᄂᆞᆫ何也ㅣ잇고 曰不敢也ㅣ니라 曰敢問其不敢은何也ㅣ잇가 曰抱關擊柝者ㅣ皆有常職ᄒᆞ야以食於上ᄒᆞᄂᆞ니無常職而賜於上者ᄅᆞᆯ以爲不恭也ㅣ니라

ᄀᆞᆯ오ᄃᆡ周ᄒᆞ면受ᄒᆞ고賜ᄒᆞ면受티아니ᄒᆞ욤은엇디니잇고ᄀᆞᆯᄋᆞ샤ᄃᆡ敢티몯홈이니라ᄀᆞᆯ오ᄃᆡ敢히묻ᄌᆞᆸ노이다그敢티몯홈은엇디니잇고ᄀᆞᆯᄋᆞ샤ᄃᆡ關을抱ᄒᆞ며柝을擊ᄒᆞᄂᆞᆫ者ㅣ다常職이이셔ᄡᅥ上애食ᄒᆞᄂᆞ니常職이업시셔上애賜ᄒᆞ이ᄂᆞᆫ者ᄅᆞᆯᄡᅥ恭티아니타ᄒᆞᄂᆞ니라

●賜、謂予之、祿有常數、君所以待臣之禮也、

曰君이餽之則受之ᄒᆞ라시니不識게이다可常繼乎ㅣ잇가 曰繆公之於子思也애亟問ᄒᆞ시고亟餽鼎肉이어시ᄂᆞᆯ子思ㅣ不悅ᄒᆞ샤於卒也애摽使者ᄒᆞ야出諸大門之外ᄒᆞ시고北面稽首再拜而不受曰今而後애知君之犬馬畜伋이라ᄒᆞ시니蓋自是로臺無餽也ᄒᆞ니悅賢不能擧ㅣ오又不能養也ㅣ면可謂悅賢乎아 亟去聲下同 摽音杓使去聲

ᄀᆞᆯ오ᄃᆡ君 餽ᄒᆞ면受ᄒᆞᆯ꺼시라ᄒᆞ시니아디몯게이다可히덛덛이繼ᄒᆞ리잇가ᄀᆞᆯᄋᆞ샤ᄃᆡ繆公이子思ᄭᅴᄌᆞ조問ᄒᆞ시고ᄌᆞ조鼎肉을餽ᄒᆞ거시ᄂᆞᆯ子思ㅣ悅티아니ᄒᆞ샤ᄆᆞᄎᆞᆷ애使者ᄅᆞᆯ標ᄒᆞ야大門外예出ᄒᆞ시고北으로面ᄒᆞ야首ᄅᆞᆯ稽ᄒᆞ고再拜ᄒᆞ고受티아니ᄒᆞ야ᄀᆞᆯᄋᆞ샤ᄃᆡ이제後에君의犬馬로伋을畜ᄒᆞ시ᄂᆞᆫ줄을알과라ᄒᆞ시니일로브터臺ㅣ餽홈이업ᄉᆞ니賢을悅ᄒᆞ되能히擧티몯ᄒᆞ고ᄯᅩ能히養티몯ᄒᆞ면可히賢을悅

ᄒᆞᆫ다니ᄅᆞ라

●亟、數也、鼎肉、熟肉也、卒、末也、摽、麾也、數以君命來餽、當拜受之、非養賢之禮故不悅、而於其末後復來餽時、麾使者出拜而辭之、犬馬畜伋、言不以人禮、待己也、臺賤官、主使令者、蓋繆公愧悟、自此不復令臺來致餽也、擧、用也、能養者、未必能用、况又不能養乎、

曰敢問國君이欲養君子ᅵᆫ댄如何ᅵ라아斯可謂養矣리잇고曰以君命將之어든再拜稽首而受ᄒᆞᄂᆞ니其後에廩人이繼粟ᄒᆞ며庖人이繼肉ᄒᆞ야不以君命將之니子思ᅵ以爲鼎肉이使己僕僕爾亟拜也ᅵ라非養君子之道也ᅵ라ᄒᆞ시니라

ᄀᆞᆯ오ᄃᆡ敢히묻ᄌᆞᆸ노이다國君이君子ᄅᆞᆯ養코쟈ᄒᆞᆯ띤댄엇디ᄒᆞ야아이에可히養ᄒᆞᆫ다니ᄅᆞ리잇고ᄀᆞᆯᄋᆞ샤ᄃᆡ君命으로ᄡᅧ將ᄒᆞ야든再拜ᄒᆞ고首ᄅᆞᆯ稽ᄒᆞ야受ᄒᆞᄂᆞ니그後에廩人이粟ᄋᆞᆯ繼ᄒᆞ며庖人이肉ᄋᆞᆯ繼ᄒᆞ야君命으로ᄡᅧ將티아니ᄒᆞᆯ띤니子思ᅵᄡᅧᄒᆞ샤ᄃᆡ鼎肉이己로ᄒᆞ여곰僕僕히ᄌᆞ조拜케ᄒᆞᄂᆞᆫ디라君子ᄅᆞᆯ養ᄒᆞᄂᆞᆫ道ᅵ아니라ᄒᆞ시니라

●初以君命來餽、則當拜受、其後有司、各以其職、繼續所無、不以君命、來餽、不使賢者、有亟拜之勞也、僕僕、煩猥貌、

堯之於舜也애使其子九男으로事之ᄒᆞ며二女로女焉ᄒᆞ시고百官牛羊倉廩을備ᄒᆞ야以養舜於畎畝之中이러시니後에擧而加諸上位ᄒᆞ시니故로曰王公之尊賢者也ᅵ니라 女下字去聲

質 픽비 지執 玉帛

堯ㅣ舜의게ᄒᆞ여곰그子九男으로事ᄒᆞ며二女로女ᄒᆞ시고百官과牛羊과倉廩을備ᄒᆞ야ᄡᅥ賢을畎畝人가온대養ᄒᆞ더시니後에擧ᄒᆞ야上位예加ᄒᆞ시니故로ᄀᆞᆯ오ᄃᆡ王公의賢을尊홈이니라

●能養、能擧、悅賢之至也、唯堯舜、爲能盡之、而後世之所當法也、

○萬章이曰敢問不見諸侯ᄂᆞᆫ何義也ㅣ잇고孟子ㅣ曰在國曰市井之臣이오在野曰草莽之臣이라皆謂庶人이니庶人이不傳質爲臣ᄒᆞ야不敢見於諸侯ㅣ禮也ㅣ니라

萬章이ᄀᆞᆯ오ᄃᆡ敢히묻ᄌᆞᆸ노이다諸侯를보디아니홈은므슴義잇고孟子ㅣᄀᆞᆯᄋᆞ샤ᄃᆡ國에인ᄂᆞᆫ이를ᄀᆞᆯ온市井엣臣이오野에인ᄂᆞᆫ이를ᄀᆞᆯ온草莽엣臣이라다닐온庶人이니庶人이質을傳ᄒᆞ야臣이되디아니ᄒᆞ야셔ᄂᆞᆫ敢히諸侯를보디몯홈이禮니라

●傳、通也、質者、士執雉、庶人執鶩、相見以自通者也、國內、莫非君臣、但未仕者與執贄在位之臣、不同故、不敢見也、

萬章이曰庶人이召之役則往役ᄒᆞ고君이欲見之ᄒᆞ야召之則不往見之ᄂᆞᆫ何也ㅣ잇고曰往役은義也ㅣ오往見은不義也ㅣ니라

萬章이ᄀᆞᆯ오ᄃᆡ庶人이召ᄒᆞ야役ᄒᆞ면가役ᄒᆞ고君이보고쟈ᄒᆞ야召ᄒᆞ면가見티아니홈은엇디니잇고ᄀᆞᆯᄋᆞ샤ᄃᆡ가役홈은義오가見홈은義아니니라

●往役者、庶人之職、不往見者、士之禮

且君之欲見之也ᄂᆞᆫ何爲也哉오曰爲其多聞也ㅣ며爲其賢也ㅣ니이다曰爲其多聞也則天子도不召師온而況諸侯乎아爲其賢也

亟빈삭할긔 頻數

則吾未聞欲見賢而召之也케라 繆公이亟見於子思曰古에千乘國之이以友士ᄒᆞ니何如ᄒᆞ니잇고子思ㅣ不悅曰古之人이有言曰事之云乎ㅣ언뎡豈曰友之云乎ㅣ리오ᄒᆞ시니子思之不悅也는豈不曰以位則子는君也오我는臣也ㅣ니何敢與君友也ㅣ며以德則子는事我者也ㅣ니奚可以與我友ㅣ리오千乘之君이求與之友而不可得也온而況可召與ㅣ아 為並去聲 召與之與平聲

또君이見코져ᄒᆞ욤은므서슬爲ᄒᆞᄂᆞ뇨골오ᄃᆡ그聞이하믈爲ᄒᆞ며그賢홈을爲ᄒᆞ예니이다골ᄋᆞ샤ᄃᆡ그聞이하믈爲ᄒᆞ면夫子도師를召티몯ᄒᆞ곤ᄒᆞ믈며諸侯ㅣᄯᆞ녀그賢홈을爲ᄒᆞ면내賢을見코자호ᄃᆡ召홈을듣디몯게라繆公이ᄌᆞ조子思ᄭᅴ見ᄒᆞ야골오ᄃᆡ古애千乘ㅅ國이ᄡᅥ士를友ᄒᆞ니엇더ᄒᆞ니잇고子思ㅣ悅티아니ᄒᆞ야골ᄋᆞ샤ᄃᆡ녯사ᄅᆞᆷ이言을두어골오ᄃᆡ事타니ᄅᆞᆯᄲᅮᆫ이언뎡엇디골오ᄃᆡ友타니ᄅᆞ리오ᄒᆞ시니子思의悅티아니ᄒᆞ심은엇디골오ᄃᆡ位로ᄡᅥᄒᆞ면子는君이오나는臣이니엇디敢히君으로더브러友ᄒᆞ며德으로ᄡᅥᄒᆞ면子는나를事ᄒᆞᆯ者ㅣ니엇디可히ᄡᅥ날로더브러友ᄒᆞ리오홈이아니리오千乘人君이더브러友홈을求호ᄃᆡ可히得디몯ᄒᆞ곤ᄒᆞ믈며可히召ᄒᆞ랴

●孟子、引子思之言、而釋之、以明不可召之意、

齊景公이田홀서招虞人以旌ᄒᆞᆫ대不至어늘將殺之러니志士는不忘在溝壑이오勇士는不忘喪其元이라ᄒᆞ시니孔子는奚取焉고取非其招不往

也ㅣ시니라 喪,息浪反

齊景公이田홀ᄊᆡ虞人을招호ᄃᆡ旌으로ᄡᅥ혼대至티아니ᄒᆞ거늘장ᄎᆞᆺ殺 호려ᄒᆞ더니志士ᄂᆞᆫ溝壑애이숌을忘티아니ᄒᆞ고勇士ᄂᆞᆫ그元喪ᄒᆞ욤을忘티아니ᄒᆞᆫ다ᄒᆞ시니孔子ᄂᆞᆫ므서슬取ᄒᆞ신고그招ㅣ아니어든往티아니홈을取ᄒᆞ시니라

●說見前篇、

曰敢問招虞人何以니잇고 曰以皮冠이니 庶人은以旃이오 士ᄂᆞᆫ以旂오 大夫ᄂᆞᆫ以旌이니라

골오ᄃᆡ敢히묻ᄌᆞᆸ노이다虞人을招호ᄃᆡ므서스로ᄡᅥᄒᆞᄂᆞ니잇고골ᄋᆞ샤ᄃᆡ皮冠으로ᄒᆞᄂᆞ니庶人은旃으로ᄡᅥᄒᆞ고士ᄂᆞᆫ旂로ᄡᅥᄒᆞ고대우ᄂᆞᆫ旌으로ᄡᅥᄒᆞᄂᆞ니라

●皮冠、田獵之冠也、事見春秋傳、然則皮冠者、虞人之所有事也、故、以是招之、庶人、未仕之臣、通帛曰旃、士、謂已仕者、交龍爲旂、析羽而注於旂干之首曰旌、

以大夫之招로招虞人ᄂᆞᆯ이어虞人이死不敢往ᄒᆞ니 以士之招로招庶人이면 庶人이豈敢往哉리오 況乎以不賢人之招로招賢人乎아

대우의招로ᄡᅥ虞人을招ᄒᆞ거늘虞人이死ᄒᆞ야도敢히往티아니ᄒᆞ니士의招로ᄡᅥ庶人을招ᄒᆞ면庶人이엇디敢히往ᄒᆞ리오ᄒᆞ믈며賢티아니ᄒᆞᆫ人의招로ᄡᅥ賢人을招홈이ᄯᆞ녀

●欲見而召之、是、不賢人之招也、以士之招 招庶人、則不敢往、以不賢人之招、招賢人、則不可往矣、

欲見賢人而不以其道ㅣ면猶欲其入而閉之門也ㅣ니 夫義ᄂᆞᆫ路

也ㅣ오禮ᄂᆞᆫ門也ㅣ니惟君子ㅣ能由是路ᄒᆞ며出入是門也ㅣ니詩云周道如底ᄒᆞ니其直如矢로다君子所履오小人所視라ᄒᆞ니라 夫音扶底詩作砥之履反

賢人을보고쟈호ᄃᆡ그道로ᄡᅥ아니ᄒᆞ면그入과댜호ᄃᆡ門을閉홈ᄀᆞᄐᆞ니라義ᄂᆞᆫ路ㅣ오禮ᄂᆞᆫ門이니오직君子ㅣ能히이路를由ᄒᆞ며이門에出入ᄒᆞᄂᆞ니詩예닐오ᄃᆡ周道ㅣ底ᄀᆞᄐᆞ니그直홈이矢ᄀᆞᄐᆞ도다君子의履ᄒᆞᄂᆞᆫ배오小人의視ᄒᆞᄂᆞᆫ배ㅣ라ᄒᆞ니라

●詩、小雅大東之篇、底、與砥同、礪石也、言其平也、矢、言其直也、視、視以爲法也、引此、以證上文能由是路之義、

萬章이曰孔子ᄂᆞᆫ君이命召ㅣ어시든不俟駕而行ᄒᆞ시니然則孔子ㅣ非與ㅣ잇가曰孔子ᄂᆞᆫ當仕有官職而以其官으로召之也ㅣ니라 與平聲

萬章이ᄀᆞᆯ오ᄃᆡ孔子ᄂᆞᆫ君이命ᄒᆞ야召ᄒᆞ시거든駕를俟티아니ᄒᆞ고行ᄒᆞ시니그러면孔子ㅣ외시니잇가ᄀᆞᆯ으샤ᄃᆡ孔子ᄂᆞᆫ仕의當ᄒᆞ샤官職을두거시ᄂᆞᆯ그官으로ᄡᅥ召홈이니라

●孔子、方仕而任職、君、以其官名召之故、不俟駕而行、徐氏、曰孔子、孟子、易地則皆然、○此章、言不見諸侯之義、最爲詳悉、更合陳代、公孫丑所問者而觀之、其說、乃盡、

○孟子ㅣ謂萬章曰一鄉之善士아ㅣ斯友一鄉之善士ᄒᆞ고一國之善士아ㅣ斯友一國之善士ᄒᆞ고天下之善士아ㅣ斯友天下之善士ㅣ니라

孟子ㅣ萬章ᄃᆞ려닐어ᄀᆞᆯ으샤ᄃᆡ一鄉엣善士ㅣ아이예一鄉엣善士를友ᄒᆞ고一國엣

善士ㅣ아이예一國엣善士를友ᄒᆞ고天下엣善士ㅣ아이예天下엣善士를友ᄒᆞᄂᆞ니라

●言己之善、蓋於一鄕然後、能盡友一鄕之善士、推而至於一國天下、皆然、隨其高下、以爲廣狹也、

以友天下之善士로爲未足ᄒᆞ야又尙論古之人ᄒᆞᄂᆞ니頌其詩ᄒᆞ며讀其書호ᄃᆡ不知其人이可乎아是以로論其世也ㅣ니是尙友也ㅣ니라

天下엣善士를友홈으로ᄡᅥ足디몯ᄒᆞ다ᄒᆞ야ᄯᅩ녯사ᄅᆞᆷ을尙ᄒᆞ야論ᄒᆞᄂᆞ니그詩를頌ᄒᆞ며그書를讀호ᄃᆡ그人을아디몯홈이可ᄒᆞ랴일로ᄡᅥ그世를論ᄒᆞᄂᆞ니이尙ᄒᆞ야友홈이니라

●尙、上同、言進而上也、頌、誦、通、論其世、論其當世行事之迹也、言旣觀其言、則不可以不知其爲人之實、是以、又考其行也、夫能友天下之善士、其所友、衆矣、猶以爲未足、又進而取於古人、是、能進其取友之道、而非止爲一世之士矣、

○齊宣王이問卿ᄒᆞᆫᄃᆡ孟子ㅣ曰王은何卿之問也ㅣ시니잇고王曰卿이不同乎ㅣ잇가曰不同ᄒᆞ니有貴戚之卿ᄒᆞ며有異姓之卿ᄒᆞ니이다王曰請問貴戚之卿ᄒᆞ노이다曰君이有大過則諫ᄒᆞ고反覆之而不聽則易位ᄒᆞᄂᆞ니이다

齊宣王이卿을묻ᄌᆞ온대孟子ㅣᄀᆞᆯᄋᆞ샤ᄃᆡ王은므ᄉᆞᆷ卿을무ᄅᆞ시ᄂᆞ니잇고王이ᄀᆞᆯᄋᆞ샤ᄃᆡ卿이同티아니ᄒᆞ니잇가ᄀᆞᆯᄋᆞ샤ᄃᆡ同티아니ᄒᆞ니貴戚읫卿도이시며異姓읫卿도인ᄂᆞ니이다王이ᄀᆞᆯᄋᆞ샤ᄃᆡ請컨댄貴戚읫卿을묻ᄌᆞᆸ노이다ᄀᆞᆯᄋᆞ샤ᄃᆡ君이大過ㅣ이시면諫ᄒᆞ고反覆ᄒᆞ야도聽티아니ᄒᆞ면位를易ᄒᆞᄂᆞ니이다

●大過、謂足以亡其國者、易位、易君之位、更立親戚之賢者、蓋與君、有親親之恩

無可去之義、以宗廟爲重、不忍坐視其亡故、不得已而至於此也、

王이勃然變乎色ᄒᆞ신대

●王이勃然히色을變ᄒᆞ신대

●勃然、變色貌、

曰王을勿異也ᄒᆞ소서王이問臣ᄒᆞ실서臣이不敢不以正對ᄒᆞ이다

ᄀᆞᆯ오샤ᄃᆡ王은異히너기디마ᄅᆞ소서王이臣ᄃᆞ려무ᄅᆞ실ᄊᆡ臣이敢히正으로ᄡᅥ對티아니티몯ᄒᆞ이다

●孟子言也、

王이色定然後에請問異姓之卿ᄒᆞ신대曰君이有過則諫ᄒᆞ고反覆之而不聽則去ㅣ니이다

王이色을定ᄒᆞ신後에請ᄒᆞ야異姓읫卿을무ᄅᆞ신대ᄀᆞᆯ오샤ᄃᆡ君이過ㅣ이시면諫ᄒᆞ고反覆ᄒᆞ야도聽티아니ᄒᆞ면去ᄒᆞᄂᆞ니이다

●君臣、義合、不合則去、○此章、言大臣之義、親疏不同、守經行權、各有其分、貴戚之卿、小過、非不諫也、但必大過而不聽、乃可易位、異姓之卿、大過、非不諫也、雖小過而不聽、已可去矣、然、三仁、貴戚、不能行之於紂、而霍光、異姓、乃能行之於昌邑、此又委任權力之不同、不可以執一論也、

原本 孟子集註卷之十 終

桮 술잔 배 飮器 通盃

賊 해할 적 害也

原本

孟子集註卷之十一

告子章句上

凡二十章

告子ㅣ曰性은猶杞柳也ㅣ오義ᄂᆞᆫ猶桮棬也ㅣ니以人性爲仁義ㅣ猶以杞柳爲桮棬이니라

告子ㅣ ᄀᆞᆯ오ᄃᆡ 性은杞柳ᄀᆞᆮ고義ᄂᆞᆫ桮棬ᄀᆞᆮᄐᆞ니 사ᄅᆞᆷ의性으로ᄡᅥ仁義ᄅᆞᆯ ᄒᆞᆷ이杞柳로ᄡᅥ桮棬을ᄒᆞᆷᄀᆞᆮᄐᆞ니라

●性者、人生所稟之天理也、杞柳、柜柳、桮棬、屈木所爲、若巵匜之屬、告子、言人性、本無仁義、必待矯揉而後、成、如荀子性惡之說也

孟子ㅣ曰子ㅣ能順杞柳之性而以爲桮棬乎아將戕賊杞柳而後에以爲桮棬也ㅣ니如將戕賊杞柳而以爲桮棬ᄒᆞ면則亦將戕賊人ᄒᆞ야以爲仁義與ㅣ아率天下之人而禍仁義者ᄂᆞᆫ必子之言夫ㅣ뎌 戕音牆與平聲夫音扶

孟子ㅣ ᄀᆞᆯᄋᆞ샤ᄃᆡ子ㅣ能히杞柳의性을順ᄒᆞ야ᄡᅥ桮棬을ᄒᆞ며장ᄎᆞᆺ杞柳를 戕賊ᄒᆞᆫ後에ᄡᅥ桮棬을ᄒᆞ리니만일장ᄎᆞᆺ杞柳를戕賊ᄒᆞ야ᄡᅥ桮棬을ᄒᆞ면ᄯᅩᄒᆞᆫ장ᄎᆞᆺ사ᄅᆞᆷ을戕賊ᄒᆞ야ᄡᅥ仁義를ᄒᆞ랴天下읫사ᄅᆞᆷ을率ᄒᆞ야仁義를禍ᄒᆞᆯ者ᄂᆞᆫ반ᄃᆞ시子의言인뎌

●言如此、則天下之人、皆以仁義、爲害性、而不肯爲、是、因子之言、而爲仁義之禍

也

○告子ㅣ曰性은猶湍水也ㅣ라決諸東方則東流ᄒᆞ고決諸西方則西流ᄒᆞᄂᆞ니人性之無分於善不善也ㅣ猶水之無分於東西也ㅣ니라 湍他端反

告子ㅣ골오ᄃᆡ性은湍水ᄀᆞᄐᆞ니라東方으로決ᄒᆞ면東으로流ᄒᆞ고西方으로決ᄒᆞ면西로流ᄒᆞᄂᆞ니人性의善과不善에分홈업슴이水ㅣ東과西에分홈업슴ᄀᆞᄐᆞ니라

●湍、波流瀠回之貌也、告子、因前說而小變之、近於揚子善惡混之說

孟子ㅣ曰水ㅣ信無分於東西ㅣ어니와無分於上下乎아人性之善也ㅣ猶水之就下也ㅣ니人無有不善ᄒᆞ며水無有不下ㅣ니라

孟子ㅣ골ᄋᆞ샤ᄃᆡ水ㅣ진실로東西에分홈이업거니와上下에分홈이업ᄉᆞ냐人性의善ᄒᆞ욤이水ㅣ下에就홈ᄀᆞᄐᆞ니人이善티아니ᄒᆞ니잇디아니ᄒᆞ며水ㅣ下티아니ᄒᆞ리잇디아니ᄒᆞ니라

●言水誠不分東西矣、然、豈不分上下乎、性即天理、未有不善者也

今夫水를搏而躍之면可使過顙이며激而行之면可使在山이어니와是豈水之性哉리오其勢則然也ㅣ니人之可使爲不善이其性이亦猶是也ㅣ니라 夫音扶搏補各反

이제水시를ᄒᆞ야躍게ᄒᆞ면가히ᄒᆞ여곰顙에過ᄒᆞ며激ᄒᆞ야行케ᄒᆞ면可히ᄒᆞ여곰山에이려搏니와이엇디水의性이리오그勢ᄀᆞᆫ그러ᄒᆞ니人의可히ᄒᆞ여곰不善을ᄒᆞ욤

이그性이또ᄒᆞᆫ이ᄀᆞᄐᆞ니라

●搏、擊也、躍、跳也、顙、額也、水之過額在山、皆不就下也、然、其本性、未嘗不就下、但爲搏擊所使、而逆其性耳、○此章、言性本善故、順之而無不善、本無惡故、反之而後、爲惡、非本無定體、而可以無所不爲也、

○告子ㅣ曰生之謂性이니라

告子ㅣ골오ᄃᆡ生ᄒᆞᆫ거ᄉᆞᆯ닐온性이니라

●生、指人物之所以知覺運動者而言、告子論性、前後四章、語雖不同、然、其大指不外乎此、與近世佛氏所謂作用是性者、略相似

孟子ㅣ曰生之謂性也는猶白之謂白與아曰然ᄒᆞ다白羽之白也ㅣ猶白雪之白이며白雪之白이猶白玉之白與아曰然ᄒᆞ다與平聲下同

孟子ㅣ골ᄋᆞ샤ᄃᆡ生ᄒᆞᆫ거ᄉᆞᆯ닐온性이라홈은白ᄒᆞᆫ거ᄉᆞᆯ닐온白이라홈ᄀᆞᄐᆞ냐골오ᄃᆡ그러ᄒᆞ다白羽의白ᄒᆞᆫ거시白雪의白ᄒᆞᆫ것ᄀᆞᄐᆞ며白雪의白ᄒᆞᆫ거시白玉의白ᄒᆞᆫ것ᄀᆞᄐᆞ냐골오ᄃᆡ그러ᄒᆞ다

●白之謂白、猶言凡物之白者、同謂之白、更無差別也、白羽以下、孟子再問而告子曰然則、是謂凡有生者、同是一性矣、

然則犬之性이猶牛之性이며牛之性이猶人之性與아

그러면犬의性이牛의性ᄀᆞᄐᆞ며牛의性이人의性ᄀᆞᄐᆞ냐

●孟子、又言若果如此、則犬牛與人、皆有知覺、皆能運動、其性、皆無以異矣、於是告子、自知其說之非、而不能對也、○愚、按性者、人之所得於天之理也、生者、人之所得於天之氣也、性、形而上者也、氣、形而下者也、人物之生、莫不有是性、亦莫不有是氣、然、以氣言之、則知覺運動、人與物、若不異也、以理言之、則仁義

禮智之稟、豈物之所得而全哉、此、人之性、所以無不善、而爲萬物之靈也、告子、不知性之爲理、而以所謂氣者、當之、是以、杞柳、湍水之喩、食色無善、無不善之說、縱橫繆戾、紛紜舛錯、而此章之誤、乃其本根所以然者、蓋徒知、知覺運動之蠢然者、人與物同、而不知仁義禮智之粹然者、人與物異也、孟子、以是折之、其義精矣

○告子ㅣ曰食色이性也ㅣ니仁은內也ㅣ라非外也ㅣ오義는外也ㅣ라非內也ㅣ니라

告子ㅣᄀᆞᆯ오ᄃᆡ食이며色이性이니仁은內라外아니오義ᄂᆞᆫ外라內아니니라

●告子。以人之知覺運動者、爲性故、言人之甘食悅色者、卽其性故、仁愛之心、生於內、而事物之宜、由乎外、學者、但當用力於仁、而不必求合於義也

孟子ㅣ曰何以謂仁內義外也오曰彼長而我長之라非有長於我也니猶彼白而我白之라從其白於外也라故로謂之外也ㅣ라ᄒᆞ노라　長上聲下同

孟子ㅣᄀᆞᆯᄋᆞ샤ᄃᆡ엇디ᄡᅥ닐오ᄃᆡ仁이內오義ㅣ外라ᄒᆞᄂᆞ뇨ᄀᆞᆯ오ᄃᆡ뎌長이어든내長이라ᄒᆞᄂᆞᆫ디라내게長이라홈이잇디아니ᄒᆞ니뎌白ᄒᆞ거든내白다홈이라그白을外예從홈ᄀᆞᄐᆞᆫ디라故로外라니ᄅᆞ노라

●我長之、我以彼、爲長也、我白之、我以彼、爲白也

曰(異於)白馬之白也는無以異於白人之白也ㅣ어니와不識재라長馬之長也ㅣ無以異於長人之長與아且謂長者ㅣ義乎아長之者

耆 즐길 기 慾也 炙 구이 적 [illegible]肉

ㅣ義乎아 與平聲下同

골ᄋᆞ샤ᄃᆡ馬의白ᄒᆞᆫ이ᄅᆞᆯ白다ᄒᆞᆷ은ᄡᅥ人의白ᄒᆞᆫ이ᄅᆞᆯ 白다ᄒᆞᆷ애다ᄅᆞᆷ이업거니와아디몯게라馬의長ᄒᆞᆫ이ᄅᆞᆯ長이라ᄒᆞᆷ은ᄡᅥ人의長ᄒᆞᆫ이ᄅᆞᆯ長이라 ᄒᆞᆷ애다ᄅᆞᆷ이 업ᄉᆞ나또닐오ᄃᆡ長者ㅣ義가長이라ᄒᆞᄂᆞᆫ者ㅣ義가

●張氏、曰上異於二字宜衍、李氏、曰或有闕文焉、愚、按白馬白人、所謂彼白而我白之也、長馬長人、所謂彼長而我長之也、白馬白人、不異、而長馬長人、不同、是乃所謂義也、義不在彼之長、而在我長之之心、則義之非外、明矣

曰吾弟則愛之ᄒᆞ고秦人之弟則不愛也ᄒᆞᄂᆞ니是ᄂᆞᆫ以我爲悅者也ㅣ라 故로謂之內오長楚人之長ᄒᆞ며亦長吾之長ᄒᆞᄂᆞ니是ᄂᆞᆫ以長爲悅者也ㅣ다 故로謂之外也ㅣ라ᄒᆞ노라

골오ᄃᆡ내弟면愛ᄒᆞ고秦人의弟면愛티아니ᄒᆞᄂᆞ니이ᄂᆞᆫ날로ᄡᅥ悅ᄒᆞᄂᆞᆫ者ㅣ라故로內라니ᄅᆞ고楚人의長을長이라ᄒᆞ며또ᄒᆞᆫ내長을長이라ᄒᆞᄂᆞ니이ᄂᆞᆫ長으로ᄡᅥ悅ᄒᆞᄂᆞᆫ者ㅣ라故로外라니ᄅᆞ노라

○言愛主於我故、仁在內、敬主於長故、義在外

曰耆秦人之炙ㅣ無以異於耆吾炙ᄒᆞ니夫物이則亦有然者也ㅣ니 然則耆炙도亦有外與아 耆與嗜同 夫音扶

골오샤ᄃᆡ秦人의炙ᄅᆞᆯ耆ᄒᆞ옴이ᄡᅥ내炙ᄅᆞᆯ耆ᄒᆞᆷ과 달옴이업ᄉᆞ니物이ᄅᆞᆫ또ᄒᆞᆫ 그러ᄒᆞᆷ이인ᄂᆞ니그러면炙ᄅᆞᆯ耆ᄒᆞᆷ도또ᄒᆞᆫ外인ᄂᆞ냐

○言長之耆之、皆出於心也、林氏、曰告子、以食色爲性故、因其所明者而通之、○

自篇首至此四章、告子之辨、屢屈而屢變其說、以求勝、卒不聞其能、自反而有所疑也、此正其所謂不得於言、勿求於心者、所以卒於鹵莽、而不得其正也

○孟季子ㅣ問公都子曰何以謂義內也오

孟季子ㅣ公都子ᄃᆞ려무러ᄀᆞᆯ오ᄃᆡ엇지ᄡᅥ義를內라니ᄅᆞᄂᆞ뇨

孟季子、疑孟仲子之弟也、蓋聞孟子之言而未達故、私論之

曰行吾敬故로謂之內也ㅣ니라

ᄀᆞᆯ오ᄃᆡ내敬을行ᄒᆞᄂᆞᆫ故로內라닐ᄋᆞ니라

所敬之人、雖在外、然、知其當敬而行吾心之敬、以敬之、則不在外也

鄕人이長於伯兄一歲則誰敬고曰敬兄이니라酌則誰先고曰先酌鄕人이니라所敬은在此ᄒᆞ고所長은在彼ᄒᆞ니果在外라非由內也ㅣ로다

鄕人이伯兄의게셔長홈이一歲면누를敬ᄒᆞᆯ고ᄀᆞᆯ오ᄃᆡ兄을敬ᄒᆞᆯ띠니라酌ᄒᆞ면누를몬져ᄒᆞᆯ고ᄀᆞᆯ오ᄃᆡ몬져鄕人의게酌ᄒᆞᆯ띠니라敬ᄒᆞᄂᆞᆫ바ᄂᆞᆫ이에잇고長ᄒᆞᄂᆞᆫ바ᄂᆞᆫ뎌에이시니과연外에인ᄂᆞᆫ디라內로由홈이아니로다

伯、長也、酌、酌酒也、此皆季子問、公都子答、而季子、又言如此、則敬長之心、果不由中出也

尸 시동 시神 像尸 童

公都子ㅣ不能答ᄒᆞ야以告孟子ᄒᆞᆫ대孟子ㅣ曰敬叔父乎아敬弟乎아ᄒᆞ면彼將曰敬叔父ㅣ라ᄒᆞ리라曰弟爲尸則誰敬고ᄒᆞ면彼將曰敬弟ㅣ라ᄒᆞ리라子ㅣ曰惡在其敬叔父也오ᄒᆞ면彼將曰在位故也ㅣ라ᄒᆞ리니子ㅣ亦曰在

位故也ㅣ라ᄒᆞ니 庸敬은 在兄ᄒᆞ고 斯須之敬은 在鄕人ᄒᆞ니라 惡平聲

公都子ㅣ能히答디몯ᄒᆞ야써孟子ㅅ끠告ᄒᆞᆫ대孟子ㅣᄀᆞᆯᄋᆞ샤ᄃᆡ叔父를敬ᄒᆞ랴弟를敬ᄒᆞ랴ᄒᆞ면뎌쟝ᄎᆞᆺᄀᆞᆯ오ᄃᆡ叔父를敬홀뎌라ᄒᆞ리라ᄀᆞᆯ오ᄃᆡ弟ㅣ尸되면누를敬ᄒᆞ료ᄒᆞ면뎌쟝ᄎᆞᆺᄀᆞᆯ오ᄃᆡ弟를敬홀뎌라ᄒᆞ리라子ㅣᄀᆞᆯ오ᄃᆡ어ᄃᆡ그叔父를敬ᄒᆞ음이인ᄂᆞ뇨ᄒᆞ면뎌쟝ᄎᆞᆺᄀᆞᆯ오ᄃᆡ位예인ᄂᆞᆫ故ㅣ라ᄒᆞ리니子ㅣ또ᄒᆞᆫᄀᆞᆯ오ᄃᆡ位예인ᄂᆞᆫ故ㅣ라ᄒᆞ라뎌뎌ᄒᆞᆫ敬은兄의게잇고斯須ㅅ敬은鄕人의게인ᄂᆞ니라

●尸、祭祀所主以象神、雖弟子、爲之、然、敬之、當如祖考也、在位、弟在尸位、鄕人、在賓客之位也、庸、常也、斯須、暫時也、言因時制宜、皆由中出也

季子ㅣ聞之ᄒᆞ고 曰敬叔父則敬ᄒᆞ고 敬弟則敬ᄒᆞ니 果在外라 非由內也ㅣ로다 公都子ㅣ曰冬日則飮湯ᄒᆞ고 夏日則飮水ᄒᆞᄂᆞ니 然則飮食도 亦在外也ㅣ로다

季子ㅣ聞ᄒᆞ고ᄀᆞᆯ오ᄃᆡ叔父를敬ᄒᆞ면敬ᄒᆞ고弟를敬ᄒᆞ면敬ᄒᆞ니과연外예인ᄂᆞᆫ디라內로由홈이아니로다公都子ㅣᄀᆞᆯ오ᄃᆡ冬日이면湯을飮ᄒᆞ고夏日이면水를飮ᄒᆞᄂᆞ니그러면飮食ᄒᆞ음도ᄯᅩᄒᆞᆫ外예잇도다

●此亦上章、耆炙之義、○范氏曰、二章問答、大指略同、皆反覆譬喩、以曉當世、使明仁義之在內、則知人之性善、而皆可以爲堯舜矣

○公都子ㅣ曰告子ㅣ曰性은 無善無不善也ㅣ라ᄒᆞ고

公都子ㅣᄀᆞᆯ오ᄃᆡ告子ㅣᄀᆞᆯ오ᄃᆡ性은善도업스며善티아님도업다ᄒᆞ고

●此亦生之謂性、食色性也之意、近世蘇氏胡氏之說、蓋如此

或曰性은 可以爲善이며 可以爲不善이니 是故로 文武ㅣ興則民이好

善ᄒᆞ고 幽厲ㅣ興則民이 好暴ㅣ다ᄒᆞ고 好去聲
或ᄀᆞᆯ오ᄃᆡ 性은可히ᄡᅧ善을ᄒᆞ여可히ᄡᅧ 不善을ᄒᆞᄂᆞ니이런故로 文武ㅣ興ᄒᆞ면民이
善을好ᄒᆞ고幽厲ㅣ興ᄒᆞ면民이暴를好ᄒᆞᆫ다ᄒᆞ고
○此、即湍水之說也

或曰有性善ᄒᆞ며有性不善ᄒᆞ니是故로 以堯爲君而有象ᄒᆞ며以瞽瞍爲父而有舜ᄒᆞ며 以紂爲兄之子ㅣ오 且以爲君而有微子啓王子比干이라ᄒᆞᄂᆞ니
或ᄀᆞᆯ오ᄃᆡ 性이善ᄒᆞ니도이시며性이善티아닌이도인ᄂᆞ니이런故로 堯로ᄡᅧ君을삼오ᄃᆡ象이이시며瞽瞍로ᄡᅧ父를삼오ᄃᆡ舜이이시며紂로ᄡᅧ兄의子를삼고 ᄯᅩᄡᅧ君을삼오ᄃᆡ微子啓와王子比干이잇다ᄒᆞᄂᆞ니
○韓子、性有三品之說、蓋如此、按此文則微子、比干、皆紂之叔父、而書稱微子、爲商王元子、疑此或有誤字

今曰性善이라ᄒᆞ시니 然則彼皆非與외가 孟子ㅣ 曰乃若其情則可以爲善矣니 乃所謂善也ㅣ니라 與平聲
이제ᄀᆞᆯ오샤ᄃᆡ性이善타ᄒᆞ시니그러면뎌다외니잇가孟子ㅣᄀᆞᆯ오샤ᄃᆡ 그情인則可히ᄡᅧ善을ᄒᆞᆯ꺼시니닐온밧善홈이니라
○乃若、發語辭、情者、性之動也、人之情、本但可以爲善、而不可以爲惡、則性之本善、可知矣

若夫爲不善은 非才之罪也ㅣ니라 夫音扶

만일不善을홈은才의罪아니니라

●才、猶材質、人之能也、人有是性、則有是才、性既善、則才亦善、人之爲不善、乃物欲陷溺而然、非其才之罪也

惻隱之心을 人皆有之ᄒᆞ며 羞惡之心을 人皆有之ᄒᆞ며 恭敬之心을 人皆有之ᄒᆞ며 是非之心을 人皆有之ᄒᆞ니 惻隱之心은 仁也ㅣ오 羞惡之心은 義也ㅣ오 恭敬之心은 禮也ㅣ오 是非之心은 智也ㅣ니 仁義禮智ㅣ 非由外鑠我也ㅣ라 我固有之也ㅣ언마ᄂᆞᆫ 弗思耳矣니 故로 曰求則得之ᄒᆞ고 舍則失之라ᄒᆞ니 或相倍蓰而無算者ᄂᆞᆫ 不能盡其才者也ㅣ니라

惻隱ᄒᆞᄂᆞᆫ心을人이다두어시며羞惡ᄒᆞᄂᆞᆫ心을人이다두어시며恭敬ᄒᆞᄂᆞᆫ心을人이다두어시며是非ᄒᆞᄂᆞᆫ心을人이다두언ᄂᆞ니惻隱ᄒᆞᄂᆞᆫ心은仁이오羞惡ᄒᆞᄂᆞᆫ心은義ㅣ오恭敬ᄒᆞᄂᆞᆫ心은禮ㅣ오是非ᄒᆞᄂᆞᆫ心은智니仁과義와禮와智ㅣ外로말미아마나를鑠홈이아니라내본ᄃᆡ둣건마ᄂᆞᆫ思티아닐ᄯᆞᄅᆞᆷ이니故로ᄀᆞᆯ오ᄃᆡ求ᄒᆞ면得ᄒᆞ고舍ᄒᆞ면失ᄒᆞᆫ다ᄒᆞ니或서르倍ᄒᆞ며蓰ᄒᆞ야筭이업ᄉᆞᆫ者ᄂᆞᆫ能히그才를盡티몯홈이니라

●恭者、敬之發於外者也、敬者、恭之主於中者也、鑠、以火銷金之名、自外以至內也、筭、數也、言四者之心、人所固有、但人自不思而求之耳、所以善惡相去之遠、由不思不求、而不能擴充、以盡其才也、前篇、言是四者、爲仁義禮智之端、而此不言端者、彼、欲其擴而充之、此、直因用以著其本體故、言有不同耳

詩曰天生蒸民ᄒᆞ시니 有物有則이로다 民之秉夷라 好是懿德이라ᄒᆞ야ᄂᆞᆯ 孔子ㅣ曰爲此詩者ㅣ여 其知道乎인뎌 故로 有物이면 必有則이니 民之秉夷

也故로好是懿德이다ᄒ시니라 好去聲

詩예ᄀᆞᆯ오ᄃᆡ天이蒸民을生ᄒᆞ시니物이이시면則이잇도다民의秉ᄒᆞ얀ᄂᆞᆫ夷라이懿德을好ᄒᆞᆫ다ᄒᆞ야ᄂᆞᆯ孔子ㅣᄀᆞᆯ오샤ᄃᆡ이詩를ᄒᆞᆫ者ㅣ여그道를안뎌故로物이이시면반ᄃᆞ시則이인ᄂᆞ니民의秉ᄒᆞ얀ᄂᆞᆫ夷론故로이懿德을好ᄒᆞᄂᆞ다ᄒᆞ시니라

●詩、大雅蒸民之篇、蒸、詩作烝 衆也、物、事也、則、法也、夷、詩作彝、常也、懿、美也、有物、必有法、如有耳目、則有聰明之德、有父子、則有慈孝之心、是、民所秉執之常性也、故、人之情、無不好此懿德者、以此觀之、則人性之善、可見、而公都子所問之三說、皆不辨而自明矣、○程子、曰性、即理也、理則堯舜至於塗人、一也才稟於氣、氣有清濁、稟其清者、爲賢、稟其濁者、爲愚、學而知之、則氣無清濁、皆可至於善、而復性之本、湯武、身之是也、孔子所言下愚不移者、則自暴自棄之人也、又曰論性不論氣、不備、論氣不論性、不明、二之、則不是、張子、曰形而後、有氣質之性、善反之則天地之性、存焉故、氣質之性、君子有弗性者焉、愚、按程子、此說才字、與孟子本文、小異、蓋孟子、專指其發於性者、言之故、以爲才無不善、程子兼指其稟於氣者言之、則人之才、固有昏明强弱之不同矣、張子所謂氣質之性、是也、二說、雖殊、各有所當然、以事理考之、程子、爲密、蓋氣質所稟、雖有不善、而不害性之本善、性雖本善而不可以無省察矯揉之功、學者所當深玩也、

○孟子ㅣ曰富歲엔子弟ㅣ多賴ᄒᆞ고凶歲엔子弟ㅣ多暴ᄒᆞᄂᆞ니非天之降才ㅣ爾殊也ㅣ라其所以陷溺其心者ㅣ然也ㅣ니라

孟子ㅣᄀᆞᆯ오샤ᄃᆡ富ᄒᆞᆫ歲엔子弟ㅣ賴홈이하고凶ᄒᆞᆫ歲엔子弟ㅣ暴홈이하ᄂᆞ니天의才를降홈이그러히달옴이아니라그ᄡᅥ그心을陷溺ᄒᆞᆫ배그러ᄒᆞ니라

●富歲、豐年也、賴、藉也、豐年、衣食饒足故、有所顧藉而爲善、凶年、衣食不足故

齊간즈던할재等也

有以陷溺其心而爲暴、

今夫麰麥을播種而耰之ᄒᆞ되其地ㅣ同ᄒᆞ며樹之時ㅣ又同ᄒᆞ면浡然而生ᄒᆞ야至於日至之時ᄒᆞ야皆熟矣ᄂᆞ니雖有不同이나則地有肥磽ᄒᆞ며雨露之養과人事之不齊也ㅣ니라 夫音扶麰音牟耰音憂磽苦交反

이제麰와麥을種을播ᄒᆞ고耰ᄒᆞ되그地ㅣ同ᄒᆞ며樹ᄒᆞᄂᆞᆫ時ㅣ또同ᄒᆞ면浡然히生ᄒᆞ야日이至ᄒᆞᆫ時예니르러다熟ᄒᆞᄂᆞ니비록同티아니홈이이시나곧地ㅣ肥와磽ㅣ이시며雨露의養홈과人事의齊티몯홈이니라

●麰、大麥也、耰、覆種也、日至之時、謂當成熟之期也、磽、瘠薄也、

故로凡同類者ㅣ擧相似也ㅣ니何獨至於人而疑之리오聖人도與我同類者ㅣ시니라

故로믈읫類ㅣ同ᄒᆞᆫ者ㅣ다서르ᄀᆞᆮᄐᆞ니엇디ᄒᆞ올로人예니르러疑ᄒᆞ리오聖人도날로더브러類ㅣ同ᄒᆞᆫ者ㅣ시니라

●聖人、亦人耳、其性之善、無不同也、

故로龍子ㅣ曰不知足而爲屨ㅣ라도我ㅣ知其不爲蕢也ㅣ라ᄒᆞ니屨之相似는天下之足이同也길시니라 蕢音匱

故로龍子ㅣ골오ᄃᆡ足을아디몯ᄒᆞ고屨를ᄒᆞ야도내그蕢ㅣ되디아닐줄을아노라ᄒᆞ니屨ㅣ서르ᄀᆞᆮᄐᆞᆫ믄天下앳足이同홀ᄊᆡ니라

●蕢、草器也、不知人足之大小、而爲之屨、雖未必適中、然必似足形、不至成蕢、也

口之於味예 有同耆也ㅣ니 易牙는 先得我口之所耆者也ㅣ라 如使口之於味也애 其性이 與人殊ㅣ 若犬馬之與我不同類也ㅣ면 則天下ㅣ 何耆를 皆從易牙之於味也오 至於味ᄒᆞ야는 天下ㅣ 期於易牙ᄒᆞᄂᆞ니 是는 天下之口ㅣ 相似也ㅣ일새니라 耆與嗜同下同

口ㅣ 味예 ᄒᆞᆫ가지로 耆홈이 이시니 易牙는 내 口의 耆ᄒᆞᄂᆞᆫ다를 몬져 得ᄒᆞᆫ者ㅣ라 만일 ᄒᆞ여곰 口ㅣ 味예 그 性이 人으로 더브러 달옴이 犬馬ㅣ 날로 더블어 類ㅣ 同티 아니님이 ᄀᆞᄐᆞ면 ᄯᅡ 天下ㅣ 므슴 耆홈을 다 易牙의 味예 從ᄒᆞ리오 味예 至ᄒᆞ야ᄂᆞᆫ 天下ㅣ 易牙의게 期ᄒᆞᄂᆞ니 이ᄂᆞᆫ 天下읫 口ㅣ 서르 ᄀᆞᄐᆞᆯ 쎄니라

◎易牙、古之知味者、言易牙所調之味、則天下、皆以爲美也、

惟耳도 亦然ᄒᆞ니 至於聲ᄒᆞ야는 天下ㅣ 期於師曠ᄒᆞᄂᆞ니 是는 天下之耳ㅣ 相似也ㅣ일새니라

오직 耳도 ᄯᅩᄒᆞᆫ 그러ᄒᆞ니 聲에 至ᄒᆞ야ᄂᆞᆫ 天下ㅣ 師曠의게 期ᄒᆞᄂᆞ니 이ᄂᆞᆫ 天下읫 耳서르 ᄀᆞᄐᆞᆯ 쎄니라

◎師曠、能審音者也、言師曠所和之音、則天下、皆以爲美也、

惟目도 亦然ᄒᆞ니 至於子都ᄒᆞ야는 天下ㅣ 莫不知其姣也ㅣ니 不知子都之姣者는 無目者也ㅣ니라 姣古卯反

오직 目도 ᄯᅩ 그러ᄒᆞ니 子都의게 至ᄒᆞ야ᄂᆞᆫ 天下ㅣ 그 姣홈을 아디 몯ᄒᆞ리 업ᄂᆞ니 子都의 姣홈을 아디 몯ᄒᆞᄂᆞᆫ者ᄂᆞᆫ 目이 업ᄉᆞᆫ者ㅣ니라

○子都、古之美人也、姣、好也

故로曰口之於味也애有同耆焉ᄒᆞ며耳之於聲也애有同聽焉ᄒᆞ며目之於色也애有同美焉ᄒᆞ니至於心ᄒᆞ야獨無所同然乎아心之所同然者ᄂᆞᆫ何也오謂理也義也ㅣ니聖人은先得我心之所同然耳시니故로理義之悅我心이猶芻豢之悅我口ㅣ니라

故로ᄀᆞᆯ오ᄃᆡ口ㅣ味예ᄒᆞᆫ가지로耆홈이이시며耳ㅣ聲에ᄒᆞᆫ가지로聽홈이이시며目이色에ᄒᆞᆫ가지로美홈이이시니心에至ᄒᆞ야ᄂᆞᆫ호올로ᄒᆞᆫ가지로그러ᄒᆞᆫ배업ᄉᆞ랴心의ᄒᆞᆫ가지로그러ᄒᆞᆫ바ᄂᆞᆫ엇디오닐온理와義니聖人은내心에ᄒᆞᆫ가지로그러ᄒᆞᆫ바ᄅᆞᆯ몬저得ᄒᆞ시니故로理와義의껴心을悅케홈이芻와豢이내口ᄅᆞᆯ悅케홈곧ᄐᆞ니라

●然、猶可也、草食曰芻、牛羊、是也、穀食曰豢、犬豕是也、程子、曰在物爲理、處物爲義、體用之謂也、孟子、言人心、無不悅理義者、但聖人、則先知先覺乎此耳、非有以異於人也、程子、又曰理義之悅我心、猶芻豢之悅我口、此語、親切有味、須實體察、得義理之悅心、眞猶芻豢之悅口、始得、

○孟子ㅣ曰牛山之木이嘗美矣러니以其郊於大國也ㅣ라斧斤이伐之어니可以爲美乎아是其日夜之所息과雨露之所潤에非無萌蘖之生焉이언마ᄂᆞᆫ牛羊이又從而牧之라是以로若彼濯濯也ᄒᆞ니人이見其濯濯也ᄒᆞ고以爲未嘗有材焉이라ᄒᆞᄂᆞ니此ㅣ豈山之性也哉리오

蘖、五割反

亡업무 無也

孟子ㅣᄀᆞᆯᄋᆞ샤ᄃᆡ牛山의木이일쯕美ᄒᆞ더니뻐그大國에郊ᄒᆞ얀ᄂᆞᆫ디라斧斤이伐ᄒᆞ
ᄒᆞ거니可히뻐美ᄒᆞ랴이그日夜에息ᄒᆞᄂᆞᆫ바와雨露의潤ᄒᆞᄂᆞᆫ바에萌蘖의生홈이업
디아니ᄒᆞ건마ᄂᆞᆫ牛羊이또조차牧ᄒᆞ온디라일로뻐더러ᄐᆞ시濯濯ᄒᆞ니人이그濯濯
홈을보고뻐일쯕材잇디아니타ᄒᆞᄂᆞ니이엇디山의性이리오

●牛山、齊之東南山也、邑外、謂之郊、言牛山之木、前此固嘗美矣、今爲大國之郊、
伐之者、衆故、失其美耳、息、生長也、日夜之所息、謂氣化流行、未嘗間斷故、日夜
之間、凡物、皆有所生長也、萌、芽也、蘖、芽之旁出者也、濯濯、光潔之貌、材、材木
也、言山木雖伐、猶有萌蘖而牛羊、又從而害之、是以、至於光潔而無草木也、

雖存乎人者인들豈無仁義之心哉리오마ᄂᆞᆫ其所以放其良心者ㅣ亦
猶斧斤之於木也애旦旦而伐之어니可以爲美乎아其日夜之
所息과平旦之氣예其好惡ㅣ與人相近也者ㅣ幾希어ᄂᆞᆯ則其旦
晝之所爲ㅣ有梏亡之矣ᄂᆞ니梏之反覆則其夜氣ㅣ不足以存이오
夜氣ㅣ不足以存則其違禽獸ㅣ不遠矣니人이見其禽獸也而
以爲未嘗有才焉者ㅣ라ᄒᆞᄂᆞ니是豈人之情也哉리오 好惡幷去聲 梏工毒反

비록人의게인ᄂᆞᆫ거신ᄃᆞᆯ엇디仁義人心이업ᄉᆞ리오마ᄂᆞᆫ그뻐그良心을放ᄒᆞᄂᆞᆫ배또
ᄒᆞᆫ斧斤이木에旦旦로伐홈이ᄀᆞᆮ거니可히뻐美ᄒᆞ랴그日夜에息ᄒᆞᄂᆞᆫ바와平旦人氣
예그好와惡홈이人으로더블어서르近홈이幾希ᄒᆞ거ᄂᆞᆯ곧그旦晝의ᄒᆞᄂᆞᆫ배梏ᄒᆞ야
亡홈이인ᄂᆞ니梏홈을反覆ᄒᆞ면그夜氣ㅣ足히뻐存히오디몯ᄒᆞ고夜氣ㅣ足히뻐存
히으디몯ᄒᆞ면그禽獸에違홈이遠티아니ᄒᆞ니人이그禽獸ㅣᆫ술을보고뻐일쯕才잇

舍 노음사捨也

디아니라ᄒᆞᄂᆞ니이엇디人의情이리오

●良心者、本然之善心、卽所謂仁義之心也、平旦之氣、謂未與物接之時、淸明之氣也、好惡與人相近、言得人心之所同然也、幾希、不多也、梏、械也、反覆、展轉也、言人之良心、雖已放失、然、其日夜之間、猶必有所生長故、平旦、未與物接、其氣淸明之際、良心、猶必有發見者、但其發見、至微、而旦晝所爲之不善、又已隨而梏亡之、如山木旣伐、猶有萌蘖、而牛羊、又牧之也、晝之所爲、旣有以害其夜之所息、夜之所息、又不能勝其晝之所爲、是以、展轉相害、至於夜氣之生、日以寖薄、而不足以存其仁義之良心、則平旦之氣、亦不能淸、而所好惡、遂與人遠矣、

故로苟得其養이면無物不長이오苟失其養이면無物不消ㅣ니라 長上聲

故로진실로그養ᄒᆞᆷ을得ᄒᆞ면物이長티아닐거시업고진실로그養ᄒᆞᆷ을失ᄒᆞ면物이消티아닐거시업ᄂᆞ니라

●山木、人心、其理、一也

孔子ㅣ曰操則存ᄒᆞ고舍則亡ᄒᆞ야出入無時ᄒᆞ야莫知其鄕은惟心之謂與ㅣ신뎌ᄒᆞ시니라 與平聲

孔子ㅣ글ᄋᆞ샤ᄃᆡ操ᄒᆞ면存ᄒᆞ고舍ᄒᆞ면亡ᄒᆞ야出ᄒᆞ며入ᄒᆞᆷ이時업서그鄕을아디몯ᄒᆞ옴은오직心을닐옴인뎌ᄒᆞ시니라

●孔子、言心、操之則在此、捨之則失去、其出入、無定時、亦無定處、如此、孟子、引之、以明心之神明不測、得失之易、而保守之難、不可頃刻、失其養、學者、當無時而不用其力、使神淸氣定、常如平旦之時、則此心常存、無適而非仁義矣、程子、曰心豈有出入、亦以操舍而言耳、操之之道、敬以直內而已、○愚、聞之師、曰人理義之心、未嘗無、唯持守之、卽在爾、若於旦晝之間、不至梏亡、則夜氣愈淸、夜氣

或 혹할 혹 惑也

暴 볏ᄶᅬ일 포 日乾

淸、則平旦未與物接之時、湛然虛明氣象、自可見矣、孟子、發此夜氣之說 於學者極有力、宜熟玩深省之也、

○孟子ㅣ曰無或乎王之不智也ㅣ로다

孟子ㅣᄀᆞᆯᄋᆞ샤ᄃᆡ王의智ㅣ몯홈이或홈이업도다

● 或、與惑同、疑怪也、王、疑指齊王、

雖有天下易生之物也ㅣ나 一日暴之오 十日寒之면 未有能生者也ㅣ니 吾見이 亦罕矣오 吾退而寒之者ㅣ 至矣니 吾如有萌焉애 何哉리오 易去聲 見音現

비록天下에수이生홀物이이시나一日을暴ᄒᆞ고十日을寒ᄒᆞ면能히生ᄒᆞᆯ者ㅣ잇디아니ᄒᆞ니내見홈이ᄯᅩᄒᆞᆫ드믈고내退커든寒ᄒᆞᆯ者ㅣ至ᄒᆞᄂᆞ니내萌이이심애엇다리오

● 暴、溫之也、我見王之時、少、猶一日暴之也、我退則諂諛雜進之日、多、是、十日寒之也、雖有萌蘖之生、我亦安能如之何哉、

今夫奕之爲數ㅣ 小數也ㅣ나 不專心致志則不得也ㅣ니 奕秋는 通國之善奕者也ㅣ라 使奕秋로 誨二人奕이어든 其一人은 專心致志ᄒᆞ야 惟奕秋之爲聽ᄒᆞ고 一人은 雖聽之나 一心에 以爲有鴻鵠이 將之어든 思援弓繳而射之ᄒᆞ면 雖與之俱學이라도 弗若之矣나니 爲是其智ㅣ 弗若與아 曰非然也ㅣ니라 夫音扶 繳音灼 射食亦反 爲是之爲去聲 若與之與平聲

舍 노음 사 捨也

惡 위어할 오 憎也

辟 피할 피 避也

이제奕의數ㅣ로옴이젹은數ㅣ나心을專ᄒᆞ며志를致티아니ᄒᆞ면得디몯ᄒᆞᄂᆞ니奕秋ᄂᆞᆫ通國에奕을善ᄒᆞᄂᆞᆫ者ㅣ라奕秋로ᄒᆞ여곰二人을奕을誨ᄒᆞ거든그一人은心을專ᄒᆞ며志를致ᄒᆞ야오직奕秋를聽ᄒᆞ고一人은비록聽ᄒᆞ나ᄒᆞᆫ모ᄋᆞᆷ애ᄡᅥ호ᄃᆡ鴻鵠이장ᄎᆞᆺ至ᄒᆞ거든弓을援ᄒᆞ야繳ᄒᆞ야射홈을思ᄒᆞ면비록더브러ᄒᆞᆷᄭᅴ學ᄒᆞ야도ᄀᆞᆮ디몯ᄒᆞᄂᆞ니이그智ᄀᆞᆮ디몯홈을爲ᄒᆞ야ᄀᆞᆯ오ᄃᆡ그러티아니ᄒᆞ니라

●奕、圍碁也、數、技也、致、極也、奕秋、善奕者、名、秋也、繳、以繩繫矢而射也、○程子、爲講官、言於上曰人主、一日之間、接賢士大夫之時、多、親宦官宮妾之時、少、則可以涵養氣質、而薰陶德性、時不能用、識者恨之、范氏、曰人君之心、惟在所養、君子、養之以善、則智、小人、養之以惡、則愚、然、賢人易踈、小人易親、是以寡不能勝衆。正不能勝邪、自古國家、治日常少、而亂日常多、蓋以此也、

○孟子ㅣ曰魚도我所欲也ㅣ며熊掌도亦我所欲也ㅣ언마ᄂᆞᆫ二者를不可得兼인댄舍魚而取熊掌者也ㅣ로리라生亦我所欲也ㅣ며義亦我所欲也ㅣ언마ᄂᆞᆫ二者를不可得兼인댄舍生而取義者也ㅣ로리라

孟子ㅣᄀᆞᆯᄋᆞ샤ᄃᆡ魚도내欲ᄒᆞᄂᆞᆫ배며熊掌도ᄯᅩᄒᆞᆫ내欲ᄒᆞᄂᆞᆫ배언마ᄂᆞᆫ二者를可히시러곰兼티몯홀딘댄魚를舍ᄒᆞ고熊掌을取호리라生도ᄯᅩᄒᆞᆫ내欲ᄒᆞᄂᆞᆫ배며義도ᄯᅩᄒᆞᆫ내欲ᄒᆞᄂᆞᆫ배언마ᄂᆞᆫ二者를可히시러곰兼티몯홀딘댄生을舍ᄒᆞ고義를取호리라

●魚與熊掌、皆美味、而熊掌、尤美也、

生亦我所欲이언마ᄂᆞᆫ所欲이有甚於生者ㅣ라故로不爲苟得也ᄒᆞ며死亦我所惡ㅣ언마ᄂᆞᆫ所惡ㅣ有甚於死者ㅣ라故로患有所不辟也ㅣ니라

生도ᄯᅩᄒᆞᆫ내欲ᄒᆞᄂᆞᆫ배언마ᄂᆞᆫ欲ᄒᆞᄂᆞᆫ배生에셔甚홈이인ᄂᆞᆫ디라故로구차히得디아

莫 업슬 막 無也

喪 일흘 상 亾也

니ᄒᆞ며死도ᄯᅩᄒᆞᆫ내惡ᄒᆞ는배언마는惡ᄒᆞ는배死애셔甚홈이인는디라故로患을辟티아닐빼인는니라

●釋所以舍生取義之意、得、得生也、欲生惡死者、雖衆人利害之常情、而欲惡、有甚於生死者、乃秉彝義理之良心、是以、欲生而不爲苟得、惡死而有所不避也、

如使人之所欲이莫甚於生이면則凡可以得生者를何不用也ㅣ며使人之所惡ㅣ莫甚於死者ㅣ면則凡可以辟患者를何不爲也ㅣ리오

만일ᄒᆞ여곰人의欲ᄒᆞ는배生애셔甚홈이업ᄉᆞ면곧믈읫可히ᄡᅥ生을得ᄒᆞᆫ者를므서슬ᄡᅳ니아니ᄒᆞ며ᄒᆞ여곰人의惡ᄒᆞ는배死애셔甚홈이업ᄉᆞ면곧믈읫可히ᄡᅥ患을辟ᄒᆞᆫ者를므서슬ᄒᆞ디아니ᄒᆞ리오

●設使人無秉彝之良心、而但有利害之私情、則凡可以偸生免死者、皆將不顧禮義而爲之矣、

由是라則生而有不用也ㅣ며由是라則可以辟患而有不爲也ㅣ니라

이를由ᄒᆞ여ᄒᆞ논디라곧生ᄒᆞᆯ꺼시라도ᄡᅳ디아이님이시며이를由ᄒᆞ야ᄒᆞ논디라곧可히ᄡᅥ患을辟ᄒᆞᆯ개시라도ᄒᆞ디아님이인는니라

●由其必有秉彝之良心、是以、其能舍生取義、如此、

是故로所欲이有甚於生者ᄒᆞ며所惡ㅣ有甚於死者ᄒᆞ니非獨賢者ㅣ有是心也ㅣ라人皆有之언마는賢者는能勿喪耳니라

食 밥사 飯也 與 줄여 施與 屑 편치아닐실 安不

이런故로欲ᄒᆞᄂᆞᆫ배生애서甚ᄒᆞᆫ者ㅣ이시며惡ᄒᆞᄂᆞᆫ배死애서甚ᄒᆞᆫ者ㅣ 이ᄉᆞ니호올
로賢者ㅣ이心을둔논줄이아니라人이다둣건마ᄂᆞᆫ賢者ᄂᆞᆫ能히喪티아닐ᄲᅥ니라

●羞惡之心、人皆有之、但衆人、汨音骨於利欲而忘之、惟賢者、能存之而不喪耳、

一簞食와一豆羹을得之則生ᄒᆞ고弗得則死ㅣ라도嘑爾而與之면行道之人도弗受ᄒᆞ며蹴爾而與之면乞人도不屑也ㅣ니라 嘑呼故反 蹴子六反

ᄒᆞᆫ簞人食와ᄒᆞᆫ豆人羹을得ᄒᆞ면生ᄒᆞ고得디몯ᄒᆞ면死ᄒᆞᆯ때라도嘑ᄒᆞ야與ᄒᆞ면 道에
行ᄒᆞᄂᆞᆫ人도受티아니ᄒᆞ며蹴ᄒᆞ야與ᄒᆞ면乞ᄒᆞᄂᆞᆫ人도屑히아니너기ᄂᆞ니라

●豆、木器也、嘑、咄、啐之貌、行道之人、路中凡人也、蹴、踐踏也、乞人、丐乞之人也、不屑、不以爲潔也、言雖欲食之急、而猶惡無禮、有寧死而不食者、是其羞惡之本心、欲惡、有甚於生死者、人皆有之也、

萬鍾則不辨禮義而受之ᄒᆞᄂᆞ니 萬鍾이 於我何加焉이리오 爲宮室之美와妻妾之奉과所識窮乏者ㅣ得我與ㄴ뎌 爲去聲 與平聲

萬鍾이면禮義를辨티아니ᄒᆞ고受ᄒᆞᄂᆞ니萬鍾이내게므스거시더으리오 宮室의美
와妻妾의奉과識ᄒᆞᄂᆞᆫ밧窮乏ᄒᆞᆫ者ㅣ나를得홈을爲ᄒᆞ얀뎌

●萬鍾於我何加、言於我身、無所增益也、所識窮乏者、得我、謂所知識之窮乏者、感我之惠也、上言人皆有羞惡之心、此言衆人所以喪之、由此三者、蓋理義之心、雖曰固有、而物欲之蔽、亦人所易昏也、

鄕爲身앤死而不受ㅣ라가今爲宮室之美ᄒᆞ야爲之ᄒᆞ며鄕爲身앤死而不受ㅣ라가今爲妻妾之奉ᄒᆞ야爲之ᄒᆞ며鄕爲身앤死而不受ㅣ라가 今爲

所識窮乏者ㅣ得我而爲之ᄂᆞ니 是亦不可以已乎아 此之謂失其本心이니라 (鄕爲並去聲 爲之之爲並如字)

鄕애身을爲ᄒᆞᆷ앤死ᄒᆞ야도受티아니ᄒᆞ다가今앤宮室의美ᄒᆞᆷ을爲ᄒᆞ야ᄒᆞ며鄕애身을爲ᄒᆞᆷ앤死ᄒᆞ야도受티아니ᄒᆞ다가今앤妻妾의奉을爲ᄒᆞ야ᄒᆞ며鄕애身을爲ᄒᆞᆷ앤死ᄒᆞ야도受티아니ᄒᆞ다가今앤識ᄒᆞᄂᆞᆫ밧窮乏ᄒᆞᆫ者ㅣ나ᄅᆞᆯ得ᄒᆞᆷ을爲ᄒᆞ야ᄒᆞᄂᆞ니이ᄯᅩᄒᆞᆫ可히ᄡᅧ마디몯ᄒᆞᆯ것가이ᄅᆞᆯ닐온그本心을失ᄒᆞᆷ이니라

●言三者、身外之物、其得失、比生死爲甚輕、鄕爲身、死猶不肯受嘑蹴之食、今乃爲此三者、而受無禮義之萬鍾、是豈不可以止乎、本心、謂羞惡之心、○此章、言羞惡之心、人所固有、或能決死生於危迫之際、而不免計豐約於宴安之時、是以、君子、不可頃刻而不省察於斯焉、

○孟子ㅣ曰仁은人心也ㅣ오義는人路也ㅣ니라

孟子ㅣᄀᆞᆯᄋᆞ샤ᄃᆡ仁은人의心이오義는人의路ㅣ니라

●仁者、心之德、程子所謂心如穀種、仁則其生之性、是也、然、但謂之仁、則人不知其切於己、故、反而名之曰人心、則可見其爲此身、酬酢萬變之主、而不可須臾失矣、義者、行事之宜、謂之人路、則可以見其爲出入往來、必由之道、而不可須臾舍矣、

舍其路而不由ᄒᆞ며放其心而不知求ᄒᆞᄂᆞ니 哀哉다 (舍上聲)

그路ᄅᆞᆯ舍ᄒᆞ고由티아니ᄒᆞ며그心을放ᄒᆞ고求ᄒᆞᆯ쥴ᄅᆞᆯ아디몯ᄒᆞᄂᆞ니哀ᄒᆞᆫ다

●哀哉二字、最宜詳味、令人、惕然有深省處、

人이有雞犬이放則知求之ᄒᆞ되有放心而不知求ᄒᆞᄂᆞ니

指 손가락 지

信 與伸同

人이雞犬이放홈이이시면求홀을알오ᄃᆡ心을放홈이이쇼ᄃᆡ求홀줄을아디몯ᄒᆞᄂᆞ니

●程子、曰心、至重、雞犬、至輕、雞犬、放則知求之、心、放則不知求、豈愛其至輕、而忘其至重哉、弗思而已矣、愚、謂上兼言仁義、而此下、專論求放心者、能求放心則不違於仁、而義在其中矣、

學問之道ᄂᆞᆫ無他ㅣ라求其放心而已矣니라

學問ᄒᆞᄂᆞᆫ道ᄂᆞᆫ他ㅣ업ᄉᆞᆫ디라그放홀ᄯᆞᄅᆞᆷ이니라

●學問之事、固非一端、然、其道、則在於求其放心而已、蓋能如是、則志氣淸明、義理昭著、而可以上達、不然則昏昧放逸、雖曰從事於學、而終不能有所發明矣、故、程子、曰聖賢千言萬語、只是欲人將已放之心、約之使反復入身來、自能尋向上去、下學而上達也、此乃孟子開示切要之言、程子、又發明之曲盡其指、學者、宜服膺而勿失也

○孟子ㅣ曰今有無名之指ㅣ屈而不信이非疾痛害事也ㅣ언마ᄂᆞᆫ如有能信之者ㅣ면則不遠秦楚之路ᄒᆞᄂᆞ니爲指之不若人也ㅣ니라

孟子ㅣᄀᆞᆯᄋᆞ샤ᄃᆡ今에無名指ㅣ屈ᄒᆞ야信티몯홈이疾痛ᄒᆞ며事애害홈이아니언마ᄂᆞᆫ마일에能히信홀者ㅣ이시면곧秦楚人路를멀리아니너기ᄂᆞ니指의人ᄀᆞᆮ디몯ᄒᆞᆷ을爲ᄒᆞ얘니라

●無名指 手之第四指也、

指不若人則知惡之ᄒᆞᄃᆡ心不若人則不知惡ᄒᆞᄂᆞ니此之謂不知類也ㅣ니라 惡去聲

指ㅣ人ᄀᆞᆮ디몯ᄒᆞ면惡ᄒᆞᆯ줄을알오ᄃᆡ心이人ᄀᆞᆮ디몯ᄒᆞ면惡ᄒᆞᆯ줄을아디몯ᄒᆞᄂᆞ니이를닐온類를아디몯홈이니라

●不知類、言其不知輕重之等也、

○孟子ㅣ曰拱把之桐梓를人苟欲生之ᆫ댄皆知所以養之者ㅣ로ᄃᆡ至於身ᄒᆞ야ᄂᆞᆫ而不知所以養之者ᄒᆞᄂᆞ니豈愛身이不若桐梓哉리오弗思ㅣ甚也ᆯ시니라

孟子ㅣᄀᆞᆯᄋᆞ샤ᄃᆡ拱이며把애桐과梓를人이진실로살오고져ᄒᆞᆯ딘댄다ᄡᅥ養ᄒᆞᆯ바를알오ᄃᆡ身애至ᄒᆞ야ᄂᆞᆫᄡᅥ養ᄒᆞᆯ바를아디몯ᄒᆞᄂᆞ니엇디身을愛홈이桐梓만ᄀᆞᆮ디몯ᄒᆞ리오思티아니홈이甚ᄒᆞᆯᄊᆡ니라

●拱、兩手所圍也、把、一手所握也、桐、梓、兩木名、

○孟子ㅣ曰人之於身也애兼所愛ㅣ니兼所愛則兼所養也ㅣ라無尺寸之膚를不愛焉則無尺寸之膚를不養也ㅣ니所以考其善不善者ᄂᆞᆫ豈有他哉리오於己에取之而已矣니라

孟子ㅣᄀᆞᆯᄋᆞ샤ᄃᆡ人이身에愛ᄒᆞᄂᆞᆫ바를兼ᄒᆞ얀ᄂᆞ니愛ᄒᆞᄂᆞᆫ바를兼ᄒᆞ면養ᄒᆞᄂᆞᆫ바를兼ᄒᆞ얀ᄂᆞᆫ디라尺寸만ᄒᆞᆫᄉᆞᆯᄒᆞᆯ愛티아니홈이업ᄉᆞ면尺寸만ᄒᆞᆫᄉᆞᆯᄒᆞᆯ養티아니홈이업ᄂᆞ니ᄡᅥ그善과不善을考ᄒᆞᆯ때ᄂᆞᆫ엇디他ㅣ이시리오己예取ᄒᆞᆯᄯᆞᄅᆞᆷ이니라

●人於一身、固當兼養、然、欲考其所養之善否者、惟在反之於身、以審其輕重而已矣、

體ㅣ有貴賤ᄒᆞ며有小大ᄒᆞ니無以小害大ᄒᆞ며無以賤害貴니養其小

者ㅣ爲小人이오養其大者ㅣ爲大人이니라

體ㅣ貴와賤이이시며小와大ㅣ이시니小로써大를害티말며賤으로써貴를害티마롤디니그小를養ᄒᆞᄂᆞᆫ者ㅣ小人이되고그大를養ᄒᆞᄂᆞᆫ者ㅣ大人이되ᄂᆞ니라

●賤而小者、口腹也、貴而大者、心志也、

今有場師ㅣ舍其梧檟ᄒᆞ고養其樲棘ᄒᆞ면則爲賤場師焉이니라

이제場師ㅣ그梧와檟를舍ᄒᆞ고그樲棘을養ᄒᆞ면곧賤ᄒᆞᆫ場師ㅣ되ᄂᆞ니라

●場師、治場圃者、梧、桐也、檟、梓也、皆美材也、樲棘、小棗、非美材也、

養其一指ᄒᆞ고而失其肩背而不知也ㅣ면則爲狼疾人也ㅣ니라

그一指를養ᄒᆞ고그肩背를失ᄒᆞ되아디몯ᄒᆞ면곧狼疾ᄒᆞᆫ人이되ᄂᆞ니라

●狼、善顧、疾則不能故、以爲失肩背之喩、

飮食之人을則人賤之矣ᄂᆞ니爲其養小以失大也ㅣ니라 爲去聲

飮食ᄒᆞᄂᆞᆫ人을곧人이賤히너기ᄂᆞ니그小를養ᄒᆞ야뻐大를失홈을爲ᄒᆞ얘니라

●飮食之人、專養口腹者也、

飮食之人이無有失也ㅣ면則口腹이豈適爲尺寸之膚哉리오

飮食ᄒᆞᄂᆞᆫ人이失홈이잇디아니면곧口腹이엇디다만尺寸ㅅ膚ㅣ될ᄲᅮᆫ이리오

●此、言若使專養口腹、而能不失其大體、則口腹之養、軀命所關 不但爲尺寸之膚而已、但養小之人、無不失其大者、故、口腹、雖所當養、而終不可以小害大、賤害貴也、

○公都子ㅣ問曰鈞是人也ㅣ로ᄃᆡ或爲大人ᄒᆞ며或爲小人은何也

ㅣ잇고

孟子ㅣ曰從其大體ㅣ爲大人이오從其小體ㅣ爲小人이니라

公都子ㅣ묻ᄌᆞ와ᄀᆞᆯ오ᄃᆡᄒᆞᆫ가짓이사ᄅᆞᆷ이로ᄃᆡ或大人이되며或小人이되옴은엇디잇고孟子ㅣᄀᆞᆯᄋᆞ샤ᄃᆡ그大體ᄅᆞᆯ從ᄒᆞᄂᆞᆫ이大人이되고그小體ᄅᆞᆯ從ᄒᆞᄂᆞᆫ이小人이되ᄂᆞ니라

●鈞、同也、從、隨也、大體、心也、小體、耳目之類也

曰鈞是人也ㅣ로ᄃᆡ或從其大體ᄒᆞ며或從其小體ᄂᆞᆫ何也ㅣ잇고曰耳目之官은不思而蔽於物ᄒᆞᄂᆞ니物이交物則引之而已矣오心之官則思ㅣ라思則得之ᄒᆞ고不思則不得也ㅣ니此ㅣ天之所與我者ㅣ라先立乎其大者ㅣ면則其小者ㅣ不能奪也ㅣ니此ㅣ爲大人而已矣니라

ᄀᆞᆯ오ᄃᆡᄒᆞᆫ가짓이사ᄅᆞᆷ이로ᄃᆡ或그大體ᄅᆞᆯ從ᄒᆞ며或그小體ᄅᆞᆯ從ᄒᆞᆷ은엇디잇고ᄀᆞᆯᄋᆞ샤ᄃᆡ耳目의官은思티몯ᄒᆞ야物에蔽ᄒᆞᄂᆞ니物이物을交ᄒᆞ면引ᄒᆞᆯᄯᆞᄅᆞᆷ이오心의官인則思ᄒᆞᄂᆞᆫ디라思ᄒᆞ면得ᄒᆞ고思티아니ᄒᆞ면得디몯ᄒᆞᄂᆞ니이天이내게與ᄒᆞ신배라몬져그大者ᄅᆞᆯ셰면곧그小者ㅣ能히奪티몯ᄒᆞᄂᆞ니이大小人이될ᄯᆞᄅᆞᆷ이니라

●官之爲言、司也、耳司聽、目司視、各有所職、而不能思、是以、蔽於外物、既不能思而蔽於外物、則亦一物而已、又以外物、交於此物、其引之而去不難矣、心則能思、而以思爲職、凡事物之來、心得其職、則得其理、而物不能蔽、失其職、則不得其理、而物來蔽之、此三者、皆天之所以與我者、而心爲大、若能有以立之、則事無不思、而耳目之欲、不能奪之矣、此所以爲大人也、然、此天之此、舊本、多作比、而趙註、亦以比方、釋之、今本、既多作此、而註亦作此、乃未詳孰是、但作比字、於義爲短、故、且從今本是○范浚心箴、曰茫茫堪輿、俯仰無垠、人於其間、眇然有身、是

身之微、太倉稊米、參爲三才、曰惟心爾、往古來今、孰無此心、心爲形役、乃獸乃禽
惟口耳目、手足動靜、投間抵隙、爲厥心病、一心之微、衆欲攻之、其與存者、嗚呼
幾希、君子存誠、克念克敬、天君泰然、百體從令、

○孟子ㅣ曰有天爵者ᄒᆞ며有人爵者ᄒᆞ니仁義忠信樂善不倦은此ㅣ天爵也오公卿大夫는此人爵也ㅣ니라 樂音洛

孟子ㅣ ᄀᆞᆯᄋᆞ샤ᄃᆡ 天爵도이시며人爵도인ᄂᆞ니仁과義왜며忠이며信ᄒᆞ야善을樂ᄒᆞᆷ을倦리아니홈은이天爵이오公卿과대우ᄂᆞᆫ이人爵이니라

●天爵者、德義可尊、自然之貴也、

古之人은修其天爵而人爵從之러니라

넷사ᄅᆞᆷ은그天爵을修ᄒᆞᄆᆡ人爵이從ᄒᆞ더니라

●修其天爵、以爲吾分之所當然者耳、人爵從之、蓋不待求之而自至也、

今之人은修其天爵ᄒᆞ야以要人爵ᄒᆞ고既得人爵ᄒᆞ얀而棄其天爵ᄒᆞᄂᆞ니則惑之甚者ㅣ라終亦必亡而已矣리라 要平聲

이젯사ᄅᆞᆷ은그天爵을修ᄒᆞ야ᄡᅥ人爵을要ᄒᆞ고이믜人爵을得ᄒᆞ야ᄂᆞᆫ그天爵을棄ᄒᆞᄂᆞ니곰惑홈이甚ᄒᆞᆫ者ㅣ라ᄆᆞᄎᆞᆷ애ᄯᅩᄒᆞᆫ반다시亡ᄒᆞᆯᄯᆞᄅᆞᆷ이니라

●要、求也、修天爵、以要人爵、其心、固已惑矣、得人爵而棄天爵、則其惑、又甚焉終必並其所得之人爵而亡之也、

○孟子ㅣ曰欲貴者ᄂᆞᆫ人之同心也ㅣ니人人이有貴於己者ㅣ언마ᄂᆞᆫ弗思耳따니

孟子ㅣ 골ᄋᆞ샤ᄃᆡ 貴코자 홈은 人의 同ᄒᆞᆫ ᄆᆞᄋᆞᆷ이니 人人마다 己예 貴ᄒᆞᆫ 거시 잇건마ᄂᆞᆫ
思티 아닐 ᄲᅮᆫ이니라

●貴於己者、謂天爵也、

人之所貴者ᄂᆞᆫ 非良貴也ㅣ니 趙孟之所貴를 趙孟이 能賤之니라

人의 貴케 ᄒᆞᄂᆞᆫ 바ᄂᆞᆫ 良貴 아니니 趙孟의 貴케 ᄒᆞᆫ 바를 趙孟이 能히 賤케 ᄒᆞᄂᆞ니라

●人之所貴、謂人以爵位、加已而後貴也、良者、本然之善也、趙孟、晉卿也、能以
爵祿、與人而使之貴、則亦能奪之而使之賤矣、若良貴、則人安得而賤之哉

詩云既醉以酒ㅣ오 既飽以德이라ᄒᆞ니 言飽乎仁義也ㅣ라 所以不願人
之膏粱之味也ㅣ며 令聞廣譽ㅣ 施於身이라 所以不願人之文繡
也ㅣ니라 聞去聲

詩에 닐오ᄃᆡ 임의 醉홈을 酒로ᄡᅥ ᄒᆞ고 임의 飽홈을 德으로ᄡᅥ ᄒᆞᆫ다 ᄒᆞ니 仁義예 飽ᄒᆞᆫ디
라 ᄡᅥ 人의 膏粱ㅅ 味를 願티 아니ᄒᆞᄂᆞᆫ 배며 令ᄒᆞᆫ 聞과 廣ᄒᆞᆫ 譽ㅣ 身에 施ᄒᆞᆫ디라 ᄡᅥ 人의
文繡를 願티 아니ᄒᆞᄂᆞᆫ 바ᄅᆞᆯ 니ᄅᆞ니라

●詩、大雅既醉之篇、飽、充足也、願、欲也、膏、肥肉、粱、美穀、令、善也、聞亦譽
也、文繡、衣之美者也、仁義充足、而聞譽彰著、皆所謂良貴也、○尹氏、曰言在我
者、重、則外物、輕、

○孟子ㅣ 曰仁之勝不仁也ㅣ 猶水勝火ᄒᆞ니 今之爲仁者ᄂᆞᆫ 猶以
一杯水로 救一車薪之火也ㅣ라 不熄則謂之水不勝火ㅣ라ᄒᆞᄂᆞ니 此
ㅣ 又與於不仁之甚者也ㅣ라

孟子ㅣ골ᄋᆞ샤ᄃᆡ仁의不仁을勝홈이水ㅣ火를勝홈ᄀᆞᄐᆞ니이제仁ᄒᆞᄂᆞᆫ者ᄂᆞᆫ一杯水로ᄡᅥ一車薪入火를救홈ᄀᆞᄐᆞᆫ디라熄디아니ᄒᆞ면닐오ᄃᆡ水ㅣ火를勝티몯ᄒᆞᆫ다ᄒᆞᄂᆞ니이ᄯᅩ不仁애與홈이甚ᄒᆞᆫ者ㅣ라

●與、猶助也、仁之能勝不仁、必然之理也、但爲之不力、則無以勝不仁、而人遂以爲眞不能勝、是、我之所爲、有以深助於不仁者也、

亦終必亡而已矣니라

ᄯᅩᄒᆞᆫ모ᄎᆞᆷ애반ᄃᆞ시亡홀ᄯᆞᄅᆞᆷ이니라

●言此、人之心、亦且自怠於爲仁、終必幷與其所爲而亡之、○趙氏、曰言爲仁不至、而不反諸己也、

○孟子ㅣ曰五穀者ᄂᆞᆫ**種之美者也**ㅣ니 **苟爲不熟**이면**不如荑稗**니**夫仁**도**亦在乎熟之而已矣**니라 荑音啼稗蒲賣反夫音扶

孟子ㅣ골ᄋᆞ샤ᄃᆡ五穀은種의美ᄒᆞᆫ거시나진실로熟디몯ᄒᆞ며荑稗만 ᄀᆞᆮ디몯ᄒᆞ니仁도ᄯᅩᄒᆞᆫ熟홈애이실ᄯᆞᄅᆞᆷ이니라

●荑、稗、草之似穀者、其實、亦可食、然、不能如五穀之美也、但五穀不熟、則反不如荑稗之熟、猶爲仁而不熟、則反不如爲他道之有成、是以、爲仁、必貴乎熟、而不可徒恃其種之美、又不可以仁之難熟、而甘爲他道之有成也、○尹氏、曰日新而不已則熟、

○孟子ㅣ**曰羿之敎人射**애 **必志於彀**ᄒᆞᄂᆞ니 **學者**도 **亦必志於彀**ㅣ니라

孟子ㅣ골ᄋᆞ샤ᄃᆡ羿ㅣ人을射를敎홈애반ᄃᆞ시彀애志ᄒᆞᄂᆞ니 學ᄒᆞᄂᆞᆫ者도ᄯᅩᄒᆞᆫ반ᄃᆞ

시彀에志ᄒᆞᄂᆞ니라

●羿、善射者也、志、猶期也、彀、弓滿也、滿而後發、射之法也、學、謂學射、

大匠이誨人에必以規矩ᄒᆞᄂᆞ니學者도亦必以規矩ㅣ니라

大匠이人을誨홈애반다시規距로ᄡᅥᄒᆞᄂᆞ니學ᄒᆞᄂᆞᆫ者도ᄯᅩᄒᆞᆫ반ᄃᆞ시規距로ᄡᅥᄒᆞᄂᆞ니라

●大匠、工師也、規矩、匠之法也、○此章、言事必有法然後、可成、師、舍是則無以敎、弟子、舍是則無以學、曲藝、且然、况聖人之道乎、

原本

孟子集註卷之十一 終

原本 孟子集註卷之十二

告子章句下

凡十六章

任人이有問屋廬子曰禮與食이孰重고曰禮重이니라 任平聲

任ㅅ人이屋廬子의게무러ᄀᆞᆯ오대禮와다뭇食이므서시重ᄒᆞ뇨ᄀᆞᆯ오대 禮ㅣ重ᄒᆞ니라

●任、國名、屋廬子、名連、孟子弟子也

色與禮ㅣ孰重고

色과다뭇禮ㅣ므서시重ᄒᆞ뇨

●任人、復問也、

曰禮重이니라 曰以禮食則飢而死ᄒᆞ고不以禮食則得食이라도 必以禮乎아 親迎則不得妻ᄒᆞ고不親迎則得妻ㅣ라도 必親迎乎아 屋廬子ㅣ不能對ᄒᆞ야明日에之鄒ᄒᆞ야以告孟子ᄒᆞᆫ대孟子ㅣ曰於答是也애何有ㅣ리오 迎去聲 於如字

ᄀᆞᆯ오ᄃᆡ禮ㅣ重ᄒᆞ니라ᄀᆞᆯ오ᄃᆡ禮로ᄡᅥ食ᄒᆞ면飢ᄒᆞ야死ᄒᆞ고禮로ᄡᅥ아니ᄒᆞ야食ᄒᆞ면食ᄒᆞᆷ을得ᄒᆞᆯ띠라도반ᄃᆞ시禮로ᄡᅥᄒᆞ랴親迎ᄒᆞ면妻ᄅᆞᆯ得디몯ᄒᆞ고親迎티아니ᄒᆞ면妻ᄅᆞᆯ得ᄒᆞᆯ띠라도반ᄃᆞ시親迎ᄒᆞ랴屋廬子ㅣ能히對티몯ᄒᆞ야明日에鄒에가ᄡᅧ孟子

揣 헤아ᄂᆞᆯ취 量也

與 다ᄆᆞᆺ여 及也

ㅅ의告ᄒᆞᆫ대孟子ㅣᄀᆞᆯᄋᆞ샤ᄃᆡ이ᄅᆞᆯ答ᄒᆞ욤애므서시이시리오

●何有、不難也

不揣其本而齊其末이면方寸之木을可使高於岑樓ㅣ니라

그本을揣티아니ᄒᆞ고그末을齊ᄒᆞ면方寸인木을可히ᄒᆞ여곰岑樓에서高케ᄒᆞᆯ꺼시니라

●本、謂下、末、謂上、方寸之木、至卑、喩食色、岑樓、樓之高銳似山者、至高、喩禮若不取其下之平、而升寸木於岑樓之上、則寸木、反高、岑樓、反卑矣

金重於羽者는豈謂一鉤金與一輿羽之謂哉리오

金이羽에서重타홈은엇디一鉤ㅅ金과다ᄆᆞᆺ一輿ㅅ羽ᄅᆞᆯ닐옴을닐옴이리오

●鉤、帶鉤也、金本重、而帶鉤小故、輕、喩禮、有輕於食色者、羽本輕、而一輿多、故、重、喩食色、有重於禮者

取食之重者와與禮之輕者而比之면奚翅食重이며取色之重者와與禮之輕者而比之며奚翅色重이리오 翅與啻同古字通用施智反

食의重ᄒᆞᆫ者와다ᄆᆞᆺ禮의輕ᄒᆞᆫ者ᄅᆞᆯ取ᄒᆞ야比ᄒᆞ면엇디食이重ᄒᆞᆯᄲᅮᆫ이며色의重ᄒᆞᆫ者와다ᄆᆞᆺ禮의輕ᄒᆞᆫ者ᄅᆞᆯ取ᄒᆞ야比ᄒᆞ면엇디色이重ᄒᆞᆯᄲᅮᆫ이리오

●禮食、親迎、禮之輕者也、飢而死、以滅其性、不得妻而廢人倫、食色之重者也、奚翅、猶言何但、言其相去懸絶、不但有輕重之差而已

往應之曰紾兄之臂而奪之食則得食ᄒᆞ고不紾則不得食이라도則將紾之乎아踰東家牆而摟其處子則得妻ᄒᆞ고不摟則不得

妻ㅣ로다 則將摟之乎아ᄒᆞ 紾音軫 摟音婁

가應ᄒᆞ야ᄀᆞᆯ오ᄃᆡ兄의臂ᄅᆞᆯ紾ᄒᆞ야 食을奪ᄒᆞ면食을得ᄒᆞ고紾티아니ᄒᆞ면食을得디
몯ᄒᆞᆯ띠라도ᄌᆞᆷᄌᆞᆺ紾ᄒᆞ랴東家人牆을踰ᄒᆞ야그處子ᄅᆞᆯ摟ᄒᆞ면妻ᄅᆞᆯ得ᄒᆞ고摟티아
니ᄒᆞ면妻ᄅᆞᆯ得디몯ᄒᆞᆯ띠라도ᄌᆞᆷᄌᆞᆺ摟ᄒᆞ랴ᄒᆞ라

●紾、戾也、摟、牽也、處子、處女也、此二者、禮與食色、皆其重者、而以之相較、則禮爲尤重也、○、此章、言義理事物、其輕重、固有大分、然、於其中、又各自有輕重之別、聖賢於此、錯綜、斟酌、毫髮不差、固不肯枉尺而直尋、亦未嘗膠柱而調瑟、所以斷之、一視於理之當然而已矣

○曹交ㅣ問曰人皆可以爲堯舜이라ᄒᆞ니 有諸잇가 孟子ㅣ曰然ᄒᆞ다

曹交ㅣ묻ᄌᆞ와ᄀᆞᆯ오ᄃᆡ사ᄅᆞᆷ이다可히ᄡᅧ堯舜이되리라ᄒᆞᄂᆞ니인ᄂᆞ니잇가孟子ㅣᄀᆞᆯ
으사ᄃᆡ然ᄒᆞ다

●趙氏、曰曹交、曹君之弟也、人皆可以爲堯舜、疑古語、或孟子所嘗言也

交ᄂᆞᆫ 聞文王은 十尺이오 湯은 九尺이라ᄒᆞ니 今交ᄂᆞᆫ 九尺四寸以長이로ᄃᆡ 食粟而已로니 何如則可ㅣ잇고

交ᄂᆞᆫ드로니文王은十尺이오湯은九尺이라호니이제交ᄂᆞᆫ九尺四寸이ᄡᅧ長호ᄃᆡ 粟
만食ᄒᆞᆯᄯᆞᄅᆞᆷ이로니엇디ᄒᆞ면可ᄒᆞ니잇고

●曹交、問也、食粟而已、言無他材能也

曰奚有於是리오 亦爲之而已矣니라 有人於此ᄒᆞ니 力不能勝一匹雛ㅣ면 則爲無力人矣오 今日擧百鈞이면 則爲有力人矣니 然則擧

獲 실새 획확 失志　長 어른 장 孟也　弟 공경 할제 悌也

烏獲之任이면**是亦爲烏獲而已矣**니**夫人**은**豈以不勝爲患哉**리오**弗爲耳**니라 勝平聲

골ᄋᆞ샤ᄃᆡ엇디이에이시리오또ᄒᆞᆫᄒᆞᆯᄯᆞᄅᆞᆷ이니라人이이에이시니力이能히ᄒᆞᆫ匹雛ᄅᆞᆯ勝티몯ᄒᆞ면곧力이업슨사ᄅᆞᆷ이되고이제ᄀᆞᆯ오ᄃᆡ百鈞을擧ᄒᆞ노라ᄒᆞ면곧力이인ᄂᆞᆫ사ᄅᆞᆷ이되ᄂᆞ니그러면烏獲의任을擧ᄒᆞ면이또ᄒᆞᆫ烏獲이될ᄯᆞᄅᆞᆷ이니人은엇디勝리몯홈으로ᄡᅥ患을삼으리오ᄒᆞ디아닐ᄲᅮᆫ이니라

●匹字、本作鴄、鴨也、從省作匹、禮記、說匹爲鶩、是也、烏獲、古之有力人也、能舉移千鈞

徐行後長者를**謂之弟**오**疾行先長者**를**謂之不弟**니**夫徐行者**는**豈人所不能哉**리오**所不爲也**니**堯舜之道弟**는**孝而巳矣**니라

徐히行ᄒᆞ야長者의게後홈을弟라닐ᄋᆞ고疾이行ᄒᆞ야長者의게先홈을不弟라닐ᄋᆞᄂᆞ니徐히行홈은엇디人의能티몯ᄒᆞᆯ빼리오ᄒᆞ디아닌ᄂᆞᆫ배니堯舜의道ᄂᆞᆫ孝弟ᄯᆞᄅᆞᆷ이니라

●陳氏、曰孝弟者、人之良知良能、自然之性也、堯舜、人倫之至、亦率是性而已、豈能加毫末於是哉、楊氏、曰堯舜之道、大矣、而所以爲之、乃在夫音扶行止疾徐之間、非有甚高難行之事也、百姓、蓋日用而不知耳

子ㅣ**服堯之服**ᄒᆞ며**誦堯之言**ᄒᆞ며**行堯之行**이면**是堯而已矣**오**子**ㅣ**服桀之服**ᄒᆞ며**誦桀之言**ᄒᆞ며**行桀之行**이면**是桀而已矣**니라 行並去聲

子ㅣ堯의服을服ᄒᆞ며堯의言을誦ᄒᆞ며堯의行을行ᄒᆞ면이堯ㅣᆯᄯᆞᄅᆞᆷ이오子ㅣ桀의

服옥服ᄒ며桀의言옥誦ᄒ며桀의行을行ᄒ면이桀일ᄯᄅ미니라

●言爲善爲惡、皆在我而已、詳曹交之問、淺陋麤率、必其進見之時、禮貌衣冠言動之間、多不循理、故、孟子、告之如此兩節云

曰交ㅣ得見於鄒君이면可以假館이니願留而受業於門ᄒ노이다見音現

골오ᄃ 交ㅣ시러곰鄒君ᄭ᠊ᅴ見ᄒ면可히ᄡ館을假ᄒ리니願컨댄留ᄒ야門에業을受호려ᄒ노이다

●假館而後、受業、又可見求道之不篤

曰夫道ㅣ若大路然ᄒ니豈難知哉리오人病不求耳니子ㅣ歸而求之면有餘師ㅣ리라夫音扶

골ᄋ샤ᄃ 道ᄂ大路ᄀᄐ니엇디알옴이어려우리오人이求티아니홈을病ᄒᄂ니子ㅣ歸ᄒ야求ᄒ면餘師ㅣ이시리라

●言道不難知、若歸而求之、事親敬長之間、則性分之內、萬理皆備、隨處發見、無不可師、不必留此而受業也、○曹交、事長之禮既不至、求道之心、又不篤、故、孟子、教之以孝弟、而不容其受業、蓋孔子餘力學文之意、亦不屑之教誨也

弁 시전 편명 반 詩名

○公孫丑ㅣ問曰高子ㅣ曰小弁은小人之詩也ㅣ라ᄒ더이다孟子ㅣ曰何以言之오曰怨이니이다

公孫丑ㅣ묻ᄌ와골오ᄃ高子ㅣ골오ᄃ 小弁은小人의詩라ᄒ더이다孟子ㅣ골ᄋ샤ᄃ엇디ᄡ닐ᄋᄂ뇨골오ᄃ 怨홈이니이다

●高子、齊人也、小弁、小雅篇名、周幽王、娶申后、生太子宜臼、又得褒姒、生伯服、而黜申后、廢宜臼、於是 宜臼之傅、爲作此詩、以叙其哀痛迫切之情也

關 활당긔만關矢 道 망할도言也 戚 근심할척㦛也

曰固哉라 高叟之爲詩也여 有人於此ᄒᆞ니 越人이 關弓而射之어든 則己ㅣ 談笑而道之ᄂᆞᆫ 無他라 疏之也ㅣ오 其兄이 關弓而射之어든 則己ㅣ 垂涕泣而道之ᄂᆞᆫ 無他라 戚之也ㅣ니 小弁之怨은 親親也ㅣ라 親親은 仁也ㅣ니 固矣夫라 高叟之爲詩也여

갈ᄋᆞ샤ᄃᆡ 固ᄒᆞ다 高叟의 詩ᄅᆞᆯ 홈이여 人이 이에 이시니 越人이 弓을 關ᄒᆞ야 射ᄒᆞ거든 곧 己ㅣ 談笑ᄒᆞ고 道홈은 他ㅣ 업ᄉᆞᆫ디라 疏홈이오 그 兄이 弓을 關ᄒᆞ야 射ᄒᆞ거든 곧 己ㅣ 涕泣을 垂ᄒᆞ고 道홈은 他ㅣ 업ᄉᆞᆫ디라 戚홈이니 小弁의 怨홈은 親을 親홈이라 親을 親홈은 仁이니 固ᄒᆞ다 高叟의 詩ᄅᆞᆯ 홈이여

● 固、謂執滯不通也、爲、猶治也、越、蠻夷國名、道、語也、親親之心、仁之發也

曰凱風은 何以不怨이잇고

갈오ᄃᆡ 凱風은 엇디 ᄡᅧ 怨티 아니ᄒᆞ니잇고

● 凱風、邶風篇名、衛有七子之母、不能安其室、七子、作此、以自責也

曰凱風은 親之過ㅣ 小者也ㅣ오 小弁은 親之過ㅣ 大者也ㅣ니 親之過ㅣ 大而不怨이면 是ᄂᆞᆫ 愈疏也ㅣ오 親之過ㅣ 小而怨이면 是ᄂᆞᆫ 不可磯也ㅣ니 愈疏도 不孝也ㅣ오 不可磯도 亦不孝也ㅣ니라 磯音機

갈ᄋᆞ샤ᄃᆡ 凱風은 親의 過ㅣ 小ᄒᆞᆫ 이오 小弁은 親의 過ㅣ 大ᄒᆞᆫ 이니 親의 過ㅣ 大호ᄃᆡ 恐티 아니ᄒᆞ면 이ᄂᆞᆫ 더욱 疏홈이오 親의 過ㅣ 小호ᄃᆡ 怨ᄒᆞ면 이ᄂᆞᆫ 可히 磯티 몯홈이니 더욱 疏홈도 孝ㅣ 아니오 可히 磯티 몯홈도 ᄯᅩ ᄒᆞᆫ 孝ㅣ 아니니라

●磯、水激石也、不可磯、言微激之而遽怒也

孔子ㅣ曰舜은其至孝矣신뎌五十而慕ㅣ라ᄒᆞ시니라

孔子ᄀᆞᆯᄋᆞ샤ᄃᆡ舜은그지극ᄒᆞᆫ孝ㅣ신뎌五十이도록慕라ᄒᆞ시니라

●言舜猶怨慕、小弁之怨、不爲不孝也、○趙氏、曰生之膝下、一體而分、喘息呼吸氣通於親、當親而疏、怨慕號天、是以、小弁之怨、未足爲愆也

○宋牼이將至楚ㅣ러니孟子ㅣ遇於石丘ᄒᆞ시다 牼口莖反

宋牼이장ᄎᆞᆺ楚에가더니孟子ㅣ石丘에遇ᄒᆞ시다

●宋、姓、牼、名、石丘、地名

曰先生은將何之오

ᄀᆞᆯᄋᆞ샤ᄃᆡ先生은장ᄎᆞᆺ어ᄃᆡ가ᄂᆞ뇨

●趙氏、曰學士、年長者故、謂之先生

曰吾聞秦楚ㅣ構兵ᄒᆞ니我ㅣ將見楚王ᄒᆞ야說而罷之호ᄃᆡ楚王이不悅이어든我ㅣ將見秦王ᄒᆞ야說而罷之호리니二王에我ㅣ將有所遇焉이리다

ᄀᆞᆯ오ᄃᆡ내秦楚ㅣ兵을構홈을듣ᄌᆞ오니내장ᄎᆞᆺ楚王을보와說ᄒᆞ야罷호ᄃᆡ楚王이悅티아니ᄒᆞ거든내장ᄎᆞᆺ秦王을보와說ᄒᆞ야罷호리니二王애내장ᄎᆞᆺ遇ᄒᆞᆯ빠이시리라

●時、宋牼、方欲見楚王、恐其不悅、則將見秦王也、遇、合也、按莊子書、有宋鈃者禁攻寢兵救世之戰、上說下敎、强聒不舍、疏云齊宣王時人、以事考之、疑卽此人也

曰軻也는請無問其詳이오願聞其指ᄒᆞ노니說之將如何오曰我ㅣ將言其不利也호리라曰先生之志則大矣어니와先生之號則不可ᄒᆞ다

說 달낼세 誘也

指 지시할지 示也

글ᄋᆞ샤ᄃᆡ軻ᄂᆞᆫ請컨댄그詳을묻디말오願컨댄그指ᄅᆞᆯ듣고쟈ᄒᆞ노니說홈을쟝ᄎᆞᆺ엇디ᄒᆞ료글오ᄃᆡ내쟝ᄎᆞᆺ그利티아니홈을닐오리라 글ᄋᆞ샤ᄃᆡ先生의志ᄂᆞᆫ크거니와先生의號ᄂᆞᆫ可티아니ᄒᆞ다

●徐氏曰能於戰國擾攘之中、而以罷兵息民爲說、其志、可謂大矣、然以利爲名、則不可也

先生이以利로說秦楚之王이면秦楚之王이悅於利ᄒᆞ야以罷三軍之師ᄒᆞ리니是ᄂᆞᆫ三軍之士ㅣ樂罷而悅於利也라爲人臣者ㅣ懷利以事其君ᄒᆞ며爲人子者ㅣ懷利以事其父ᄒᆞ며爲人弟者ㅣ懷利以事其兄이면是ᄂᆞᆫ君臣父子兄弟ㅣ終去仁義ᄒᆞ고懷利以相接이니然而不亡者ㅣ未之有也ㅣ니라 先生이以仁義로說秦楚之王이면秦楚之王이悅於仁義ᄒᆞ야而罷三軍之師ᄒᆞ리니是ᄂᆞᆫ三軍之士ㅣ樂罷而悅於仁義也ㅣ라爲人臣者ㅣ懷仁義以事其君ᄒᆞ며爲人子者ㅣ懷仁義以事其父ᄒᆞ며爲人弟者ㅣ懷仁義以事其兄이면是ᄂᆞᆫ君臣父子兄弟ㅣ去利ᄒᆞ고懷仁義以相接也ㅣ니然而不王者ㅣ未之有也ㅣ니何必曰利리오(王去聲)

先生이利로ᄡᅥ秦楚ㅅ王을說ᄒᆞ면秦楚ㅅ王이利에悅ᄒᆞ야ᄡᅥ三軍ㅅ師ᄅᆞᆯ罷ᄒᆞ리니이ᄂᆞᆫ三軍ㅅ士ㅣ罷홈을樂ᄒᆞ야利예悅홈이라人臣이되연ᄂᆞᆫ者ㅣ利ᄅᆞᆯ懷ᄒᆞ야ᄡᅥ그君을事ᄒᆞ며人子ㅣ되연ᄂᆞᆫ者ㅣ利ᄅᆞᆯ懷ᄒᆞ야ᄡᅥ그父ᄅᆞᆯ事ᄒᆞ며人弟ㅣ되연ᄂᆞᆫ者ㅣ利

를懷ᄒᆞ야써그兄을事ᄒᆞ면이ᄂᆞᆫ君臣과父子와兄弟ㅣᄆᆞᄎᆞᆷ내仁義를去ᄒᆞ고利를懷ᄒᆞ야써서르接홈이니그러코亡티아닐者ㅣ잇디아니ᄒᆞ니라先生이仁義로써秦楚人王을說ᄒᆞ면秦楚人王이仁義예悅ᄒᆞ야三軍人師를罷ᄒᆞ리니이ᄂᆞᆫ三軍人士ㅣ罷홈을樂ᄒᆞ야仁義예悅홈이라人臣이되연ᄂᆞᆫ者ㅣ仁義를懷ᄒᆞ야써그君을事ᄒᆞ며人子ㅣ되연ᄂᆞᆫ者ㅣ仁義를懷ᄒᆞ야써그父를事ᄒᆞ며人弟ㅣ되연ᄂᆞᆫ者ㅣ仁義를懷ᄒᆞ야써그兄을事ᄒᆞ면이ᄂᆞᆫ君臣과父子와兄弟ㅣ利를去ᄒᆞ고仁義를懷ᄒᆞ야써서르接홈이니그러코王티아닐者ㅣ잇디아니ᄒᆞ니엇디반다시利를니ᄅᆞ리오

●此章、言休兵息民、爲事則一、然、其心、有義利之殊、而其效、有興亡之異、學者、所當深察而明辨之也

○孟子ㅣ居鄒ᄒᆞ실시季任이爲任處守ㅣ러니以幣交ᄒᆞᆫ대受之而不報ᄒᆞ시고處於平陸ᄒᆞ실서儲子ㅣ爲相이러니以幣交ᄒᆞᆫ대受之而不報ᄒᆞ시다 任平聲相去聲

孟子ㅣ鄒에居ᄒᆞ실ᄊᆡ季任이任을爲ᄒᆞ야處守ᄒᆞ얏더니幣로써交ᄒᆞᆫ대受ᄒᆞ고報티아니ᄒᆞ시고平陸에處ᄒᆞ실ᄊᆡ儲子ㅣ相이되얏더니幣로써交ᄒᆞᆫ대受ᄒᆞ고報티아니ᄒᆞ시다

●趙氏、曰季任、任君之弟、任君、朝會於鄰國、季任、爲之居守其國也、儲子、齊相也、不報者、來見則當報之、但以幣交則不必報也

他日에由鄒之任ᄒᆞ샤見季子ᄒᆞ시고由平陸之齊ᄒᆞ샤不見儲子ᄒᆞ신대屋廬子ㅣ喜曰連이得間矣와라

他日에鄒로말미암아任에가샤季子를보시고平陸으로말미암아齊예가샤儲子를보디아니ᄒᆞ신대屋廬子ㅣ喜ᄒᆞ야ᄀᆞᆯ오ᄃᆡ連이間을得ᄒᆞ과라

●屋廬子、知孟子之處、此必有義理、故、喜得其間隙而問之

問曰夫子ㅣ之任ᄒᆞ샤見季子ᄒᆞ시고之齊ᄒᆞ샤不見儲子ᄒᆞ시니爲其爲相與ㅣ잇가 爲其之爲去聲 下同與平聲

묻ᄌᆞ와ᄀᆞᆯ오ᄃᆡ夫子ㅣ任에가샤季子ᄅᆞᆯ보시고齊예가샤儲子ᄅᆞᆯ 보디아니ᄒᆞ시니그相이되야심을爲ᄒᆞ야시니잇가

●言儲子、但爲齊相、不若季子、攝守君位故、輕之邪

曰非也ㅣ라書에曰享은多儀ᄒᆞ니儀不及物이면曰不享이니惟不役志于享이라ᄒᆞ니

ᄀᆞᆯᄋᆞ샤ᄃᆡ아니니라書애ᄀᆞᆯ오ᄃᆡ享은儀ㅣ하니儀ㅣ物에及디몯ᄒᆞ면ᄀᆞᆯ온享이 아니니志ᄅᆞᆯ享애役디아니ᄒᆞᆯ씨라ᄒᆞ니

●書、周書洛誥之篇、享、奉上也、儀、禮也、物、幣也、役、用也、言雖享、而禮意不及其幣、則是不享矣、以其不用志于享故也

爲其不成享也ㅣ니라

그享을成티몯홈을爲ᄒᆞ야니라

●孟子、釋書意如此

屋廬子ㅣ悅이어ᄂᆞᆯ或이問之ᄒᆞᆫ대屋廬子ㅣ曰季子ᄂᆞᆫ不得之鄒ㅣ오儲子ᄂᆞᆫ得之平陸일시니라

屋廬子ㅣ悅ᄒᆞ거ᄂᆞᆯ或이무론대屋廬子ㅣᄀᆞᆯ오ᄃᆡ季子ᄂᆞᆫ시러곰鄒에 가디몯ᄒᆞᆯ개시

오儲子ᄂᆞᆫ시러곰平陸에갈개실씨니라

●徐氏、曰季子、爲君居守、不得往他國、以見孟子、則以幣交、而禮意已備、儲子、爲齊相、可以至齊之境內、而不來見、則雖以幣交、而禮意、不及其物也

○淳于髡이曰先名實者ᄂᆞᆫ爲人也ㅣ오後名實者ᄂᆞᆫ自爲也ㅣ니夫子ㅣ在三卿之中ᄒᆞ샤名實이未加於上下而去之ᄒᆞ시니仁者도固如此乎ㅣ잇가 先後爲皆去聲

淳于髡이ᄀᆞᆯ오ᄃᆡ名實을先ᄒᆞᄂᆞᆫ者ᄂᆞᆫ人을爲홈이오名實을後ᄒᆞᄂᆞᆫ者ᄂᆞᆫᄉᆞᄉᆞ로爲홈이니夫子ㅣ三卿人中애겨샤名實이上下의加티몯ᄒᆞ야셔去ᄒᆞ시니仁者도진실로이러ᄃᆞᆺᄒᆞ니잇가

●名、聲譽也、實、事功也、言以名實爲先而爲之者、是有志於救民者也、以名實爲後而不爲者、是欲獨善其身者也、名實、未加於上下、言上未能正其君、下未能濟其民也

孟子ㅣ曰居下位ᄒᆞ야不以賢事不肖者ᄂᆞᆫ伯夷也ㅣ오五就湯ᄒᆞ며五就桀者ᄂᆞᆫ伊尹也ㅣ오不惡汙君ᄒᆞ며不辭小官者ᄂᆞᆫ柳下惠也ㅣ니三子者ㅣ不同道ᄒᆞ나其趨ᄂᆞᆫ一也ㅣ니一者ᄂᆞᆫ何也오曰仁也ㅣ라君子ᄂᆞᆫ亦仁而已矣니何必同이리오 惡趨竝去聲

孟子ㅣᄀᆞᆯᄋᆞ샤ᄃᆡ下位에居ᄒᆞ야賢으로ᄡᅥ不肖ᄅᆞᆯ事티아니ᄒᆞᆫ者ᄂᆞᆫ伯夷오다ᄉᆞᆺ적湯의게就ᄒᆞ며다ᄉᆞᆺ적桀의게就ᄒᆞᆫ者ᄂᆞᆫ伊尹이오汙君을惡티아니ᄒᆞ며小官을辭티아

니ᄒᆞᆫ者ᄂᆞᆫ柳下惠니三子ㅣ道ㅣ同티아니ᄒᆞ나 그趨ᄂᆞᆫᄒᆞᆫ가지니ᄒᆞᆫ가지믄엇디오ᄀᆞᆯ온仁이라君子ᄂᆞᆫᄯᅩᄒᆞᆫ仁일ᄯᆞᄅᆞᆷ이니엇디반ᄃᆞ시同ᄒᆞ리오

●仁者、無私心而合天理之謂、楊氏、曰伊尹之就湯、以三聘之勤也、其就桀也、湯、進之也、湯、豈有伐桀之意哉、其進伊尹以事之也、欲其悔過遷善而已、伊尹、旣就湯、則以湯之心、爲心矣、及其終也、人歸之、天命之、不得已而伐之耳、若湯、初求伊尹、卽有伐桀之心、而伊尹、遂相之以伐桀、是、以取天下爲心也、以取天下爲心、豈聖人之心哉

曰魯繆公之時예公儀子ㅣ爲政ᄒᆞ고子柳子思ㅣ爲臣이로ᄃᆡ魯之削也ㅣ滋甚ᄒᆞ니若是乎賢者之無益於國也ㅣ어

ᄀᆞᆯ오ᄃᆡ魯繆公ㅅ時예公儀子ㅣ政을ᄒᆞ고子柳와子思ㅣ臣이되야쇼ᄃᆡ魯의削ᄒᆞ욤이더옥甚ᄒᆞ니이러ᄐᆞ시賢者의國에益ᄒᆞ욤이업ᄉᆞᆷ이여

●公儀子、名、休、爲魯相、子柳、泄柳也、削、地見侵奪也、髡、譏孟子、雖不去、亦未必、能有爲也

曰虞ㅣ不用百里奚而亡ᄒᆞ고秦穆公이用之而霸ᄒᆞ니不用賢則亡이니削을何可得與ㅣ리오(與平聲)

ᄀᆞᆯ오ᄃᆡ虞ㅣ百里奚ᄅᆞᆯ用티아니ᄒᆞ야亡ᄒᆞ고秦穆公이用ᄒᆞ야霸ᄒᆞ니賢을用티아니ᄒᆞ면亡ᄒᆞᄂᆞ니削을엇디可히得ᄒᆞ리오

●百里奚事、見前篇

曰昔者에王豹ㅣ處於淇而河西ㅣ善謳ᄒᆞ고綿駒ㅣ處於高唐而

齊右ㅣ善歌ᄒᆞ고華周杞梁之妻ㅣ善哭其夫而變國俗ᄒᆞ니有諸內면必形諸外ᄒᆞᄂᆞ니爲其事而無其功者를髡이未嘗覩之也ㅣ로니是故로無賢者也ㅣ니有則髡必識之ㅣ니이다 華去聲

골오ᄃᆡ 녜王豹ㅣ淇예處ᄒᆞ욤애河西ㅣ謳를善히ᄒᆞ고綿駒ㅣ高唐애處ᄒᆞ욤애齊右ㅣ歌를善히ᄒᆞ고華周와杞梁의妻ㅣ그夫를善히哭ᄒᆞ욤애國俗을變ᄒᆞ니內예이시면반ᄃᆞ시外예形ᄒᆞᄂᆞ니그事를ᄒᆞ고그功이업슨者를髡이일쯕보디몯ᄒᆞ연노니이런故로賢ᄒᆞᆫ者ㅣ업ᄉᆞ니이시면髡이반ᄃᆞ시알리이다

●王豹、衛人、善謳、淇、水名、綿駒、齊人、善歌、高唐、齊西邑、華周、杞梁、二人、皆齊臣、戰死於莒、其妻、哭之哀、國俗、化之、皆善哭、髡、以此、譏孟子仕齊無功、未足爲賢也

曰孔子ㅣ爲魯司寇ㅣ러시니不用ᄒᆞ고從而祭에燔肉이不至어늘不稅冕而行ᄒᆞ시니不知者는以爲爲肉也ㅣ라ᄒᆞ고其知者는以爲爲無禮也ㅣ라ᄒᆞ니乃孔子則欲以微罪行ᄒᆞ샤不欲爲苟去ᄒᆞ시니君子之所爲를衆人이固不識也ㅣ니다 稅音脫、爲肉爲無之爲、去聲

골ᄋᆞ샤ᄃᆡ孔子ㅣ魯ㅅ司寇ㅣ되여겨시더니用티아니ᄒᆞ고조ᄎᆞ祭홈애燔肉이至티아니ᄒᆞ거ᄂᆞᆯ冕을稅티아니ᄒᆞ고行ᄒᆞ시니아디몯ᄒᆞᄂᆞᆫ者ᄂᆞᆫ뻐肉을爲ᄒᆞ시다ᄒᆞ고그아노라ᄒᆞᄂᆞᆫ者ᄂᆞᆫ뻐禮ㅣ업슴을爲ᄒᆞ시다ᄒᆞ니孔子ᄂᆞᆫ則微ᄒᆞᆫ罪로뻐行코쟈ᄒᆞ샤苟去ᄒᆞ고쟈아니ᄒᆞ시니君子의ᄒᆞᄂᆞᆫ바를衆人이진실로아디몯ᄒᆞᄂᆞ니라

●按史記、孔子、爲魯司寇、攝行相事、齊人、聞而懼、於是、以女樂、遺魯君、季桓

子、與魯君、往觀之、怠於政事、子路、曰夫子、可以行矣、孔子、曰魯今且郊、如致膰于大夫、則吾猶可以止、桓子、卒受齊女樂、郊又不致膰肉于大夫、孔子、遂行、孟子、言以爲爲肉者、固不足道、以爲爲無禮、則亦未爲深知孔子者、蓋聖人、於父母之國、不欲顯其君相之失、又不欲爲無故而苟去故、不以女樂去、而以膰肉行、其見幾去聲明決、而用意忠厚、固非衆人、所能識也、然則孟子之所爲、豈髡之所能識哉、○尹氏、曰淳于髡、未嘗知仁、亦未嘗識賢也、宜乎其言、若是

○孟子ㅣ曰五霸者는三王之罪人也ㅣ오今之諸侯는五霸之罪人也ㅣ오今之大夫는今之諸侯之罪人也ㅣ니라

孟子ㅣᄀᆞᆯᄋᆞ샤ᄃᆡ五霸는三王의罪人이오이젯諸侯는五霸의罪人이오 이젯대우는이젯諸侯의罪人이니라

●趙氏、曰五霸、齊桓、晉文、秦穆、宋襄、楚莊也、三王、夏禹、商湯、周文武也、丁氏、曰夏、昆吾、商、大彭、豕韋、周、齊桓晉文、謂之五霸

天子ㅣ適諸侯曰巡狩ㅣ오諸侯ㅣ朝於天子曰述職이니春省耕而補不足ᄒᆞ며秋省斂而助不給ᄒᆞᄂᆞ니入其疆ᄒᆞ니土地辟ᄒᆞ며田野治ᄒᆞ며養老尊賢ᄒᆞ며俊傑이在位則有慶이니慶以地ᄒᆞ고入其疆ᄒᆞ니土地荒蕪ᄒᆞ며遺老失賢ᄒᆞ며掊克이在位則有讓이니一不朝則貶其爵ᄒᆞ고再不朝則削其地ᄒᆞ고三不朝則六師로移之ᄒᆞᄂᆞ니是故로天子는討而不伐ᄒᆞ고諸侯는伐而不討ᄒᆞᄂᆞ니五霸者는摟諸侯ᄒᆞ야以伐諸侯者也ㅣ라故로

曰五霸者는三王之罪人也ㅣ니라 朝音潮辟與闢同治去聲

天子ㅣ諸侯의게適ᄒᆞ욤을ᄀᆞᆯ오ᄃᆡ巡狩ㅣ오諸侯ㅣ天子ㅅ긔朝ᄒᆞ욤을ᄀᆞᆯ온述職이니春에耕을省ᄒᆞ야不足을補ᄒᆞ며秋에斂을省ᄒᆞ야不給을助ᄒᆞᄂᆞ니그疆애入ᄒᆞ니土地ㅣ辟ᄒᆞ며田野ㅣ治ᄒᆞ며老를養ᄒᆞ며賢을尊ᄒᆞ며俊傑이位예이시면慶이인ᄂᆞ니慶ᄒᆞᄃᆡ地로ᄡᅥᄒᆞ고그疆에入ᄒᆞ니土地ㅣ荒蕪ᄒᆞ며老를遺ᄒᆞ며賢을失ᄒᆞ며掊克이位예이시면讓이인ᄂᆞ니ᄒᆞᆫ적朝티아니면그爵을貶ᄒᆞ고두적朝티아니면그地를削ᄒᆞ고세적朝티아니면六師로移ᄒᆞᄂᆞ니이런故로天子ᄂᆞᆫ討ᄒᆞ고伐티아니ᄒᆞ고諸侯ᄂᆞᆫ伐ᄒᆞ고討티몯ᄒᆞᄂᆞ니五霸ᄂᆞᆫ諸侯를摟ᄒᆞ야ᄡᅥ諸侯를伐ᄒᆞᄂᆞᆫ者ㅣ라故로ᄀᆞᆯ오ᄃᆡ五霸ᄂᆞᆫ三王의罪人이니라

●慶、賞也、益其地以賞之也、掊克、聚斂也、讓、責也、移之者、誅其人而變置之也討者、出命以討其罪、而使方伯連帥、帥諸侯以伐之也、伐者、奉天子之命、聲其罪而伐之也、摟、牽也、五霸、牽諸侯、以伐諸侯、不用天子之命也、自入其疆、至則有讓、言巡狩之事、自一不朝、至六師移之、言述職之事

五霸에桓公이爲盛ᄒᆞ더니葵丘之會예諸侯ㅣ束牲載書而不歃血ᄒᆞ고初命曰誅不孝ᄒᆞ며無易樹子ᄒᆞ며無以妾爲妻ㅣ라ᄒᆞ고再命曰尊賢育才ᄒᆞ야以彰有德이라ᄒᆞ고三命曰敬老慈幼ᄒᆞ며無忘賓旅ㅣ라ᄒᆞ고四命曰士無世官ᄒᆞ며官事無攝ᄒᆞ며取士必得ᄒᆞ며無專殺大夫ㅣ라ᄒᆞ고五命曰無曲防ᄒᆞ며無遏糴ᄒᆞ며無有封而不告ㅣ라ᄒᆞ고曰凡我同盟之人은旣盟之後에言歸于好ㅣ라ᄒᆞ니今之諸侯ㅣ皆犯此五禁ᄒᆞᄂᆞ니故로曰今

之諸侯는五霸之罪人也ㅣ니라 歃所洽反糴音狄好去聲

五霸에桓公이盛ᄒᆞ더니葵丘ㅅ會에諸侯ㅣ牲을束ᄒᆞ고書를載ᄒᆞ고血을歃디아니ᄒᆞ고처엄의命ᄒᆞ야ᄀᆞᆯ오ᄃᆡ不孝를誅ᄒᆞ며樹ᄒᆞᆫ子를易디말며妾으로ᄡᅥ妻를삼디말라ᄒᆞ고둘재命ᄒᆞ야ᄀᆞᆯ오ᄃᆡ賢을尊ᄒᆞ며才를育ᄒᆞ야ᄡᅥ有德을彰ᄒᆞ라ᄒᆞ고셋재命ᄒᆞ야ᄀᆞᆯ오ᄃᆡ老를敬ᄒᆞ며幼를慈ᄒᆞ며賓旅를忘티말라ᄒᆞ고넷재命ᄒᆞ야ᄀᆞᆯ오ᄃᆡ士를世로官티말며官事를攝디말며士를取홈애반ᄃᆞ시得ᄒᆞ며대우를專殺티말라ᄒᆞ고다ᄉᆞᆺ재命ᄒᆞ야ᄀᆞᆯ오ᄃᆡ防을曲히말며糴을遏티말며封홈이잇고告티아니티말라ᄒᆞ고ᄀᆞᆯ오ᄃᆡ믈읫우리同盟ᄒᆞᆫ人은이믜同盟ᄒᆞᆫ後에好애歸홀띠라ᄒᆞ니 이제諸侯ㅣ다이五禁을犯ᄒᆞᄂᆞ니故로ᄀᆞᆯ오ᄃᆡ이제諸侯ᄂᆞᆫ五霸의罪人이니라

●按春秋傳、僖公九年、葵丘之會、陳牲而不殺、讀書加於牲上、壹明天子之禁、樹、立也、已立世子、不得擅易、初命三事、所以脩身正家之要也、賓、賓客也、旅、行旅也、皆當有以待之、不可忽忘也、士、世祿而不世官、恐其未必賢也、官事無攝、當廣求賢才以充之、不可以闕人廢事也、取士必得、必得其人也、無專殺大夫、有罪則請命于天子而後、殺之也、無曲防、不得曲爲隄防、壅泉激水、以專小利病鄰國也、無遏糴、鄰國凶荒、不得閉糴也、無有封而不告者、不得專封國邑、而不告天子也

長君之惡은其罪ㅣ小ᄒᆞ고逢君之惡은其罪ㅣ大ᄒᆞ니今之大夫ㅣ皆逢君之惡ᄒᆞᄂᆞ니故로曰今之大夫ᄂᆞᆫ今之諸侯之罪人也ㅣ니라 長上聲

君의惡을長ᄒᆞ욤은그罪ㅣ小ᄒᆞ고君의惡을逢ᄒᆞ욤은其罪ㅣ大ᄒᆞ니 이젯ㅣ대우ㅣ다君의惡을逢ᄒᆞᄂᆞ니故로ᄀᆞᆯ오ᄃᆡ이젯대우ᄂᆞᆫ이젯諸侯의罪人이니라

●君有過、不能諫、又順之者、長君之惡也、君之過、未萌而先意導之者、逢君之惡也、○林氏、曰邵子、有言治春秋者、不先治五霸之功罪、則事無統理、而不得聖人

滑 어지러울활亂也

之心、春秋之間、有功者、未有大於五覇、有過者、亦未有大於五覇故、五覇者、功之首、罪之魁也、孟子此章之義、其亦若此也與、然、五覇、得罪於三王、今之諸侯、得罪於五覇、皆出於異世、故、得以逃其罪、至於今之大夫、宜得罪於今之諸侯、則同時矣、而諸侯、非惟莫之罪也、乃反以爲良臣、而厚禮之、不以爲罪、而反以爲功何其謬哉、

○魯ㅣ欲使愼子로爲將軍이러니

魯ㅣ愼子로ᄒᆞ여곰將軍을삼고져ᄒᆞ더니

●愼子、魯臣、

孟子ㅣ曰不敎民而用之를謂之殃民이니殃民者ᄂᆞᆫ不容於堯舜之世니라

孟子ㅣᄀᆞᆯᄋᆞ샤ᄃᆡ民을敎티아니ᄒᆞ고用ᄒᆞ욤을民을殃홈이라닐ᄋᆞᄂᆞ니民을殃ᄒᆞᄂᆞᆫ者ᄂᆞᆫ堯舜ㅅ世예容티몯ᄒᆞᄂᆞ니라

●敎民者、敎之禮義、使知入事父兄、出事長上也、用之、使之戰也、

一戰勝齊ᄒᆞ야遂有南陽이라도然且不可ㅣ로소이다

ᄒᆞᆫ번戰ᄒᆞ야齊를勝ᄒᆞ야드듸여南陽을둘띠라도그러나또可티아니ᄒᆞ니라

●是時、魯、蓋欲使愼子、伐齊、取南陽也、故、孟子、言就使愼子、善戰、有功如此、且猶不可、

愼子ㅣ勃然不悅曰此則滑釐의所不識也ㅣ로소이다

愼子ㅣ勃然히悅티아니ᄒᆞ야ᄀᆞᆯ오ᄃᆡ이ᄂᆞᆫ滑釐의아디몯ᄒᆞᆯ배로소이다

●滑釐、愼子、名、

曰吾ㅣ明告子호리라 天子之地ㅣ方千里니 不千里면 不足以待諸侯ㅣ오 諸侯之地ㅣ方百里니 不百里면 不足以守宗廟之典籍이니라

ᄀᆞᆯᄋᆞ샤ᄃᆡ내明히子ᄃᆞ려告호리라天子의地ㅣ方이千里니千里옷몯ᄒᆞ면足히ᄡᅥ諸侯를待티몯ᄒᆞ고諸侯의地ㅣ方이百里니百里옷몯ᄒᆞ면足히ᄡᅥ宗廟의典籍을守티몯ᄒᆞᄂᆞ니라

●待諸侯、謂待其朝覲聘問之禮、宗廟典籍、祭祀會同之常制也、

周公之於封魯에 爲方百里也ㅣ니 地非不足이로ᄃᆡ 而儉於百里ᄒᆞ며 太公之封於齊也애 亦爲方百里也ㅣ니 地非不足也ㅣ로ᄃᆡ 而儉於百里ᄒᆞ니라

周公이魯에封ᄒᆞ욤애方百里를ᄒᆞ니地ㅣ不足ᄒᆞᆫ줄이아니로ᄃᆡ百里예儉ᄒᆞ며太公이齊예封ᄒᆞ욤애ᄯᅩᄒᆞᆫ方百里를ᄒᆞ니地ㅣ不足ᄒᆞᆫ줄이아니로ᄃᆡ百里예儉ᄒᆞ니라

●二公、有大勳勞於天下、而其封國、不過百里、儉、止而不過之意也、

今魯ㅣ方百里者ㅣ五ㅣ니 子ㅣ以爲有王者ㅣ作則魯ㅣ在所損乎아 在所益乎아

이제魯ㅣ方이百里ㄴ者ㅣ五ㅣ니子ㅣᄡᅥᄒᆞ요ᄃᆡ王者ㅣ作ᄒᆞ리이시면魯ㅣ損ᄒᆞᆯ빠애이시랴益ᄒᆞᆯ빠애이시랴

●魯地之大、皆幷呑小國而得之、有王者作、則必在所損矣、

徒 다만도但也　鄕 向同

徒取諸彼ᄒᆞ야以與此ㅣ라도 然且仁者 不爲온 況於殺人以求之乎아

ᄒᆞᆫ갓뎌에取ᄒᆞ야뻐이를與ᄒᆞᆯ띠라도그러나또仁ᄒᆞᆫ者ㅣᄒᆞ디아니ᄒᆞ곤ᄒᆞ믈며人을殺ᄒᆞ야뻐求ᄒᆞ리아

●徒、空也、言不殺人而取之也、

君子之事君也ᄂᆞᆫ務引其君以當道ᄒᆞ야志於仁而已니라

君子의君을事ᄒᆞ옴은힘뻐그君을引ᄒᆞ야뻐道애當ᄒᆞ야仁에志ᄒᆞᆯᄯᆞᄅᆞᆷ이니라

●當道、謂事合於理、志仁、謂心在於仁、

○孟子ㅣ曰今之事君者ㅣ曰我ㅣ能爲君ᄒᆞ야辟土地ᄒᆞ며充府庫ㅣ라ᄒᆞᄂᆞ니今之所謂良臣이오古之所謂民賊也ㅣ라君不鄕道ᄒᆞ야不志於仁이어든而求富之ᄒᆞ니是ᄂᆞᆫ富桀也ㅣ니라 爲去聲辟與闢同下省同

孟子ㅣᄀᆞᄅᆞ샤ᄃᆡ이제君을事ᄒᆞᄂᆞᆫ者ㅣᄀᆞᆯ오ᄃᆡ내能히君을爲ᄒᆞ야土地를辟ᄒᆞ며府庫를充ᄒᆞ노라ᄒᆞᄂᆞ니이제닐온밧良臣이오녜닐온밧民의賊이라君이道애鄕티아니ᄒᆞ야仁에志티아니ᄒᆞ거든富ᄒᆞ옴을求ᄒᆞ니이ᄂᆞᆫ桀을富케홈이니라

●辟、開墾也、

我ㅣ能爲君ᄒᆞ야約與國ᄒᆞ야戰必克이라ᄒᆞᄂᆞ니今之所謂良臣이오古之所謂民賊也ㅣ라君不鄕道ᄒᆞ야不志於仁이어든而求爲之强戰ᄒᆞ니是ᄂᆞᆫ輔

與 음여 施與

桀也ㅣ니라

내能히君을爲ᄒᆞ야與國을約ᄒᆞ야戰홈애반ᄃᆞ시克ᄒᆞ노라ᄒᆞᄂᆞ니이제날온밧良臣이오녜날온밧民의賊이라君이道애鄕티아니ᄒᆞ야仁에志티아니ᄒᆞ거든爲ᄒᆞ야强히戰홈을求ᄒᆞ니이ᄂᆞᆫ桀을輔홈이니라

●約、要結也。與國、和好相與之國也。

由今之道ᄒᆞ야無變今之俗이면雖與之天下ㅣ라도不能一朝居也ㅣ니라

이젯道로말미암아이젯俗을變티아니ᄒᆞ면비록天下를與ᄒᆞ야能히一朝도居티몯ᄒᆞ리니라

●言必爭奪、而至於危亡也、

○白圭曰吾欲二十而取一ᄒᆞ노니何如ᄒᆞ니잇고

白圭ㅣ골오ᄃᆡ내二十에셔一을取코져ᄒᆞ노니엇더ᄒᆞ니잇고

●白圭、名、丹、周人也、欲更稅法、二十分而取其一分、林氏、曰按史記、白圭、能薄飮食、忍嗜欲、與童僕、同苦樂、樂觀時變、人棄我取、人取我與、以此、居積致富其爲此論、蓋欲以其術、施之國家也、

孟子ㅣ曰子之道ᄂᆞᆫ貉道也ㅣ로다 貉音陌

孟子ㅣ골ᄋᆞ샤ᄃᆡ子의道ᄂᆞᆫ貉의道ㅣ로다

●貉、北方夷狄之國名也、

萬室之國에一人이陶則可乎아曰不可ᄒᆞ니器不足用也ㅣ니이다

萬室ㅅ國에一人이陶ᄒᆞ면可ᄒᆞ나골오ᄃᆡ可티아니ᄒᆞ니器ㅣ用홈에足디몯ᄒᆞ리니

이다

● 孟子、設喩以詰圭、而圭亦知其不可也、

曰夫貉은五穀이不生ᄒᆞ고惟黍ㅣ生之ᄒᆞᄂᆞ니無城郭宮室宗廟祭祀之禮ᄒᆞ며無諸侯幣帛饔飧ᄒᆞ며無百官有司ㅣ라故로二十에取一而足也ㅣ니라 夫音扶

골ᄋᆞ샤ᄃᆡ貉은五穀이生티몯ᄒᆞ고오직黍ㅣ生ᄒᆞᄂᆞ니城郭과宮室과宗廟와祭祀ᄒᆞᄂᆞᆫ禮ㅣ업ᄉᆞ며諸侯의幣帛과饔飧이업ᄉᆞ며百官有司ㅣ업ᄉᆞᆫ디라故로二十에一을取ᄒᆞ야도足ᄒᆞ니라

● 北方、地寒、不生五穀、黍早熟故、生之、饔飧、以飮食饋客之禮也、

今에居中國ᄒᆞ야去人倫ᄒᆞ며無君子ㅣ면如之何其可也ㅣ리오

이제中國에居ᄒᆞ야人倫을去ᄒᆞ며君子ㅣ업ᄉᆞ면엇디그可ᄒᆞ리오

● 無君臣祭祀交際之禮、是、去人倫、無百官有司、是、無君子、

陶ㅣ以寡ㅣ라도且不可以爲國이온況無君子乎아

陶ㅣᄡᅥ寡ᄒᆞ야도可히ᄡᅥ國을ᄒᆞ다몯ᄒᆞᆯ꺼시온ᄒᆞ믈며君子ㅣ업ᄉᆞᆷ가

● 因其辭以折之、

欲輕之於堯舜之道者ᄂᆞᆫ大貉애小貉也ㅣ오欲重之於堯舜之道者ᄂᆞᆫ大桀애小桀也ㅣ니라

堯舜의道애서輕케코져ᄒᆞᄂᆞᆫ者ᄂᆞᆫ大貉애小貉이오堯舜의道에서重케코져ᄒᆞᄂᆞᆫ者ᄂᆞᆫ大桀의小桀이니라

●什一而稅、堯舜之道也、多則桀、寡則貉、今欲輕重之、則是、小貉、小桀而已、

○白圭ㅣ曰丹之治水也ㅣ愈於禹호이다

白圭ㅣ골오ᄃᆡ丹의水를治홈이禹의서愈호이다

●趙氏、曰當時諸侯、有小水、白圭、爲之築堤、壅而注之他國、

孟子ㅣ曰子ㅣ過矣로다禹之治水는水之道也ㅣ니

孟子ㅣ골ᄋᆞ샤ᄃᆡ禹ㅣ過ᄒᆞ도다禹의水를治ᄒᆞ샤믄水에道ㅣ니라

●順水之性也、

是故로禹ㅣ以四海爲壑이어시늘今에吾子는以隣國爲壑이로다

이런故로禹는四海로ᄡᅥ壑을삼거시늘이제吾子는隣國으로ᄡᅥ壑을삼놋다

●壑、受水處也、

水逆行을謂之洚水ㅣ니洚水者는洪水也ㅣ라仁人之所惡也ㅣ니吾子ㅣ過矣로다 惡去聲

水ㅣ逆行홈을洚水ㅣ라니ᄅᆞ니洚水는洪水ㅣ라仁人의惡ᄒᆞ는배니吾子ㅣ過ᄒᆞ도다

●水逆行者、下流壅塞故、水逆流、今乃壅水、以害人、則與洪水之災、無異矣、

○孟子ㅣ曰君子ㅣ不亮이면惡乎執이리오

孟子ㅣ골ᄋᆞ샤ᄃᆡ君子ㅣ亮티아니ᄒᆞ면어ᄃᆡ執ᄒᆞ리오

●亮、信也、與諒、同、惡平執、言凡、事苟且、無所執持也、

○魯ㅣ欲使樂正子로爲政이러니孟子ㅣ曰吾ㅣ聞之ᄒᆞ고喜而不寐호라

惡 어지 오何也

魯ㅣ樂正子로ᄒᆞ여곰政을ᄒᆞ게코져ᄒᆞ더니孟子ㅣ갈ᄋᆞ샤ᄃᆡ내듣고喜ᄒᆞ야寐티몯ᄒᆞ라

●喜其道之得行、

公孫丑ㅣ曰樂正子는强乎가ㅣ잇曰否라ㅣ有知慮乎가ㅣ잇曰否라ㅣ多聞識乎가ㅣ잇曰否라ㅣ 知去聲

公孫丑ㅣ갈오ᄃᆡ樂正子ᄂᆞᆫ强ᄒᆞ니잇가갈ᄋᆞ샤ᄃᆡ아니라知慮ㅣ인ᄂᆞ니잇가갈ᄋᆞ샤ᄃᆡ아니라聞識이多ᄒᆞ니잇가갈ᄋᆞ샤ᄃᆡ아니라

●此三者、皆當世之所尙、而樂正子之所短故、丑、疑而歷問之、

然則奚爲喜而不寐시니잇고

그러면엇디喜ᄒᆞ야寐티아니ᄒᆞ시니잇고

●丑、問也、

曰其爲人也ㅣ好善이니라好善이足乎가ㅣ잇 好去聲 下同

갈ᄋᆞ샤ᄃᆡ그사ᄅᆞᆷ이로옴이善을好ᄒᆞᄂᆞ니라善을好ᄒᆞ욤이足ᄒᆞ니잇가

●丑、問也、

曰好善이優於天下ㅣ온而況魯國乎ㅣᄯᆞ녀

갈ᄋᆞ샤ᄃᆡ善을好ᄒᆞ욤이天下애도優ᄒᆞ곤ᄒᆞ믈며魯國이ᄯᆞ녀

●優 有餘裕也、言雖治天下、尙有餘力也、

夫苟好善則四海之內ㅣ皆將輕千里而來ᄒᆞ야告之以善ᄒᆞ고 夫音扶

진실로善을好ᄒᆞ면四海ㅅ內ㅣ다쟝ᄎᆞᆺ千里ᄅᆞᆯ輕히너겨來ᄒᆞ야告호ᄃᆡ善으로ᄡᅥᄒᆞ

訑音移

고 ●輕、易也、言不以千里、爲難也、

夫苟不好善則人將曰訑訑를予ㅣ旣已知之矣로라ᄒᆞ리니訑訑之聲音顔色이距人於千里之外ᄒᆞᄂᆞ니士ㅣ止於千里之外則讒諂面諛之人이至矣리니與讒諂面諛之人으로居ㅣ면國欲治인ᄃᆞᆯ可得乎아

진실로善을好티아니ᄒᆞ면人이장ᄎᆞᆺ ᄀᆞᆯ오ᄃᆡ訑訑히흠을내이믜아로라ᄒᆞ리니訑訑ᄒᆞᄂᆞᆫ聲音과顔色이人을千里ㅅ外예距ᄒᆞᄂᆞ니士ㅣ千里ㅅ外예止ᄒᆞ면讒諂ᄒᆞ며面諛ᄒᆞᄂᆞᆫ人이至ᄒᆞ리니讒諂ᄒᆞ며面諛ᄒᆞᄂᆞᆫ人으로더브러居ᄒᆞ면國이治코져ᄒᆞᆫᄃᆞᆯ可히得ᄒᆞ랴

●訑訑、自足其智、不嗜善言之貌、君子小人、迭爲消長、直諒多聞之士、遠則讒諂面諛之人至、理勢然也、○此章言、爲政、不在於用一己之長、而貴於有以來天下之善。

○陳子ㅣ曰古之君子ㅣ何如則仕ㅣ니잇고孟子ㅣ曰所就ㅣ三이오所去ㅣ三이니라

陳子ㅣᄀᆞᆯ오ᄃᆡ녜君子ㅣ엇디ᄒᆞ면仕ᄒᆞ니잇고孟子ㅣᄀᆞᆯᄋᆞ샤ᄃᆡ就ᄒᆞᄂᆞᆫ배三이오去ᄒᆞᄂᆞᆫ배三이니라

●其目、在下、

迎之致敬以有禮ᄒᆞ며言將行其言也則就之ᄒᆞ고禮貌未衰나言弗行也則去之니라

迎ᄒᆞ옴애敬을致ᄒᆞ야ᄡᅥ禮을두며言호ᄃᆡ장ᄎᆞᆺ그言을行호려ᄒᆞ면就ᄒᆞ고 禮貌ㅣ衰티아니ᄒᆞ나言이行티몯ᄒᆞ면去ᄒᆞᄂᆞ니라

●所謂見行可之仕、若孔子、於季桓子、是也、受女樂而不朝、則去之矣、

其次ᄂᆞᆫ雖未行其言也나ㅣ迎之致敬以有禮則就之ᄒᆞ고禮貌衰則去之니라

그次ᄂᆞᆫ비록그言을行티아니ᄒᆞ나迎ᄒᆞ옴애敬을致ᄒᆞ야ᄡᅥ禮를두면就ᄒᆞ고 禮貌ㅣ衰ᄒᆞ면去ᄒᆞᄂᆞ니라

▲所謂際可之仕、若孔子、於衛靈公、是也、故、與公、遊於囿、公、仰視蜚鴈而後、去之、

其下ᄂᆞᆫ朝不食ᄒᆞ며夕不食ᄒᆞ야飢餓不能出門戶ㅣ어든君이聞之曰吾ㅣ大者를不能行其道ᄒᆞ고又不能從其言也ᄒᆞ야使飢餓於我土地를吾ㅣ恥之라ᄒᆞ고周之ㄴ댄亦可受也ㅣ어니와免死而已矣니라

그下ᄂᆞᆫ朝애食디몯ᄒᆞ며夕애食디몯ᄒᆞ야飢餓ᄒᆞ야能히門戶애出티몯ᄒᆞ거든君이듣고ᄀᆞᆯ오ᄃᆡ내大ᄒᆞ니론能히그道를行티몯ᄒᆞ고ᄯᅩ能히그言을從티몯ᄒᆞ야ᄒᆞ여곰내土地예셔飢餓케홈을내恥ᄒᆞ노라ᄒᆞ고周ᄒᆞᆯ면댄ᄯᅩᄒᆞᆫ可히受ᄒᆞᆯ꺼시어니와死를免ᄒᆞᆯ만ᄒᆞᆯᄯᆞᄅᆞᆷ이니라

●所謂公養之仕也、君之於民、固有周之之義、況此又有悔過之言、所以可受、然未至於飢餓、不能出門戶、則猶不受也、其曰免死而已、則其所受、亦有節矣、

○孟子ㅣ曰舜은發於畎畝之中ᄒᆞ시고傅說은擧於版築之間ᄒᆞ고膠

鬲은擧於魚鹽之中ᄒᆞ고管夷吾ᄂᆞᆫ擧於士ᄒᆞ고孫叔敖ᄂᆞᆫ擧於海ᄒᆞ고百里奚ᄂᆞᆫ擧於市ᄒᆞ니라 說音悅

孟子ㅣ ᄀᆞᆯᄋᆞ샤ᄃᆡ舜은畎畝人中애셔發ᄒᆞ시고傅說은版築人間애擧ᄒᆞ고膠鬲은魚鹽人中애擧ᄒᆞ고管夷吾ᄂᆞᆫ士애擧ᄒᆞ고孫叔敖ᄂᆞᆫ海애擧ᄒᆞ고百里奚ᄂᆞᆫ市예擧ᄒᆞ니라

●舜、耕歷山、三十登庸、說、築傅巖、武丁、擧之、膠鬲、遭亂、鬻販魚鹽、文王、擧之、管仲、囚於士官、桓公、擧以相國、孫叔敖、隱處海濱、楚莊王、擧之爲令尹、百里奚、事見前篇、

故로天將降大任於是人也ㅣ신댄必先苦其心志ᄒᆞ며勞其筋骨ᄒᆞ며餓其體膚ᄒᆞ며空乏其身ᄒᆞ야行拂亂其所爲ᄒᆞᄂᆞ니所以動心忍性ᄒᆞ야曾益其所不能이니라 曾與增同

故로天이쟝ᄎᆞᆺ大任을是人의게降호려ᄒᆞ신댄반ᄃᆞ시몬져그心志를苦케ᄒᆞ며그筋骨을勞케ᄒᆞ며그體膚를餓케ᄒᆞ며그身을空乏케ᄒᆞ야行ᄒᆞ욤애그ᄒᆞᄂᆞᆫ바를拂亂케ᄒᆞᄂᆞ니뻐心을動ᄒᆞ며性을忍ᄒᆞ야그能티몯ᄒᆞᄂᆞᆫ바를曾益ᄒᆞᄂᆞᆫ배니라

●降大任、使之任大事也、若舜以下、是也、空、窮也、乏、絶也、拂、戾也、言使之所爲不、遂、多背戾也、動心忍性、謂竦動其心、堅忍其性也、然、所謂性、亦指氣稟食色而言耳、程子、曰若要熟也、須從這裏過、

人恒過然後에能改ᄒᆞᄂᆞ니困於心ᄒᆞ며衡於慮而後에作ᄒᆞ며徵於色ᄒᆞ며發於聲而後에喩ᄒᆞᄂᆞ니라 衡與橫同

拂 弼同

人은덛더디過ᄒᆞᆫ然後에能히改ᄒᆞᄂᆞ니心에困ᄒᆞ며慮에衡ᄒᆞᆫ後에作ᄒᆞ며色에徵ᄒᆞ며聲에發ᄒᆞᆫ後에喩ᄒᆞᄂᆞ니라

●恒、常也、猶言大率也、橫、不順也、作、奮起也、徵、驗也、喩、曉也、此、又言中人之性、常必有過然後、能改、蓋不能謹於平日故、必事勢窮蹙、以至困於心、橫於慮然後、能奮發而興起、不能燭於幾微故、必事理暴著、以至驗於人之色、發於人之聲然後、能警悟而通曉也、

入則無法家拂士ᄒᆞ고出則無敵國外患者ᄂᆞᆫ國恒亡이니라

入ᄒᆞ면法家와拂士ㅣ업고出ᄒᆞ면敵國과外患이업ᄉᆞᆫ者ᄂᆞᆫ國이덛더디亡ᄒᆞᄂᆞ니라

●此、言國亦然也、法家、法度之世臣也、拂士、輔弼之賢士也、

然後에知生於憂患而死於安樂也ㅣ니라 樂音洛

그런後에憂患애生ᄒᆞ고安樂애死ᄒᆞ믈알띠니라

●以上文觀之則知人之生、全出於憂患、而死亡、由於安樂矣、○尹氏、曰言困窮拂鬱、能堅人之志、而熟人之仁、以安樂、失之者、多矣、

○孟子ㅣ曰敎ㅣ亦多術矣니予ㅣ不屑之敎誨也者ᄂᆞᆫ是亦敎誨之而已矣니라

孟子ㅣ골ᄋᆞ샤ᄃᆡ敎홈이ᄯᅩ術이多ᄒᆞ니내屑히너겨敎誨티아니홈은이ᄯᅩᄒᆞᆫ敎誨홀ᄯᆞᄅᆞᆷ이니라

●多術、言非一端、屑、潔也、不以其人爲潔、而拒絶之、所謂不屑之敎誨也、其人、若能感此、退自脩省則是亦我、敎誨之也、○尹氏、曰言或抑、或揚、或與、或不與、各因其材而篤之、無非敎也

原本

孟子集註卷之十二 終

原本

孟子集註卷之十三

盡心章句上

凡四十六章

○孟子ㅣ曰盡其心者는 知其性也니 知其性則知天矣니라

孟子ㅣ ᄀᆞᆯᄋᆞ샤ᄃᆡ 그 心을 盡ᄒᆞᄂᆞᆫ者ᄂᆞᆫ 그 性을 알쎠니 그 性을 알면 天을 아ᄂᆞ니라

●心者、人之神明、所以具衆理、而應萬事者也、性、則心之所具之理、而天、又理之所從以出者也、人有是心、莫非全體、然、不窮理、則有所蔽、而無以盡乎此心之量故、能極其心之全體、而無不盡者、必其能窮夫理、而無不知者也、旣知其理、則其所從出、亦不外是矣、以大學之序、言之、知性則物格之謂、盡心則知至之謂也

存其心ᄒᆞ야 養其性은 所以事天也ㅣ오

그 心을 存ᄒᆞ야 그 性을 養ᄒᆞ욤은 ᄡᅥ 天을 事ᄒᆞᄂᆞᆫ배오

●存、謂操而不舍、養謂順而不害、事、則奉承而不違也

貳 弃이할이疑也

夭壽에 不貳ᄒᆞ야 脩身以俟之는 所以立命也ㅣ니라

夭壽에 貳티 아니ᄒᆞ야 身을 修ᄒᆞ야 ᄡᅥ 俟ᄒᆞ욤은 ᄡᅥ 命을 立ᄒᆞᄂᆞᆫ배니라

●夭、壽、命之短長也、貳、疑也、不貳者、知天之至、修身以俟死、則事天以終身也、立命 謂全其天之所付、不以人爲害之、○程子、曰心也、性也、天也、一理也、自理而言、謂之天、自稟受而言、謂之性、自存諸人而言、謂之心、張子、曰由太虛、有天之名、由氣化、有道之名、合虛與氣、有性之名、合性與知覺、有心之名、愚、謂盡心知性而知天、所以造(土到反)其理也、存心養性以事天、所以履其事也、不知其理、固

莫 업슬 막 無也
巖 놉흘 암 峻也
舍 노흘 사 捨也

不能履其事、然、徒造其理、而不履其事、則亦無以有諸已矣、知天而不以殀壽、貳其心、智之盡也、事天而能修身以俟死、仁之至也、智有不盡、固不知所以爲仁、然、智而不仁、則亦將流蕩不法、而不足以爲智矣

○孟子ㅣ曰莫非命也ㅣ나順受其正이니라

孟子ㅣᄀᆞᆯᄋᆞ샤ᄃᆡ命이아니니업ᄉᆞ나그正을順히受ᄒᆞᆯ띠니라

●人物之生、吉凶禍福、皆天所命、然、惟莫之致而至者、乃爲正命故、君子、脩身以俟之、以順受乎此也

是故로知命者는不立乎巖墻之下ᄒᆞᄂᆞ니라

이런故로命을아ᄂᆞᆫ者ᄂᆞᆫ巖墻ㅅ下애立디아니ᄒᆞᄂᆞ니라

●命、謂正命、巖墻、墻之將覆者、知正命、則不處危地、以取覆壓之禍

盡其道而死者는正命也ㅣ오

그道를盡ᄒᆞ야死ᄒᆞᄂᆞᆫ者ᄂᆞᆫ正ᄒᆞᆫ命이오

●盡其道、則所値之吉凶、皆莫之致而至者矣

桎梏死者는非正命也ㅣ니라

桎梏ᄒᆞ야死ᄒᆞᄂᆞᆫ者ᄂᆞᆫ正ᄒᆞᆫ命이아니니라

●桎梏、所以拘罪人者、言犯罪而死、與立巖墻之下者、同、皆人所取、非天所爲也

○此章與上章、蓋一時之言、所以發其末句未盡之意

○孟子ㅣ曰求則得之ᄒᆞ고舍則失之ᄒᆞᄂᆞ니是求는有益於得也ㅣ니求在我者也ㅣ일시니라

强 강잉할강 勉也

孟子ㅣᄀᆞᆯᄋᆞ샤ᄃᆡ求ᄒᆞ면得ᄒᆞ고舍ᄒᆞ면失ᄒᆞᄂᆞ니이求ᄂᆞᆫ得홈애益홈이인ᄂᆞ니내게인ᄂᆞᆫ者를求ᄒᆞᆯ씨니라

●在我者、謂仁義禮智、凡性之有者

求之有道ᄒᆞ고**得之有命**ᄒᆞ니**是求**ᄂᆞᆫ**無益於得也**ㅣ니**求在外者也**일ᄉᆡ니라

求ᄒᆞ욤이道ㅣ잇고得ᄒᆞ욤이命이이시니이求ᄂᆞᆫ得홈애益홈이업ᄉᆞ니外예인ᄂᆞᆫ者를求ᄒᆞᆯ씨니라

●有道、言不可妄求、有命、則不可必得、在外者、謂富貴利達、凡外物、皆是、○趙氏曰言爲仁、由己、富貴、在天、如不可求、從吾所好

○孟子ㅣ曰萬物이**皆備於我矣**니

孟子ㅣᄀᆞᆯᄋᆞ샤ᄃᆡ萬物이다내게備ᄒᆞ얏ᄂᆞ니

●此、言理之本然也、大則君臣父子、小則事物細微、其當然之理、無一不具於性分之內也

反身而誠이면**樂莫大焉**이오 樂音洛

身애反ᄒᆞ야誠ᄒᆞ면樂이이만크니업고

●誠、實也、言反諸身、而所備之理、皆如惡惡臭、好好色之實、然則其行之、不待勉强而無不利矣、其爲樂、孰大於是

强恕而行이면**求仁**이**莫近焉**이니라

恕를强ᄒᆞ야行ᄒᆞ면仁을求홈이이만갓가오니업ᄉᆞ니라

●强、勉强也、恕、推己以及人也、反身而誠則仁矣、其有未誠、則是猶有私意之隔、而理未純也、故、當凡事勉强、推己及人、庶幾心公理得、而仁不遠也、○此章、言

萬物之理、具於吾身、體之而實、則道在我、而樂有餘、行之以恕、則私不容、而仁可得

○孟子ㅣ曰行之而不著焉ᄒᆞ며習矣而不察焉이라終身由之而不知其道者ㅣ衆也ㅣ니라

孟子ㅣᄀᆞᆯᄋᆞ샤ᄃᆡ行호ᄃᆡ著티몯ᄒᆞ며習호ᄃᆡ察티몯ᄒᆞᄂᆞ다라身이終토록由ᄒᆞ야도그道를아디몯ᄒᆞᆫ者ㅣ衆ᄒᆞ니라

●所者、知之明、察者、識之精、言方行之、而不能明其所當然、既習矣、而猶不識其著以然、所以終身由之、而不知其道者多也

○孟子ㅣ曰人不可以無恥니無恥之恥면無恥矣리라

孟子ㅣᄀᆞᆯᄋᆞ샤ᄃᆡ人이可히ᄡᅧ恥업디몯ᄒᆞᆯ꺼시니恥업슴을恥ᄒᆞ면恥ㅣ업스리니라

●趙氏、曰人能恥己之無所恥、是能改行去聲從善之人、終身、無復有恥辱之累矣

○孟子ㅣ曰恥之於人에大矣라

孟子ㅣᄀᆞᆯᄋᆞ샤ᄃᆡ恥ㅣ사ᄅᆞᆷ의게크다

●恥者、吾所固有羞惡之心也、存之則進於聖賢、失之則入於禽獸、故、所繫、爲甚大

爲機變之巧者ᄂᆞᆫ無所用恥焉이니라

機變ㅅ巧를ᄒᆞᄂᆞᆫ者ᄂᆞᆫ恥를ᄡᅳᆯ배업ᄉᆞ니라

●爲機械變詐之巧者、所爲之事、皆人所深恥、而彼方且自以爲計、故、無所用其愧恥之心也

亟 빈삭 할긔 頻數

句 씨일 홈구 地名

囂 자득 할효 自得

不恥ㅣ不若人이면何若人有ㅣ리오

恥티아니홈이사ᄅᆞᆷᄀᆞᆮ디몯ᄒᆞ면므서시사ᄅᆞᆷᄀᆞᄐᆞᆫ이이시리오

●但無恥一事、不如人、則事事、不如人矣、或曰不恥其不如人、則何能有如人之事、其義、亦通、或、問人有恥不能之心、如何、程子、曰恥其不能而爲之、可也、恥其不能而掩藏之、不可也

○孟子ㅣ曰古之賢王이好善而忘勢ᄒᆞ더니古之賢士ㅣ何獨不然이리오樂其道而忘人之勢라故로王公이不致敬盡禮則不得亟見之ᄒᆞ니見且猶不得亟온而況得而臣之乎아 好去聲 樂音洛

孟子ㅣᄀᆞᆯᄋᆞ샤ᄃᆡ녜賢ᄒᆞᆫ王이善을好ᄒᆞ야勢ᄅᆞᆯ忘ᄒᆞ더니녜賢ᄒᆞᆫ士ㅣ엇디ᄒᆞ올로그러티아니리오그道ᄅᆞᆯ樂ᄒᆞ야人의勢ᄅᆞᆯ忘ᄒᆞ는디라故로王公이敬을致ᄒᆞ며禮ᄅᆞᆯ盡티아니ᄒᆞ면시러곰ᄌᆞ로見티몯ᄒᆞ니見ᄒᆞ욤도ᄯᅩ오히려시러곰ᄌᆞ로몯ᄒᆞ곤ᄒᆞ믈며시러곰臣ᄒᆞ랴

●言君、當屈己以下賢、士、不枉道而求利、二者、勢若相反、而實則相成、蓋亦各盡其道而已

○孟子ㅣ謂宋句踐曰子ㅣ好遊乎아吾ㅣ語子遊호리라 好語皆去聲

孟子ㅣ宋句踐ᄃᆞ려닐어ᄀᆞᆯᄋᆞ샤ᄃᆡ子ㅣ遊ᄒᆞ욤을好ᄒᆞᄂᆞ냐내子ᄃᆞ려遊ᄅᆞᆯ語호리라

●宋、姓、句踐、名、遊、遊說也

人知之라도亦囂囂ᄒᆞ며人不知라도亦囂囂ㅣ니라

人이知ᄒᆞᆯᄣᅢ라도ᄯᅩᄒᆞᆫ囂囂ᄒᆞ며人이知티몯ᄒᆞᆫᄣᅢ라도ᄯᅩᄒᆞᆫ囂囂ᄒᆞᆯ디니라

●趙氏、曰囂囂、自得無欲之貌

見 보일 현 現也

曰何如아ㅣ라 斯可以囂囂矣ㅣ잇고 曰尊德樂義則可以囂囂矣니라 樂音洛

골오ᄃᆡ 엇더ᄒᆞ야아 이可히ᄡᅧ囂囂ᄒᆞ리잇고 골ᄋᆞ샤ᄃᆡ 德을尊ᄒᆞ며 義를樂ᄒᆞ면 可히
ᄡᅧ囂囂ᄒᆞᆯ이니라

●德、謂所得之善、尊之則有以自重、而不慕乎人爵之榮、義、謂所守之正、樂之則有以自安、而不徇乎外物之誘矣

故로士ᄂᆞᆫ窮不失義ᄒᆞ며達不離道ㅣ니라 離力智反

故로士ᄂᆞᆫ窮ᄒᆞ야ᄯᅩ義를失티아니ᄒᆞ며達ᄒᆞ야도道애離티아니ᄒᆞᄂᆞ니라

●言不以貧賤而移、不以富貴而淫、此、尊德樂義、見於行事之實也

窮不失義故로士得己焉ᄒᆞ고達不離道故로民不失望焉이니라

窮ᄒᆞ야도義를失티아니ᄒᆞᄂᆞᆫ故로士ㅣ己를得ᄒᆞ고達ᄒᆞ야도道애離티아니ᄒᆞᄂᆞᆫ故로民이望을失티아니ᄒᆞᄂᆞ니라

●得己、言不失己也、民不失望、言人、素望其興道致治、而今、果如所望也

古之人이得志ᄒᆞ안澤加於民ᄒᆞ고不得志ᄒᆞ안修身見於世ᄒᆞ니窮則獨善其身ᄒᆞ고達則兼善天下ㅣ니라

녯사ᄅᆞᆷ이志를得ᄒᆞ야ᄂᆞᆫ澤이民의게加ᄒᆞ고志를得디몯ᄒᆞ야ᄂᆞᆫ身을修ᄒᆞ야世예見ᄒᆞ니窮ᄒᆞ면그身을호올로善ᄒᆞ고達ᄒᆞ면天下를兼ᄒᆞ야善ᄒᆞ니라

●見、謂名實之顯著也、此、又言士得己、民不失望之實、○此章、言內重而外輕、則無往而不善

○孟子ㅣ曰待文王而後에興者ᄂᆞᆫ凡民也ㅣ니若夫豪傑之士ᄂᆞᆫ

雖無文王이라도猶興이니라 夫音扶

孟子ㅣ ᄀᆞᆯᄋᆞ샤ᄃᆡ 文王을待ᄒᆞᆫ後에興ᄒᆞᄂᆞᆫ者ᄂᆞᆫ民凡이니만일에豪傑읫士ᄂᆞᆫ비록文王이업ᄉᆞᆫ때라도오히려興ᄒᆞᄂᆞ니라

●興者、感動奮發之意、凡民、庸常之人也、豪傑、有過人之才智者也、蓋降衷秉彝人所同得、唯上智之資、無物欲之蔽、爲能無待於敎、而自能感發以有爲也

○孟子ㅣ曰附之以韓魏之家라도如其自視欿然이면則過人이遠矣니라 欿音坎

孟子ㅣ ᄀᆞᆯᄋᆞ샤ᄃᆡ 附ᄒᆞᄃᆡ韓과魏ㅅ家로ᄡᅥᄒᆞᆯ띠라도만일에그스스로視ᄒᆞᆷ이欿然ᄒᆞ면人에過ᄒᆞᆷ이遠ᄒᆞ니라

●附、益也、韓魏、晉卿、富家也、欿然、不自滿之意、尹氏、曰言有過人之識、則不以富貴爲事

○孟子ㅣ曰以佚道使民이면雖勞나不怨ᄒᆞ고以生道殺民이면雖死나不怨殺者니라

孟子ㅣ ᄀᆞᆯᄋᆞ샤ᄃᆡ 佚ᄒᆞᆫ道로ᄡᅥ民을使ᄒᆞ면비록勞ᄒᆞ나怨티아니ᄒᆞ고生ᄒᆞᆫ道로ᄡᅥ民을殺ᄒᆞ면비록死ᄒᆞ나殺ᄒᆞᄂᆞᆫ者를怨티아니ᄒᆞᄂᆞ니라

●程子、曰以佚道使民、謂本欲佚之也、播穀乘屋之類、是也、以生道殺民、謂本欲生之也、除害去惡之類、是也、蓋不得已、而爲其所當爲、則雖咈民之欲、而民不怨、其不然者、反是

○孟子ㅣ曰霸者之民은驩虞如也오王者之民은皥皥如也니라

孟子ㅣ ᄀᆞᆯᄋᆞ샤ᄃᆡ 霸者의民은驩虞ᄃᆞᆺᄒᆞ고王者의民은皥皥ᄃᆞᆺᄒᆞᄂᆞ니라

庸 쓸용 用也

●驩虞、與歡娛同、皡皡、廣大自得之貌、程子、曰驩虞、有所造爲而然、豈能久也、耕田、鑿井、帝力、何有於我、如天之自然、乃王者之政、楊氏、曰所以致人驩虞、必有違道干譽之事、若王者、則如天、亦不令人喜、亦不令人怒

殺之而不怨ᄒᆞ며利之而不庸이라民日遷善而不知爲之者ㅣ니라

殺ᄒᆞ야도怨티아니ᄒᆞ며利ᄒᆞ야도庸티아니ᄒᆞᄂᆞ니라民이日로善에遷호ᄃᆡᄒᆞᄂᆞᆫ者를아디몯ᄒᆞᄂᆞ니라

●此、所謂皡皡如也、庸、功也、豐氏、曰因民之所惡而去之、非有心於殺之也、何怨之有、因民之所利而利之、非有心於利之也、何庸之有、輔其性之自然、使自得之故、民日遷善、而不知誰之所爲也

夫君子ᄂᆞᆫ所過者ㅣ化ᄒᆞ며所存者ㅣ神이라上下ㅣ與天地同流ᄒᆞᄂᆞ니豈曰小補之哉리오 夫音扶

君子ᄂᆞᆫ過ᄒᆞᆫ배化ᄒᆞ며存ᄒᆞᆫ배神ᄒᆞᆫ디라上下ㅣ天地로더브러同流ᄒᆞᄂᆞ니 엇디小補ᄒᆞ다니ᄅᆞ리오

●君子、聖人之通稱也所過者、化、身所經歷之處、即人無不化、如舜之耕歷山而田者、遜畔、陶河濱而器不苦窳也、所存者、神、心所存主處、便神妙不測、如孔子之立斯立、道去聲斯行、綏斯來、動斯和、莫知其所以然而然也、是其德業之盛、乃與天地之化、同運並行、擧一世而甄陶之、非如霸者、但小小補塞其罅漏而已、此則王道之所以爲大、而學者、所當盡心也

○孟子ㅣ曰仁言이不如仁聲之入人深也ㅣ니라

孟子ㅣᄀᆞᄅᆞ샤ᄃᆡ仁ᄒᆞᆫ聲이人의게入홈이深홈만ᄀᆞᆮ디몯ᄒᆞ니라

●程子ㅣ曰仁言、謂以仁厚之言、加於民、仁聲、謂仁聞、謂有仁之實、而爲衆所稱道者也、此、尤見仁德之昭著故、其感人、尤深也

善政이不如善教之得民也ㅣ니라

善ᄒᆞᆫ政이善ᄒᆞᆫ敎의民을得ᄒᆞᆷ만ᄀᆞᆺ디몯ᄒᆞ니라

●政、謂法度禁令、所以制其外也、敎、謂道德齊禮、所以格其心也

善政은民이畏之ᄒᆞ고善教ᄂᆞᆫ民이愛之ᄒᆞᄂᆞ니善政은得民財ᄒᆞ고善教ᄂᆞᆫ得民心이니라

善ᄒᆞᆫ政은民이畏ᄒᆞ고善ᄒᆞᆫ敎ᄂᆞᆫ民이愛ᄒᆞᄂᆞ니善ᄒᆞᆫ政은民의財ᄅᆞᆯ得ᄒᆞ고善ᄒᆞᆫ敎ᄂᆞᆫ民의心을得ᄒᆞᄂᆞ니라

●得民財者ᄂᆞᆫ百姓이足而君無不足也、得民心者ᄂᆞᆫ不遺其親、不後其君也

○孟子ㅣ曰人之所不學而能者ᄂᆞᆫ其良能也ㅣ오所不慮而知者ᄂᆞᆫ其良知也ㅣ니라

孟子ㅣᄀᆞᆯᄋᆞ샤ᄃᆡ人의學디아니ᄒᆞ여도能ᄒᆞᄂᆞᆫ바ᄂᆞᆫ그良能이오慮티아니ᄒᆞ여도知ᄒᆞᄂᆞᆫ바ᄂᆞᆫ그良知니라

●良者ᄂᆞᆫ本然之善也、程子ㅣ曰良知良能이皆無所由ㅣ라乃出於天이오不繫於人이니라

孩提之童이無不知愛其親也ㅣ며及其長也ᄒᆞ야無不知敬其兄也ㅣ니라 長上聲下同

孩提옛童이그親愛ᄒᆞ욤을아디아니리업스며長홈애밋처그兄敬홈을아디아니리업스니라

●孩提 二三歲之間、知孩笑、可提抱者也、愛親敬長 所謂良知良能也

親親은仁也ㅣ오敬長은義也ㅣ니無他ㅣ라達之天下也ㅣ니라

親을親ᄒᆞ욤은仁이오長을敬ᄒᆞ욤은義니他ㅣ업ᄉᆞᆫ디라天下에達ᄒᆞᆯ써니라

●言親親敬長、雖一人之私、然、達之天下、無不同者、所以爲仁義也

○孟子ㅣ曰舜之居深山之中에與木石居ᄒᆞ시며與鹿豕遊ᄒᆞ시니其所以異於深山之野人者ㅣ幾希러시니及其聞一善言ᄒᆞ시며見一善行ᄒᆞ산若決江河ㅣ라沛然莫之能禦也ㅣ러시다 行去聲

孟子ㅣᄀᆞᆯᄋᆞ샤ᄃᆡ舜이深山人가온ᄃᆡ居ᄒᆞ심애木과石으로더브러居ᄒᆞ시며鹿과豕로더브러遊ᄒᆞ시니그ᄡᅥ深山人野人의게달온배幾希ᄒᆞ더시니그ᄒᆞᆫ善言을聞ᄒᆞ시며ᄒᆞᆫ善行을見ᄒᆞ심애밋ᄎᆞ샤ᄂᆞᆫ江河ᄅᆞᆯ決ᄒᆞᆫ디라沛然ᄒᆞ야能히禦ᄒᆞᆯ이업ᄉᆞᆫ더시다

●居深山、謂耕歷山時也、蓋聖人之心、至虛至明、渾然之中、萬理畢具、一有感觸、則其應甚速、而無所不通、非孟子造道之深、不能形容至此也

○孟子ㅣ曰無爲其所不爲ᄒᆞ며無欲其所不欲이니如此而已矣니라

孟子ㅣᄀᆞᆯᄋᆞ샤ᄃᆡ그ᄒᆞ디아니ᄒᆞᆯ빠ᄅᆞᆯᄒᆞ디말며그欲디아니ᄒᆞᆯ빠ᄅᆞᆯ欲디마ᄅᆞᆯ띠니이러ᄐᆞᆺᄒᆞᆯᄯᆞᄅᆞᆷ이니라

●李氏、曰有所不爲不欲、人皆有是心也、至於私意一萌、而不能以禮義制之、則爲所不爲、欲所不欲者、多矣、能反是心、則所謂擴充其羞惡之心者、而義不可勝用矣、故 曰如此而已矣

○孟子ㅣ曰人之有德慧術知者ᄂᆞᆫ恒存乎疢疾이니라 知去聲疢丑刃反

孟子ㅣᄀᆞᆯᄋᆞ샤ᄃᆡ人의德의慧와術의知를둔ᄂᆞᆫ者ᄂᆞᆫ덛덛이疢疾에인ᄂᆞ니라

●德慧者、德之慧、術知者、術之知、疢疾、猶災患也、言人必有疢疾、則能動心忍性、增益其所不能也

獨孤臣孼子ᄂᆞᆫ其操心也ㅣ危ᄒᆞ며其慮患也ㅣ深故로達이니라

오직孤臣과孼子ᄂᆞᆫ그心을操홈이危ᄒᆞ며그患을慮홈이深ᄒᆞᆫ故로達ᄒᆞᄂᆞ니라

●孤臣、遠臣、孼子、庶子、皆不得於君親、而常有疢疾者也、達、謂達於事理、即所謂德慧術知也

○孟子ㅣ曰有事君人者ᄒᆞ니事是君則爲容悅者也ㅣ니라

孟子ㅣᄀᆞᆯᄋᆞ샤ᄃᆡ君을事ᄒᆞᄂᆞᆫ人이이시니이君을事ᄒᆞ면容ᄒᆞ며悅홈을ᄒᆞᄂᆞᆫ者ㅣ니라

●阿徇以爲容、逢迎以爲悅、此、鄙夫之事、妾婦之道也

有安社稷臣者ᄒᆞ니以安社稷爲悅者也ㅣ니라

社稷을安ᄒᆞᄂᆞᆫ臣이이시니社稷을安ᄒᆞ욤으로ᄡᅥ悅을삼ᄂᆞᆫ者ㅣ니라

●言大臣之計安社稷、如小人之務悅其君、眷眷於此而不忘也

有天民者ᄒᆞ니達可行於天下而後에行之者也ㅣ니라

天民인者ㅣ이시니達ᄒᆞ야可히天下애行ᄒᆞ얌즉ᄒᆞᆫ後에行ᄒᆞᄂᆞᆫ者ㅣ니라

●民者、無位之稱、以其全盡天理、乃天之民、故、謂之天民、必其道、可行於天下然後、行之、不然則寧沒世不見知而不悔、不肯小用其道、以徇於人也、張子、曰必功覆斯民然後、出、如伊呂之徒

有大人者ᄒᆞ니正己而物正者也ㅣ니라

大人인者ㅣ이시니己를正홈애物이正ᄒᆞᄂᆞᆫ者ㅣ니라

●大人、德盛而上下化之、所謂見龍在田、天下文明者○此章、言人品不同、略有四等、容悅佞臣、不足言、安社稷則忠矣、然、猶一國之士也、天民、則非一國之士矣、然、猶有意也無意無必、唯其所在、而物無不化、惟聖者、能之

○孟子ㅣ曰君子ㅣ有三樂而王天下ㅣ不與存焉이니라 樂音洛王與皆去聲

孟子ㅣ골ᄋᆞ샤ᄃᆡ君子ㅣ세樂이이쇼ᄃᆡ天下애王ᄒᆞ욤이與ᄒᆞ야存티아니ᄒᆞ니라

父母ㅣ俱存ᄒᆞ며兄弟ㅣ無故ㅣ一樂也ㅣ오

父母ㅣ다存ᄒᆞ며兄弟ㅣ故ㅣ업숨이ᄒᆞᆫ樂이오

●此、人所深願、而不可必得者、今既得之、其樂、可知

仰不愧於天ᄒᆞ며俯不怍於人이二樂也ㅣ오

仰ᄒᆞ야天에愧티아니ᄒᆞ며俯ᄒᆞ야人에怍디아니홈이두樂이오

●程子、曰人能克己、則仰不愧、俯不怍、心廣體胖、其樂、可知、有息則餒矣

得天下英才而教育之ㅣ三樂也ㅣ니

天下앳英才를得ᄒᆞ야教育홈이세樂이니

●盡得一世明睿之才、而以所樂乎己者、教而養之、則斯道之傳、得之者、衆、而天下後世、將無不被其澤矣、聖人之心、所願欲者、莫大於此 今既得之、其樂、爲何如哉

君子ㅣ有三樂而王天下ㅣ不與存焉이니라

睟 음락 할수 潤澤
喩 立유 잘유 曉也

君子ㅣ셰樂이이쇼ᄃᆡ天下애王ᄒᆞ욤이與ᄒᆞ야存티아니ᄒᆞ니라
●林氏ㅣ曰此三樂者、一係於天、一係於人、其可以自致者、惟不愧不怍而已、學者可不勉哉

○孟子ㅣ曰廣土衆民을君子ㅣ欲之나所樂은不存焉이니라 樂音洛下同
孟子ㅣ ᄀᆞᆯᄋᆞ샤ᄃᆡ 土ㅣ 廣ᄒᆞ며 民이 衆홈을 君子ㅣ 欲ᄒᆞ나 樂ᄒᆞᄂᆞᆫ바ᄂᆞᆫ 存티 아니ᄒᆞ니라
●地闢、民聚、澤可遠施故、君子、欲之、然、未足以爲樂也

中天下而立ᄒᆞ야定四海之民을君子ㅣ樂之나所性은不存焉이니라
天下애 中ᄒᆞ야 立ᄒᆞ야 四海人民을 定ᄒᆞ욤을 君子ㅣ 樂ᄒᆞ나 性인바ᄂᆞᆫ 存티 아니ᄒᆞ니라
●其道、大行、無一夫不被其澤、故、君子、樂之、然、其所得於天者、則不在是也

君子所性은雖大行이나不加焉이며雖窮居ㅣ나不損焉이니分定故也ㅣ니라 分去聲
君子의 性인바ᄂᆞᆫ 비록 크기 行ᄒᆞ나 加티 아니ᄒᆞ며 비록 窮히 居ᄒᆞ나 損티 아니ᄒᆞᄂᆞ니 分이 定ᄒᆞᆫ 故ㅣ니라
●分者、所得於天之全體、故、不以窮達而有異

君子所性은仁義禮智ㅣ根於心이라其生色也ㅣ睟然見於面ᄒᆞ며盎於背ᄒᆞ며施於四體ᄒᆞ야四體ㅣ不言而喩ㅣ니라
君子의 性인바ᄂᆞᆫ 仁과 義와 禮와 智ㅣ 心에 根ᄒᆞ얏ᄂᆞᆫ디라 그 色애 生ᄒᆞ욤이 睟然히 面

盎 성한모양앙 盎貌

辟 피할피 避也

盍 하합불 不何

에見ᄒᆞ며背예盎ᄒᆞ며四體에施ᄒᆞ야四體ㅣ言티아니ᄒᆞ야셔喻ᄒᆞᄂᆞ니라

●上言所性之分與所欲所樂、不同、此、乃言其蘊也、仁義禮智、性之四德也、根、本也、生、發見也、睟然、淸和潤澤之貌、盎、豐厚盈溢之意、施於四體、謂見於動作威儀之間也、喻、曉也、四體不言而喻、言四體、不待吾言、而自能曉吾意也、蓋氣禀、淸明、無物欲之累、則性之四德、根本於心、其積之盛、則發而著見於外者、不待言而無不順也、程子、曰睟面盎背、皆積盛致然、四體不言而喻、唯有德者、能之、

○此章、言君子、固欲其道之大行、然、其所得於天者、則不以是而有所加損也

○孟子ㅣ曰伯夷ㅣ辟紂ᄒᆞ야居北海之濱이러니聞文王作興ᄒᆞ고曰盍歸乎來오리吾聞西伯은善養老者ㅣ라ᄒᆞ고太公이辟紂ᄒᆞ야居東海之濱이러니聞文王作興ᄒᆞ고曰盍歸乎來오리吾聞西伯은善養老者ㅣ라ᄒᆞ니天下애有善養老則仁人이以爲己歸矣니라

孟子ㅣ골ᄋᆞ샤ᄃᆡ伯夷ㅣ紂ᄅᆞᆯ辟ᄒᆞ야北海人濱에居ᄒᆞ더니文王의作興홈을듣고골오ᄃᆡ엇디歸ᄒᆞ야來티아니ᄒᆞ리오나ᄂᆞᆫ西伯은老者ᄅᆞᆯ善養ᄒᆞᆫ다드로라ᄒᆞ고太公이紂ᄅᆞᆯ辟ᄒᆞ야東海人濱에居ᄒᆞ더니文王의作興홈을듣고골오ᄃᆡ엇디歸ᄒᆞ야來티아니ᄒᆞ리오나ᄂᆞᆫ西伯은老者ᄅᆞᆯ善養ᄒᆞᆫ다드로라ᄒᆞ니天下애老ᄅᆞᆯ善養ᄒᆞ리이시면仁人이ᄡᅥ己의歸ᄅᆞᆯ삼ᄂᆞ니라

●己歸、謂己之所歸、餘見前篇

五畝之宅애樹墻下以桑ᄒᆞ야匹婦ㅣ蠶之則老者ㅣ足以衣帛矣며五母鷄와二母彘ᄅᆞᆯ無失其時면老者ㅣ足以無失肉矣며百畝

易 쉬울이 不難

之田을匹夫ㅣ耕之면八口之家ㅣ可以無饑矣리라 衣去聲

五畝人宅애墻下애樹호ᄃᆡ桑으로ᄡᅥᄒᆞ야匹婦ㅣ蠶ᄒᆞ면老者ㅣ足히ᄡᅥ帛을衣ᄒᆞ리며五母ㅅ鷄와二母ㅅ彘로그時를失홈이업ᄉᆞ면老者ㅣ足히ᄡᅥ肉을失홈이업ᄉᆞ리며百畝田을匹夫ㅣ耕ᄒᆞ면八口ㅅ집이可ᄡᅥ饑家홈이업ᄉᆞ리라

●此、文王之政也、一家、養母鷄五、母彘二也、餘見前篇

所謂西伯이善養老者ᄂᆞᆫ制其田里ᄒᆞ야敎之樹畜ᄒᆞ며導其妻子ᄒᆞ야使養其老ㅣ니五十에非帛不煖ᄒᆞ며七十에非肉不飽ᄒᆞᄂᆞ니不煖不飽를謂之凍餒니文王之民이無凍餒之老者ㅣ此之謂也ㅣ니라

닐온바西伯이老者를善養타홈은그田里를制ᄒᆞ야樹ᄒᆞ며畜홈을敎ᄒᆞ며그妻子를導ᄒᆞ야ᄒᆞ여곰그老를養케홈이니五十에帛이아니면煖티아니ᄒᆞ며七十에肉이아니면飽티아니ᄒᆞᄂᆞ니煖티아니ᄒᆞ며飽티아니홈을凍ᄒᆞ며餒홈이라니ᄅᆞᄂᆞ니文王의民이凍ᄒᆞ며餒ᄒᆞᆫ老者ㅣ업다홈이이를닐옴이니라

●田、謂百畝之田、里謂五畝之宅、樹、耕桑、畜、謂鷄彘也、趙氏、曰善養老者、敎導之、使可以養其老耳、非家賜而人益之也

○孟子ㅣ曰易其田疇ᄒᆞ며薄其稅斂이면民可使富也ㅣ니라 斂去聲

孟子ㅣᄀᆞᆯᄋᆞ샤ᄃᆡ그田疇를易ᄒᆞ며그稅斂을薄히ᄒᆞ면民을可히ᄒᆞ여곰富케ᄒᆞᆯ이니라

●易、治也、疇、耕治之田也

食之以時ᄒᆞ며用之以禮면財不可勝用也ㅣ니라 勝音升

食ᄒᆞ옴을時로ᄡᅥᄒᆞ며用ᄒᆞ옴을禮로ᄡᅥᄒᆞ면財를可히이긔여用티몯ᄒᆞᆯ이니라

●教民節儉、則財用足也

民非水火ㅣ면不生活이로ᄃᆡ昏暮애叩人之門戶ᄒᆞ야求水火ㅣ어든無弗與者ᄂᆞᆫ至足矣ᄅᆞᆯ시니聖人이治天下애使有菽粟을如水火ㅣ니菽粟이如水火ㅣ면而民이焉有不仁者乎ㅣ리오焉於虔反

民이水火ㅣ아니면生活티몯ᄒᆞᆯ개시로ᄃᆡ昏暮애人의門戶를叩ᄒᆞ야水火를求ᄒᆞ야든與티아닐者ㅣ업숨은지극히足ᄒᆞᆯ써니聖人이天下를治ᄒᆞ심애ᄒᆞ여곰菽粟둠을水火ᄀᆞᆮ티ᄒᆞ시ᄂᆞ니菽粟이水火ᄀᆞᆮᄐᆞ면民이엇디仁티아닌者ㅣ이시리오

●水火、民之所急、宜其愛之、而反不愛者、多故也、尹氏、曰言禮義、生於富足、民無常產、則無常心矣

○孟子ㅣ曰孔子ㅣ登東山而小魯ᄒᆞ시고登太山而小天下ᄒᆞ시니故로觀於海者애難爲水ㅣ오遊於聖人之門者애難爲言이니라

孟子ㅣᄀᆞᆯᄋᆞ샤ᄃᆡ孔子ㅣ東山애登ᄒᆞ샤魯를小히너기시고太山애登ᄒᆞ샤天下를小히너기시니故로海예觀ᄒᆞᆫ者애水되옴이어렵고聖人의門애遊ᄒᆞᆫ者에言되옴이어려옴니라

●此、言聖人之道、大也、東山 蓋魯城東之高山、而太山、則又高矣、此、言所處上聲益高則其視下、益小、所見、既大則其小者、不足觀也、難爲水、難爲言、猶仁不可爲衆之意

觀水ㅣ有術ᄒᆞ니必觀其瀾이니라日月이有明ᄒᆞ니容光애必照焉이니라

水를觀홈이術인ᄂᆞ니반ᄃᆞ시그瀾을觀홀띠니라日月이明이이시니光을容ᄒᆞᄂᆞᆫᄃᆡ반ᄃᆞ시照ᄒᆞᄂᆞ니라

●此、言道之有本也、瀾、水之湍急處也、明者、光之體、光者、明之用也、觀水之瀾則知其源之有本矣、觀日月於容光之隙、無不照則知其明之有本矣

流水之爲物也ㅣ不盈科면不行ᄒᆞᄂᆞ니君子之志於道也에도不成章이면不達이니라

流水의物이로옴이科애盈티몯ᄒᆞ면行티몯ᄒᆞᄂᆞ니君子의道애志홈애도章이成티몯ᄒᆞ면達티몯ᄒᆞᄂᆞ니라

●言學、當以漸、乃能至也、成章、所積者、厚而文章、外見也、達者、足於此而通於彼也、○此章、言聖人之道、大而有本、學之者、必以其漸、乃能至也

○孟子ㅣ曰鷄鳴而起ᄒᆞ야孶孶爲善者ᄂᆞᆫ舜之徒也ㅣ오

孟子ㅣ글ᄋᆞ샤ᄃᆡ鷄ㅣ鳴ᄒᆞ거든起ᄒᆞ야孶孶히善을ᄒᆞᄂᆞᆫ者ᄂᆞᆫ舜의徒ㅣ오

鷄鳴而起ᄒᆞ야孶孶爲利者ᄂᆞᆫ蹠之徒也ㅣ니

●孶孶、勤勉之意、言雖未至於聖人、亦聖人之徒也

鷄ㅣ鳴ᄒᆞ거든起ᄒᆞ야孶孶히利를ᄒᆞᄂᆞᆫ者ᄂᆞᆫ蹠의徒ㅣ니

●蹠、盜蹠也、

欲知舜與蹠之分인댄無他ㅣ라利與善之間也ㅣ니라

舜과다ᄆᆞᆺ蹠의分ᄒᆞ욤을알오쟈홀띤댄他ㅣ업슨디라利와다ᄆᆞᆺ善의間이니라

●程子、曰言間者、謂相去、不遠、所爭、毫末耳、善與利、公私而已矣、才出於善、便以利言也、○楊氏、曰舜蹠之相去、遠矣、而其分、乃在利善之間而已、是豈可以

不講然、講之不熟、見之不明、未有不以利爲我者、又學者、所當深察也、或、問鷄鳴而起、若未接物、如何爲善、程子、曰只主於敬、便是爲善、

○孟子ㅣ曰楊子는取爲我하니拔一毛而利天下도ㅣ라不爲也하니라

孟子ㅣᄀᆞᆯᄋᆞ샤ᄃᆡ楊子ᄂᆞᆫ我ᄅᆞᆯ爲홈을取ᄒᆞ니一毛ᄅᆞᆯ拔ᄒᆞ야天下ᄅᆞᆯ利케홀ᄯᅵ라도ᄒᆞ디아니ᄒᆞ니라

●楊子、名、朱、取者、僅足之意、取爲我者、僅足於爲我而已、不及爲人也、列子、稱其言曰伯成子高、不以一毫利物、是也、

墨子는兼愛ᄒᆞ니摩頂放踵이라도利天下ᄒᆞᆫ댄爲之ᄒᆞ니라 放上聲

墨子ᄂᆞᆫ兼ᄒᆞ야愛ᄒᆞ니頂을摩ᄒᆞ야踵애放홀ᄯᅵ라도天下ᄅᆞᆯ利케홀딘댄ᄒᆞ니라

●墨子、名、翟、兼愛、無所不愛也、摩頂、突其頂也、放、至也、

子莫은執中ᄒᆞ니執中이爲近之나執中無權이猶執一也ㅣ니라

子莫은中을執ᄒᆞ니中올執홈이近ᄒᆞ나中을執ᄒᆞ고權이업솜이오히려一을執홈이니라

●子莫、魯之賢者也、知楊墨之失中也、故、度於二者之間、而執其中、近、近道也、權、稱錘也、所以稱物之輕重、而取中也、執中而無權、則膠於一定之中、而不知變、是亦執一而已矣、程子、曰中字、最難識、須是默識心通、且試言、一廳則中央、爲中、一家則廳非中、而堂爲中、一國則堂非中、而國之中、爲中、推此類可見矣、又曰中不可執也、識得則事事物物、皆有自然之中、不待安排 安排著則不中矣、

所惡執一者는爲其賊道也ㅣ니擧一而廢百也ㅣ니라 惡爲皆去聲

一을執홈을惡ᄒᆞᄂᆞᆫ바ᄂᆞᆫ그道ᄅᆞᆯ賊홈을爲ᄒᆞ얘니一을擧ᄒᆞ고百을廢홈이니라

●賊、害也、爲我、害仁、兼愛、害義、執中者、害於時中、皆擧一而廢百者也、○此章、言道之所貴者、中、中之所貴者、權、楊氏、曰禹稷、三過其門而不入、苟不當其可、則與墨子無異、顏子、在陋巷、不改其樂、苟不當其可、則與楊氏無異、子莫、執爲我兼愛之中而無權、鄕鄰有鬪、而不知閉戶、同室有鬪、而不知救之、是亦猶執一耳、故、孟子、以爲賊道、禹、稷、顏回、易地則皆然、以其有權也、不然則是亦楊墨而已矣、

○孟子ㅣ曰饑者ㅣ甘食ᄒᆞ고渴者ㅣ甘飮ᄒᆞᄂᆞ니是ㅣ未得飮食之正也ㅣ라饑渴이害之也ㅣ니豈惟口腹이有饑渴之害리오人心이亦皆有害ᄒᆞ니라

孟子ㅣᄀᆞᄅᆞ샤ᄃᆡ饑ᄒᆞᆫ者ㅣ食을甘ᄒᆞ고渴ᄒᆞᆫ者ㅣ飮을甘ᄒᆞᄂᆞ니이飮食의正을得디몯ᄒᆞᆷ이라饑渴이害ᄒᆞᆷ이니엇디오직口腹이饑渴의害이시리오人心이ᄯᅩᄒᆞᆫ다害이ᄂᆞ니라

●口腹、爲饑渴所害故、於飮食、不暇擇而失其正味、人心、爲貧賤所害故、於富貴、不暇擇而失其正理、

人能無以饑渴之害로爲心害則不及人을不爲憂矣리라

人이能히饑渴의害로ᄡᅥ心의害를삼디아니ᄒᆞ면人의게밋디몯ᄒᆞᆷ을憂ᄒᆞ디아니ᄒᆞ리라

●人能不以貧賤之故、而動其心、則過人、遠矣、

○孟子ㅣ曰柳下惠ᄂᆞᆫ不以三公으로易其介ᄒᆞ니라

辟 비유할비 譬也

惡 엇지오 何也

孟子ㅣᄀᆞᆯᄋᆞ샤ᄃᆡ柳下惠ᄂᆞᆫ三公으로ᄡᅥ그介를易디아니ᄒᆞ니라

●介、有分辨之意、柳下惠、進不隱賢、必以其道 遺佚不怨、阨窮不憫、直道事人、至於三黜、是其介也、○此章、言柳下惠、和而不流、與孔子、論夷齊、不念舊惡、意正相類、皆聖賢、微顯闡幽之意也、

○孟子ㅣ曰有爲者ㅣ辟若掘井ᄒᆞ니掘井九軔而不及泉이면猶爲棄井也ㅣ니라 軔音刃與仞同

孟子ㅣᄀᆞᆯᄋᆞ샤ᄃᆡᄒᆞ욤이인ᄂᆞᆫ者ㅣ辟컨댄井을掘ᄒᆞ욤ᄀᆞᄐᆞ니井掘ᄒᆞᆷ을九軔을ᄒᆞᄃᆡ泉에及다몯ᄒᆞ면오히려井을棄ᄒᆞᆷ이니라

●八尺曰仞、言鑿井雖深、然、未及泉而止、猶爲自棄其井也、○呂侍講、曰仁不如堯、孝不如舜、學不如孔子、終未入於聖人之域、終未至於天道、未免爲半塗而廢、自棄前功也、

○孟子ㅣ曰堯舜은性之也ㅣ오湯武ᄂᆞᆫ身之也ㅣ오五霸ᄂᆞᆫ假之也ㅣ니라

孟子ㅣᄀᆞᆯᄋᆞ샤ᄃᆡ堯舜은性ᄒᆞ신이오湯武ᄂᆞᆫ身ᄒᆞ신이오五霸ᄂᆞᆫ假ᄒᆞᆫ이니라

●堯舜、天性渾全、不假脩習、湯武、脩身體道、以復其性、五霸則假借仁義之名、以求濟其貪欲之私耳、

久假而不歸ᄒᆞ니惡知其非有也ㅣ리오

오래假ᄒᆞ고歸티아니ᄒᆞ니엇디그有ㅣ아닌줄을알리오

●歸、還也、有、實有也、言竊其名以終身、而不自知其非眞有、或、曰蓋嘆世人、莫覺其僞者、亦通、舊說、久假不歸、即爲眞有、則誤矣、○尹氏、曰性之者、與道一也

狎닉힐압習也

身之者、履之也、及其成功、則一也、五覇則假之而已、是以、功烈、如彼其卑也、

○公孫丑ㅣ曰伊尹이曰予ㅣ不狎于不順이라ᄒᆞ고放太甲于桐ᄒᆞᆫ대民이大悅ᄒᆞ고太甲이賢커ᄂᆞᆯ又反之ᄒᆞᆫ대民이大悅ᄒᆞ니

公孫丑ㅣ글오ᄃᆡ伊尹이글오ᄃᆡ予ㅣ不順을狎디아니호리라ᄒᆞ고太甲을桐에放ᄒᆞᆫ대民이크게悅ᄒᆞ고太甲이賢커ᄂᆞᆯ또反ᄒᆞᆫ대民이크게悅ᄒᆞ니

●予不狎于不順、太甲篇文、狎、習見也、不順、言太甲所爲、不順義理也、餘見前篇

賢者之爲人臣也애其君이不賢則固可放與잇가孟子ㅣ曰有伊尹之志則可커니와無伊尹之志則簒也ㅣ니라 與平聲

賢者ㅣ人臣이되야심애그君이賢티아니ᄒᆞ면진실로可히放ᄒᆞ리잇가孟子ㅣ글ᄋᆞ샤ᄃᆡ伊尹의志ㅣ이시면可커니와伊尹의志ㅣ업스면簒홈이니라

●伊尹之志、公天下以爲心、而無一毫之私者也、

○公孫丑ㅣ曰詩曰不素餐兮라ᄒᆞ니君子之不耕而食은何也잇고孟子ㅣ曰君子ㅣ居是國也애其君이用之則安富尊榮ᄒᆞ고其子弟ㅣ從之則孝弟忠信ᄒᆞᄂᆞ니不素餐兮ㅣ孰大於是리오 餐七丹反

公孫丑ㅣ글오ᄃᆡ詩예글오ᄃᆡ素히餐티아니ᄒᆞ다ᄒᆞ니君子의耕티아니ᄒᆞ고食홈은엇디잇고孟子ㅣ글ᄋᆞ샤ᄃᆡ君子ㅣ이國에居홈애그君이用ᄒᆞ면安ᄒᆞ며富ᄒᆞ며尊ᄒᆞ며

墊 ᄲᅢ질 졈 溺也

惡 엇지 오 何也

榮ᄒᆞ고그子弟ㅣ從ᄒᆞ면孝ᄒᆞ며弟ᄒᆞ며忠ᄒᆞ며信ᄒᆞᄂᆞ니素히餐티아니홈이뉘이에셔크리오

●詩、魏國風伐檀之篇、素、空也、無功而食祿、謂之素餐、此與告陳相彭更之意、同、

○王子墊이問曰士ᄂᆞᆫ何事잇고

王子墊이묻ᄌᆞ와ᄀᆞᆯ오ᄃᆡ士ᄂᆞᆫ므서ᄉᆞᆯ事ᄒᆞᄂᆞ니잇고

●墊、齊王之子也、上則公卿大夫、下則農工商賈、皆有所事、而士居其間、獨無所事故、王子問之也、

孟子ㅣ曰尙志니라

孟子ㅣᄀᆞᆯᄋᆞ샤ᄃᆡ志ᄅᆞᆯ尙ᄒᆞᄂᆞ니라

●尙、高尙也、志者、心之所之也、士、旣未得行公卿大夫之道、又不當爲農工商賈之業、則高尙其志而已、

曰何謂尙志잇고曰仁義而已矣니殺一無罪ㅣ非仁也며非其有而取之ㅣ非義也니居惡在오仁이是也ㅣ라路惡在오義ㅣ是也ㅣ라居仁由義면大人之事ㅣ備矣니라

ᄀᆞᆯ오ᄃᆡ엇디닐온志ᄅᆞᆯ尙홈이니잇고ᄀᆞᆯᄋᆞ샤ᄃᆡ仁義ᄯᆞᄅᆞᆷ이니ᄒᆞᆫ無罪ᄅᆞᆯ殺홈이仁이아니며그두디아닐꺼ᄉᆞᆯ取ᄒᆞ욤이義ㅣ아니니居ㅣ어ᄃᆡ인ᄂᆞ뇨仁이이라路ㅣ어ᄃᆡ인ᄂᆞ뇨義ㅣ이라仁에居ᄒᆞ며義ᄅᆞᆯ由ᄒᆞ면大人의일이備홈이니라

●非仁非義之事、雖小、不爲、而所居所由、無不在於仁義、此、士所以尙其志也、

舍 노올사捨也　食 밥사飯也　亡 업슬무無也　陶 화락할요和樂

大人、謂公卿大夫、言士、雖未得大人之位、而其志如此、則大人之事、體用已全、若小人之事、則固非所當爲也、

○孟子ㅣ曰仲子ㅣ不義로與之齊國而弗受ᄅᆞᆫ人皆信之어니와是ㅣ舍簞食豆羹之義也라ㅣ人莫大焉이어늘亡親戚君臣上下ᄒᆞ니以其小者로信其大者ㅣ奚可哉리오

孟子ㄱᆞᆯᄋᆞ샤ᄃᆡ仲子ㅣ不義로齊國을與ᄒᆞ야든受티아니ᄒᆞᆷ을人이다信ᄒᆞ려니와이簞읫食와豆읫羹을舍ᄒᆞᄂᆞᆫ義라人이이만크니업거늘親戚과君臣과上下ㅣ업ᄉᆞ니그小者로ᄡᅧ그大者를信ᄒᆞᆷ이엇디可ᄒᆞ리오

●仲子、陳仲子也、言仲子、設若非義、而與之齊國、必不肯受、齊人、皆信其賢、然、此但小廉耳、其辟兄離母、不食君祿、無人道之大倫、罪莫大焉、豈可以小廉、信其大節而遂以爲賢哉、

○桃應이問曰舜이爲天子ㅣ오皐陶ㅣ爲士ㅣ어든瞽瞍ㅣ殺人則如之何잇가

桃應이묻ᄌᆞ와ᄀᆞᆯ오ᄃᆡ舜이天子ㅣ되야겨시고皐陶ㅣ士ㅣ도엿거든瞽瞍ㅣ人을殺ᄒᆞ면엇디ᄒᆞ리잇고

●桃應、孟子弟子也、其意、以爲舜、雖愛父、而不可以私害公、皐陶、雖執法、而不可以刑天子之父故、設此問、以觀聖賢用心之所極、非以爲眞有此事也、

孟子ㅣ曰執之而已矣니라

孟子ㅣㄱᆞᆯᄋᆞ샤ᄃᆡ執ᄒᆞᆯ ᄯᆞᄅᆞᆷ이니라

●言皐陶之心、知有法而已、不知有天子之父也、

然則舜은不禁與잇가 與平聲

그러면舜은禁티아니ᄒᆞ시리잇가

●桃應、問也、

曰夫舜이惡得而禁之시리오 **夫有所受之也**니라 夫音扶 惡平聲

ᄀᆞᆯᄋᆞ샤ᄃᆡ舜이엇디시러곰禁ᄒᆞ시리오受ᄒᆞᆫ배인ᄂᆞ니라

●言皐陶之法、有所傳受、非所敢私、雖天子之命、亦不得而廢之也、

然則舜은如之何잇고

그러면舜은엇디ᄒᆞ시리잇고

●桃應、問也、

曰舜이視棄天下ᄒᆞ샤ᄃᆡ **猶棄敝蹝也**ᄒᆞ샤 **竊負而逃**ᄒᆞ샤 **遵海濱而處**ᄒᆞ샤 **終身訢然樂而忘天下**ᄒᆞ시리라 蹝音徙 樂音洛

ᄀᆞᆯᄋᆞ샤ᄃᆡ舜이天下棄홈을視ᄒᆞ샤ᄃᆡ敝ᄒᆞᆫ蹝를棄홈ᄀᆞ티ᄒᆞ샤竊ᄒᆞ야負ᄒᆞ야逃ᄒᆞ샤海濱을遵ᄒᆞ야處ᄒᆞ샤身이終토록訢然히樂ᄒᆞ야天下를忘ᄒᆞ시리라

●蹝、草履也、遵、循也、言舜之心、知有父而已、不知有大下也、孟子、嘗言舜視天下、猶草芥、而惟順於父母、可以解憂、與此意、互相發、○此章、言爲士者、但知有法而不知天子父之爲尊、爲子者、但知有父而不知天下之爲大、蓋其所以爲心者、莫非天理之極、人倫之至、學者、察此而有得焉、則不待較計論量、而天下、無難處之事矣、

訢 깃블흔 欣同

○孟子ㅣ自范之齊러시니 望見齊王之子ᄒᆞ시고 喟然歎曰居移氣ᄒᆞ며 養移體ᄒᆞᄂᆞ니 大哉라 居乎ㅣ여 夫非盡人之子與아 夫音扶 與平聲

孟子ㅣ范으로브터齊에가더시니齊王의子ᄅᆞᆯ브라보시고喟然히歎ᄒᆞ야ᄀᆞᆯ으샤ᄃᆡ居ㅣ氣ᄅᆞᆯ移ᄒᆞ며養이體ᄅᆞᆯ移ᄒᆞᄂᆞ니크다居ㅣ여다人의子ㅣ아니가

●范、齊邑、居、謂所處之位、養、奉養也、言人之居處、所繫甚大、王子、亦人子耳、特以所居、不同故、所養、不同、而其氣體、有異也、

孟子曰

●張鄒、皆云羨文也、

王子宮室車馬衣服이 多與人同而王子ㅣ若彼者는 其居ㅣ使之然也ㅣ니 況居天下之廣居者乎아

王子의宮室과車馬와衣服이만히人으로더브러同호ᄃᆡ 王子ㅣ더ᄀᆞᆮᄐᆞᆷ은그居ㅣᄒᆞ여곰그러케ᄒᆞᆷ이니ᄒᆞ믈며天下의廣居에居ᄒᆞᄂᆞᆫ者아

●廣居、見前篇、尹氏、曰粹然見於面、盎於背、居天下之廣居者、然也、

魯君이 之宋ᄒᆞ야 呼於垤澤之門이어ᄂᆞᆯ 守者ㅣ曰此非吾君也ㅣ로ᄃᆡ 何其聲之似我君也오ᄒᆞ니 此는 無他ㅣ라 居相似也ㅣ니라 呼去聲

魯君이宋애가垤澤ㅅ門에서呼ᄒᆞ거ᄂᆞᆯ守ᄒᆞᆫ者ㅣᄀᆞᆯ오ᄃᆡ이우리君이아니로ᄃᆡ엇디그소리우리君ᄀᆞᆮᄐᆞ뇨ᄒᆞ니이ᄂᆞᆫ他ㅣ업ᄉᆞᆫ디라居ㅣ서로ᄀᆞᆮᄐᆞᆷ이니라

●垤澤、宋城門名也、孟子、又引此事爲證、

食 밥사 飯也

拘 잡을구 執也

○孟子ㅣ曰食而弗愛면豕交之也ㅣ오愛而不敬이면獸畜之也ㅣ니라

孟子ㅣ골ᄋᆞ샤ᄃᆡ食ᄒᆞ고愛티아니ᄒᆞ면豕로交홈이오愛ᄒᆞ고敬티아니ᄒᆞ면獸로畜홈이니라

●交、接也、畜、養也、獸、謂犬馬之屬

恭敬者ᄂᆞᆫ幣之未將者也ㅣ니라

恭敬 幣ㅣ將티몯ᄒᆞ야셔ᄒᆞᄂᆞᆫ者ㅣ니라

●將、猶奉也、詩、曰承筐是將、程子、曰恭敬、雖因威儀幣帛而後發見、然、幣之未將時、已有此恭敬之心、非因幣帛而後有也、

恭敬而無實이면君子ㅣ不可虛拘ㅣ니라

恭敬ᄒᆞᄃᆡ實이업ᄉᆞ면君子ㅣ可히虛히拘티몯ᄒᆞᆯ개시니라

●此、言當時諸侯之待賢者、特以幣帛、爲恭敬而無其實也、拘、留也、

○孟子ㅣ曰形色은天性也ㅣ니惟聖人然後에可以踐形이니라

孟子ㅣ골ᄋᆞ샤ᄃᆡ形과色은天性이니오직聖人이然後에可히ᄡᅥ形을踐ᄒᆞᄂᆞ니라

●人之有形有色、無不各有自然之理、所謂天性也、踐、如踐言之踐、蓋衆人、有是形而不能盡其理故、無以踐其形、惟聖人、有是形、而又能盡其理然後、可以踐其形而無歉也、○程子、曰此、言聖人、盡得人道、而能充其形也、蓋人得天地之正氣而生、與萬物不同、旣爲人、須盡得人理然後、稱上聲其名、衆人、有之而不知、賢人、踐之而未盡、能充其形、惟聖人也、楊氏、曰天生烝民、有物有則、物者、形色也、則者性也、各盡其則、則可以踐形矣、

已말이 止也

○齊宣王이欲短喪이어늘公孫丑ㅣ曰爲朞之喪이猶愈於已乎인뎌

齊宣王이喪을短히ᄒᆞ고져ᄒᆞ거늘公孫丑ㅣᄀᆞᆯ오ᄃᆡ朞ㅅ喪을홈이오히려已홈애셔愈ᄒᆞᆫ뎌

●已、猶止也、

孟子ㅣ曰是猶或이紾其兄之臂어든子謂之姑徐徐云爾로다亦教之孝弟而已矣니라 紾之忍反

孟子ㅣᄀᆞᆯᄋᆞ샤ᄃᆡ이ᄂᆞᆫ或이그兄의臂ᄅᆞᆯ紾ᄒᆞ거든子ㅣ닐오ᄃᆡ아직徐徐히ᄒᆞ라홈ᄀᆞᆮ도다ᄯᅩᄒᆞᆫ孝弟로教ᄒᆞᆯᄯᆞᄅᆞᆷ이니라

●紾、戾也、教之以孝弟之道、則彼當自知兄之不可戾、而喪之不可短矣、孔子曰子生三年然後、免於父母之懷、予也、有三年之愛於其父母乎、所謂教之以孝弟者如此、蓋示之以至情之不能已者、非強上聲之也、

王子ㅣ有其母死者ㅣ어늘其傅ㅣ爲之請數月之喪이러니公孫丑ㅣ曰若此者ᄂᆞᆫ何如也잇고 爲去聲

王子ㅣ그母ㅣ死ᄒᆞᆫ者ㅣ잇거늘그傅ㅣ爲ᄒᆞ야數月ㅅ喪을請ᄒᆞ더니公孫丑ㅣᄀᆞᆯ오ᄃᆡ이ᄀᆞᄐᆞᆫ者ᄂᆞᆫ엇더니잇고

●陳氏、曰王子、所生之母死、厭一甲反於嫡母、而不敢終喪、其傅、爲請於王、欲使得行數月之喪也、時又適有此事、丑問如此者、是非何如、按儀禮、公子、爲其母、練冠麻衣、縓縁、既葬、除之、疑當時、此禮已廢、或既葬而未忍卽除故、請之也、

曰是欲終之而不可得也ㅣ라 雖加一日이나愈於已니ᄒᆞ 謂夫莫之禁而弗爲者也ㅣ니라 夫音扶

ᄀᆞᆯ오ᄉᆞ샤ᄃᆡ이終코자호ᄃᆡ可히得디몯ᄒᆞ논디라비록一日을加ᄒᆞ나己홈에서愈ᄒᆞ니禁ᄒᆞ리업시셔ᄒᆞ디아니ᄒᆞᄂᆞᆫ者를닐옴이니라

(註)言王子、欲終喪而不可得、其傅、爲請、雖止得加一日、猶勝不加、我前所譏、乃謂夫莫之禁、而自不爲者耳、○此章、言三年通喪、天經地義、不容私意、有所短長、示之至情、則不肖者、有以企而及之矣、

○孟子ㅣ曰君子之所以教者ㅣ五ㅣ니

孟子ㅣᄀᆞᆯᄋᆞ샤ᄃᆡ君子의ᄡᅥ教ᄒᆞᄂᆞᆫ바人者ㅣ다ᄉᆞ시니

(註)下文五者、蓋因人品高下、或相去遠近先後之不同、

有如時雨ㅣ化之者ㅣᄒᆞ며

時雨ㅣ化홈ᄀᆞᄐᆞᆫ者도이시며

(註)時雨、及時之雨也、草木之生、播種封植、人力已至、而未能自化、所少者、雨露之滋耳、及此時而雨之、則其化速矣、教人之妙、亦猶是也、若孔子之於顔曾、是已

有成德者ㅣᄒᆞ며 有達財者ㅣᄒᆞ며

德을成ᄒᆞᆫ者도이시며財를達ᄒᆞᆫ者도이시며

(註)財、與材同、此、各因其所長而教之者也、成德、如孔子之於冉閔、達財、如孔子之於由賜、

有答問者ㅣᄒᆞ며

艾 아엿븐애 美好

問을答ᄒᆞ는者도이시며

●就所問而答之、若孔孟之於樊遲萬章也、

有私淑艾者ᄒᆞ니

그으기淑으로艾ᄒᆞ는者도이시니

●私、竊也、淑、善也、艾、治也、人或不能及門受業、但聞君子之道於人、而竊以善治其身、是亦君子敎誨之所及、若孔孟之於陳亢、夷之、是也、孟子、亦曰予未得爲孔子徒也、予、私淑諸人也、

此五者는**君子之所以敎也**ㅣ니라

이五者는君子의ᄡᅧ敎ᄒᆞ는배니라

●聖賢施敎、各因其材、小以成小、大以成大、無棄人也、

○**公孫丑**ㅣ**曰道則高矣美矣**ㅣ나 **宜若似登天然**이라 **似不可及也**ㅣ니 **何不使彼**로 **爲可幾及而日孶孶也**ㅣ잇고 **孟子**ㅣ **曰大匠**이 **不爲拙工**ᄒᆞ야 **改廢繩墨**ᄒᆞ며 **羿**ㅣ **不爲拙射**ᄒᆞ야 **變其彀率**이니라 爲去聲彀古候反率音律

公孫丑ㅣ 골오ᄃᆡ 道ㅣ 곧高ᄒᆞ고 美ᄒᆞ나 맛당이 天에 登홈ᄀᆞᆮᄐᆞᆫ디라 可히 及디몯홀ᄃᆞᆺᄒᆞ니 엇디 彼로ᄒᆞ여곰 可히 거의 及홀다ᄒᆞ야 日로 孶孶케 아니ᄒᆞ시ᄂᆞ니잇고 孟子ㅣ 골ᄋᆞ샤ᄃᆡ 大匠이 拙ᄒᆞᆫ 工을 爲ᄒᆞ야 繩과 墨을 改ᄒᆞ며 廢티 아니ᄒᆞ며 羿ㅣ 拙ᄒᆞᆫ 射를 爲ᄒᆞ야 그 彀의 率을 變티 아니ᄒᆞᄂᆞ니라

●彀率、彎弓之限也、言敎人者、皆有不可易之法、不容自貶、以徇學者之不能也、

君子ㅣ **引而不發**ᄒᆞ야 **躍如也**ᄒᆞ야 **中道而立**이어든 **能者從之**니라

君子ㅣ引ᄒᆞ고發티아니ᄒᆞ야躍듯ᄒᆞ야中道로立ᄒᆞ얏거든能ᄒᆞᆫ者ㅣ從ᄒᆞᄂᆞ니라

●引、引弓也、發、發矢也、躍如、如踊躍而出也、因上文彀率、而言君子敎人、但授以學之之法、而不告以得之之妙 如射者之引弓而不發矢、然、其所不告者、已如踊躍而見於前矣、中者、無過不及之謂、中道而立、言其非難非易、能者從之、言學者當自勉也、○此章、言道有定體、敎有成法、卑不可抗、高不可貶、語不能顯、默不能藏、

○孟子ㅣ曰天下ㅣ有道앤以道殉身ᄒᆞ고天下ㅣ無道앤以身殉道ᄒᆞᄂᆞ니

孟子ㅣ골ᄋᆞ샤ᄃᆡ天下ㅣ道ㅣ이숌앤道로ᄡᅥ身을殉ᄒᆞ고天下ㅣ道ㅣ업숨앤身으로ᄡᅥ道를殉ᄒᆞᄂᆞ니

●殉、如殉葬之殉、以死隨物之名也、身出則道在必行、道屈則身在必退、以死相從、而不離也、

未聞以道로殉乎人者也라ᄭᅦ

道로ᄡᅥ人의게殉홈을듣디몯게라

●以道從人、妾婦之道、

○公都子ㅣ曰滕更之在門也에若在所禮而不答은何也ᅌᅵᆺ고

更去聲

公都子ㅣ골오ᄃᆡ滕更이門에이실제禮홀ᄲᅡ애이싊ᄯᅳᆺ호ᄃᆡ答디아니ᄒᆞ심은엇지잇고

●趙氏、曰滕更、滕君之弟、來學者也、

孟子ㅣ曰挾貴而問ᄒᆞ며挾賢而問ᄒᆞ며挾長而問ᄒᆞ며挾有勳勞而問ᄒᆞ며挾故而問이皆所不答也ㅣ니滕更이有二焉ᄒᆞ니라長去聲

孟子ㅣᄀᆞᆯᄋᆞ샤ᄃᆡ貴ᄅᆞᆯ挾ᄒᆞ야問ᄒᆞ며賢을挾ᄒᆞ야問ᄒᆞ며長을挾ᄒᆞ야問ᄒᆞ며勳勞이심을挾ᄒᆞ야問ᄒᆞ며故를挾ᄒᆞ야問ᄒᆞᆷ이다答디아니ᄒᆞᆯᄲᅢ니滕更이二를둔ᄂᆞ니라

●趙氏、曰二、謂挾貴、挾賢也、尹氏、曰有所挾、則受道之心、不專、所以不答也、

○此、言君子、雖誨人不倦、又惡夫意之不誠者、

○孟子ㅣ曰於不可已而已者ᄂᆞᆫ無所不已오於所厚者薄이면無所不薄也ㅣ니라

孟子ㅣᄀᆞᆯᄋᆞ샤ᄃᆡ可히已티몯ᄒᆞᆫᄃᆡ已ᄒᆞᄂᆞᆫ者ᄂᆞᆫ已티아닐ᄲᅢ업고厚ᄒᆞᆯ빳者에薄ᄒᆞ면薄디아닐ᄲᅢ업ᄂᆞ니라

●已、止也、不可止、謂所不得不爲者也、所厚、所當厚者也、此、言不及者之弊、

其進이銳者ᄂᆞᆫ其退ㅣ速이니라

그進ᄒᆞᆷ이銳ᄒᆞᆫ者ᄂᆞᆫ그退ᄒᆞᆷ이速ᄒᆞᄂᆞ니라

●進銳者、用心太過、其氣、易去聲衰故、退速、○三者之弊、理勢必然、雖過不及之不同、然、卒同歸於廢弛、

○孟子ㅣ曰君子之於物也애愛之而弗仁ᄒᆞ고於民也애仁之而弗親ᄒᆞᄂᆞ니親親而仁民ᄒᆞ며仁民而愛物이니라

孟子ㅣ골ᄋᆞ샤ᄃᆡ君子ㅣ物에愛ᄒᆞ고仁티아니ᄒᆞ고民에仁ᄒᆞ고親티아니ᄒᆞᄂᆞ니親을親ᄒᆞ고民을仁ᄒᆞ며民을仁ᄒᆞ고物을愛ᄒᆞᄂᆞ니라

●物、謂禽獸草木、愛、謂取之有時、用之有節、程子、曰、仁、推己及人、如老吾老、以及人之老、於民則可、於物則不可、統而言之則皆仁、分而言之則有序、楊氏、曰其分、不同故、所施、不能無差等、所謂理一而分殊者也、尹氏、曰何以有是差等、一本故也、無僞也、

○孟子ㅣ曰知者ㅣ無不知也ㅣ나當務之爲急이오仁者ㅣ無不愛也ㅣ나急親賢之爲務ㅣ니堯舜之知로而不徧物은急先務也ㅣ오堯舜之仁으로不徧愛人은急親賢也ㅣ니라 知者之知並去聲

孟子ㅣ골ᄋᆞ샤ᄃᆡ知ᄒᆞᆫ者ㅣ知티아니홈이업스나맛당이務ᄒᆞᆯ꺼ᄉᆞᆯ急을삼고仁ᄒᆞᆫ者ㅣ愛티아니홈이업스나賢親홈에急히홈을務를삼ᄂᆞ니堯舜의知로物에徧티몯홈운몬저務ᄒᆞᆯ꺼ᄉᆞᆯ急히홈이오堯舜의仁으로人을愛홈애徧티몯홈은賢을親홈을急히홈이니라

●知者、固無不知、然、常以所當務者、爲急、則事無不治、而其爲知也、大矣、仁者固無不愛、然、常急於親賢、則恩無不洽、而其爲仁也、博矣、

不能三年之喪而緦小功之察ᄒᆞ며放飯流歠而問無齒決이是之謂不知務ㅣ니라 飯扶晩反 歠昌悅反

三年人喪을能티몯ᄒᆞ고緦와小功을察ᄒᆞ며放히飯ᄒᆞ며흘리歠ᄒᆞ고齒決말옴을問홈이이를닐온務를아디몯홈이니라

緦 석달복시 三月服

●三年之喪、服之重者也、緦麻、三月、小功、五月、服之輕者也、察、致詳也、放飯、大飯、流歠、長歠、不敬之大者也、齒決、齧斷乾肉、不敬之小者也、問、講求之意、

○此章、言君子之於道、識其全體、則心不狹、知所先後、則事有序、豐氏、曰智不急於先務、雖徧知人之所知、徧能人之所能、徒弊精神、而無益於天下之治去聲矣、仁不急於親賢、雖有仁民愛物之心、小人在位、無由下達、聰明、日蔽於上、而惡政、日加於下、此、孟子所謂不知務也、

原本 孟子集註卷之十三 終

復 도라올복 反也

原本

孟子集註卷之十四

盡心章句下

凡三十八章

孟子ㅣ曰不仁哉라梁惠王也ㅣ여仁者는以其所愛로及其所不愛ᄒᆞ고不仁者는以其所不愛로及其所愛ㅣ니라

孟子ㅣᄀᆞᆯᄋᆞ샤ᄃᆡ仁티아니ᄒᆞ다梁惠王이여仁ᄒᆞᆫ者ᄂᆞᆫ그愛ᄒᆞᄂᆞᆫ바로ᄡᅥ 그愛티아니ᄒᆞᄂᆞᆫ바애及ᄒᆞ고仁티아니ᄒᆞᆫ者ᄂᆞᆫ그愛티아니ᄒᆞᄂᆞᆫ바로ᄡᅥ그愛ᄒᆞᄂᆞᆫ바애 及ᄒᆞᄂᆞ니라

●親親而仁民、仁民而愛物、所謂以其所愛、及其所不愛也、

公孫丑ㅣ曰何謂也잇고梁惠王이以土地之故로糜爛其民而戰之ᄒᆞ야大敗ᄒᆞ고將復之호ᄃᆡ恐不能勝故로驅其所愛子弟ᄒᆞ야以殉之ᄒᆞ니是之謂以其所不愛로及其所愛也ㅣ니라

公孫丑ㅣᄀᆞᆯᄋᆞᄃᆡ엇디닐옴이니잇고梁惠王이土地의故로ᄡᅥ그民을糜爛케ᄒᆞ야戰ᄒᆞ야키敗ᄒᆞ고장ᄎᆞᆺ復호려호ᄃᆡ能히勝티몯ᄒᆞᆯ까恐ᄒᆞᆫ故로그愛ᄒᆞᄂᆞᆫ바子弟ᄅᆞᆯ驅ᄒᆞ야ᄡᅥ殉ᄒᆞ니이ᄅᆞᆯ닐온그愛티아니ᄒᆞᄂᆞᆫ바로ᄡᅥ그愛ᄒᆞᄂᆞᆫ바애及홈이니라

●梁惠王以下、孟子答辭也、糜爛其民、使之戰鬪、糜爛其血肉也、復之、復戰也、子弟、謂太子申也、以土地之故、及其民、以民之故、及其子、皆以其所不愛、及其所愛也、○此、承前篇之末三章之意、言仁人之恩、自內及外、不仁之禍、由疏逮

親、

○孟子ㅣ曰春秋애無義戰ᄒᆞ니彼善於此則有之矣니라

孟子ㅣ골ᄋᆞ샤ᄃᆡ春秋에義戰이업ᄉᆞ니뎌이예셔善ᄒᆞ니ᄂᆞᆫ인ᄂᆞ니라

●春秋、每書諸侯戰伐之事、必加譏貶、以著其擅興之罪、無有以爲合於義而許之者、但就中彼善於此者、則有之、如召(音邵)陵之師之類、是也

征者ᄂᆞᆫ上이伐下也ㅣ니敵國은不相征也ㅣ니라

征은上이下를伐ᄒᆞᆷ이니敵國은서로征티몯ᄒᆞᄂᆞ니라

●征、所以正人也、諸侯、有罪則天子、討而正之、此、春秋所以無義戰也、

○孟子ㅣ曰盡信書則不如無書ㅣ니라

孟子ㅣ골ᄋᆞ샤ᄃᆡ書를다信ᄒᆞ면書ㅣ업ᄉᆞᆷ만곧디몯ᄒᆞ니라

●程子、曰載事之辭、容有重稱、而過其實者、學者、當識其義而已、苟執於辭、則時或有害於義、不如無書之愈也、

吾於武成애取二三策而已矣로라

내武成에二三策을取ᄒᆞᆯᄯᆞᄅᆞᆷ이로라

●武成、周書篇名、武王、伐紂、歸而記事之書也、策、竹簡也、取其二三策之言、其餘、不可盡信也、程子、曰取其奉天伐暴之意、反正施仁之法而已、

仁人은無敵於天下ㅣ니以至仁으로伐至不仁이어니而何其血之流杵也ㅣ리오

仁人은天下애敵이업ᄉᆞ니지극ᄒᆞᆫ仁으로ᄡᅧ지극ᄒᆞᆫ不仁을伐ᄒᆞ거니엇디그血이杵

흘流ᄒᆞ리오

●杵、舂杵也、或作鹵櫓也、武成、言武王、伐紂 紂之前徒、倒戈、攻于後以北、血流漂杵、孟子、言此則其不可信者、然、書本意、乃謂商人、自相殺、非謂武王、殺之也、孟子之設是言、懼後世之惑、且長上聲不仁之心耳

○孟子ㅣ曰有人이曰我ㅣ善爲陳ᄒᆞ며我ㅣ善爲戰이라ᄒᆞ면大罪也ㅣ니라

孟子ㅣᄀᆞᆯᄋᆞ샤ᄃᆡ人이이셔ᄀᆞᆯ오ᄃᆡ내陳ᄒᆞ기를善히ᄒᆞ며내戰ᄒᆞ기를善히ᄒᆞ노라ᄒᆞ면큰罪니라

●制行伍曰陳、交兵曰戰、

國君이好仁이면天下애無敵焉이니南面而征에北狄이怨ᄒᆞ며東面而征애西夷ㅣ怨ᄒᆞ야曰奚爲後我오ᄒᆞ니라好去聲

國君이仁을好ᄒᆞ면天下애敵ᄒᆞ리업ᄂᆞ니南으로面ᄒᆞ야征ᄒᆞᆷ에北狄이怨ᄒᆞ며東으로面ᄒᆞ야征ᄒᆞᆷ애西夷ㅣ怨ᄒᆞ야ᄀᆞᆯ오ᄃᆡ엇디나를後에ᄒᆞᄂᆞ뇨ᄒᆞ니라

●此、引湯之事、以明之、解見前篇、

武王之伐殷也애革車ㅣ三百兩이오虎賁이三千人이러니라賁音奔

武王이殷을伐ᄒᆞ심애革車ㅣ三百兩이오虎賁이三千人이러니라

●又以武王之事、明之也、兩、車數、一車、兩輪也、千、書序、作百、

王曰無畏ᄒᆞ라寧爾也ㅣ라非敵百姓也ㅣ라ᄒᆞ신대若崩厥角ᄒᆞ야稽首ᄒᆞ니라

王이ᄀᆞᆯᄋᆞ샤ᄃᆡ畏티말라爾를寧케ᄒᆞ논디라百姓을敵ᄒᆞᆷ이아니라ᄒᆞ신대그角이崩ᄃᆞᆺᄒᆞ야首를稽ᄒᆞ니라

茹 袗果

새미茅姦畫배물腹

쌀여根진也무파飽

●書泰誓文、與此小異、孟子之意、當云王謂商人曰無畏我也、我來伐紂、本爲安寧汝、非敵商之百姓也、於是、商人、稽首至地、如角之崩也、

征之爲言은 正也ㅣ니 各欲正己也ㅣ니 焉用戰이리오 焉於虔反

征이란 말은 正홈이니 각각 己를 正코쟈 ㅎ나니 엇디 戰을 ᄡᅳ리오

●民、爲暴君所虐、皆欲仁者來、正己國之也、

○孟子ㅣ曰梓匠輪輿ㅣ能與人規矩ㅣ언뎡 不能使人巧ㅣ니라

孟子ㅣ 갈ᄋᆞ샤ᄃᆡ 梓와 匠과 輪과 輿ㅣ 能히 人을 規矩를 與홀ᄲᅮᆫ이언뎡 能히 人으로 ㅎ여곰 巧케 몯ㅎ느니라

●尹氏、曰規矩、法度、可告者也、巧則在其人、雖大匠、亦末如之何也已、蓋下學、可以言傳、上達、必由心悟、莊周所論斲輪之意、蓋如此、

○孟子ㅣ曰舜之飯糗茹草也에 若將終身焉이러시니 及其爲天子也ㅎ샨 被袗衣鼓琴ㅎ시며 二女果를 若固有之러시다 飯上聲糗去久反果說文作婐烏果反

孟子ㅣ 갈ᄋᆞ샤ᄃᆡ 舜이 糗로 飯ㅎ시며 草로 茹ㅎ심애 장ᄎᆞᆺ 身을 終홀 ᄃᆞᆺ ㅎ더시니 그 天子ㅣ 되심애 밋ᄎᆞ샨 袗衣를 被ㅎ시며 琴을 鼓ㅎ시며 二女ㅣ 果ㅎ욤을 본ᄃᆡ 둔ᄂᆞᆫ ᄃᆞᆺ ㅎ더시다

●飯、食也、糗、乾糒也、茹、亦食也、袗、畫衣也、二女、堯二女也、果、女侍也、言聖人之心、不以貧賤、而有慕於外、不以富貴、而有動於中、隨遇而安、無預於己、所性分定故也、

○孟子ㅣ曰吾ㅣ今而後에 知殺人親之重也ㅣ와라 殺人之父ㅣ면 人

關 지경 관 界上之門

亦殺其父ᄒᆞ고殺人之兄이면人亦殺其兄ᄒᆞᄂᆞ니然則非自殺之也ㅣ언뎡一間耳니라 間去聲

孟子ㅣ ᄀᆞᆯᄋᆞ샤ᄃᆡ 내 이젠 後에 人의 親을 殺ᄒᆞᆷ이 重ᄒᆞᆫ 줄 알와라 人의 父를 毁ᄒᆞ면 人이 또ᄒᆞᆫ 그 父를 殺ᄒᆞ고 人의 兄을 殺ᄒᆞ면 人이 또ᄒᆞᆫ 그 兄을 殺ᄒᆞᄂᆞ니 그러면 스ᄉᆞ로 殺티 아닐며언뎡 一間 뿐이니라

●言吾、今而後知者、必有所爲去聲而感發也、一間者、我往彼來、間一人耳、其實、與自害其親、無異也、范氏、曰知此則愛敬人之親、人亦愛敬其親矣、

○孟子ㅣ曰古之爲關也ᄂᆞᆫ將以禦暴ㅣ러니

孟子ㅣ ᄀᆞᆯᄋᆞ샤ᄃᆡ 녜 關ᄒᆞ옴은 장ᄎᆞᆺ ᄡᅥ 暴를 禦호려 ᄒᆞ더니

●譏察非常、

今之爲關也ᄂᆞᆫ將以爲暴ㅣ로다

이제 關을 ᄒᆞ옴은 장ᄎᆞᆺ ᄡᅥ 暴를 ᄒᆞᆷ이로다

●征稅出入、○范氏、曰古之耕者、什一、後世、或收太半之稅、此、以賦歛力驗反爲暴也、文王之囿、與民同之、齊宣王之囿、爲阱國中、此、以園囿爲暴也、後世爲暴、不止於關、若使孟子、用於諸侯、必行文王之政、凡此之類、皆不終日而改也、

○孟子ㅣ曰身不行道ㅣ면不行於妻子ㅣ오使人不以道ㅣ면不能行於妻子ㅣ니라

孟子ㅣ ᄀᆞᆯᄋᆞ샤ᄃᆡ 身이 道를 行티 아니ᄒᆞ면 妻子애 行티 아니ᄒᆞ고 人을 使호ᄃᆡ 道로 ᄡᅥ

見 모일현現也

아니ᄒᆞ면能히妻애行티몯ᄒᆞᄂᆞ니라

●身不行道者、以行言之、不行者、道不行也、使人不以道者、以事言之、不能行者令不行也、

○孟子ㅣ曰周于利者ᄂᆞᆫ凶年이不能殺ᄒᆞ고周于德者ᄂᆞᆫ邪世ㅣ不能亂이니라

孟子ㅣ골ᄋᆞ샤ᄃᆡ利에周ᄒᆞᆫ者ᄂᆞᆫ凶ᄒᆞᆫ年이能히殺티몯ᄒᆞ고德에周ᄒᆞᆫ者ᄂᆞᆫ邪ᄒᆞᆫ世ㅣ能히亂티몯ᄒᆞᄂᆞ니라

●周、足也、言積之厚、則用有餘、

○孟子ㅣ曰好名之人은能讓千乘之國ᄒᆞᄂᆞ니苟非其人이면簞食豆羹애見於色ᄒᆞᄂᆞ니라 好乘食皆去聲

孟子ㅣ골ᄋᆞ샤ᄃᆡ名을好ᄒᆞᄂᆞᆫ사ᄅᆞᆷ은能히千乘ㅅ國을讓ᄒᆞᄂᆞ니진실로그人이아니면簞읫食와豆읫羹애色애見ᄒᆞᄂᆞ니라

●好名之人、矯情干譽、是以、能讓千乘之國、然、若本非能輕富貴之人、則於得失之小者、反不覺其眞情之發見矣、蓋觀人、不於其所勉、以於其所忽然後、可以見其所安之實也

○孟子ㅣ曰不信仁賢則國이空虛ᄒᆞ고無禮義則上下ㅣ亂ᄒᆞ고

孟子ㅣ골ᄋᆞ샤ᄃᆡ仁賢을信티아니ᄒᆞ면國이空虛ᄒᆞ고

●空虛、言若無人然、

●禮義ㅣ업ᄉᆞ면上下ㅣ亂ᄒᆞ고
●禮義、所以辨上下、定民志、
無政事則財用이不足이니라
政事ㅣ업ᄉᆞ면財用이足디몯ᄒᆞᄂᆞ니라
●生之無道、取之無度、用之無節故也、○尹氏、曰三者、以仁賢爲本、無仁賢、則
禮義政事處之、皆不以其道矣、

○孟子ㅣ曰不仁而得國者ᄂᆞᆫ有之矣어니와不仁而得天下ᄂᆞᆫ未
之有也ㅣ니라
孟子ㅣᄀᆞᆯ으샤ᄃᆡ仁티몯ᄒᆞ고國을得ᄒᆞᆫ者ᄂᆞᆫ잇거니와仁티몯ᄒᆞ고天下ᄅᆞᆯ得ᄒᆞᆫ이ᄂᆞᆫ
잇디아니ᄒᆞᄂᆞ니라
●言不仁之人、騁其私智、可以盜千乘之國、而不可以得丘民之心、鄒氏、曰自秦
以來、不仁而得天下者、有矣、然、皆一再傳而失之、猶不得也、所謂得天下者、必
如三代而後、可、

○孟子ㅣ曰民이爲貴ᄒᆞ고社稷이次之ᄒᆞ고君이爲輕ᄒᆞ니라
孟子ㅣᄀᆞᆯ으샤ᄃᆡ民이貴ᄒᆞ고社稷이次ᄒᆞ고君이輕ᄒᆞᄂᆞ니라
●社、土神、稷、穀神、建國、則立壇壝、以祀之、蓋國、以民爲本、社、稷、亦爲民而立
而君之尊、又係於二者之存亡、故、其輕重、如此、

是故로得乎丘民이而爲天子오得乎天子ㅣ爲諸侯오得乎諸
侯ㅣ爲大夫ㅣ니라

이런故로丘民에得ᄒᆞᆫ이天下ㅣ되고天子에得ᄒᆞᆫ 이諸侯ㅣ되고諸侯의得ᄒᆞᆫ이대위
되ᄂᆞ니라
●丘民、田野之民、至微賤也、然、得其心、則天下、歸之、天子、至尊貴也、而得其
心者、不過爲諸侯耳、是民爲重也、

諸侯ㅣ危社稷則變置ᄒᆞᄂᆞ니라

諸侯ㅣ社稷을危케ᄒᆞ면變置ᄒᆞᄂᆞ니라
●諸侯、無道、將使社稷、爲人所滅、則當更立賢君、是、君輕於社稷也、

犧牲이**既成**ᄒᆞ며**粢盛**이**既潔**ᄒᆞ야**祭祀以時**ᄒᆞ되**然而旱乾水溢則變**
置社稷ᄒᆞᄂᆞ니라 盛音成

犧牲이임의成ᄒᆞ며粢盛이임의潔ᄒᆞ야祭祀를時로뻐호되그러나旱ᄒᆞ야乾ᄒᆞ며水
ᄒᆞ야溢ᄒᆞ면社稷을變置ᄒᆞᄂᆞ니라
●祭祀、不失禮、而土穀之神、不能爲民、禦災捍患、則毁其壇壝而更置之、亦年不
順、成八蜡不通之意、是、社稷雖重於君、而輕於民也、

○孟子ㅣ**曰聖人**은**百世之師也**ㅣ니**伯夷柳下惠**ㅣ**是也**ㅣ라**故**로**聞**
伯夷之風者ᄂᆞᆫ**頑夫**ㅣ**廉**ᄒᆞ며**懦夫**ㅣ**有立志**ᄒᆞ고**聞柳下惠之風者**ᄂᆞᆫ
薄夫ㅣ**敦**ᄒᆞ며**鄙夫**ㅣ**寬**ᄒᆞᄂᆞ니**奮乎百世之上**이어든**百世之下**애**聞者**ㅣ
莫不興起也ᄒᆞ니**非聖人而能若是乎**아**而况於親炙之者乎**아

孟子ㅣ ᄀᆞᆯᄋᆞ샤ᄃᆡ聖人은百世의師ㅣ니伯夷와柳下惠ㅣ이라故로伯夷의 風을聞ᄒᆞᆫ

理 바를리 正 艸

者ᄂᆞᆫ頑ᄒᆞᆫ夫ㅣ廉ᄒᆞ며懦ᄒᆞᆫ夫ㅣ立ᄒᆞᆯ志ᄅᆞᆯ두고柳下惠의風을聞ᄒᆞᆫ者ᄂᆞᆫ薄ᄒᆞᆫ夫ㅣ敦ᄒᆞ며鄙ᄒᆞᆫ夫ㅣ寬ᄒᆞᄂᆞ니百世ㅅ上애奮ᄒᆞ여든百世ㅅ下에聞ᄒᆞᆫ者ㅣ興起티아니ᄒᆞ리업ᄉᆞ니聖人이아니오能하이ᄀᆞᆮᄐᆞ라ᄒᆞ믈며親히炙ᄒᆞᆫ者아

●興起、感動奮發也、親炙、親近而薰炙之也、餘見前篇、

○孟子ㅣ曰仁也者ᄂᆞᆫ人也ㅣ니合而言之ᄒᆞ면道也ㅣ니라

孟子ㅣᄀᆞᆯᄋᆞ샤ᄃᆡ仁이란거ᄉᆞᆫ人이니合ᄒᆞ야言ᄒᆞ면道ㅣ니라

●仁者、人之所以爲人之理也、然、仁、理也、人、物也、以仁之理、合於人之身而言之、乃所謂道者也、○程子、曰中庸所謂率性之謂道、是也、或曰外國本、人也之下有義也者宜也、禮也者履也、智也者知也、信也者實也凡二十字、今按如此則理極分明、然、未詳其是否也、

○孟子ㅣ曰孔子之去魯애曰遲遲라吾行也ㅣ라ᄒᆞ시니去父母國之道也ㅣ오去齊예接淅而行ᄒᆞ시니去他國之道也ㅣ니라

孟子ㅣᄀᆞᆯᄋᆞ샤ᄃᆡ孔子ㅣ魯애去ᄒᆞ심애ᄀᆞᆯᄋᆞ샤ᄃᆡ遲遲ᄒᆞ다내行이여ᄒᆞ시니父母의國을去ᄒᆞᄂᆞᆫ道ㅣ오齊예去ᄒᆞ심애淅을接ᄒᆞ야行ᄒᆞ시니他國을去ᄒᆞᄂᆞᆫ道ㅣ니라

●重出、

○孟子ㅣ曰君子之戹於陳蔡之間은無上下之交也ㅣ니라

孟子ㅣᄀᆞᆯᄋᆞ샤ᄃᆡ君子ㅣ陳蔡ㅅ間애戹ᄒᆞ심은上下의交ᄒᆞ리업슴이니라

●君子、孔子也、戹與厄同、君臣、皆惡、無所與交也、

○貉稽ㅣ曰稽ㅣ大不理於口ᄒᆞ이다(貉音陌)

貉稽ㅣ골오ᄃᆡ稽ㅣ키口에理티몯호이다

●趙氏、曰貉、姓、稽、名、爲衆口所訕、理、賴也、今按漢書、無俚、方言、亦訓賴

孟子ㅣ曰無傷也ㅣ라士ㅣ憎玆多口ㅣ라ᄒᆞ니

孟子ㅣ골ᄋᆞ샤ᄃᆡ傷홈이업ᄉᆞ니라士ㅣ더옥이에口ㅣ하니라

●趙氏、曰爲士者、益多爲衆口所訕、按此則憎當從土、今本、皆從心、蓋傳寫之誤

詩云憂心悄悄ㅣ어ᄂᆞᆯ慍于羣小ㅣ라ᄒᆞ니孔子也ㅣ시고肆不殄厥慍ᄒᆞ시나亦不隕厥問이라ᄒᆞ니文王也ㅣ시니라

詩예닐오ᄃᆡ憂ᄒᆞᄂᆞᆫ心이悄悄ᄒᆞ거ᄂᆞᆯ羣小의慍타ᄒᆞ니孔子ㅣ시고드듸여 그慍을殄티몯ᄒᆞ시나ᄯᅩᄒᆞᆫ그問을隕티아니타ᄒᆞ니文王이시니라

●詩、邶風栢舟及大雅緜之篇也、悄悄、憂貌、慍、怒也、本言衛之仁人、見怒於群小、孟子、以爲孔子之事、可以當之、肆、發語辭、隕、墜也、問、聲問也、本言大王、事昆夷、雖不能殄絶其慍怒、亦不自墜其聲問之美、孟子、以爲文王之事、可以當之、○尹氏、曰言人、顧自處如何、盡其在我者而已、

○孟子ㅣ曰賢者ᄂᆞᆫ以其昭昭로使人昭昭ㅣ어ᄂᆞᆯ今엔以其昏昏으로使人昭昭ㅣ로다

孟子ㅣ골ᄋᆞ샤ᄃᆡ賢ᄒᆞᆫ者ᄂᆞᆫ그昭昭로ᄡᅥ人으로ᄒᆞ여곰昭昭케ᄒᆞ거ᄂᆞᆯ이제ᄂᆞᆫ그昏昏으로ᄡᅥ人으로ᄒᆞ여곰昭昭ᄒᆞ라ᄒᆞᄂᆞᆺ다

追 옥다 듣을 퇴治 也

●昭昭、明也、昏昏、闇也、尹氏、曰大學之道、在自昭明德、而施於天下國家、其有不順者、寡矣、

○孟子ㅣ謂高子曰山徑之蹊間이介然用之而成路ᄒᆞ고爲間不用則茅塞之矣니今茅塞子之心矣로다介音戛

孟子ㅣ高子ᄃᆞ려닐어ᄀᆞᆯᄋᆞ샤ᄃᆡ山徑의蹊人間이介然애用ᄒᆞ면路ㅣ成ᄒᆞ고저근덛用티아니ᄒᆞ면茅ㅣ塞ᄒᆞᄂᆞ니이제茅ㅣ子의心에塞ᄒᆞ엿도다

●徑、小路也、蹊、人行處也、介然、倏然之頃也、用、由也、路、大路也、爲間、少頃也、茅塞、茅草生而塞之也、言義理之心、不可少有間斷也、

○高子ㅣ曰禹之聲이尚文王之聲이로소이다

高子ㅣᄀᆞᆯ오ᄃᆡ禹의聲이文王의聲의셔더으도소이다

●尚、加尚也、豐氏、曰言禹之樂、過於文王之樂、

孟子ㅣ曰何以言之오曰以追蠡ㅣ니이다蠡音禮

孟子ㅣᄀᆞᆯᄋᆞ샤ᄃᆡ엇디써닐옴고ᄀᆞᆯ오ᄃᆡ追ㅣ蠡ᄒᆞᆷ으로뻐니이다

●豐氏、曰追、鐘紐也、周禮所謂旋蟲、是也、蠡者、齧木蟲也、言禹時、鐘在者、鐘紐、如蟲齧而欲絶、蓋用之者、多而文王之鐘、不然、是以、知禹之樂、過於文王之樂也、

曰是奚足哉리오城門之軌ㅣ兩馬之力與아與平聲

ᄀᆞᆯᄋᆞ샤ᄃᆡ이엇디足ᄒᆞ리오城門읫軌ㅣ兩馬의力가

●豐氏、曰奚足、言此何足以知之也、軌、車轍迹也、兩馬、一車所駕也、城中之涂、

容九軌、車可散行、故、其轍迹、淺、城門、唯容一車、車皆由之、故、其轍迹、深、蓋日久車多所致、非一車兩馬之力、能使之然也、言禹在文王前千餘年、故、鐘久而紐絕、文王之鐘、則未久而紐全、不可以此、而議優劣也、○此章文義、本不可曉、舊說、相承如此、而豐氏、差明白故、今存之、亦未知其是否也、

○齊饑어ᄂᆞᆯ陳臻이曰國人이皆以夫子로將復爲發棠이라ᄒᆞ니殆不可復ㅣ로소이다 復扶又反

齊ㅣ饑ᄒᆞ거ᄂᆞᆯ陳臻이ᄀᆞᆯ오ᄃᆡ國人이다夫子로ᄡᅥ쟝ᄎᆞᆺ다시棠을發ᄒᆞ시리라ᄒᆞᄂᆞ니ᄌᆞ못可히다시리로소이다

●先時、齊國、嘗饑、孟子、勸王發棠邑之倉、以賑貧窮、至此、又饑、陳臻、問言齊人、望孟子、復勸王發棠、而又自言恐其不可也、

孟子ㅣ曰是爲馮婦也ㅣ로다晉人有馮婦者ㅣ善搏虎ᄒᆞ더니卒爲善士ᄒᆞ야則之野ᄒᆞᆯ서有衆이逐虎ᄒᆞ니虎ㅣ負嵎ㅣ어ᄂᆞᆯ莫之敢攖ᄒᆞ야望見馮婦ᄒᆞ고趨而迎之ᄒᆞᆫ대馮婦ㅣ攘臂下車ᄒᆞ니衆皆悅之ᄒᆞ고其爲士者ᄂᆞᆫ笑之ᄒᆞ니라

孟子ㅣᄀᆞᆯᄋᆞ샤ᄃᆡ이馮婦ㅣ로다晉人馮婦ㅣ라ᄒᆞᆫ者ㅣ虎搏ᄒᆞ기ᄅᆞᆯ善히ᄒᆞ더니ᄆᆞᄎᆞᆷ애善ᄒᆞᆫ士ㅣ되야곧野의갈ᄊᆡ衆 虎ᄅᆞᆯ逐ᄒᆞ니虎ㅣ嵎ᄅᆞᆯ負ᄒᆞ얏거ᄂᆞᆯ敢히攖티몯ᄒᆞ야馮婦ᄅᆞᆯᄇᆞ라보고趨ᄒᆞ야迎ᄒᆞᆫ대馮婦ㅣ臂ᄅᆞᆯ攘ᄒᆞ고車의下ᄒᆞ니衆은다悅ᄒᆞ고그士도엳ᄂᆞᆫ者ᄂᆞᆫ笑ᄒᆞ니라

●手執曰摶、卒爲善士、後能改行爲善也、之、適也、負、依也、山曲曰嵎、攖、觸也、笑之、笑其不知止也、疑此時、齊王、己不能用孟子、而孟子、亦將去矣、故、其言、如此、

○孟子ㅣ曰口之於味也와目之於色也와耳之於聲也와鼻之於臭也와四肢之於安佚也애性也ㅣ나有命焉이라君子ㅣ不謂性也ㅣ니라

孟子ㅣ ᄀᆞᆯᄋᆞ샤ᄃᆡ口ㅣ味에와目이色애와耳ㅣ聲에와鼻ㅣ臭에와四肢ㅣ安佚홈애性이나命이인ᄂᆞᆫ디라君子ㅣ性이라닐라디아니ᄒᆞᄂᆞ니라

●程子、曰五者之欲、性也、然、有分、不能皆如其願、則是命也 不可謂我性之所有、而求必得之也、愚、按不能皆如其願、不止爲貧賤、蓋雖富貴之極、亦有品節限制、則是亦有命也、

仁之於父子也와義之於君臣也와禮之於賓主也와智之於賢者也와聖人之於天道也애命也ㅣ나有性焉이라君子ㅣ不謂命也ㅣ니라

仁이父子애와義ㅣ君臣에와禮ㅣ賓主에와智ㅣ賢者애와聖人이 天道애命이나性이인ᄂᆞᆫ디라君子ㅣ命이라닐ᄋᆞ디아니ᄒᆞᄂᆞ니라

●程子、曰仁義禮智、天道、在人則賦於命者、所稟、有厚薄淸濁、然而性善、可學而盡、故、不謂之命也、張子、曰晏嬰、智矣而不知仲尼、是非命邪、愚、按所稟者、厚而淸、則其仁之於父子也、至、義之於君臣也、盡、禮之於賓主也、恭、智之於賢

否也、哲、聖人之於天道也、無不脗合而純亦不已焉、薄而濁、則反是、是皆所謂命也、或、曰者、當作否、人、衍字、更詳之、○愚、聞之師、曰此二條者、皆性之所有、而命於天者也、然、世之人、以前五者、爲性、雖有不得而必欲求之、以後五者、爲命、一有不至、則不復致力、故、孟子、各就其重處言之、以伸此而抑彼也、張子所謂養則付命於天、道則責成於己、其言、約而盡矣、

○浩生不害ㅣ問曰樂正子는何人也잇고孟子ㅣ曰善人也며信人也ㅣ니라

浩生不害묻ᄌᆞ와ᄀᆞᆯ오ᄃᆡ樂正子ᄂᆞᆫ엇던사ᄅᆞᆷ이니잇고孟子ㅣᄀᆞᄅᆞ샤ᄃᆡ善ᄒᆞᆫ人이며信ᄒᆞᆫ人이니라

●趙氏、曰浩生、姓不害、名 齊人也

何謂善이며何謂信이잇고

엇디닐온善이며엇디닐온信이잇고

●不害、問也、

曰可欲之謂善이오

ᄀᆞᆯᄋᆞ샤ᄃᆡ可히欲ᄒᆞ염즉ᄒᆞᆷ을닐온善이오

●天下之理、其善者、必可欲、其惡者、必可惡、其爲人也、可欲、而不可惡、則可謂善人矣、

有諸己之謂信이오

己예두심을닐온信이오

●凡所謂善、皆實有之、如惡惡臭、如好好色、是則可謂信人矣、○張子、曰志仁無惡之謂善、誠善於身之謂信、

充實之謂美오

充實홈을닐온美오

●力行其善、至於充滿而積實、則美在其中、而無待於外矣、

充實而有光輝之謂大오

充實ᄒᆞ야光輝이숌을닐온大오

●和順積中、而英華發外、美在其中、而暢於四支、發於事業、則德業至盛、而不可加矣、

大而化之之謂聖이오

大ᄒᆞ야化홈을닐온聖이오

●大而能化、使其大者、泯然無復可見之迹、則不思不勉、從容中道、而非人力之所能爲矣、張子、曰大可爲也、化不可爲也、在熟之而已矣、

聖而不可知之之謂神이니

聖ᄒᆞ야可히아디몯홈을닐온神이니

●程子、曰聖不可知、謂聖之至妙、人所不能測、非聖人之上、又有一等神人也、

樂正子ᄂᆞᆫ二之中이오四之下也ㅣ니라

苙우리립音也

樂正子ᄂᆞᆫ二의中이오四의下ㅣ니라

●蓋在善信之間、觀其從於子敖、則其有諸己者、或未實也、張子、曰顏淵、樂正子皆知好仁矣、樂正子、志仁無惡、而不致於學、所以但爲善人信人而已、顏子、好學不倦、合仁與智、具體聖人、獨未至聖人之止耳、○程子、曰士之所難者、在有諸己而已、能有諸己、則居之安、資之深、而美且大、可以馴致矣、徒知可欲之善、而若存若亡而已、則能不受變於俗者、鮮矣、尹氏、曰自可欲之善、至於聖而不可知之神、上下一理、擴充而至於神、則不可得而名矣、

○孟子ㅣ曰逃墨이면必歸於楊이오逃楊이면必歸於儒니歸커든斯受之而已矣니라

孟子ㅣ글ᄋᆞ샤ᄃᆡ墨에逃ᄒᆞ면반ᄃᆞ시 楊에歸ᄒᆞ고楊에逃ᄒᆞ면반ᄃᆞ시儒에歸ᄒᆞᄂᆞ니歸커든이예受ᄒᆞᆯᄯᆞᄅᆞᆷ이니라

●墨氏、務外而不情、楊氏、太簡而近實、故、其反正之漸、大略如此、歸斯受之者、憫其陷溺之久、而取其悔悟之新也、

今之與楊墨辯者ᄂᆞᆫ 如追放豚ᄒᆞ니 既入其苙이어든 又從而招之로다

이제楊과墨으로더브러辯ᄒᆞᄂᆞᆫ者ᄂᆞᆫ放ᄒᆞᆫ豚을 追홈ᄀᆞᆮᄐᆞ니이믜그苙에 入ᄒᆞ여든ᄯᅩ조초招홈이로다

●放豚、放逸之豕豚也、苙、闌也、招、罥也、羈其足也、言彼既來歸、而又追咎其既往之失也、○此章、見聖賢之於異端、距之甚嚴、而於其來歸、待之甚恕、距之嚴故、人知彼說之爲邪、待之恕故、人知此道之可反、仁之至、義之盡也、

○孟子ㅣ曰有布縷之征과粟米之征과 力役之征ᄒᆞ니 君子ㅣ用

其一이오緩其二니用其二면而民이有殍ᄒᆞ고用其三이면而父子ㅣ離니라
孟子ㅣᄀᆞᆯᄋᆞ샤ᄃᆡ布縷ㅅ征과粟米ㅅ征과力役ㅅ征이이시니君子ㅣ그一을用ᄒᆞ고
其二를緩ᄒᆞᆯ때니그二를用ᄒᆞ면民이殍ㅣ잇고그三을用ᄒᆞ면父子ㅣ離ᄒᆞ리니라
●征賦之法、歲有常數、然、布縷、取之於夏、粟米、取之於秋、力役、取之於冬、當各以時、若並取之、則民力、有所不堪矣、今兩稅、三限之法亦此意也、尹氏、曰言民爲邦本、取之無度、則其國、危矣、

○孟子ㅣ曰諸侯之寶ㅣ三이니土地와人民과政事ㅣ니寶珠玉者는殃必及身이니라
孟子ㅣᄀᆞᆯᄋᆞ샤ᄃᆡ諸侯의寶ㅣ三이니土地와人民과政事ㅣ니珠玉을寶ᄒᆞᄂᆞᆫ者ᄂᆞᆫ殃이반ᄃᆞ시身에及ᄒᆞᄂᆞ니라
●尹氏、曰言寶得其寶者、安、寶失其寶者、危、

○盆成括이仕於齊러니孟子ㅣ曰死矣로다盆成括이여盆成括이見殺이어늘門人이問曰夫子ㅣ何以知其將見殺이시니잇고曰其爲人也ㅣ小有才오未聞君子之大道也ᄒᆞ니則足以殺其軀而已矣니라
盆成括이齊예仕ᄒᆞ더니孟子ㅣᄀᆞᆯᄋᆞ샤ᄃᆡ死ᄒᆞ리로다盆成括이여盆成括이殺ᄒᆞᆷ을見ᄒᆞ야ᄂᆞᆯ門人이묻ᄌᆞ와ᄀᆞᆯ오ᄃᆡ夫子ㅣ엇디뻐그장ᄎᆞᆺ殺ᄒᆞᆷ을見ᄒᆞᆯ쭐ᄅᆞᆯ아ᄅᆞ시니잇고ᄀᆞᆯᄋᆞ샤ᄃᆡ그ᄉᆞ람이로옴이져기才를두고君子의큰道를듣디몯ᄒᆞ여시니곧足히뻐그軀를殺ᄒᆞᆯᄯᆞᄅᆞᆷ이니라

●盆成、姓、括、名也、恃才妄作、所以取禍、徐氏、曰君子、道其常而已、括、有死之道焉、設使幸而獲免、孟子之言、猶信也、

○孟子ㅣ之滕ᄒᆞ샤館於上宮이러시니 有業屨於牖上이러니 館人이求之弗得ᄒᆞ다

孟子ㅣ滕에가샤上宮에館ᄒᆞ얏더시니 業ᄒᆞ던屨ㅣ牖上의잇더니館人이求ᄒᆞ야得디몯ᄒᆞ다

●館、舍也、上宮、別宮名、業屨、織之有次、業而未成者、蓋館人所作、置之牖上而失之也

或이問之曰若是乎從者之廋也여 曰子ㅣ以是爲竊屨來與아 曰殆非也ㅣ라夫子之設科也는 往者를不追ᄒᆞ며來者를不拒ᄒᆞ샤苟以是心으로至커든斯受之而已矣시니라 從爲去聲與平聲夫子如字舊讀爲扶余者非

或이묻ᄌᆞ와ᄀᆞᆯ오ᄃᆡ이러ᄐᆞᆺᄒᆞᆯ셔 從者의廋홈이여ᄀᆞᆯ은샤ᄃᆡ子ㅣ일로ᄡᅥ屨竊홈을爲ᄒᆞ야來ᄒᆞ다ᄒᆞᄂᆞ냐ᄀᆞᆯ오ᄃᆡᄌᆞ못아니라夫子의科를設ᄒᆞ심은往ᄒᆞᄂᆞᆫ者를追티아니ᄒᆞ며來ᄒᆞᄂᆞᆫ者를拒티아니ᄒᆞ샤진실로이ᄆᆞᄋᆞᆷ으로ᄡᅥ至ᄒᆞ거든이에受ᄒᆞᆯᄯᆞᄅᆞᆷ이시니라

●或問之者、問於孟子也、廋與廋同匿也、言子之從者、乃匿人之物如此乎、孟子、答之、而或人、自悟其失、因言此從者、固不爲竊屨而來、但夫子、設置科條、以待學者、苟以向道之心而來則受之耳、雖夫子、亦不能保其往也、門人、取其言、有合於聖賢之指故、記之、

○孟子ㅣ曰人皆有所不忍ᄒᆞ니達之於其所忍이면仁也ㅣ오人皆有所不爲ᄒᆞ니達之於其所爲면義也ㅣ니라

孟子ㅣᄀᆞᆯᄋᆞ샤ᄃᆡ人이다ᄎᆞᆷ디몯ᄒᆞᄂᆞᆫ바ᄅᆞᆯ둔ᄂᆞ니그ᄎᆞᆷᄂᆞᆫ바애達ᄒᆞ면仁이오人이다ᄒᆞ디아니ᄒᆞᄂᆞᆫ바ᄅᆞᆯ둔ᄂᆞ니그ᄒᆞᄂᆞᆫ바애達ᄒᆞ면義니라

●惻隱羞惡之心、人皆有之故、莫不有所不忍不爲、此、仁義之端也、然、以氣質之偏、物欲之蔽、則於他事、或有不能者、但推所能、達之於所不能、則無非仁義矣、

人能充無欲害人之心이면而仁을不可勝用也ㅣ며人能充無穿踰之心이면而義를不可勝用也ㅣ니라

人이能히人을害티말고져ᄒᆞᄂᆞᆫᄆᆞᄋᆞᆷ을充ᄒᆞ면仁을可히이긔여ᄡᅳ디몯ᄒᆞ며人이能히穿踰티말오져ᄒᆞᄂᆞᆫᄆᆞᄋᆞᆷ을充ᄒᆞ면義ᄅᆞᆯ可히이긔여ᄡᅳ디몯ᄒᆞ리니라

●充、滿也、穿、穿穴、踰、踰牆、皆爲盜之事也、能推所不忍、以達於所忍、則能滿其無欲害人之心而無不仁矣、能推其所不爲、以達於所爲、則能滿其無穿踰之心而無不義矣、

人能充無受爾汝之實이면無所往而不爲義也ㅣ니라

人이能히爾汝ᄅᆞᆯ受티마로려ᄒᆞᄂᆞᆫ實을充ᄒᆞ면往ᄒᆞᆫ바애義아님이업ᄉᆞ리니라

●此、申說上文、充無穿踰之心之意也、蓋爾汝、人所輕賤之稱、人雖或有所貪昧隱忍而甘受之者、然、其中心、必有慚忿、而不肯受之之實、人能卽此而推之、使其充滿、無所虧缺、則無適而非義矣、

士ㅣ未可以言而言이면是는以言餂之也오可以言而不言이면是는以不言餂之也니是皆穿踰之類也ㅣ니라 餂音忝

士ㅣ可히뻐言ᄒᆞ염즉디아니ᄒᆞ되言ᄒᆞ면이는言으로뻐餂홈이오可히뻐言ᄒᆞ염즉ᄒᆞ되言티아니ᄒᆞ면言티아니홈으로뻐餂홈이니이다穿踰의類ㅣ니라

●餂、探取之也、今人、以舌取物曰餂、卽此意也、便佞、隱默、皆有意探取於人、是亦穿踰之類、然、其事隱微、人所忽易、故、特擧以見例、明必推無穿踰之心、達於此、而悉去之然後、爲能充其無穿踰之心也

○孟子ㅣ曰言近而指遠者는善言也오守約而施博者는善道也니君子之言也는不下帶而道ㅣ存焉이니라 施去聲

孟子ㅣ ᄀᆞᆯ으샤ᄃᆡ言이近ᄒᆞ되指ㅣ遠ᄒᆞᆫ者ᄂᆞᆫ善ᄒᆞᆫ言이오守ㅣ約ᄒᆞ되施ㅣ博ᄒᆞᆫ者ᄂᆞᆫ善ᄒᆞᆫ道ㅣ니君子의言은帶예ᄂᆞ리오디아니ᄒᆞ여도道ㅣ存ᄒᆞᄂᆞ니라

●古人、視不下於帶、則帶之上、乃目前常見、至近之處也、擧目前之近事、而至理存焉、所以爲言近而指遠也

君子之守는脩其身而天下ㅣ平이니라

君子의守ᄂᆞᆫ그身을脩홈애天下ㅣ平ᄒᆞᄂᆞ니라

●此、所謂守約而施博也

人病은舍其田而芸人之田이니所求於人者ㅣ重이오而所以自任者輕也ㅣ니라 舍音捨

人의病은그田을舍ᄒᆞ고人의田을芸홈이니人에 求ᄒᆞ는밧者ㅣ重ᄒᆞ고ᄡᅧᄉᆞᄉᆞ로任ᄒᆞ는밧者ㅣ輕홈이니라

●此、言不守約而務博施之病

○孟子ㅣ曰堯舜은性者也오湯武는反之也ㅣ시니다

孟子ㅣ굴ᄋᆞ샤ᄃᆡ堯舜은性인者ㅣ오湯武는反ᄒᆞ시니라

●性者、得全於天、無所汚壞、不假脩爲、聖之至也、反之者、脩爲以復其性、而至於聖人也、程子、曰性之反之、古未有此語、蓋自孟子發之、呂氏、曰無意而安行、性也、有意利行而至於無意、復性者也、堯舜、不失其性、湯武、善反其性、及其成功則一也

動容周旋이中禮者는盛德之至也ㅣ니哭死而哀ㅣ非爲生者也ㅣ며經德不回ㅣ非以干祿也ㅣ며言語必信이非以正行也ㅣ니라 中爲行並去聲

容을動ᄒᆞ며周旋홈이禮예中ᄒᆞᆫ者는 盛德의至홈이니死를哭ᄒᆞ야哀홈이生ᄒᆞᆫ者를爲홈이아니며經ᄒᆞᆫ德이回티아니홈이ᄡᅧ祿을干홈이아니며 言語를반ᄃᆞ시信홈이ᄡᅧ行을正홈이아니니라

●細微曲折、無不中禮、乃其盛德之至、自然而中、而非有意於中也、經、常也、回、曲也、三者、亦皆自然而然、非有意而爲之也、皆聖人之事、性之之德也

君子는行法ᄒᆞ야以俟命而已矣니라

君子는法을行ᄒᆞ야ᄡᅧ命을俟홀ᄯᆞᄅᆞᆷ이니라

●法者、天理之當然者也、君子行之、而吉凶禍福、有所不計、蓋雖未至於自然而己、非有所爲而爲矣、此、反之之事、董子所謂正其義、不謀其利、明其道、不計其

說 달낼 세 務也
題 이마 데 額
般 즐거울 반 樂

功、正此意也、○程子、曰動容周旋、中禮者、盛德之至、行法以俟命者、朝聞道、夕死、可矣之意也、呂氏、曰法由此立、命由此出、聖人也、行法以俟命、君子也、聖人、性之、君子、所以復其性也

○孟子ㅣ曰說大人則藐之ᄒᆞ야勿視其巍巍然이니라 藐音眇

孟子ㅣ ᄀᆞᆯᄋᆞ샤ᄃᆡ大人을說ᄒᆞᆷ애곧藐히너겨그巍巍ᄒᆞᆷ을視티마롤띠니라

●趙氏、曰大人、當時尊貴者也。藐、輕之也、巍巍、富貴高顯之貌、藐焉而不畏之、則志意、舒展、言語、得盡也

○堂高數仞과榱題數尺을我ㅣ得志라도弗爲也ㅣ며食前方丈과侍妾數百人을我ㅣ得志라도弗爲也ㅣ며般樂飮酒와驅騁田獵과後車千乘을我ㅣ得志라도弗爲也ㅣ니在彼者ㅣ皆我所不爲也ㅣ오在我者는皆古之制也ㅣ니吾何畏彼哉리오 榱楚危反樂音洛乘去聲

堂이高ᄒᆞᆷ이두어仞과榱의題두어尺을我ㅣ志를得ᄒᆞ야도ᄒᆞ디아니ᄒᆞ며食이前애方으로丈과侍ᄒᆞᆫ妾이두어百人을我ㅣ志를得ᄒᆞ야도ᄒᆞ디아니ᄒᆞ며般樂ᄒᆞ야飮酒ᄒᆞᆷ과驅騁ᄒᆞ야田獵ᄒᆞᆷ과後車千乘을我ㅣ志를得ᄒᆞ야도ᄒᆞ디아니ᄒᆞᆯ꺼시니뎌에인는者는다내의ᄒᆞ디아니ᄒᆞᆯ빼오내게인는者는다녯制니내엇디뎌를畏ᄒᆞ리오

●榱、桷也、題、頭也、食前方丈、饌食、列於前者、方、一丈也、此皆其所謂巍巍然者、我雖得志、有所不爲、而所守者、皆古聖賢之法、則彼巍巍者、何足道哉、○楊氏、曰孟子此章、以己之長、方人之短、猶有此等氣象、在孔子則無此矣、

○孟子ㅣ曰養心이莫善於寡欲ᄒᆞ니其爲人也ㅣ寡欲이면雖有不

炙 친근할 자 親近ㅣ炙

存焉者ㅣ라도寡矣오其爲人也ㅣ多欲이면雖有存焉者ㅣ라도寡矣니라

孟子ㅣᄀᆞᆯᄋᆞ샤ᄃᆡ心을養홈이欲을寡히홈만善ᄒᆞᆫ이업ᄉᆞ니그人이로옴이欲이寡ᄒᆞ면비록存티아니홈이이실ᄯᅵ라도寡ᄒᆞ고그人이로옴이欲이ᄒᆞ면비록存홈이이실ᄯᅵ라도寡ᄒᆞ니라

●欲、如口鼻耳目四支之欲、雖人之所不能無、然、多而不節、未有不失其本心者、學者、所當深戒也、程子、曰所欲、不必沈溺、只有所向、便是欲

○曾晳이嗜羊棗ㅣ러니而曾子ㅣ不忍食羊棗ᄒᆞ시니라

曾晳이羊棗를즐기더니曾子ㅣᄎᆞ마羊를食디몯ᄒᆞ시니라

●羊棗、實小、黑而圓、又謂之羊失棗、曾子、以父嗜之、父沒之後、食必思親故、不忍食也

公孫丑ㅣ問曰膾炙與羊棗ㅣ孰美니잇고孟子ㅣ曰膾炙哉ㄴ뎌公孫丑ㅣ曰然則曾子는何爲食膾炙而不食羊棗ㅣ시니잇고曰膾炙는所同也ㅣ오羊棗는所獨也ㅣ니諱名不諱姓ᄒᆞᄂᆞ니姓은所同也ㅣ오名은所獨也ㅣ니라

公孫丑ㅣ묻ᄌᆞ와ᄀᆞᆯ오ᄃᆡ膾炙와다ᄆᆞᆺ羊棗ㅣ뉘美ᄒᆞ니잇고孟子ㅣᄀᆞᆯᄋᆞ샤ᄃᆡ膾炙ㄴ뎌公孫丑ㅣᄀᆞᆯ오ᄃᆡ그러면曾子ᄂᆞᆫ엇디膾炙를食ᄒᆞ시고羊棗를食디아니ᄒᆞ시니잇고ᄀᆞᆯᄋᆞ샤ᄃᆡ膾炙ᄂᆞᆫ同ᄒᆞᆫ배오羊棗ᄂᆞᆫ獨ᄒᆞᆫ배니名을諱ᄒᆞ고姓을諱티아니ᄒᆞᄂᆞ니姓은同ᄒᆞᆫ배오名은獨ᄒᆞᆫ밸써니라

●肉聶而切之、爲膾、炙、炙肉也

獧고집스러올견有所不爲

○萬章이問曰孔子ㅣ在陳ᄒᆞ샤曰盍歸乎來리오吾黨之士ㅣ狂簡ᄒᆞ야進取호ᄃᆡ不忘其初ㅣ라ᄒᆞ시니孔子ㅣ在陳ᄒᆞ샤何思魯之狂士ㅣ시니잇고

萬章이묻ᄌᆞ와ᄀᆞᆯ오ᄃᆡ孔子ㅣ陳의겨샤ᄀᆞᆯᄋᆞ샤ᄃᆡ엇디歸ᄒᆞ야來티아니ᄒᆞ리오우리黨읫士ㅣ狂ᄒᆞ고簡ᄒᆞ야進ᄒᆞ야取호려호ᄃᆡ그初ᄅᆞᆯ닛디몯ᄒᆞᆫ다ᄒᆞ시니孔子ㅣ陳에겨샤엇디魯읫狂ᄒᆞᆫ士ᄅᆞᆯ思ᄒᆞ시니잇고

●盍、何不也、狂簡、謂志大而略於事、進取、謂求望高遠、不忘其初、謂不能改其舊也、此語、與論語小異

孟子ㅣ曰孔子ㅣ不得中道而與之ㄴ댄必也狂獧乎ㅣㄴ뎌狂者ᄂᆞᆫ進取오獧者ᄂᆞᆫ有所不爲也ㅣ라ᄒᆞ시니孔子ㅣ豈不欲中道哉시리오마ᄂᆞᆫ不可必得故로思其次也ㅣ시니라

孟子ㅣᄀᆞᆯᄋᆞ샤ᄃᆡ孔子ㅣᄀᆞᆯᄋᆞ샤ᄃᆡ中道ᄅᆞᆯ得ᄒᆞ야與티몯ᄒᆞᆯ뗜댄반ᄃᆞ시狂이며獧인뎌狂ᄒᆞᆫ者ᄂᆞᆫ進ᄒᆞ야取호려ᄒᆞ고獧ᄒᆞᆫ者ᄂᆞᆫᄒᆞ디아닐빼잇다ᄒᆞ시니孔子ㅣ엇디中道ᄅᆞᆯ欲디아니시리오마ᄂᆞᆫ可히반ᄃᆞ시得디몯ᄒᆞᄂᆞᆫ故로그次ᄅᆞᆯ思ᄒᆞ시니라

●不得中道、至有所不爲、據論語、亦孔子之言、然則孔子字下、當有曰字、論語、道、作行、獧、作狷、有所不爲者、知耻自好、不爲不善之人也、孔子、豈不欲中道以下、孟子言也

敢問何如ㅣ라아斯可謂狂矣니잇고

敢이묻ᄌᆞᆸ노이다엇더ᄒᆞ여아이에可히狂이라닐으리잇고

●萬章、問

夷 평평할이 平也

屑 편치아닐설 不安

曰如琴張曾晳牧皮者ㅣ孔子之所謂狂矣니라

골ᄋᆞ샤ᄃᆡ琴張과牧皮ᄀᆞᄐᆞᆫ者ㅣ孔子의닐ᄋᆞ신바狂이니라

●琴張、名牢、字子張、子桑戶死、琴張、臨其喪而歌、事見莊子、雖未必盡、然、要必有近似者、曾晳、見前篇、季武子死、曾晳、倚其門而歌、事見檀弓、又言志異乎三子者之撰、事見論語、牧皮、未詳

何以謂之狂也ㅣ니잇고

엇디ᄡᅥ狂이라닐ᄋᆞᄂᆞ니잇고

●萬章、問

曰其志ㅣ嘐嘐然曰古之人古之人이여ᄒᆞ되夷考其行而不掩焉者也ㅣ니라 嘐、火交反 行、去聲

골ᄋᆞ샤ᄃᆡ그志ㅣ嘐嘐ᄒᆞ야골오ᄃᆡ녯사ᄅᆞᆷ이여녯사ᄅᆞᆷ이여ᄒᆞ되夷히그行ᄋᆞᆯ考ᄒᆞ면掩티몯ᄒᆞᄂᆞᆫ者ㅣ니라

●嘐嘐、志大言大也、重言古之人、見其動輒稱之、不一稱而已也、夷、平也、掩、覆也言平考其行、則不能覆其言也、程子、曰曾晳、言志而夫子、與之、蓋與聖人之志、同、便是堯舜氣象也、特行有不掩焉耳、此所謂狂也

狂者를又不可得이어든欲得不屑不潔之士而與之ᄒᆞ시니是ㅣ獧也ㅣ니是ㅣ又其次也ㅣ니라

狂ᄒᆞᆫ者ᄅᆞᆯ또可히得디몯ᄒᆞ거든潔티아니타ᄒᆞ야屑티아니ᄒᆞᄂᆞᆫ士ᄅᆞᆯ得ᄒᆞ여與ᄒᆞ고져ᄒᆞ시니이獧이니이또그次ㅣ니라

●此、因上文所引、遂解所以思得獧者之意、狂、有志者也、獧、有守者也、有志者、能進於道、有守者、不失其身、屑、潔也

孔子ㅣ曰過我門而不入我室이라도我不憾焉者는其惟鄕原乎인뎌鄕原은德之賊也ㅣ라ᄒᆞ시니曰何如ㅣ라아斯可謂之鄕原矣니잇고

孔子ㅣ글ᄋᆞ샤ᄃᆡ내門에過ᄒᆞ되내室에入디아닐ᄯᅵ라도내憾티아니ᄒᆞᆯ者는그오직鄕原인뎌鄕原은德의賊이라ᄒᆞ시니글오ᄃᆡ엇더ᄒᆞ여아이可히鄕原이라닐ᄋᆞ리잇고

●鄕原、非有識者、原、與愿同、荀子、原慤字、皆讀作愿、謂謹愿之人也、故、鄕里所謂愿人、謂之鄕原、孔子、以其似德而非德故、以爲德之賊、過門不入而不恨之、以其不見親就、爲幸、深惡而痛絶之也、萬章、又引孔子之言而問也

曰何以是嘐嘐也ᄒᆞ야言不顧行ᄒᆞ며行不顧言이오則曰古之人古之人이여ᄒᆞ며行何爲踽踽凉凉이리오生斯世也ㅣ라爲斯世也ᄒᆞ야善斯可矣라ᄒᆞ야閹然媚於世也者ㅣ是鄕原也ㅣ니라 行去聲踽其禹反閹音奄

글ᄋᆞ샤ᄃᆡ엇디ᄡᅥ이리嘐嘐ᄒᆞ야言이行을顧티아니ᄒᆞ며行이言을顧티아니ᄒᆞ고곧글오ᄃᆡ녜사ᄅᆞᆷ이여녯사ᄅᆞᆷ이여ᄒᆞ며行을엇디踽踽ᄒᆞ며凉凉히ᄒᆞ리오이世예生ᄒᆞ연ᄂᆞᆫ디라이世ᄅᆞᆯ爲ᄒᆞ야善라케ᄒᆞᆷ이이可ᄒᆞ다ᄒᆞ야閹然히世예媚ᄒᆞᄂᆞᆫ者ㅣ이鄕原이니라

●踽踽、獨行不進之貌、凉凉、薄也、不見親厚於人也、鄕原、譏、狂者曰何用如此嘐嘐然、行不掩其言、而徒每事、必稱古人邪、又譏獧者曰何必如此踽踽凉凉、無

惡 뮈어할오 憎也

所親厚哉、人旣生於此世、則但當爲此世之人、使當世之人、皆以爲善則可矣、此鄕原之志也、閹、如奄人之奄、閉藏之意也、媚、求悅於人也、孟子、言此、深自閉藏以求親媚於世、是、鄕原之行也

萬章이曰一鄕이皆稱原人焉이면無所往而不爲原人이어늘孔子ㅣ以爲德之賊은何哉잇고

萬章이ᄀᆞᆯ오ᄃᆡ一鄕이다原人이라稱ᄒᆞ면往ᄒᆞᆫ바애原人이되디아닐ᄃᆡ업거늘孔子ㅣ뻐德의賊이라ᄒᆞ심은엇디니잇고

●原、亦謹厚之稱、而孔子、以爲德之賊故、萬章、疑之

曰非之無擧也ㅣ오刺之無刺也ㅣ야同乎流俗ᄒᆞ며合乎汙世ᄒᆞ야居之似忠信ᄒᆞ며行之似廉潔ᄒᆞ야衆皆悅之어든自以爲是而不可與入堯舜之道ㅣ니故曰德之賊也ㅣ라ᄒᆞ시니라

ᄀᆞᆯᄋᆞ샤ᄃᆡ非호려ᄒᆞ여도擧ᄒᆞᆯ꺼시업고刺호려ᄒᆞ여도刺ᄒᆞᆯ꺼시업서流俗에同ᄒᆞ며汙世예合ᄒᆞ야居호애忠信ᄒᆞᆫᄃᆞᆺᄒᆞ며行홈애廉潔ᄒᆞᆫᄃᆞᆺᄒᆞ야衆이다悅ᄒᆞ거든스스로뻐是ᄒᆞ라호ᄃᆡ可히더브러堯舜의道애ᄀᆞᆺ디몯ᄒᆞᄂᆞ니故로ᄀᆞᆯᄋᆞ샤ᄃᆡ德의賊이라ᄒᆞ시니라

●呂侍講、曰言此等之人、欲非之、則無可擧、欲刺之、則無可刺也、流俗者、風俗頹靡、如水之下流、衆莫不然也、汙、濁也、非忠信而似忠信、非廉潔而廉潔、

孔子ㅣ曰惡似而非者ᄒᆞ노니惡莠는恐其亂苗也ㅣ오惡佞은恐其亂

義也ㅣ오 惡利口는 恐其亂信也ㅣ오 惡鄭聲은 恐其亂樂也ㅣ오 惡紫는 恐其亂朱也ㅣ오 惡鄕原은 恐其亂德也ㅣ라ᄒᆞ시니라 莠音有

孔子ㅣ ᄀᆞᆯᄋᆞ샤ᄃᆡ ᄀᆞᆷ도ᄐᆡ 아닌者를 惡ᄒᆞ노니 莠를 惡ᄒᆞ옴은 그 苗를 亂ᄒᆞᆯ까 恐ᄒᆞᆷ이오 佞을 惡ᄒᆞ옴은 그 義를 亂ᄒᆞᆯ까 恐ᄒᆞᆷ이오 利口를 惡ᄒᆞ옴은 그 信을 亂ᄒᆞᆯ까 恐ᄒᆞᆷ이오 鄭聲을 惡ᄒᆞ옴은 그 樂을 亂ᄒᆞᆯ까 恐ᄒᆞᆷ이오 紫를 惡ᄒᆞ옴은 그 朱를 亂ᄒᆞᆯ까 恐ᄒᆞᆷ이오 鄕原을 惡ᄒᆞ옴은 그 德을 亂ᄒᆞᆯ까 恐ᄒᆞᆷ이라ᄒᆞ시니라

●孟子、又引孔子之言以明之、莠、似苗之草也、佞、才智之稱、其言、似義而非義也、利口、多言而不實者也、鄭聲、淫樂 樂、正樂也、紫、間、去聲 色、朱、正色也、鄕原不狂不獧、人皆以爲善、有似乎中道、而實非也故、恐其亂德

君子ㅣ反經而已矣니 經正則庶民이興ᄒᆞ고 庶民이興ᄒᆞ면 斯無邪慝矣리라

君子ㅣ 經을 反ᄒᆞᆯ ᄯᆞᄅᆞᆷ이니 經이 正ᄒᆞ면 庶民이 興ᄒᆞ고 庶民이 興ᄒᆞ면 이에 邪慝이 업ᄉᆞ리라

●反、復也、經、常也、萬世不易之常道也、興、興起於善也、邪慝、如鄕原之屬、是也、世衰道微、大經、不正故、人人得爲異說、以濟其私、而邪慝、幷起、不可勝正、君子、於此、亦復其常道而已、常道旣復 則民興於善、而是非明白、無所回互雖有邪慝、不足以惑之矣、○尹氏、曰君子、取夫狂獧者、蓋以狂者、志大而可與進道、獧者、有所不爲、而可與有爲也、所惡於鄕原、而欲痛絶之者、爲其似是而非、惑人之深也、絶之之術、無他焉、亦曰反經而已矣、

○孟子ㅣ曰由堯舜至於湯이五百有餘歲니若禹皐陶則見而知之ᄒᆞ시고若湯則聞而知之ᄒᆞ시니라

孟子ㅣᄀᆞᆯᄋᆞ샤ᄃᆡ堯舜으로말미아마湯애至홈이五百이오ᄯᅩ餘歲니禹와皐陶ᄂᆞᆫ見ᄒᆞ야知ᄒᆞ시고湯ᄋᆞᆫ聞ᄒᆞ야知ᄒᆞ시니라

●趙氏、曰五百歲而聖人出、天道之常、然、亦有遲速、不能正五百年故、言有餘也

尹氏、曰知、謂知其道也

由湯至於文王이五百有餘歲니若伊尹萊朱則見而知之ᄒᆞ고若文王則聞而知之ᄒᆞ시니라

湯으로말미아마文王에至홈이五百이오ᄯᅩ餘歲니伊尹과萊朱ᄂᆞᆫ見ᄒᆞ야知ᄒᆞ고文王ᄋᆞᆫ聞ᄒᆞ야知ᄒᆞ시니라

●趙氏、曰萊朱、湯賢臣、或曰即仲虺也、爲湯左相

由文王至於孔子ㅣ五百有餘歲니若太公望散宜生則見而知之ᄒᆞ고若孔子則聞而知之ᄒᆞ시니라 散素亶反

文王으로말미아마孔子에至홈이五百이오ᄯᅩ餘歲니太公望과散宜生ᄋᆞᆫ見ᄒᆞ야知ᄒᆞ고孔子ᄂᆞᆫ聞ᄒᆞ야知ᄒᆞ시니라

●散、氏、宜生、名、文王賢臣也、子貢、曰文武之道、未墜於地、在人、賢者、識其大者、不賢者、識其小者、莫不有文武之道焉、夫子焉不學、此所謂聞而知之也

由孔子而來로至於今이百有餘歲니去聖人之世ㅣ若此其未

遠也며近聖人之居ㅣ若此其甚也ㅣ로되然而無有乎爾ᄒᆞ니則亦無有乎爾로다

孔子로말미아마옴으로今에至홈이百이오또餘歲니聖人의世ㅣ去홈이이ᄀᆞᆺ티그머디아니ᄒᆞ며聖人의居ㅣ近홈이이ᄀᆞᆺ티그甚호ᄃᆡ그러나잇디아니ᄒᆞ니곧또ᄒᆞᆫ잇디아니ᄒᆞ리로다

●林氏、曰孟子、言孔子、至今時未遠、鄒魯相去、又近、然而已無有見而知之者矣則五百餘歲之後、又豈復有聞而知之者乎、愚、按此言、雖若不敢自謂已得其傳、而憂後世遂失其傳、然、乃所以自見其有不得辭者、而又以見夫天理民彝、不可泯滅、百世之下、必將有神會而心得之者耳、故、於篇終、歷序群聖之統、而終之以此、所以明其傳之有在、而又以俟後聖於無窮也、其旨深哉、○有宋元豊八年、河南程顥伯淳、卒、潞公文彥博、題其墓曰明道先生、而其弟頤正叔、序之曰周公沒、聖人之道、不行、孟軻、死、聖人之學、不傳、道不行、百世、無善治、學不傳、千載、無眞儒、無善治、士猶得以明夫善治之道、以淑諸人、以傳諸後、無眞儒、則天下、貿貿焉、莫知所之、人欲肆而天理滅矣、先生、生乎千四百年之後、得不傳之學於遺經以興起斯文、爲己任、辨異端、闢邪說、使聖人之道、煥然復明於世、蓋自孟子之後一人而已、然、學者、於道、不知所向、則孰知斯人之爲功、不知所至、則孰知斯名之稱情也哉

原本 孟子集註卷之十四 終

原本 孟子集註(全)

初版 發行●1976年 6月 20日
重版 發行●2024年 2月 13日

校 閱●金 赫 濟
發行者●金 東 求

發行處●明 文 堂(1923. 10. 1 창립)
서울시 종로구 윤보선길 61(안국동)
국민은행 006-01-0483-171
전화 02) 733-3039, 734-4798, 733-4748(영)
팩스 02) 734-9209
Homepage www.myungmundang.net
E-mail mmdbook1@hanmail.net
등록 1977. 11. 19. 제1~148호

정가 **15,000**원
ISBN 89-7270-187-4 (93140)

中國學 東洋思想文學 代表選集

공자와 맹자의 철학사상 安吉煥 編著 신국판

노자와 장자의 철학사상 金星元 安吉煥 編著 신국판

自然의 흐름에 거역하지 말라 **莊子** 安吉煥 編譯 신국판

仁과 中庸이 멀리에만 있는 것이드냐 **孔子傳** 김전원 編著

백성을 섬기기가 그토록 어렵더냐 **孟子傳** 安吉煥 編著

영원한 신선들의 이야기 **神仙傳** 葛洪稚川 著 李民樹 譯

中國現代詩硏究 許世旭 著 신국판 양장

白樂天詩硏究 金在乘 著 신국판

中國人이 쓴 文學概論 王夢鷗 著 李章佑 譯 신국판 양장

中國詩學 劉若愚 著 李章佑 譯 신국판 양장

中國의 文學理論 劉若愚 著 李章佑 譯 신국판 양장

梁啓超 毛以亨 著 宋恒龍 譯 신국판

동양인의 哲學的 思考와 그 삶의 세계 宋恒龍 著 신국판

中國의 茶道 金明培 譯著 신국판

老莊의 哲學思想 金星元 編著 신국판

原文對譯 **史記列傳精解** 司馬遷 著 成元慶 編譯 신국판

論語新講義 金星元 譯著 신국판 양장

人間孔子 李長之 著 김전원 譯 신국판

東洋古典41選 安吉煥 編著 신국판

東洋古典解說 李民樹 著 신국판 양장

新完譯 **近思錄** 朱熹 · 呂祖謙 編著 金學主 譯 신국판 양장

21세기 손자병법 경영학 安吉煥 編著 신국판

유교사상과 도덕정치 張基槿 著 신국판

三皇五帝의 德治 張基槿 著 신국판

經世濟民의 혼신 **茶山의 詩文** (上 · 下) 金智勇 著 신국판 양장

소래 김중건 선생 전기 金智勇 編著 신국판 양장

石北詩集 · 紫霞詩集 申光洙 · 申 緯 著 申石艸 譯 신국판 양장

西遊見聞 兪吉濬 著 蔡壎 譯 신국판 양장

徐花潭文集 金學主 譯 신국판 양장

新譯 **천예록** 任堕 編著 金東旭, 崔相殷 共譯 신국판 양장

국역 **사례편람**(四禮便覽) 도암 이재 원저 4×6배판

退溪集 張基槿 譯著 신국판 양장

宋名臣言行錄 鄭鉉祐 編著 신국판

국내최초 한글판 완역본 **코란** 金容善 譯註 신국판 양장

이슬람의 역사와 그 문화 金容善 編著 신국판

코란의 지혜와 신비 金容善 編著 신국판

무함마드 金容善 編著 신국판

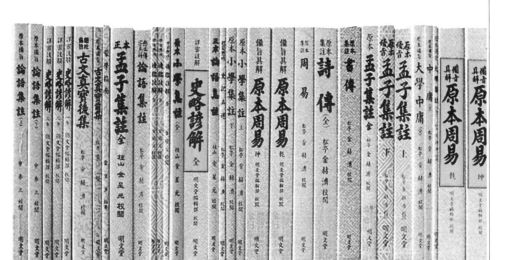